Felicitas D. Goodman

Wo die Geister auf den Winden reiten

Trancereisen
und ekstatische Erlebnisse

Verlag Hermann Bauer
Freiburg im Breisgau

Die Deutsche Bibliothek – CIP-Einheitsaufnahme

Goodman, Felicitas D.:
Wo die Geister auf den Winden reiten : Trancereisen
und ekstatische Erlebnisse / Felicitas D. Goodman.
[Mit Zeichn. von Gerhard Binder]. –
3. Aufl. – Freiburg im Breisgau : Bauer, 1995
  (esotera-Taschenbuch)
  ISBN 3-7626-0662-5

Die vorliegende Taschenbuchausgabe im Rahmen der Reihe *esotera-Taschenbuch* ist ein korrigierter Nachdruck der gebundenen Originalausgabe, die zuletzt 1989 im Verlag Hermann Bauer KG, Freiburg im Breisgau, erschien.

Die Reihe *esotera-Taschenbuch* erscheint im Verlag Hermann Bauer KG, Freiburg im Breisgau.

Mit 79 Zeichnungen von Gerhard Binder

3. Auflage 1995
© 1993 by Verlag Hermann Bauer KG, Freiburg im Breisgau
Alle Rechte der deutschen Ausgabe vorbehalten
Umschlag: PersonaChroma, Freiburg im Breisgau
Satz: studiodruck, Nürtingen
Druck und Bindung: Clausen & Bosse, Leck
Printed in Germany

ISBN 3-7626-0662-5

Gedruckt auf chlorfrei gebleichtem Papier

Den Gefährten,
die den Pfad der Geister mit mir gewandert sind
und deren Stimmen durch mich zu Wort kommen,
Seite um Seite,
sei dieses Werk in herzlicher Verbundenheit gewidmet.

Inhalt

Vorwort 9

Erster Teil
Auf der Suche nach den Geistern

Kapitel 1
Ruf der Ahnengeister 15

Kapitel 2
Wie kommt man mit den Ahnengeistern in Verbindung?
Die ersten Entdeckungen 23

Kapitel 3
Die Geister melden sich wieder 48

Kapitel 4
Ein neuer Weg öffnet sich 69

Kapitel 5
Der Weg der Geister 80

Zweiter Teil
Die Haltungen
und was sie zu bieten haben

Einige praktische Hinweise 107

Kapitel 6
Wir machen eine Seelenfahrt 110

Kapitel 7
Die vielen Gesichter der Wahrsagung 138

Kapitel 8
Die Gabe des Heilens 155

Kapitel 9
Weibliche Kräfte des Heilens 180

Kapitel 10
Das schillernde Spiel der Verwandlung 198

Kapitel 11
Wie man Feste feiert 219

Kapitel 12
Die Totenbrücke und der Seelenführer 238

Kapitel 13
Das unzerstörbare Leben 258

Dritter Teil
Zaubermärchen der Allgegenwärtigkeit

Einleitung 273
Das Märchen vom Aufstieg 277
Der Kojote kommt zu Besuch 279
Der Mann von Cuautla 282
Eine Mayaflöte 287
Das Märchen von K'ats und seiner Bärenfrau 292
Die Geister und der verwundete Lebensbaum 296
Zu Besuch bei Wasserweibern und Zentauren 306
Schluß: Der Untergang der Geister 323

Anmerkungen 337
Literaturverzeichnis 345

Vorwort

Seit Jahr und Tag drängen mich Freunde und Mitarbeiter, das, was wir gemeinsam erlebt und erarbeitet haben, zu Papier zu bringen. Aber immer wieder hatte ich Bedenken, ob die mächtigen Geister, unsere Beschützer und Helfer, es uns nicht übelnähmen, wenn in diesem Bericht vielleicht zuviel von ihrem geheimen Wirken enthüllt würde. Hatte ich das Wesen jener Wirklichkeit überhaupt genügend erfaßt, in die unsere zögernden Schritte geführt hatten?

Ich konnte zu keinem Schluß kommen, auch nicht, als ich eines Nachts, kurz vor dem Heraufdämmern des neuen Tages, eine Vision hatte. Vor einem Hintergrund von grauen, rastlos durcheinanderwirbelnden Wolkenschwaden tauchte der Kopf des Bärengeistes auf. Aber ehe ich mich auf das Gefühl glücklichen Erkennens einlassen konnte, drehte sich das Bild, wie von einem mächtigen Sturm getrieben, löste sich auf und wurde eins mit einer überwältigend großen weißen Nebelwand, die wie ein Herz pulsierte und das ganze Blickfeld beherrschte. Sie wurde vom Wind zerrissen und gab den Blick frei auf ein straffes, vibrierendes Bündel von Strängen, das mit ungeheurer Kraft auf das riesig vergrößerte Abbild eines Steinchens zuströmte, das ich im Sommer meiner Initiation gefunden hatte, und auf dem ein Dachsgesicht zu sehen ist. Auch dieses Bild fegte der Wind hinweg, und an seiner Stelle sprang ein zartes, junges Reh aus dem Nichts hervor, drehte sich anmutig und war verschwunden. Danach war alles still, und nichts war mehr da, außer einem etwas schiefen, schmalen, leeren, schadhaften Bücherregal, das so aussah, als sei es auf immer dazu bestimmt, gleichgültig in der Leere der jetzt unbeweglichen grauen Wolkenmassen zu schweben.

Diese Vision war mir völlig unverständlich. Erst eine Woche später begriff ich, daß sie sich auf den Plan für dieses Buch bezog, als ich nämlich während meiner Feldforschungen in Yucatán (Mexiko) Anselmo wieder predigen hörte. Das war im Spätjahr 1986.

Im Mai 1970 hatte dieser junge Mayaindianer, Bauer und Friseur von Beruf, eine Vision. Während des Sonntagsgottesdienstes der apostolischen Dorfgemeinde, zu der er gehörte, beobachtete er, wie einige Kerzen erloschen. Dabei hörte er die Stimme des Heiligen Geistes, der den Brüdern der Gemeinde befahl, auszuziehen und alle zu bekehren, denn das zweite Kommen Christi stehe bevor. Dieses Ereignis, auf das sie alle gewartet hatten, sollte Anfang September 1970 eintreten. Die schwere Enttäuschung darüber, daß sich diese Voraussage nicht erfüllte, zerriß die Gemeinde. Viele sagten sich von der Sekte los. Andere fanden sich mit dem Gedanken ab, daß man sich eben geirrt habe, und schlossen sich einem konservativeren Zweig der Pfingstbewegung an. Eine Handvoll Hartnäckiger jedoch weigerte sich standhaft gegen eine dergestaltige Auslegung ihres Erlebnisses. Sie scharten sich um Anselmo und bauten sich, weit ab im Norden des großen Dorfes, ihr eigenes unabhängiges Gotteshaus.

Anselmo war immer noch derselbe mitreißende und wirkungsvolle Prediger, den ich vor sechzehn Jahren gekannt hatte. Aber als ich ihm an diesem Abend in dem sauber gefegten, kleinen, aus Stäben und Lehm errichteten Gebetshaus zuhörte, wie er so eindrucksvoll eine Vision des Propheten Jesaias zitierte, fiel mir auf, daß er nicht ein einziges Mal auf seine eigenen Visionen zu sprechen kam, die er in jenem schicksalsschweren Sommer gehabt hatte. Statt dessen hob er immer wieder die Bibel hoch und legte seine dunkle, knochige Hand auf die offenen Seiten. Da war die Wahrheit, nur da. Etwas anderes gab es nicht.

Mich fröstelte plötzlich, trotz der warmen Tropennacht. Einst hatte Anselmo die Kraft der Gesichte gekannt. Das Erlebnis beflügelte seine Rede noch heute. Er war an dem Ort gewesen, wo das Religiöse in mächtigen Wogen ständig neu geboren wird. Mit einem kühnen Schritt hatte er in jenem Sommer die Welt eines Glaubens verlassen, in dem alles erschaffen und festgelegt ist, und war hinausgetreten in eine andere, schillernde Wirklichkeit, wo in munterem Spiel ständig neue Offenbarungen entstehen. Und dann war er zaghaften Herzens zurückgewichen. Voll Mitgefühl erinnerte ich mich, wie während dieser Zeit der Visionen die Brüder ihn viele Tage und Nächte hindurch bewachten, um ihn am Selbstmord zu hindern. Und immer noch schien er um jene Sicherheit zu ringen, die ihm auf immer versagt war. Er wußte jetzt, daß niemand, der jemals wirklich dort draußen gewesen war, wieder in den Schutz der alten, zwischen Buchdeckeln erstarrten Offenbarungen zurückkehren kann. Dort, vor dem Altar, stand ein von Todesangst geplagter Mann.

Und plötzlich überflutete mich das Verständnis meiner eigenen Vision wie eine mächtige Woge. Die Strukturen, in denen ich aufgewachsen war, konnten mich nicht mehr schützen und bewahren. Nie wieder würde ich bei ihnen Schutz suchen dürfen, wenn die Kräfte des Draußen mich zu überwältigen drohten. Wie das schiefe Bücherregal in meiner Vision stellten sie eine zerbrechliche, leere Schale dar, die mich nicht mehr aufnehmen konnte. Meine kleinen Ängste waren sinnlos. Ich war schon längst auf Leben und auf Tod jenen Kraftbereichen verpflichtet, an die mich mein Gesicht erinnert hatte, einer Welt, wo alles in Bewegung ist und in ewigem Werden, einer Wirklichkeit, wo die Geister auf den Winden reiten.

Erster Teil

Auf der Suche nach den Geistern

Kapitel 1

Ruf der Ahnengeister

Am Abend vor meinem zwölften Geburtstag bekam ich schlimme Kopfschmerzen. Das wunderte mich, weil ich solch ein Kopfweh noch nie gehabt hatte. Am nächsten Morgen blutete ich zum ersten Mal. Ich ging zur Mutter, und sie zeigte mir, was ich zu tun hatte. Ich vertraute ihr in allen Dingen, und da sie sich nicht aufregte über das, was mit mir vorging, tat ich es auch nicht. Aber dann nahm sie ein Stück Kreide und zeichnete ein kleines Kreuz an die Schlafzimmertür. »Dies zeigt an, daß wir jetzt eine erwachsene Tochter im Haus haben«, sagte sie. Damit wußte ich nichts anzufangen, und es beunruhigte mich, aber ich fragte nicht, was sie wohl gemeint habe. Beunruhigende Fragen habe ich schon als Kind immer für mich behalten in der Hoffnung, ich würde die Antwort sicher früher oder später selbst entdecken. So war es auch diesmal. Ich wußte plötzlich ganz von selbst, was es bedeutete, ein Erwachsener zu sein, und vertraute in einem einzigen Satz die schmerzliche Erkenntnis meinem Tagebuch an: »Die Zeit des Zaubers ist vorbei.« Unversehens und ohne jede Warnung war es mir nun verwehrt, mühelos das Erlebnis heraufzubeschwören, das für mich das Zauberhafte bedeutete, jene Wandlung in mir selbst, köstlicher als alles andere, eine Tür, die sich öffnete; und wenn man hindurchtrat, war alles, was man wahrnahm, in ein geheimnisvolles, beglückendes Licht getaucht. Ich hatte die absonderliche Behinderung zum ersten Mal angesichts des frischen, knirschenden Schnees bemerkt, der gleich nach meinem Geburtstag gefallen war. Er war schön, aber ich konnte ihn nicht mehr zum Glühen bringen. Bestürzt begann ich, dieser merkwürdigen Unfähigkeit mehr Aufmerksamkeit zu widmen. Das goldene Licht, das am frühen Morgen durch mein Schlafzimmerfenster strömte, war das gleiche wie immer, auch die Pferde auf dem Viehmarkt jenseits der Straße rochen wie zuvor. Nur ich hatte mich geändert.

Heute bin ich davon überzeugt, daß ein Großteil der Jugendweihen, von denen die Völkerkunde berichtet, dazu angetan ist, die in der Pubertät verlorengehende Fähigkeit zur Verzückung, zur Ekstase, neu zu schaffen und zu festigen. Diesem Zweck dienen sie jedenfalls in den Kleingesellschaften, die viel weiser sind als wir, in jenen Stämmen, die heutzutage immer mehr verschwinden. Die starke Reizung des Nervensystems, die viele dieser Rituale beinhalten, die körperlichen Schmerzen, die Übermüdung, das Fasten sind, meine ich, dazu da, um die spontane, kindliche Befähigung zur Ekstase, deren Verlust ich beim Eintritt in die Pubertät so tief betrauerte, in eine andere, erwachsene Form zu überführen.

Wie gerne hätte ich damals jede Art von Qual auf mich genommen, wenn mir nur jemand in Aussicht gestellt hätte, daß damit mein Verlust wettgemacht würde. Aber dazu war ich nicht am richtigen Platz geboren. Zwar stand mir nun die Konfirmation bevor, die sicher einmal einer vorchristlichen Jugendweihe nachgebildet worden war, aber das Erlebnis war eine bittere Enttäuschung. Wir wurden in der einfachen lutherischen Kirche in Nagyvárad konfirmiert, im ungarischen Teil des westlichen Rumäniens. Aus mir unerfindlichen Gründen hatte ich die unbestimmte Hoffnung gehegt, diese Feier könne mir in meiner Not helfen. Doch nach dem Ritual in der Kirche, dessen Einzelheiten wir brav auswendig gelernt und vollzogen hatten, gab es nur ein Festessen in der Kispipa, dem Liebingslokal unseres Vaters, und dann geschah nichts, aber auch gar nichts. Ich hatte keine Ahnung, was ich eigentlich erwartete, wußte aber sehr genau, daß ich es nicht erhalten hatte.

Als ich in der Klosterschule im Chor mitsang, ging es mir bei der Novizenweihe ähnlich. Wir Schülerinnen tuschelten darüber, daß Philomelas Haar abgeschnitten wurde, daß sie einen Ehering bekommen würde als Braut Christi. »Aber was passiert dann?« wollte ich wissen. »Na ja, sie darf das Kloster nicht mehr verlassen.« Das wußte ich sowieso, und das war es auch nicht, was in mir als Frage brannte. Was für ein süßes Geheimnis würde sie umhüllen, wenn sie nach der Feier allein in ihre Zelle zurückkehren würde? Das war es, was ich wissen wollte. Aber darauf hatte niemand eine Antwort. Und ich stellte mir Philomela vor, wie sie in ihrem leeren Zimmer saß, und ihre Pein zerriß mir das Herz.

Es fragt sich natürlich, wieso ich überhaupt hoffte, daß bei einem Ritual etwas ganz besonders Wunderbares geschehen würde. Ich war schließlich in einer westlichen Umgebung aufgewachsen, wo solche Erwartungen nicht gefördert werden, weder in der Schule noch im Elternhaus. Zu anderen Quellen hatte ich keinen Zugang. Es gab zu der Zeit weder Radio noch Fernsehen, unsere Stadt hatte nicht einmal eine öffentliche Bibliothek. Zu lesen hatten wir nur die wenigen Bücher, die wir untereinander ausliehen. Vielleicht liegt darin des Rätsels Lösung. Die meisten Familien besaßen Sammlungen von ungarischen Märchen und Mythen, die ich schon vor dem Eintritt in die Grundschule zu lesen begonnen hatte. Im Verborgenen hatte dieser Lesestoff wohl die Sehnsucht nach einer anderen Dimension in meine kindliche Welt eingeführt, eine Sehnsucht, die für mein ganzes zukünftiges Leben entscheidend geworden ist.

Da die Art des Erlebens, die für mich so kostbar war, mir unaufhaltsam zu entgleiten schien, kam ich schließlich zu dem Schluß, ich müsse etwas unternehmen, um das wenige zu retten, was mir noch geblieben war. Offensichtlich hatte das Verschwinden der Fähigkeit etwas mit dem Eintritt in das Erwachsenenalter zu tun. Ich beschloß also, dann eben kein Erwachsener zu werden. Vernünftigerweise behielt ich diesen Entschluß für mich. Meine Umgebung sah einen völlig normalen Backfisch. Ich entwickelte mich körperlich befriedigend und war meist die Beste in der Klasse. Im Sommer ging ich gerne schwimmen und im Winter Schlittschuh laufen. Ich verliebte mich in einen Jungen, den ich schon in der Grundschule gemocht hatte und mit dem zusammen ich konfirmiert worden war, und bestickte ihm ein Taschentuch. Aber ich besaß auch ein geheimes Kämmerlein, in das ich mich zurückziehen konnte, und wenn ich mich mit meiner gesamten Kraft konzentrierte, dann konnte ich dort wieder Kind sein und die geliebte Ekstase heraufbeschwören wie eh und je.

Im Laufe der folgenden Jahre wurde die Einkehr in die geheime Verzückung allerdings immer schwieriger. Es kamen das Studium, die Berufsarbeit, die Liebe und die Ehe und schließlich drei Kinder. Der zweite Weltkrieg raste über Europa hinweg, und als er vorbei war, wanderte ich mit meiner Familie nach Amerika aus.

Wie unzählige andere Einwanderer kam ich dort an, ausgehungert, bettelarm, all mein Hab und Gut in einer Pappschachtel, und tief verwundet von der Zerstörung, dem Reigen des Todes, dessen Opfer wir gewesen waren. Jahrelang wachte ich nachts auf und unterdrückte mühsam den Schrei, der sich mir im Traum aufgedrängt hatte. Der Boden der Wirklichkeit bestand aus brüchiger Schlacke. Ich konnte nur mit größter Vorsicht auftreten, denn er drohte jeden Moment zu zerbröckeln, und ich war in Gefahr, hinunterzustürzen ins Dunkel des erbarmungslosen Nichts, das darunter gähnte. Meine Kinder und mein Beruf boten die einzige Sicherheit, in die ich mich flüchten konnte. Nur nicht nach links oder rechts schauen und schon gar nicht in den Himmel, denn der war endlos und leer.

Erst sieben Jahre nach meiner Auswanderung fing die Welt an, ein weniger bedrohliches Gesicht zu zeigen. Ich hatte eine neue kleine Tochter bekommen, und etwas an Sicherheit dämmerte langsam herauf. Ich hatte sogar wieder angefangen, etwas zu schreiben, Gedichte, und dann einen Roman. All das war aber immer noch durchdrungen von einem Gefühl tiefster Verzagtheit und Verlassenheit. Diese Welt war so anders als die meiner Kindheit, in der man stets von unsichtbaren Wesenheiten umgeben war. Hier schien alles öd und leer. Ganz gleich wie weit ich auch die Tore zu meinem innersten Wesen öffnete, es gab nichts, was da hätte eintreten wollen.

Mein jüngstes Töchterlein war noch recht klein, als wir von Ohio, wo wir wohnten, einen Ausflug zu einem Nationalpark in Kentucky machten. Als ich dort an einer schattigen Stelle im Gras lag, entdeckte ich zum ersten Mal wieder den Himmel. Er war von duftigen weißen Wolken übersät, und während ich ihnen zuschaute, sah ich plötzlich einen endlosen Aufzug weißer Bündel wie Mumien vor dem tiefen Blau, aufgebahrte indianische Krieger in wehendem Federschmuck, zum Begräbnis bereitet. Später hielten wir bei einem Schild an, das uns darüber informierte, daß dieser Teil von Kentucky der in der Geschichte wohlbekannte »dunkle und blutige Grund«, das Jagdgebiet der berühmten Grenzer gewesen war. Wie ich mich wohl erinnerte, schnitten diese Männer prahlerisch Kerben in ihre Gewehrkolben – eine für jeden von ihnen ermordeten Indianer. Wer weiß, vielleicht waren es die Geister der Indianer, die auf jenen Wolkenbahren voll Trauer die Erinnerung an ihren Auszug aus diesen blutigen Gründen zurückgelassen hatten, in denen der weiße Mann ihr Volk vernichtet und ihr Land erobert hatte. Aber waren sie wirklich tot? Darauf schien es keine Antwort zu geben, und ich war noch trauriger als zuvor.

Einige Jahre später luden mich Freunde von der staatlichen Universität von Ohio ein, die Ferien bei ihnen in Santa Fe, Neumexiko, zu verbringen. Den Südwesten der Vereinigten Staaten kannte ich überhaupt noch nicht. Hier empfing mich der unendliche Raum mit seinen rostbraunen und roten abgeflachten Bergen und sandigen Hängen, seinen tiefgrünen Wacholderbüschen und Piñontannen. Wie übermütige Bildhauer hatten Wind und Wetter Säulen, Schlösser und ausgefranste Fensterbögen in die weichen Sandsteinfelsen gemeißelt, und all das schimmerte golden in der heißen Sonne. Meist wölbte sich der blaue Himmel glasklar über dem dürren Land, aber manchmal tropfte aus den Zipfeln der Wolkenbrüste das belebende Naß auf die durstigen Hänge, und dann legte sich am Morgen im aufsteigenden Nebel die mächtige gefiederte Schlange auf die Grate des Felsengebirges und spendete Fruchtbarkeit.

Es drängten sich auch noch andere Eindrücke auf. Die indianischen Märkte mit ihrem die Sinne berückenden Reichtum an Kunst und Kunsthandwerk schienen eine fast greifbare, nicht definierbare Kraft auszuströmen, die mich in geheimnisvoller Weise ansprach. War dies das Land, in das sich die Geister aus den dunklen, blutigen Gründen geflüchtet hatten? Nirgends in Europa war ich je von einer solchen Zauberkraft überwältigt worden, höchstens als ich als Kind noch um die Verzückung wußte. Von Anfang an erfüllte mich all das mit einer übermächtigen Sehnsucht; ich wußte jedoch nicht wonach. Vielleicht nach jenen geheimen Bezirken der Kindheit, nach einer Welt, die noch süß war und heilig und unversehrt.

Es war August, und meine Gastgeber nahmen mich mit zum jährlich stattfindenden Maistanz in Santo Domingo, dem größten Indianerdorf oder Pueblo am Rio Grande. Der Maistanz ist ein uraltes indianisches Ritual, in dem um eine reiche Ernte für alle gebetet wird. Über tausend Männer, Frauen und Kinder in farbenfrohen Volkstrachten tanzen dieses Gebet vom Vormittag bis zum Sonnenuntergang zu den Liedern des Männerchores und zum Takt der großen Trommel, deren Ton die Wüste durchdröhnt wie der Herzschlag der Erde. Ich war völlig benommen von all der fremden Schönheit dieser mir gänzlich neuen Welt.

In der Nacht nach dem Tanz hatte ich einen Traum, oder vielleicht war es eher eine Vision. Ich sah drei alte Indianer draußen vor dem Fenster. Sie waren in die bunte Festkleidung des Chores gekleidet, und einer trug die große Trommel. Mit dem Trommelschlegel klopfte er an die Fensterscheibe, und als ich aufschaute, gab er mir ein Zeichen, ich solle mitkommen.

Diese Vision machte mich unendlich glücklich. Ich kannte die ethnographische Literatur über die Puebloindianer damals noch nicht, aber es schien mir, als seien mir die Geister der Dorfältesten erschienen, um mich in ihr Land einzuladen. Ich beschloß, ihrer Einladung Folge zu leisten. Wie ein Schlafwandler, der den richtigen Pfad wählt, ohne recht zu wissen warum, nahm ich mir vor, ein kleines Fleckchen dieses verzauberten Landes zu erwerben, koste es, was es wolle.

Im Südwesten ist das Land äußerst knapp, und die Suche nach einem geeigneten Besitz dauerte über zwei Jahre lang. 1963 fand meine Agentin zwar schließlich etwas, aber nicht den bescheidenen Bauplatz, den ich mir gewünscht hatte, sondern einen rauhen Landstrich, über hundert Hektar groß, den der Forstdienst vor einigen Jahren als unbrauchbar veräußert hatte und den der jetzige Eigentümer nun mit einem saftigen Gewinn abstoßen wollte. Mein Rechtsanwalt riet mir dringend ab: »Kaufen Sie das nicht«, schrieb er. »Wir nennen es das Ödland von Pojoaque.« Aber schießlich wollte ich ja keine Luzerne anpflanzen und kannte die landschaftliche Schönheit des Pojoaquetales schon von meinem früheren Besuch her. Ich sollte nicht enttäuscht werden. Von allen Seiten war dieses Ödland von Indianerpueblos umgeben, die zum Teil noch ihre alten Tewanamen trugen, von Tesuque, Pojoaque und Nambe, von Santa Clara und San Ildefonso. Der Bergzug des Sangre de Christo im Osten färbte sich bei untergehender Sonne blutrot. Im Westen beschirmten die Festungswälle der Jemez-Berge das Land. Wie der örtliche Indianermythos erzählt, stiegen die Menschen dort durch das Tor des Regenbogens aus der zu engen und dunklen dritten Welt in die sonnige vierte auf. Der Sand und das lose Geröll waren von tiefen Gräben, den *arroyos*, durchfurcht, jeder eine anmutige Kleinlandschaft. Vor einer Million Jahren hatte ein weit entfernter Vulkanausbruch unzählige glänzende, vielfarbige Kiesel über die weich gerundeten Hügel gestreut. Gelbes Hasenkraut blühte unter einem Wacholderbusch beim Zaun, und in einer kahlen Mulde flammten die roten Blüten des Indianerpinsels zwischen den Steinbrocken. Nachts lachten die Koyoten jenseits des ausgetrockneten Flußbettes der Cañada Ancha, und die Geister, die die Ruinen eines längst verlassenen Pueblos am Tesuquefluß bewohnten, flüsterten in meinen Träumen. Wohl konnte ich die Bedrohung dieser friedlichen Welt nicht übersehen, die mit ihrem Drang nach »Entwicklung« Tag und Nacht auf der breiten Landstraße das Tal entlangraste, noch die Höllenglut des Untergangs, die in den stahlkalten Lichtern von Los Alamos, der »Atomstadt«, vom Westen her zu mir herüberschien. Aber wenigstens waren diese stillen, bescheidenen Hügel noch unversehrt. Ich habe den Kaufvertrag unterschrieben, und die nachfolgenden Opfer vieler Jahre und all die schwere Arbeit, die mich dieser Entschluß gekostet hat, haben mich nie gereut.

Im Sommer 1965 fanden wir, das heißt ein hilfreicher Verwandter, meine jüngste Tochter und ich, nach langem Suchen eine Stelle, die geeignet war, um ein Haus darauf zu bauen. Es war eine flache Landzunge, die nach Osten den Blick auf die Sangre de Cristo gewährte und auf den drei anderen Seiten von schützenden Hügeln umgeben war. Ich ließ einen Brunnen bohren, und die berittenen Männer der örtlichen Genossenschaft legten die elektrische Leitung. Wir wußten herzlich wenig davon, wie man so ein Haus aus den hierzulande üblichen Lehmziegeln baut, aber wenn wir nicht weiter wußten, fragten wir eben die hispanischen und indianischen Nachbarn um Rat. Die machten sich zwar oft über uns lustig: »Aha, da kommen schon wieder die Leute vom Rancho Grande!« Im Grunde aber waren alle freundlich und hilfsbereit und auch neugierig, wie es eine Frau so ziemlich allein in dem rauhen Land wohl schaffen würde. Tatsächlich war es eine harte Schule. Das Zelt war unbrauchbar, weil sich Skorpione und spannenlange, bedrohlich aussehende drachenköpfige Tausendfüßler darin niederließen. Außerdem sackte es bei jedem Windstoß zusammen. In der Bruthitze des Tages spendeten nur die schütteren Wacholderbüsche spärlichen Schatten. Zum Schutz gegen die plötzlichen Wolkenbrüche der sommerlichen Regenzeit flüchteten wir in die Kabine des Lastkraftwagens. Dem beständig blasenden Wind hielt die Spiritusflamme nicht stand, und ich mußte auf offenem Feuer kochen. Wenn es regnete, war das Reisig feucht, und es gab kalte Küche. Nur mit Picke und Schaufel bewaffnet, hoben wir dann alle Gräben aus, legten die schweren gußeisernen Röhren für die Wasserleitung und führten schließlich die Mauern des ersten Zimmers auf.

Der Sommer war vorbei, als wir schließlich die Teerpappe aufs Dach nagelten und die Haustür in die Angeln hoben. Ich hatte mich zu einem Zweitstudium an der Universität in Ohio immatrikuliert, und zwei Wochen vor Semesterbeginn war es endlich soweit, daß wir aufbrechen konnten. Wir luden alles Geborgte auf den Lastkraftwagen, den Schubkarren und die Sägeböcke, das Baugerüst und Baba, die treue Milchziege, um es bei den Nachbarn im Tal abzuliefern, und als wir losfuhren, schaute ich noch einmal zurück. Unser flaches kleines Lehmhaus schrumpfte sichtlich zusammen im grellen Licht der erbarmungslosen Mittagssonne und versank im gelben Sand der nun wieder überwältigend weiten Landschaft. Ob die Geister der Ältesten des Landes überhaupt bemerkt hatten, daß ich gekommen war? Wohnten sie in diesen Hügeln oder mußten sie erst eingeladen werden? Ich hatte keine Ahnung, wie so eine Einladung überbracht werden könnte, und nach all den vielen großen Problemen und kleinen Triumphen des Sommers schien es mir plötzlich, als hätte ich die wichtigste Aufgabe nicht gelöst. Vielleicht nächsten Sommer, dachte ich hoffnungsvoll. Ich war schließlich auf dem richtigen Weg. Allerdings hatte ich keine Ahnung, wie lang und beschwerlich er sein würde.

Kapitel 2

Wie kommt man mit den Ahnengeistern in Verbindung? Die ersten Entdeckungen

In der christlich-protestantischen Tradition, in der ich erzogen worden bin, ist man der Auffassung, daß man mit den Wesenheiten, die die andere Wirklichkeit bewohnen, nur über das Gebet in Verbindung treten kann. Die Mehrzahl anderer Traditionen ist jedoch der Ansicht, daß die Rede, als das Kommunikationsmittel der gewöhnlichen Wirklichkeit, zu diesem Zweck recht ungeeignet sei. Sie ist wie ein kaum wahrnehmbares Klopfen an der dicken Mauer, die die Menschen vom Reich der Geister trennt. Die Menschen müssen sich mächtig anstrengen, um auf der anderen Seite bemerkt zu werden. Einfach nur andächtig zu sprechen, ein »transzendentes«, »numinöses«, »ozeanisches« Gefühl heraufzubeschwören, oder wie immer Fachausdrücke es auch beschreiben mögen, ist einfach nicht genug. Wenn jemand aus solchen Traditionen wirklich das dringende Bedürfnis hat, sich durch einen Spalt in der Mauer zu zwängen, muß er eine grundlegende Änderung seiner Körperfunktionen herbeiführen. Diese Änderungen werden als *religiöse Trance* bezeichnet. Sie ist eine aus einer ganzen Reihe von veränderten Bewußtseinszuständen, zu denen alle Menschen fähig sind. Sie wird als religiös bezeichnet, weil sie bei religiösen Erlebnissen beobachtet wird, das heißt, in Situationen, in denen man mit der anderen, der heiligen Wirklichkeit in Verbindung tritt (Goodman, 1988).

Vor Beginn des Gottesdienstes in der Apostolischen Kirche in Mexico City, den ich hier beschreiben will, kannte ich diese Art von Trance nur aus Beschreibungen in der einschlägigen Literatur. Ich hatte noch nie jemanden kennengelernt, der diesen veränderten Bewußtseinszustand tatsächlich erlebt hatte. Deswegen war ich überhaupt nach Mexico City gekommen. Ich hoffte dieses außergewöhnliche Verhaltensmuster endlich beobachten zu können, dessen Auftauchen eine wissenschaftliche Hypothese bekräftigen würde, die ich in einer Seminararbeit aufgestellt hatte.

Es war im Sommer 1968. Um mich herum im überfüllten Autobus drängten sich braunhäutige Passagiere auf dem Heimweg von der Arbeit, junge Mädchen in modischer Kleidung, Männer in zerschlissenen Arbeitshemden. Hausfrauen stiegen ein mit Körben voll von Obst und Gemüse vom Markt, eine Mutter mit ihrem Kind, das wohlverwahrt in dem Tuch schlief, das sie auf ihren Rücken geschlungen hatte. Mein Ziel war die Colónia Pro-Hogar, ein recht armer Bezirk der Millionenstadt. Ich hatte mein Tonbandgerät in Zeitungen eingewickelt, um es gegen einen etwaigen Zugriff zu schützen. Der Bus ratterte über das holprige Pflaster der engen Straßen und hustete Dieseldämpfe. Wie war ich nur auf den Gedanken gekommen, den Hörsaal der Universität in Ohio gegen dieses Abenteuer in Lateinamerika zu vertauschen?

Mein erstes Studium in Heidelberg, wo ich ein Diplom als Dolmetscherin und Übersetzerin erworben hatte, war sicher keine Vorbereitung auf das gewesen, was mich jetzt so brennend interessierte. Nach meiner Auswanderung hatte ich viele Jahre lang als wissenschaftliche Übersetzerin gearbeitet, mich mit Metallurgie, Biochemie und Medizin befaßt. Irgendwie aber war diese Arbeit immer unbefriedigend geblieben, und als meine Kinder schließlich den größten Teil des Tages in der Schule oder in der Universität verbrachten, beschloß ich, wieder zu studieren.

Als ich dieses neue Studium begann, war ich einundfünfzig Jahre alt, und 1965 war es keineswegs üblich, daß man sich in so »reifen« Jahren noch einmal in den Hörsaal setzte. Ich erinnere mich, wie verlegen ich war, als ich meine vergilbten Urkunden bei der Immatrikulation vorlegen mußte. Die Universitätsbehörden kamen mir jedoch verständnisvoll entgegen, und ich wurde probeweise aufgenommen. Ich entschied mich für Linguistik als Hauptfach.

Für ein Studium der Linguistik war dies eine besonders günstige Zeit. Es stand nicht mehr die altmodisch gewordene Philologie im Vordergrund, das endlose Suchen nach Wurzeln und Wortverwandtschaften in den verstaubten Urkunden längst vergessener Sprachen. Hergebrachte Standpunkte wurden in Frage gestellt, ererbte Erkenntnisse auf den Kopf gestellt und in neuer fesselnder Weise miteinander verbunden, das Sprechverhalten mit der Evolutionstheorie, die Grammatik mit der Mathematik und der Logik. Man befaßte sich mit der Akustik der Sprechlaute und mit ihrer Physiologie. Die Psychologie wurde herangezogen und die Rolle der Sprache in den menschlichen Kulturen. Vieles war noch neu und umstritten, wie Noam Chomskys Auffassung, wir besäßen in unserem Denken eine Tiefenstruktur, eine schwarze, das heißt undurchsichtige Schachtel voll grammatischer Regeln, die die Oberflächenstruktur dessen bestimmen, was wir sagen. Es war begeisternd, all diese Neuerungen gewissermaßen im Entstehen mitzuerleben. Dennoch konnte ich mich des Gefühls nicht erwehren, daß es nicht das war, warum ich wieder zu studieren begonnen hatte. Wieder war es da, wie in Heidelberg, dieses beunruhigende Gefühl des Zweifels am Wert dessen, womit ich mich befaßte, dieses Gefühl, dessen ich nicht Herr werden konnte.

In dieser Stimmung meldete ich mich für einen Kurs unter dem Titel »Die Religion bei den nichtwestlichen Kleingesellschaften« an. Das Thema des Kurses schien wie ein Versprechen, eine Verlockung, wie das ferne Bimmeln eines Schamanenstabes.

Erika Bourguignons Vorlesungen brachten Ordnung in die verworrene Menge von Informationen, die ich über die Religionssysteme jener nichtwestlichen Kleingesellschaften hatte, die viele immer noch »primitiv« nennen. Das allein schon war äußerst befriedigend. Noch begeisternder aber war, daß sie uns auch in ihre eigene Forschung einführte. Sie und ihre Mitarbeiter beschäftigten sich seit Jahren mit einem Forschungsvorhaben, das vom *National Institute of Mental Health* gefördert wurde und dessen Ziel es war,

> »eine vielfältige Analyse von einem psychokulturellen Phänomen vorzunehmen, über das befremdenderweise kaum etwas Systematisches bekannt ist. Das Phänomen, das uns beschäftigte, ist die religiöse Wertung... eines psychologischen Zustandes, bekannt unter verschiedenen Bezeichnungen wie »Dissoziation«, »Trance« oder neuerdings, und etwas allgemeiner, »veränderte Bewußtseinszustände«.«[1*]

Mich zogen besonders zwei Gedankengänge Erika Bourguignons sofort an. Der erste war, daß solche »veränderten Bewußtseinszustände« oder »Trance« völlig normale Vorgänge darstellen. Ich hatte meinen Teil an wissenschaftlichen Abhandlungen über die psychotische Natur des religiösen Erlebnisses, besonders der Schamanen, gelesen. Solch ein Standpunkt weckte in mir immer eine ärgerliche, von Zweifeln durchsetzte Reaktion. Ein *táltos*, ein ungarischer Schamane, sollte ein Geisteskranker, womöglich ein Schizophrener oder Epileptiker sein? Hier konnte es sich nur um eine irrtümliche Auslegung schamanischen Tuns handeln. Der zweite Gedanke Bourguignons war, daß solch ein Verhalten einem sonst eintönigen Ritual Aufregung, Farbe und Drama verleiht und in vielen Gesellschaften eine Institution ist, einer der wichtigsten Bestandteile einer ganzen Reihe von religiösen Feierlichkeiten. Dies war also der Zauber, den ich als Kind so bitter vermißt hatte! All dies war nicht nur unendlich begeisternd; es war für mich auch höchst aufschlußreich, daß das, was ich mir selbst zurechtgelegt hatte, sich nun als ein Teil der akademischen Verhaltensforschung herausstellte. Mein neues Studium fing an, wirklich spannend zu werden.

Es sollte noch besser kommen. Erika Bourguignon stellte mich als Übersetzerin für das fremdsprachliche Material ein, das in die statistische Übersicht einbegriffen werden sollte, an der sie und ihr Stab arbeiteten. Diese Studie sollte den Beweis dafür liefern, daß das religiöse Erlebnis nicht etwa ein von wenigen Beobachtern berichtetes Kuriosum darstellt, sondern daß kaum eine Kleingesellschaft bekannt ist, wo es nicht irgendeine Form des Tranceerlebnisses als feststehende Einrichtung gibt.

Auch der Linguistiker in mir sollte bei dieser Forschungsarbeit nicht zu kurz kommen. In der fremdsprachlichen ethnographischen Literatur stolperte ich des öfteren über Andeutungen, daß die Teilnehmer an gewissen religiösen Ritualen in einer besonderen Art sprechen. In der Linguistik wird dies Sprechen als *Glossolalie* bezeichnet; die Christen kennen es auch und nennen es das Zungensprechen. Es handelt sich um eine Vokalisation, die gewöhnlich aus Silben besteht, die an und für sich keine Bedeutung haben, wie etwa »lalalalala« oder »?ulalaladalala«, wobei das Fragezeichen einen bei uns nicht geschriebenen Konsonanten,

---

* Die hochstehenden Zahlen beziehen sich auf die Anmerkungen, die ab Seite 339 kapitelweise zusammengefaßt sind.

den Kehlverschluß, darstellt. Westliche Beobachter nannten dieses Sprechen oft verächtlich Kauderwelsch, unverständliches Zeug, dessen Aufzeichnung sich nicht lohnt. Ich meinte aber, daß es als Teil eines Rituals sehr wohl von besonderer Bedeutung sein müsse und sich eine nähere Betrachtung dieses Phänomens daher lohnte.

Professor Bourguignon gab mir eine Reihe von Tonbändern, aufgenommen von einigen ihrer Mitarbeiterinnen während der Feldforschung bei verschiedenen Sekten der Pfingstbewegung, wo das Zungensprechen mit zum Gottesdienst gehört. Bei meiner linguistischen Analyse dieser Tonbänder fielen mir bald einige fesselnde Muster auf. Die Muttersprache aller Sprecher, die diese merkwürdigen Silbenfolgen hervorbrachten, war Englisch, wenn auch in verschiedenen Dialekten: sogenanntes schwarzes Englisch von den Karibischen Inseln, die Mundart der Apalachenberge oder auch die der amerikanischen Mittelschicht aus Texas. Sobald aber die Sprecher auf das Zungensprechen umschalteten, erschienen Züge, die die englischen Dialekte nicht aufweisen. Jede Silbe begann mit einem Konsonanten, und die Sprache war durchgehend rhythmisch, mit einer sich ständig wiederholenden Akzentuierung, so als würden klassische Gedichte deklamiert. Außerdem wiederholte sich auf allen Tonbändern die gleiche Betonung. Es ergab sich ein Anstieg bis zu einer Betonungsspitze am Ende des ersten Drittels der Silbenfolge. Von dort aus sank die Betonung regelmäßig bis zum Ende. Diese Beobachtung ließ sich mit der Stoppuhr nachmessen.

Die Übereinstimmung war bemerkenswert, denn die Tonbänder stammten aus geographisch weit voneinander getrennten Gemeinden, es konnte sich also nicht um Nachahmung handeln, besonders da auch jeweils andere Sekten der Pfingstgemeinde vertreten waren. Überraschend war auch die strenge Regelmäßigkeit der Muster. Einen so tyrannischen Rhythmus gab es nicht einmal beim Skandieren klassischer Gedichte und schon gar nicht die monotone Betonungskurve. Beim natürlichen Sprechen wird die Betonung in den Dienst der Kommunikation gestellt. »Dein Freund ist im *Garten*« teilt etwas anderes mit als »Dein *Freund* ist im Garten«. Es gab da offensichtlich irgend etwas, was den gewöhnlichen Sprechakt störte oder beeinflußte. Da von Anthropologen übereinstimmend berichtet wurde, daß diese außergewöhnliche Sprechweise während religiöser Rituale vorkommt, bei denen auch die entsprechende Trance zu beobachten ist, spekulierte ich, daß es sich bei diesem geheimnisvollen »Irgendetwas« um Veränderungen handeln müsse, die während der Trance im Körper zustandekommen.

Verständlicherweise tauchten natürlich gleich Zweifel an dieser Annahme auf, wie es immer der Fall ist, wenn man über eine völlig neue Erklärung stolpert. Ich schickte also den Vorentwurf meiner Seminararbeit an einen kanadischen Linguistiker, der einige Artikel über seine grammatischen Befunde bei der Glossolalie veröffentlicht hatte. Ich nahm an, daß ihn meine Spekulation interessieren und daß ihm möglicherweise noch etwas anderes dazu einfallen würde, was ich vielleicht nicht beachtet hatte. Stattdessen bekam ich einen Brief zurück, des Inhalts: nein, liebes Fräulein, also so etwas wie eine Trance, das gibt es nicht. Und selbst wenn es das gäbe, sollten wir die Leute nicht dadurch bekümmern, daß wir behaupten, sie verfielen in irgendeinen sonderbaren Zustand. Das war ein verletzender Verweis, und es dauerte eine Weile, bis ich mich von meiner Enttäuschung darüber erholt hatte. Dann aber beschloß ich, mich zu wehren. Es mußte irgendeine Möglichkeit geben, die Gegenargumente dieses Mannes zu entkräften. Was, wenn ich entdecken würde, daß die sonderbaren Muster sich nicht nur bei englisch Sprechenden einstellten? Würde die Glossolalie beispielsweise bei spanisch Sprechenden die gleichen Muster zeigen oder ganz andere? Wenn sie auch woanders auftauchten, dann ergab sich aus der Beobachtung eine sicherere Grundlage für das Argument, daß es sich bei dieser besonderen Vokalisation nicht nur um psychokulturelle Faktoren handelt, sondern daß sie einen verborgenen, von biologischen Vorgängen herrührenden Faktor enthält. Wenn ich nachweisen konnte, daß in der religiösen Trance tatsächliche körperliche Veränderungen stattfinden, daß das Erlebnis nicht nur einfach ein Produkt der Phantasie ist, würde das der ganzen Sache einen völlig unerwarteten, greifbaren Wirklichkeitswert verleihen.

Was ich in Mexiko City herausfinden wollte, war, wie sich die Glossolalie der spanisch Sprechenden anhört. Ich hatte mich nach einem Zweig der Pfingstbewegung, den Apostolischen Gemeinden, auf die Suche gemacht, weil das Zungensprechen in dieser Bewegung von allen Gläubigen erwartet wird. Es wird für die Offenbarung des Heiligen Geistes gehalten, für dessen Taufe, ohne die niemand in den Himmel kommen kann. Das Telefonbuch führt eine Reihe Apostolischer Gemeinden an, eine davon die in der Colónia Pro-Hogar, nicht allzuweit weg von dort, wo ich untergebracht war.

Der bescheidene, rechteckige Tempel stand in einer Seitenstraße. Er bestand aus einem blaßblau angemalten Raum, der von einer einzigen nackten Glühbirne beleuchtet war, die von der Decke hing. Ein flaches Podium nahm die Stelle des Altars ein, darauf eine einfache Kanzel mit einer abgegriffenen Bibel und einem Gesangbuch und zu beiden Seiten Vasen mit bunten Blumen. Die Gemeindemitglieder waren ähnliche Leute wie die, die ich im Bus gesehen hatte: Handwerker, Arbeiter, Dienstmädchen, Wäscherinnen, Hausfrauen, die den fremden Gast neugierig, aber nicht unfreundlich anschauten. Ich hatte dem Prediger mein Vorhaben am Telefon erklärt. Er stellte mich vor und sagte, er habe mir erlaubt, Tonbandaufnahmen zu machen, zu filmen und Notizen zu machen. Etwas befangen von dem ungewöhnlichen Ereignis setzten sich die Leute hin, und bald nahm der Gottesdient seinen gewöhnlichen Lauf.

Ich nahm an einer Reihe dieser Abendgottesdienste teil und stellte jedesmal mein Tonbandgerät hoffnungsvoll neben mich auf die gelbe Bank, aber es geschah nichts. Zu diesem Gottesdienst jedoch war ich früher als gewöhnlich gekommen und führte vor seinem Beginn eine lange Unterhaltung mit Juan, einem jungen Berufssoldaten und Helfer des Predigers. Ich hatte das Tonbandgerät angestellt und bat ihn, mir seine Bekehrung und einiges von seinen Erlebnissen beim Zungensprechen zu beschreiben. Er erzählte, er habe jahrelang um diese Offenbarung des Heiligen Geistes gebetet, aber es sei ihm immer versagt geblieben. Eines Tages sei der Bischof der Kirche dagewesen, habe ihm seine Hand auf den Kopf gelegt und für ihn gebetet.

> Und nachdem dieser Bruder für mich gebetet hatte, habe ich weitergebetet und Gott angefleht, er möge mir dies Geschenk doch gewähren. Und da hakte meine Zunge plötzlich, und in dem Augenblick wußte ich nichts mehr von mir selbst, überhaupt gar nichts, aber ich fühlte diesen Drang, ich mußte

sprechen. Ich wollte aufhören, aber meine Zunge wurde in
dieser Weise zum Sprechen gedrängt. Ich habe das seit der Zeit
bei anderen Gelegenheiten auch bemerkt; ich bin beim Beten,
ich bestehe darauf, ich will nicht (in Zungen) sprechen, aber
dann höre ich eben meine eigenen Worte; ich verstehe sie
nicht, aber meine Zunge wird gedrängt zu sprechen. Hinterher
fühle ich mich gelassen, wohl, und ich habe alle meine
Probleme vergessen.

Der Prediger war an diesem Abend anderweitig beschäftigt und
hatte Juan mit der Leitung des Gottesdienstes betraut. Er stand
auf dem Podium hinter der Kanzel mit dem weißen, bunt
bestickten Tuch. Der Gottesdienst nahm seinen üblichen Verlauf;
es gab die Gebete, die Kirchenlieder, die Lesung der biblischen
Texte. Danach folgte der Ruf zum Altar, wo die Leute zum
Podium gehen und sich zum Beten hinknien. Der Prediger hatte
erwähnt, daß das Zungensprechen gewöhnlich bei dieser Gelegenheit vorkommt. »Woher wissen Sie das?« hatte ich gefragt.
»*Pues*, das ist einfach«, war seine überraschte Antwort. »Es ist
kein Spanisch.« Was ich aber bis dahin zu hören bekommen
hatte, war nur ein unklares, halblautes Gewirr von Stimmen, das
ich auch von den Tonbändern kannte, mit denen ich zu Hause
gearbeitet hatte.

Juan hatte den Gottesdienst bis dahin recht ruhig geführt, aber
beim zweiten Ruf zum Altar schien es mir, als treibe er die
Gemeinde beim Gebet mit Händeklatschen und gelegentlichem
lauten Anrufen von Gott und dem Heiligen Geist stärker an.
Unerwarteterweise ließ er dann seine Stimme etwas absinken und
schaltete plötzlich aus der Mittellage auf eine sich begeistert
steigernde Glossolalie über: »siö, siö, siö, siö...« Meine Notizen
zeigen, wie verblüfft ich war:

Auf dem Tonband ist der Anfang ohne weiteres zu hören, aber
als es wirklich geschah, war es eine riesige Überraschung. Ich
war tatsächlich dabei, es war das wirkliche Zungensprechen!
...Und es bestand aus einem ständigen Pulsieren, Kurve auf
Kurve. Das Geschehen ergriff auch die Gemeinde. Sobald die
Leute merkten, daß sich eine wirkliche Offenbarung abspielte,
wurden alle von der Trance ergriffen wie von einem Feuer. Ein

zweiter Mann schaltete in den Zustand über, weniger intensiv als Juan, aber mit den gleichen Silben: »siö, siö...«. Zur Rechten hatte eine Frau die Hände in Brusthöhe gefaltet und bewegte sie mit unwahrscheinlicher Geschwindigkeit auf und ab.

Am Anfang des Rufes zum Altar hatte sich Juan hinter die mit Gladiolen gefüllten Vasen gekniet, aber nun sprang er plötzlich auf.

Er hatte seine Knie leicht nach vorn gebeugt, sein Körper lehnte sich etwas zurück und erschien äußerst starr. Die Augen hatte er fest geschlossen; das Gesicht war gespannt aber nicht verzerrt; seine Arme streckten sich in die Höhe, seine Hände öffneten und schlossen sich im Takt zu den Silben. Nach einem deutlich hörbaren Absinken der Stimme senkte er die Arme und öffnete die Augen. Sein Blick fiel auf mich, und sein Gesicht drückte eine totale, fragende Verwirrung aus. ...Dann, praktisch ohne jede Pause, ging er zur natürlichen Sprache über und kniete sich unter Anrufung des Heiligen Geistes wieder hin.

Hier hatte ich nun wirklich zum ersten Mal einen Mann in Trance gesehen, die angespannten Muskeln, das gerötete, verschwitzte Gesicht, das leichte Zittern und die verkrampften Hände. Im Laufe des Sommers war ich wiederholt dabei, wenn Männer und Frauen die religiöse Trance in ihren vielen Abstufungen erlebten, von der kaum bemerkbaren Veränderung bis zu höchst dramatischen, den ganzen Körper einbeziehenden Vorgängen. Wie ich schon bei der anfänglichen Analyse der Tonbänder vermutet hatte, waren sie, genau wie Juan auch, in Trance, wenn sie *in Zungen sprachen*. Es war, wie er in dem Interview gesagt hatte: »Ich wußte nichts mehr von mir selbst, überhaupt nichts, aber ich fühlte diesen Drang, ich mußte sprechen.«
Ich habe Juans Glossolalie sowie die vieler anderer Sprecher später sorgfältig analysiert. Die Muster, die ich entdeckt hatte, waren stets vorhanden. Im folgenden Sommer fuhr ich dann zu Feldforschungen nach Yucatán und nahm dort die Glossolalie in einer apostolischen Gemeinde auf Tonband auf, von Sprechern,

deren Muttersprache das Maya ist, einer Sprache, die nicht der indoeuropäischen Sprachfamilie angehört. Die Ergebnisse waren immer die gleichen. Nachdem ich ein Buch über dieses Thema veröffentlicht hatte[2], schickten mir Kollegen zahlreiche Tonbänder, die sie bei Feldforschungen in Ghana in Afrika, auf der Insel Nias in Indonesien, an der Nordküste von Borneo, in Japan und anderenorts aufgenommen hatten. Die Nadel des Druckregistriergeräts zeichnete stets die gleiche Kurve. Ganz egal wo Menschen bei einem religiösen Ritual in dieser außergewöhnlichen Weise sprachen, veränderten sich gewisse Körperfunktionen in der gleichen charakteristischen Weise – eine wundersame Bestätigung unseres gemeinsamen biologischen Erbes.

Inzwischen hatte ich im Herbst 1968 einen Ruf an die Denison Universität erhalten, ein privates College im Nordwesten von Ohio, wo ich Linguistik und später auch Anthropologie unterrichtete. In meinen Vorlesungen sprach ich oft von meiner Feldforschung und besonders über meine Beobachtungen bei der religiösen Trance. Ich erzählte, wie wichtig sie in vielen Gesellschaften genommen werde, daß es sich um ein erlerntes Verhalten handle und wie wohl und entspannt sich die Menschen nach einem Tranceritual fühlen. Ich führte meinen Studenten auch den Film vor, den ich in Yucatán gedreht hatte. Früher hätte dieses Thema vielleicht wenig Interesse geweckt, aber diese Studenten gehörten zu der ganz besonderen Generation der Sechziger. Alles Ungewöhnliche faszinierte sie, sie wollten ihr Bewußtsein »erweitern«, sie waren begierig auf Abenteuer, auf alles Neue. »Könnten Sie uns diese Trance nicht auch beibringen?«, war die oft gestellte Frage.

Ich habe eine ganze Weile über dieses Ansinnen nachgedacht. Es wäre natürlich unmöglich und auch völlig unangebracht gewesen, den Gottesdienst einer Pfingstlersekte nachzuahmen. Außerdem hatten die Studenten auch kein Interesse daran, die Glossolalie zu lernen. Ob es möglich wäre, das Gesamtverhalten in seine Teile zu zerlegen und nur die dem Erlebnis zugrunde liegenden körperlichen Veränderungen herbeizuführen? Ich beschloß, die mir wesentlich erscheinenden Faktoren der Tranceinduzierung aus dem Gesamtvorgang herauszulösen und die, die zum Zungensprechen führen, wegzulassen. Eine Vorbedingung für das Erlebnis war offensichtlich die Erwartung, daß dieser außergewöhnliche Bewußtseinszustand für alle erreichbar sei. Dieser Gedanke war meinen Studenten aus der ethnographischen Literatur und aus meinen Vorlesungen schon geläufig. Wir brauchten einen abseits liegenden Raum, wo wir nicht gestört wurden, sowie irgendeine rhythmische Anregung. Wir bekamen ein geeignetes Klassenzimmer zugewiesen. Zur Anregung wählte ich eine aus einem Zierkürbis gefertigte Rassel, wie sie bei den religiösen Tänzen, etwa beim Maistanz in Neumexiko, benutzt werden. Ich wies die Teilnehmer an dem Versuch an, sich in der ihnen angemessen erscheinenden Weise zu verhalten. Sie konnten im Kreis herumgehen, stehen, sitzen, knien oder sich hinlegen. Die Hauptsache sei, daß sie die Augen zumachten und sich auf den Ton der Rassel konzentrierten. Anfangs rasselte ich nur zehn Minuten lang, aber das schien zu wenig zu sein; ich ging auf fünfzehn Minuten über.

Vier Jahre lang, von 1972 bis 1976, führte ich die Versuche in dieser Form mit verschiedenen Studentengruppen durch. Aus ihren Berichten wurde klar, daß sie sehr wohl eine Änderung in der Art, wie ihr Körper reagierte, feststellen konnten. Gleichzeitig stellte sich auch eine Veränderung im Bewußtsein und im Wahrnehmungsvermögen ein. Sie berichteten von einem erhöhten Puls; sie hatten sich erhitzt gefühlt; ihre Muskeln hatten sich versteift, sie hatten gezittert und gezuckt. Oft verschwand der Ton der Rassel, oder er verwandelte sich in Licht. Es erschienen verschiedene Gestalten, Schatten oder eine längst vergessene Freundin. Hinterher fühlten sie sich freudig erregt und hatten das dringende Bedürfnis, anderen von ihren Erlebnissen zu erzählen. Die Umwelt schien verändert. Als ein Mädchen nach einer Sitzung zufällig in den Spiegel schaute, erschien sie außergewöhnlich schön. Sie fand das befremdlich, denn sie hatte sich nie als Schönheitskönigin gefühlt. Auch das Zeitgefühl war auf eine besondere Weise verschoben. »Haben Sie wirklich fünfzehn Minuten lang gerasselt?« wurde ich oft gefragt. Viele fanden es schwierig, das Erlebte »in der richtigen Reihenfolge« wiederzugeben. Nach einer Trance sprudelten sie oft die Erlebnisse ohne jede Ordnung hervor. Was zuletzt gewesen war, wurde zuerst berichtet, das erste zuletzt und das übrige ungeordnet dazwischen. Trotzdem waren alle Teilnehmer stets völlig klar und konnten ohne jede Schwierigkeit sowohl die körperlichen Veränderungen als auch die flüchtigen Bilder, die an ihren Augen vorbeigezogen waren, beschreiben.

Eines war jedoch befremdlich: Die Erlebnisse schienen sich völlig regellos voneinander zu unterscheiden. Da die Anregung stets die gleiche war, sollten da die Erlebnisse nicht wenigstens in bescheidenem Maße übereinstimmen? Stattdessen war es einigen sehr heiß, anderen aber kalt. Die einen sahen ein weißes Licht, bei anderen erschien ein schwarzes Loch. Dergleichen Abweichungen gab es zwar auch bei denen, die in Zungen gesprochen hatten, aber hier erhielt das Erlebnis eine gemeinsame Ausrichtung durch die Überzeugung, daß es der Heilige Geist sei, der sich des Körpers bemächtigt hatte. Es machte im Grunde nichts aus, daß er bei dem einen durch den Magen eintrat, beim nächsten am Rückgrat entlang hochstieg, und daß der dritte ihn als weichen Regen auf der Schulter gefühlt hatte. Da es aber bei meinen Studenten keine alles verpflichtende Mythologie gab, fehlt folglich auch dem Erleben jede Art von Übereinstimmung. Ich konnte mir jedoch kein anderes Versuchsvorgehen vorstellen und mußte mich damit abfinden, daß es wenig Sinn hatte, so weiterzumachen.

Hinzu kam, daß insgeheim auch noch die uneingestandene Sorge an mir nagte, daß wir vielleicht überhaupt nicht jene besonderen physiologischen Veränderungen herbeigeführt hatten, die die Grundlage des ekstatischen Erlebnisses bilden. Es gibt so viele veränderte Bewußtseinszustände; wie konnte ich sicher sein, daß wir den richtigen gefunden hatten? Wie sollte man so etwas nachprüfen? Ich konnte mich nur auf die Ähnlichkeit verlassen, die ich zwischen dem Verhalten der Studenten und den in Zungen sprechenden Informanten festgestellt hatte. Hier war also nichts mehr zu holen. Um einen gewissen Abschluß zu haben, berichtete ich 1976 die Ergebnisse bei einer Sitzung der Akademie der Wissenschaften von Ohio. »Das Erlebnis der Trance besitzt keinen Inhalt an sich«, schrieb ich in der Zusammenfassung. »Es handelt sich um einen neurophysiologischen Vorgang, der nur durch die in der betreffenden Kultur enthaltenen Signale einen Inhalt erhält.« Im Fall unserer eigenen europäisch orientierten Kultur gibt es außerhalb der Pfingstbewegung keine solche Signale mehr; und ich hatte keine Ahnung, wohin ich mich nun wohl wenden sollte.

Im Herbst desselben Jahres eröffnete sich jedoch eine ganz neue Möglichkeit. Dr. Bourguignon, die meine Doktormutter gewesen war und mit der ich auch nach der Promotion Verbindung gehalten hatte, machte mich auf einen Artikel des kanadischen Psychologen V.F. Emerson aufmerksam.[3] Er hatte sich mit einer Reihe von Meditationsrichtungen befaßt und berichtete, daß bei diesen Bewegungen das Glaubenssystem in Wechselbeziehung stehe zu der bei der Meditation eingenommenen Körperhaltung. Alle Funktionen des Körpers ändern sich je nach eingenommener Haltung, führte Emerson aus, der Herzschlag, das Atmen, selbst das Bewegungsvermögen der Eingeweide. Dies müsse sich auch auf der psychologischen Ebene auswirken.

Den Artikel hatte ich mir schon im Frühjahr kurz angeschaut, als ich an dem Bericht für die Akademie arbeitete, aber seine Wichtigkeit wurde mir erst klar, als ich im Herbst des Jahres noch einmal überlegte, wie es nun mit meiner Forschung weitergehen solle. Plötzlich verstand ich die volle Bedeutung der Emersonschen Gedankengänge. Wieso hatte ich eigentlich nie an diesen Zusammenhang gedacht? War das der Grund dafür, daß das Erlebnis vom Empfang des Heiligen Geistes so verschieden berichtet wurde? Bei der Feldforschung hatte ich die Einzelheiten aufgezeichnet, wie das Zungensprechen gelernt wird. Nicht ein einziger Prediger hatte dabei je eine besondere Körperhaltung verlangt oder auch nur empfohlen. Es gab gewisse Gemeinden, in denen die eine oder andere Körperhaltung bevorzugt wurde, aber auch in diesen Fällen wurde sie weder gelehrt noch von allen eingenommen. Wichtig war einzig, daß der Heilige Geist auch wirklich erschien. Bei der Forschung mit den Studenten hatten mich die körperlichen Veränderungen interessiert und wieso das Erlebnis so stark variierte. Es war mir nie in den Sinn gekommen, bei den Sitzungen irgendwelche besondere Körperhaltungen vorzuschlagen. Wir trugen also gewissermaßen alle die gleichen Scheuklappen, denn auch in der ethnographischen Literatur konnte ich mich an kein Beispiel erinnern, wo der Beobachter auf irgendeine Haltung aufmerksam macht, die bei einem religiösen Ritual eingenommen wird.

Der nächste Schritt, die Frage danach, welche Haltungen hier in Frage kämen, erscheint mir heute völlig selbstverständlich, aber damals hatte er etwas vom Ei des Kolumbus: Es weiß jeder, daß man ein hartgekochtes Ei nur hinstellen kann, wenn man die Spitze bricht; aber auf den Einfall muß man erst mal kommen. Emersons Gedankengänge deuteten schon in die Richtung, aber die Idee, während der Trance eine bestimmte Haltung einzunehmen und diese dann auch noch der völkerkundlichen Literatur zu entnehmen, war noch niemandem gekommen. Und so war es mir vergönnt, eine geheimnisvolle, lang verschüttete Welt neu zu entdecken.

Es ist vielleicht angebracht, hier kurz etwas über meine Methodik zu sagen. Jedem, der mit diesem Fragenbereich bekannt ist, wird sicher bald auffallen, daß ich nicht »positivistisch« vorgehe, wie das etwa das bekannte Handbuch von Rosenthal und Rosnow (1969) beschreibt. Bei dieser Methodik ergeben sich verschiedene »Artifakte«, die vom Forscher selbst hervorgebracht werden und die Ergebnisse verfälschen können, wie zum Beispiel die Erwartungen des Versuchsleiters und das Erkennen seines Forschungsziels durch die Versuchspersonen. Es wird daher größte Sorge getragen, den Versuchsleiter und die Versuchspersonen voneinander getrennt zu halten. Unter den gegebenen Umständen bestand aber überhaupt keine Gefahr, daß ich derartige Artifakte hervorbringen könnte. Denn außer meiner den Probanden bekannten Erwartung, daß sich eine Änderung in der Wahrnehmung einstellen würde, war ich ja selbst völlig im dunkeln darüber, welche Erlebnisse sich ankündigen würden. Außerdem neige ich als Ethnologin viel eher zu einer Methodik, die als »naturalistisch« bezeichnet wird (siehe Lincoln und Guba, 1985). Bei dieser Methodik steht der Einzelbericht im Vordergrund. Der Versuchsleiter und der Proband stehen in einem Verhältnis der gegenseitigen gleichzeitigen Gestaltung zueinander, so daß Ursache und Wirkung nicht voneinander zu unterscheiden sind, und die Daten werden sowohl vom Versuchsleiter als auch vom Probanden eingebracht. Die Ergebnisse sind nicht sicher, sondern wahrscheinlich und spekulativ. Vor allem aber ist die Wirklichkeit, philosophisch gesehen, nicht absolut, sondern relativ. Diese Methodik eignet sich vorzüglich für meine Art von Forschung.

Nach einigem Suchen gelang es mir tatsächlich, eine Reihe von Haltungen für mein neues Forschungsvorhaben zu finden, von denen ich annehmen konnte, daß sie rituellen Charakter haben.

Es war beispielsweise offensichtlich, daß die Holzschnitzerei, wo ein kleiner Schamane von hinten von einem mächtigen Bärengeist umarmt wird, eine religiöse Szene darstellt.

Abb. 1: Schamane mit dem Bärengeist
(Holzschnitzerei, Kwakiutl, spätes 19. Jahrhundert)

Außerdem wies das ekstatische Lächeln, das ich bei Menschen in Trance so oft gesehen hatte, entschieden auf das Erlebnis hin, auf das es mir ankam. Der indianische Holzschnitzer von der Nordwestküste des amerikanischen Kontinents, der dieses kleine Kunstwerk am Ende des neunzehnten Jahrhunderts geschaffen hat, muß diesen verzückten Gesichtsausdruck viele Male gesehen haben, um ihn so getreu darstellen zu können. Es gab noch eine Reihe anderer Abbildungen, die den gleichen Charakter hatten.

Mit finanzieller Unterstützung der Denison Universität begann ich im Sommer 1977 mit dieser neuen Phase meiner Forschung. Ohne Mühe fand ich eine Reihe interessierter Versuchspersonen, meine beiden Yogalehrerinnen, einige Studenten der Völkerkunde aus höheren Semestern, eine Soziologin, acht insgesamt. Da sie berufstätig waren, konnten sie nicht alle zur gleichen Zeit kommen. Ich beschloß daher, mit jedem einzeln zu arbeiten. Das war ohnehin wünschenswert, weil sie sich auf diese Weise nicht gegenseitig beeinflussen konnten. Statt in ein Labor zu gehen, lud ich sie zu mir nach Hause ein. Die Versuche fanden in einem sparsam ausgestatteten, aber ästhetisch ansprechenden Raum statt. Zu Anfang eines jeden Versuchs zeigte ich eine von mir angefertigte Zeichnung, die keine weiteren Angaben enthielt. Nachdem die Versuchsperson die Haltung gelernt hatte, benutzte ich wieder die Rassel zur Induzierung der Trance. Hinterher nahm ich den Bericht auf Tonband auf.

Ich wünschte, ich könnte noch einmal das Staunen über die Verzauberung erleben, die mich damals in ihren Bann schlug, als wir anfingen, diese neue Möglichkeit zu erforschen. Die wahrgenommenen körperlichen Veränderungen blieben nach wie vor schwankend, obgleich sie sich nun in einem engeren Rahmen bewegten. Wie ich später entdecken sollte, haben sie eine bemerkenswerte, äußerst strenge Gesetzmäßigkeit, aber die ist der bewußten Wahrnehmung kaum zugänglich und kann nur mit einer hochentwickelten Laborausrüstung aufgedeckt werden. Aber sobald wir die Körperhaltung vorschrieben, ergab sich etwas noch viel Wichtigeres: Die Erlebnisse selbst wurden konsequent. Innerhalb eines gewissen Rahmens, der je nach individuellem Stil und je nach Ausdrucksfähigkeit enger oder weiter ist, vermittelt jede einzelne Haltung nicht irgendein beliebiges, sondern ein bestimmtes, mit ziemlicher Sicherheit vorauszusagendes und von anderen unterscheidbares Erlebnis. Bei der Körperhaltung des Schamanen, den der Bärengeist umarmt und in der der Schamane den Kopf nach hinten neigt, während er die Hände über dem Nabel zusammenlegt und die Knie leicht nach vorn beugt, ergab sich immer wieder ein bestimmtes Erlebnis. Man sah in der Vision, wie sich der Kopf oder der Körper aufspaltete, so als würde man darauf vorbereitet, etwas von außen aufzunehmen, was sich dann als eine Substanz oder als Energiestrom darstellte. Bei einer anderen Haltung – dem Foto eines afrikanischen Wahrsagers abgeschaut (Abbildung 2), der auf dem Boden sitzt mit den Beinen zur rechten Seite, während er sich auf die

Abb. 2: Nupe *mallam* (Wahrsager)
(Mair 1969, Seite 94)

linke Hand stützt und die rechte auf den linken Unterschenkel legt, empfinden die Versuchspersonen, daß sie sich wie ein Kreisel zu drehen beginnen. Von diesem Herumwirbeln erhalten sie die Energie, um etwas »herauszufinden« oder zu »verstehen«.

Im folgenden möchte ich ein weiteres Beispiel etwas ausführlicher beschreiben. Es bezieht sich auf eine Felszeichnung aus der Altsteinzeit, also etwa sechzehn- bis siebzehntausend Jahre alt, in der Höhle von Lascaux. Die Höhle wurde 1940 in der Nähe eines Dorfes namens Montignac in der Dordogne, Frankreich, entdeckt. Sie enthält eine Unmenge von Tierzeichnungen, alle von beachtlicher künstlerischer Qualität, und darunter auch eine menschliche Gestalt (Abbildung 3, Seite 41).

Bei flüchtiger Betrachtung gewinnt man den Eindruck, als sei dieser nackte Strichmann unmittelbar vor einem verwundeten Auerochsen nach hinten gefallen. Es wird gewöhnlich angenommen, die beiden Darstellungen gehörten zusammen, das riesige Tier habe also etwas mit dem hingefallenen Mann zu tun. Entweder sei der Mann vor Schrecken hingefallen oder er sei tot oder er führe gerade einen Jagdzauber aus (im Liegen?). Schaut man sich die beiden Bilder jedoch genauer an, stellt man fest, daß gewisse Einzelheiten in der Zeichnung des Mannes sich nicht in diese verschiedenen Deutungen einordnen lassen. Zunächst steht neben dem Mann ein Stab aufrecht in der Erde. Der Stab ist nicht mit Hörnern geschmückt, wie vielleicht zu erwarten wäre, wenn eine Verbindung bestünde zwischen dem Mann und dem Auerochsen. Statt dessen steckt oben auf dem Stab ein Vogel. Wäre es die künstlerische Absicht gewesen, einen Unfall darzustellen, würde der Stab dann nicht neben dem Mann auf der Erde liegen? Zudem ist das Tier von der Maltechnik her völlig anders ausgeführt als der Mann. Der Auerochse ist farbig dargestellt und sorgfältig mit allen Einzelheiten ausgestattet, der Mann dagegen erscheint skizzenhaft in schwarzen Umrissen. Andererseits sind auch bei dem Mann gewisse Einzelheiten mit Nachdruck eingezeichnet. Er trägt eine Vogelmaske, was sehr wohl auf ein religiöses Ritual deuten kann, und sein Glied ist erigiert. Sein linker Ellbogen erscheint als kleine Blase, was die steife Gestrecktheit des Armes betont, während der rechte Arm fast nachlässig und ohne eine solche Blase neben dem Körper liegt. Die Finger sind länger als der Daumen, aber nur der linke weist nach unten. Als ich mir diese Zeichnung näher betrachtete, um eine mögliche rituelle Haltung darin zu entdecken, schien es mir, daß sie sogar sehr genaue Anweisungen in dieser Richtung enthält. Der linke Arm soll gestreckt werden, mit durchgedrücktem Ellbogen. Der Daumen weist dabei nach unten. Der rechte Arm ist gebeugt, so daß der Daumen selbstverständlich obenauf liegt. Hinzu kommt noch etwas, was niemandem aufgefallen war. Der Körper liegt gar nicht flach auf der Erde, sondern im Winkel von 37 Grad.

Bei unserem Versuch mit dieser Haltung gaben wir uns große Mühe, diesen Winkel mit Stühlen, Kissen, Schlafsäcken und dergleichen herzustellen. Die so entstandene Liege sah sehr bequem aus, so daß meine Teilnehmer eine geruhsame Sitzung erwarteten. Stattdessen wurde die Sache sehr schnell höchst dramatisch, wie wir aus den nachfolgenden Berichten erfahren. Nebenbei gesagt

Abb. 3: Felsenmalerei
(Höhle von Lascaux, Montignac Grotte, Altsteinzeit)

erleben nicht alle Versuchspersonen die gesamte Folge des betreffenden Erlebnisses. Meist muß man die Einzelberichte als Gesamtheit nehmen, wie bei Zeugenaussagen, und daraus entsteht dann die fortlaufende Darstellung dessen, was die Haltung vermittelt. Die weiter unten zitierten Berichte, alle von der 1977 zum ersten Mal durchgeführten Versuchsfolge, sind aufgrund dieser Erkenntnis aneinandergefügt.[4]

Anita: Die Haltung der Hände schien mir eine Polarität anzudeuten, und die habe ich immer deutlicher erlebt, je tiefer die Trance wurde. Die linke Hand, die nach unten gezeigt hat, wurde immer wärmer, und die rechte ist kalt geblieben. Dadurch scheint ein Energiefluß entstanden zu sein, der sich kreisförmig bewegt hat. Die Energie hat mich in einen Kokon eingehüllt, und eine Weile habe ich dann in diesem sehr schönen, goldenen Kokon geschwebt.
Judy G.: Die Energie ist in meinem Körper herumgerast, plötzlich hat sie sich auf die Genitalien konzentriert. Schließlich hat sie begonnen, in meinem Körper aufwärts zu strömen.
David S.: Die Erregung ist mir durch die Brust geströmt; es ist mir vorgekommen wie ein Orgasmus, wie ein Orgasmus im Kopf, als sollte alles aus mir herausgequetscht werden; ich bin durch meinen Kopf hinausgepreßt worden. Jetzt ist mir kalt.
Bryan: Es hat da so etwas wie eine riesige Ausstechform gegeben, die hat angefangen, mich zu vervielfältigen. Dann war da etwas, das wollte aus mir heraus. Alle Haare von meinem Körper sind zu Berge gestanden, als dieses Ding aus mir herausgekommen ist, ein genauer Abklatsch von mir selbst.
Suzanne G.: Ich habe einen Pfad gesehen, auf dem bin ich zu einer weißen Wolke gekommen. Dann bin ich in der Wolke drin gewesen, die hat sich geöffnet, und ich bin herausgekommen und im Blau herumgeflogen.

Wie wir aus diesem Bericht ersehen, entsteht durch diese Haltung eine solche Erregung, daß, wie die Teilnehmer berichten, ein Energiestrom aufgerührt wird. Dieser Strom wird in Richtung der Genitalien geleitet, daher vielleicht das erigierte Glied des Schamanen von Lascaux. Von dort aus strömt die Kraft zurück durch den Körper, um sich, wie ein erstaunter Teilnehmer so anschaulich sagt, als ein »Ding«, als genaues Abbild seiner selbst, herauszuheben oder weiter hinauf in den Kopf hinein, von wo aus der Berichterstatter dann »hinausgepreßt« wird. Danach fliegt das Selbst, dieses Duplikat des Egos, im Himmel umher. Die Übereinstimmung mit ungezählten Berichten dieser Art aus der ganzen Welt ist unverkennbar. Offensichtlich hatten wir die alte Kunst der Seelenfahrt neu entdeckt.

Es dauerte eine Weile, bis mir die Tragweite dieser Entdeckung klar wurde. Es war nicht von der Hand zu weisen, daß der veränderte Bewußtseinszustand, den die einfache rhythmische Anregung durch die Kürbisrassel hervorgerufen hatte, tatsächlich die religiöse Trance war, denn die Teilnehmer an meinen Versuchen hatten auf diese Weise eine Seelenfahrt erlebt, also etwas Religiöses. Außerdem hatten wir gleichzeitig begonnen, ein System von Signalen an das Nervensystem wiederzuentdecken, die Zeichen einer höchst verwickelten Kunst, mit deren Hilfe die an sich formlose Trance in ein religiöses Erlebnis umgeformt werden kann, ein wahrhaft wundersames Geschenk der vielen namenlosen Künstler, die diese besonderen Haltungen gestaltet hatten. *Anders ausgedrückt hatten diese Versuchspersonen bei einem verhaltenswissenschaftlichen Projekt mit Hilfe von bisher unbemerkt gebliebenen traditionellen Körperhaltungen den Schritt von den körperlichen Veränderungen zum ekstatischen Erlebnis gemacht. Sie waren vom Diesseitigen, vom Profanen, zum Heiligen gelangt.*

Die Frage, die uns während dieser Versuche bald zu schaffen machte, war, ob solche überwältigenden Änderungen in der Wahrnehmung tatsächlich nur über physiologische Signale zustande kommen. »Es ist die Haltung, die gewissermaßen die Regieanweisung gibt«, spekulierte Bryan. »Ich bin sicher, daß ich mit einiger Übung und nur mit Hilfe der Haltung auch ohne deine Rassel die gleichen Erlebnisse haben könnte.« Ich überlegte mir, ob die Haltungen vielleicht einen ikonischen Inhalt hätten, ähnlich dem einer Geste, ob eine Mitteilung in der Haltung verborgen sei, die meine Teilnehmer aufnehmen, ohne es bewußt wahrzunehmen. Dies war möglicherweise bei der australischen Haltung (Abbildung 4) der Fall gewesen. Hier zielt die Figur mit einem Knochen nach vorn, um laut ethnographischen Angaben

Abb. 4: Knochenweisen aus Australien
(Aufnahme von Elkin 1964, Abbildung 18)

einen Gegner zu treffen. Für eine andere Haltung aber, wie etwa für die erwähnte Wahrsagehaltung, ließ sich eine solche bildliche Auslegung nicht anwenden.

Ein anderer Gedanke, der sich anbot, war der, daß die Erlebnisse durch eine Anregung der Chakras in spezifischer Art gestaltet würden. Zu dieser Zeit wurden viele verschiedene geheimnisvolle Erlebnisse dem Einfluß dieser Körperzentren zugeschrieben, die man in Indien vor über tausend Jahren entdeckt hatte. In der westlichen Anatomie entsprechen sie ziemlich genau den Gefäßgeflechten, die sich im Brustkorb, im Unterleib und im Becken befinden, mit Hinzunahme der Sehnerven und des Gehirns. Ich überlegte mir, ob meine Teilnehmer diese Chakras verschieden aktivierten, wodurch dann für jede Haltung ein anderer veränderter Bewußtseinszustand entstünde. Bei sieben Chakras würde es sich dann um 127 verschiedene Bewußtseinszustände handeln. Die Überlegung schien schon damals abwegig, und während der nachfolgenden Forschung, die jetzt über zehn Jahre lang gelaufen ist, haben wir nur etwa dreißig Haltungen entdeckt, nicht 127, und zudem nur einen einzigen religiösen veränderten Bewußtseinszustand. Dieser Schluß stimmt mit den

Beobachtungen anderer Forscher überein. So stellen zum Beispiel Peters und Price-Williams fest, daß die Erlebnisaspekte der verschiedenen Trancezustände die Beschreibung eines *einzigen dynamischen psychologischen Vorgangs* darstellen (»are descriptive of a single dynamic psychological process«; 1983:6; Hervorhebung von mir; siehe auch Winkelmann 1986).

Was diesen dynamischen psychologischen Vorgang anbelangt, so möchte ich hier etwas vorgreifen und noch von Forschungen berichten, die seitdem durchgeführt wurden. Eine Gelegenheit zur medizinischen Untersuchung der religiösen Trance ergab sich 1983 in der Abteilung für Psychiatrische Neurophysiologie an der Psychiatrischen Klinik und Poliklinik der Universität München unter Beratung von Professor Dr. J. Kugler. Mit modernster Ausrüstung konnten wir dort an vier Versuchspersonen Tests während einer religiösen Trance durchführen. Die dabei erhaltenen Versuchsergebnisse sind wesentlich vollständiger als alles, was in der Literatur bisher berichtet worden ist. Die oft zitierten Forschungen von Neher (1961 und 1962) befassen sich nur mit Hirnvorgängen. Die Instrumente registrierten dramatische Veränderungen. Im Blutserum nahmen die Verbindungen ab, die Spannung andeuten, nämlich Adrenalin, Noradrenalin und Cortisol, während das Gehirn gleichzeitig Beta-Endorphin freisetzte. Diese Verbindung wirkt schmerzstillend, ist aber auch für das intensive Freudegefühl, die Euphorie, verantwortlich, die man nach der Trance erlebt. Im EEG erschienen nicht die bekannten Alphawellen, sondern die noch langsameren Thetawellen im Bereich von vier bis sieben Hertz, die sonst beim gesunden Erwachsenen nur kurz vorm Einschlafen und während des Traumschlafes erscheinen oder unter Umständen bei der Zenmeditation. Besonders rätselhaft war der Befund, daß der Blutdruck niedriger wurde, während der Puls sich gleichzeitig stark erhöhte. Wie mir Mediziner erklärten, sieht der Arzt ein solches an sich paradoxes Verhalten dieser Werte nur unter extremsten Bedingungen, etwa beim Verbluten oder bei einer lebensbedrohenden Krise.

Nebenbei gesagt wurden die Ergebnisse nicht von bestimmten Haltungen beeinflußt. Bei den obigen Versuchen arbeiteten wir mit zwei verschiedenen Haltungen, aber die Ergebnisse blieben die gleichen. Dies war einerseits befriedigend, denn ich wollte ja etwas über die zugrunde liegenden körperlichen Vorgänge erfahren. Andererseits wurde uns klar bedeutet, daß die Instrumente wohl etwas über das Biologische aussagen können, dazu sind sie schließlich bestimmt, daß sie aber nicht in der Lage sind, das Geheimnis des ekstatischen Erlebnisses aufzudecken.

Im Frühjahr 1987 hatte ich dann das Vergnügen, an zusätzlichen neurophysiologischen Versuchen teilnehmen zu dürfen. Von einer völlig anderen Seite her enthüllten die neuen Ergebnisse wieder die wahrhaft bewundernswerten Verwandlungen, die während der religiösen Trance im Gehirn vor sich gehen. Die Untersuchungen bezogen sich auf das Ausmaß der negativen Aufladung, des Gleichspannungspotentials des Gehirns während der religiösen Trance. Sie wurden unter Aufsicht des Leiters des Psychologischen Instituts der Universität Wien, Professor Dr. G. Guttmann, durchgeführt, mit Geräten, die nur an ganz wenigen Orten zur Verfügung stehen und die Messungen nicht nur mit Wechselstrom, sondern auch (zusätzlich) mit Gleichstrom durchführen. Damit ist es möglich, die sehr feinen und geringen Veränderungen des Gleichspannungsanteils der elektrischen Gehirntätigkeit zu verstärken. Während einer Lernaufgabe etwa verändert sich dieses Gleichspannungspotential um höchstens 250 Mikrovolt. Bei der religiösen Trance, in die die von mir ausgebildeten Versuchspersonen im Guttmannschen Labor eintraten, wurden Veränderungen von 1500 bis 2000 Mikrovolt gemessen. Das ist nahezu einmalig. Auf keinen Fall werden Veränderungen dieser Art im täglichen Leben beobachtet. (Guttmann et al., 1988) Diese Hirnstromtätigkeit wurde gleichzeitig von den uns schon bekannten Thetawellen begleitet.[6] Wie bei den Münchner Untersuchungen ergaben sich auch hier keine Unterschiede bei verschiedenen Haltungen. Ihr Geheimnis wahren sie also auch weiterhin.

Kehren wir ins Jahr 1977 zurück. Die Arbeit mit den Trancehaltungen hatte mich in eine ganz besonders verzauberte Stimmung versetzt, die sich in einem Bericht über die Ergebnisse niederschlug. Als ich diesen Bericht dann aber auf der Jahrestagung des amerikanischen Anthropologenverbandes vortrug, fand ich den Beifall meiner Kollegen ausgesprochen enttäuschend. Ich hatte mir offensichtlich völlig übersteigerte Vorstellungen von der mir natürlich epochemachend erscheinenden Bedeutung unserer Forschungsergebnisse gemacht und erwartete wohl insgeheim, daß sich alle Anwesenden ums Podium scharen würden mit der dringenden Bitte, so etwas sofort selbst versuchen zu dürfen. Aber wie immer bei Sitzungen, löste sich die Zuhörerschaft einfach auf, und ein junger Mann fragte mich höflich beim Hinausgehen: »Haben Sie nun vor, eine strukturelle und funktionelle Analyse vorzunehmen?« Diese Zumutung schien mir in ihrer Widersinnigkeit unübertrefflich komisch. Ich war versucht, dem jungen Mann im Jargon der wilden sechziger Jahre zu entgegnen: »Mann, was willst du? Ich komme gerade aus einem Zaubergarten!« Aber die Sechziger waren unwiderruflich vorbei. Also lächelte ich nur etwas gezwungen und ließ ihn stehen. Ich kam mir vor wie jemand, der versucht, aus einem Traum zu erwachen; und meine Berufswelt und deren Belange waren meilenweit entfernt.

Kapitel 3

Die Geister melden sich wieder

Ohne begeisterte Gefährten ist auch ein Zaubergarten ein einsamer Ort. Und so bündelte ich nach der Heimkehr von der anthropologischen Tagung meine Notizen über die geheimnisvollen Haltungen zusammen, legte sie in die Schublade und wandte mich einem anderen Thema zu. Es gehörte zum gleichen Bereich, dem Verhalten in religiöser Trance, aber diesmal hatte der veränderte Bewußtseinszustand die Grundlage gebildet für ein Erlebnis dämonischer Besessenheit.

Ein Zeitungsbericht über eine deutsche Studentin namens Anneliese Michel, von der behauptet wurde, sie sei an den Folgen eines Exorzismus gestorben, erregte mein Interesse. Der amerikanische Bericht behauptete, daß das Mädchen darauf bestand, sie sei von Dämonen besessen, während der behandelnde Psychiater überzeugt war, es handele sich um eine Psychose, und daß sie Epileptikerin sei.[1] Ich hatte von Anfang an den Eindruck, daß es sich hier sehr wohl um einen jener Fälle handeln könnte, wo das religiöse Erleben mit Mustern, die bei der Epilepsie vorkommen, verwechselt worden war, wie das so oft auch bei Berichten über Schamanen der Fall ist. Das deutsche Gericht kam zu dem Schluß, daß die beiden Priester, die den Exorzismus ausführten, dadurch zum Tod der Anneliese Michel beigetragen hatten. Sie wurden, wie auch die Eltern des Mädchens, der fahrlässigen Tötung für schuldig befunden und zu Gefängnisstrafen auf Bewährung verurteilt. Nun ist die dämonische Besessenheit aber ein auf der ganzen Welt bekanntes Leiden, und zwar nicht nur bei den Christen, und die beste Behandlung dagegen ist eben der Exorzismus. Es gibt nirgends Berichte darüber, daß jemand an dieser Behandlung gestorben ist. Ich war deshalb überzeugt, es handle sich hier um eine falsche Auslegung des Tatbestandes und das Urteil sei ein Justizirrtum (siehe Goodman, 1980). Ich schrieb schließlich an die Verteidigerin der Priester, und bei der Durchsicht der über achthundert Seiten Gerichtsakten, die sie mir schickte, tat mir das Mädchen, deren Krankheit meiner Ansicht nach nicht von den Priestern, sondern von den Ärzten falsch behandelt worden war, immer mehr leid. Sie war nur zwei Jahre älter als meine Jüngste. Ich konnte mir gut vorstellen, wie mir zumute gewesen wäre, wäre mein Kind von verständnislosen Psychiatern mit schlecht verhohlener Herablassung behandelt worden, als es umsonst um Hilfe flehte gegen die Dämonen, die es plagten, um dann mit Psychopharmaka behandelt zu werden, die alles noch viel schlimmer machten. Ich habe später ein Buch über Anneliese geschrieben (Goodman, 1980), und in den Sommerferien 1978 wollte ich eigentlich nach Italien, um den Wallfahrtsort San Damiano zu besuchen, wo Annelieses Besessenheit zum ersten Mal offenkundig geworden war. Aber ich hatte einigen Schulfreundinnen versprochen, sie in der alten Heimat zu besuchen. Die Sehnsucht nach Ungarn wurde übermächtig und übertönte das schlechte Gewissen wegen der unterlassenen Feldforschung.

Beim Planen der Reise fiel mir ein, daß meine Mutter oft davon gesprochen hatte, wie schön die Schiffsreise von Wien die Donau hinunter nach Budapest sei. Sie hat diese Reise nur einmal unternehmen können, und so würde ich sie gewissermaßen an ihrer Statt machen. Ich flog nach Wien, übernachtete in einem Hotel, nahm am nächsten Morgen ein Taxi zum Kai und kaufte mir eine Karte für die Fahrt auf einem bequemen ungarischen Donaudampfer.

An Deck bekam ich bald Gesellschaft von einer lebhaften österreichischen Dame. Es war ein heißer Tag. Die Dame war durstig, konnte sich aber nur schlecht mit dem ungarischen Kellner verständigen, und ich machte den Dolmetscher. Sie war Journalistin, auf dem Weg zu einer Wirtschaftstagung in Budapest. Bald kamen wir auch auf meine Forschung zu sprechen. Als ich den Fall Anneliese Michel erwähnte, der in Europa eine Sensation gewesen war, wußte sie gleich Bescheid. Die Priester seien mit ihren abergläubischen Methoden schuld am Tod des Mädchens, meinte sie. Ich stellte mich auf die Seite der Priester, und wir waren so vertieft in unser Gespräch, daß ich kaum einen Blick auf die herrliche Landschaft warf, durch die wir hindurchglitten.

Als wir uns bei der Ankunft in Budapest verabschiedeten, versprachen wir uns gegenseitig, Informationen auszutauschen. Meine Reisegefährtin würde mich mit weiteren Zeitungsausschnitten über Anneliese Michel versorgen. Ich solle ihr dafür Veröffentlichungen über meine Forschung bezüglich der religiösen Trance zukommen lassen. Wir haben beide unser Versprechen gehalten. Sie schickte mir Ausschnitte über San Damiano, das ich nicht hatte besuchen können, und ich sandte mein Buch über das Zungensprechen sowie einige Artikel. Ich nahm an, daß dies wohl das Ende des Austausches sein würde. Im Spätherbst 1978 aber erhielt ich einen dankbaren Brief, nicht von meiner Reisegefährtin, sondern von einem Schriftsteller und früheren Professor der Wiener Universität, Dr. Adolf Holl. Er habe alles, was ich geschickt hätte, »beschlagnahmt«. Das Material sei für ihn interessant, denn er schreibe gerade eine Biographie des heiligen Franz von Assisi.[2] Die Einzelheiten der religiösen Trance hatten ihm einigen Aufschluß über die Erlebnisse dieses berühmten mittelalterlichen Mystikers gegeben. Dies bezog sich vor allem auf mein Buch, und ich hatte gar nicht mehr daran gedacht, daß sich unter den Artikeln auch der über die Versuche mit den Haltungen befand.

Dies ist ohne weiteres verständlich, denn im Schuljahr 1978-79 hatte ich andere Sorgen als die Forschung. Wie ein Blitz aus heiterem Himmel drohte mir plötzlich die zwangsweise Versetzung in den Ruhestand. Ich war so völlig mit dem Unterricht und meiner fesselnden Forschung beschäftigt gewesen, daß ich den Gedanken an die Pensionierung immer weit von mir gewiesen hatte. Das war etwas, was nur andere betraf. Es war mir nie eingefallen, daß man mich im jugendlichen Alter von fünfundsechzig Jahren und mitten aus meiner neu entdeckten Laufbahn heraus zum alten Eisen tun wollte. Ich fing an, mich wie ein zum Tod Verurteilter zu fühlen, der nicht wahrhaben will, daß der Tag der Hinrichtung immer näher heranrückt. Ich legte Berufung ein, aber ohne Erfolg, und so war das letzte Jahr meiner Universitätslaufbahn eine Zeit der Enttäuschung und der Bitternis. Ich wußte nicht, wie mein Leben nun weitergehen sollte.

An einem jener feuchten, grauen Novemberabende, die keine Hoffnung bieten, daß es je wieder Frühling werden könne, beschlossen die Ahnengeister, sich wieder einmal um mich zu kümmern. Als Indianer wählten sie jedoch keinen direkten Weg, etwa einen Donnerschlag oder einen brennenden Busch, wie das von anderen jenseitigen Wesenheiten berichtet wird. Wie ich später verstehen sollte, als ich sie etwas näher kennenlernte, sind sie längst nicht so aufdringlich, eher hinterlistig in einer freundlichen Weise und humorvoll. An diesem Abend hatten sie offensichtlich die Absicht herauszufinden, ob man diese unvernünftige Frau aus dem Sumpf der Verzweiflung herausziehen könne, in den sie gestolpert war. Zu diesem Zweck wählten sie sich einen dem Anschein nach völlig ungeeigneten Gegenstand.

Ich hatte in meinem Schlafzimmer eine Statue der Jungfrau von Guadalupe, der Beschützerin von Mexiko, die ich während meiner Feldforschung dort gekauft hatte. Sie erinnerte mich an die juwelengeschmückte Madonna in der glitzernden Kapelle des ungarischen Klosters zu Hause in Siebenbürgen, wo ich zur Schule gegangen war. Vor der Statue brannten immer Kerzen. Ich hatte plötzlich Heimweh, und damit alles richtig aussah, steckte ich zwei Bienenwachskerzen vor der Guadelupe an.

Ich ging ins Badezimmer, um mir die Haare zu bürsten, blickte zurück auf die Madonna und freute mich, daß das so hübsch aussah, die Statue im weichen Kerzenlicht und der kleine Tannenzweig, den ich vor einigen Tagen davorgestellt hatte. Statt die Kerzen bei der Rückkehr aus dem Badezimmer auszublasen, setzte ich mich deshalb aufs Bett und lehnte den Kopf an die Wand, um alles noch einmal zu bewundern. Aber unversehens sah ich nicht mehr die Statue mit den Kerzen. Stattdessen erschien die Gestalt einer jungen Frau. Ihr schlichtes braunes Gewand war mit einem Gürtel zusammengerafft, und sie füllte das Dreieck unter den gefalteten Händen der Madonna. Ein rötlich-gelbes Licht, das aus dem Raum vor ihr strömte, rahmte sie ein. Ihr Gesicht konnte ich nicht sehen, denn sie drehte mir den Rücken zu. Ich hoffte, sie würde sich umdrehen, aber das geschah nicht, und schließlich erlosch die liebliche Erscheinung, und es blieb nur das Licht der Kerzen.

Am nächsten Wochenende besuchte ich meinen ältesten Sohn. Unser Gespräch kam bald auf das religiöse Erlebnis, ein Thema, das uns beide interessiert. Ich erzählte ihm von meinem rätselhaften Gesicht. Ob er es mir vielleicht deuten könne? Er holte sein I Ching und stellte einen kleinen Altar auf mit Bausteinen aus dem

Spielzeugkasten seines Söhnchens, einen Tannenbaum und daneben eine kleine Gestalt mit einem großen Kopf. Als ich die im flackernden Kerzenlicht betrachtete, schien sie die Gestalt eines *mudhead* anzunehmen, des heiligen Narren der Hopi-Indianer, dessen Tonfiguren man auf den Indianermärkten in Neumexiko kaufen kann.

Wir warteten. Ich hatte keine Ahnung, worauf; wir saßen einfach da. Plötzlich kratzte etwas wie wild an der Eingangstür, und die Katze der Familie sprang auf, lief auf die Tür zu und fauchte und miaute. Wir folgten ihr; mein Sohn öffnete die Tür. Wir sahen eine schwarze Katze, die in dem Augenblick die Treppe vor der Haustür hinuntersprang, nach links schräg über die Straße lief und im Schatten der gegenüberliegenden Häuser verschwand.

Wir konnten uns nicht vorstellen, warum diese Katze vor der Tür aufgetaucht war und so gebieterisch Einlaß gefordert hatte. Unsere Katze war sterilisiert; es kamen nie Kater zu Besuch. Man könnte sich höchstens vorstellen, meinte mein Sohn, daß der Geist, den wir mit unserem bescheidenen Ritual herbeigerufen hatten, einen Körper brauchte, um vor uns zu erscheinen, und außer der Katze war in der Großstadt nichts aufzutreiben.

Wie ein kleines glitzerndes Licht auf einem entfernten Bergrücken blinkte mir das geheimnisvolle Erlebnis in den nachfolgenden dunklen Monaten zu und ermunterte mich immer wieder in einer mir unerklärlichen Weise. Ich beschloß, nach der Pensionierung weiter zu unterrichten und irgendwie auch weiter zu forschen, und wenn das hier an der Universität nicht mehr möglich war, dann eben im Sommer auf meinem Besitz in Neumexiko. Damit die Sache auch Hand und Fuß hatte, gründete ich mit Hilfe eines Rechtsanwalts einen gemeinnützigen Verein und ließ ihn unter dem Namen *Cuyamungue Institute* in Neumexiko eintragen. Cuyamungue ist die spanische Umschrift des Namens einer bedeutenden indianischen Siedlung der Tewa, die einst in unserem Tal zur Hochblüte gelangte. Die Überreste eines kleinen Teils dieses Pueblos befinden sich auf meinem Land. Es wird angenommen, daß die Bevölkerung aus Angst vor der Rache der Spanier wegen der Pueblorevolte von 1680 geflohen ist.[3] Der Name bezeichnet heute einfach diesen Teil des Pojoaquetales und bedeutet »wo die Steine rutschen«. Das bezieht sich auf einen Hügel jenseits der Autostraße, der wohl als Wegweiser gedient hat, wo mächtige Sandsteinplatten im schiefen Winkel aus dem weichen Sand und Geröll hervorragen, so als rutschten sie gleich herunter.

Ich hatte sechs junge Studenten für einen Kurs in vergleichender Religionswissenschaft angeworben, die ich Anfang Juli erwartete. Um sie unterzubringen, hatte ich Gilbert Coriz, meinen hispanischen Baumeister, beauftragt, nach meinen Plänen ein einfaches Holzhaus zu bauen. Wir waren mitten in diesen Bauarbeiten, als ich eines Tages hinaufging zum Tor, um das Schild des Instituts aufzustellen. Ich hatte das Zeichen darauf gemalt, das ich für das Institut aus indianischen Motiven zusammengestellt hatte, und das in künstlerischer Abstraktion die Hügel, die Berge, die Erde und die Wolken von Neumexiko darstellt. Ich hatte das Brett an zwei Pfosten festgenagelt, und um die Pfosten in der weichen Tonerde aufstellen zu können, brauchte ich einige Steine. Die gab es aber ringsherum nicht. Ich ging also immer weiter in das rauhe Land hinein. Plötzlich fühlte ich eine seltsame Verlockung, die mich immer tiefer in das Gehölz zog, fast als flüsterte es: »Komm doch, komm näher... komm...« Ich folgte der lautlosen Stimme und kam schließlich zu einer Lichtung, die von zahlreichen Steinen übersät war. Beim näheren Hinschauen erkannte ich zu meiner Überraschung, daß die Steine nicht regellos herumlagen, sondern in einer Art von Muster. Es gab ein großes Rechteck, mehrere Linien, einige kleinere Kreise. Ich konnte die Kraft spüren, die der Ort ausstrahlte, und wünschte mir sehnlichst, etwas über die Menschen zu erfahren, die so viel von ihrer Seele hier zurückgelassen hatten, oder über das Geisterwesen, das nun vielleicht hier wohnte. Ehrfurchtsvoll verließ ich den Ort und fand die Steine, die ich brauchte, weiter unten in einem Graben.

Am nächsten Morgen bat ich Gilbert, mir einige Blumenkästen zu zimmern. Er kam nicht gleich dazu, aber als ich dann am Bauplatz vorbei ging, lag da ein etwas verwitterter, aber immerhin noch brauchbarer Kasten, der vorher nicht dagewesen war. Gilbert meinte kopfschüttelnd, Lobo, sein Hund, habe ihn vielleicht herbeigezerrt. Mir machte es Spaß, mit dem Gedanken zu spielen, der Bewohner des Ortes mit den Mustern oben in den Hügeln habe mir auf diese Weise mitteilen wollen, daß er es geschätzt hatte, daß ich die Steine unberührt ließ. Daher hatte er dem Hund die Anweisung gegeben, den Kasten herbeizuschleppen.

Am folgenden Wochenende kam ein lieber Freund zu Besuch, und als er wieder wegging, war ich sehr traurig. Trostsuchend wanderte ich wie von ungefähr wieder zu jenem besonderen Ort. Ich grüßte mit erhobenen Armen, so wie ich es bei einem alten Indianer in einem der Pueblos gesehen hatte, der so die Tänzer bei einem Festtagsritual segnete. Danach war mir etwas wohler, aber im Weggehen weinte ich immer noch. Ich ging schließlich ins Wohnhaus, setzte mich verloren auf die Bank am Tisch und ließ den Tränen freien Lauf. Plötzlich erklang aus dem Gebälk der niederen Decke ein silbernes Geläut. Zunächst meinte ich völlig unlogischerweise, es müsse sich ein Vogel ins Haus verirrt haben, obgleich ich keinen Vogel kannte, der so ein Lied hatte. Ich wischte die Tränen ab, schaute mich um, suchte überall, konnte aber nicht entdecken, woher das helle Läuten kam, das immer stärker wurde, so daß der Ton das ganze kleine Haus erfüllte. Dann wurde mir auf einmal klar: Das war kein Vogel, das war eine Grille! Und einer plötzlichen Eingebung folgend, sagte ich: »Du, kleine Grille, es ist schon gut, ich bin ja gar nicht mehr traurig; und hab vielen Dank auch!« In dem Augenblick verstummte das silberne Läuten. Ich lauschte noch eine Weile, aber es kam nicht wieder.

Ob es wieder jene Wesenheit an dem Ort der Kraft gewesen war, die mir zur Beruhigung und zum Trost nun die Grille geschickt hatte? Ich fing an, mir zu überlegen, was ich meinem neuen Freund als Gegengabe bringen könnte. Ich hatte davon gelesen, daß die Navajos den Geistern Blütenstaub der Maisstauden als Opfergabe darbringen, aber Blütenstaub hatte ich nicht. Statt dessen pflückte ich eine Handvoll gelber Blumenkelche auf dem Weg hinauf zum Ort der Kraft. Das schien mir dem Blütenstaub am ähnlichsten. Ich legte die Blüten in einen der Kreise. Dann saß ich eine Weile unter einem alten Wacholderbusch wie ein Kind, das auf ein Zuckerl wartet. War dies nun das Ende des Abenteuers? Oder würde ich auch beschenkt werden? Die ganze Zeit über sagte ich mir immer wieder, daß dies natürlich nur ein Spiel sei, das ich da mit mir selbst spielte, eine Folge meiner Einsamkeit. Aber als ich schließlich den Ort verließ, lag unmittelbar vor meinen Füßen eine frische, flauschige Feder von der Art, wie die Indianerinnen sie bei den Tänzen an ihrem Kopfschmuck tragen, eine dieser Federn, von denen gesagt wird, sie brächten Glück. Entzückt hob ich sie auf und dankte der Wesenheit überschwenglich für dieses Geschenk.

Am nächsten Tag kamen zwei Kinder hispanischer Nachbarn aus dem Tal, um mir bei der Arbeit zu helfen. Aufgeregt berichteten sie, sie hätten eben eine große Katze gesehen: »Weißt du, die sehen aus, als hätte man ihnen den Schwanz abgehackt...« Der Rotluchs habe an der Stelle gesessen, die ich mittlerweile als »meinen« Ort der Kraft betrachtete, und sei bei ihrem Herannahen in die Cañada hinuntergelaufen. Ich war jetzt soweit, daß ich fast an ein Wunder glaubte. Der Rotluchs und jene schwarze Stadtkatze waren, so schien es mir, vom Bewohner des Heiligtums besessen gewesen.

Im Laufe des Juni hatte mein Freund vom Heiligtum noch andere Geschenke für mich bereit. Ich fing an, sonderbare kleine Steine zu finden. Schließlich besaß ich sechs, jeder mit einer anderen Zeichnung. Es gab den weißen Büffel, den Dachs, den Bären und die Schlange, Mutter Erde und den sternenübersäten Himmel. Von solchen Steinen ist bei den Tewa öfter die Rede, und ich war überwältigt von so viel Freundlichkeit. Es mußte eine bessere Möglichkeit geben, mich erkenntlich zu zeigen, als nur die Blumenkelche. Da mein Freund vom Heiligtum offensichtlich zur Pueblokultur gehörte, fragte ich eine Indianerin um Rat, mit der ich schon seit Jahren befreundet war. Sie stammte aus einem Pueblo, wo die alten Bräuche noch hochgehalten werden. Ich erzählte ihr von meinen Erlebnissen und fragte sie, was ich wohl opfern könne. Wäre Maismehl vielleicht das richtige? Das ginge, meinte sie. Aber auch irgendeine Speise, die ich selbst zubereitet hatte, Brot oder dergleichen, davon solle ich ein wenig nehmen und es darbringen, am Morgen, wenn die Sonne aufgeht, und am Abend, wenn sie untergeht. »Und in deinen eigenen Worten mußt du ihn bitten, dir kein Leid zuzufügen, so wie du auch niemandem schaden wirst.« Dann gab sie mir noch ein wenig handgemahlenen Mais aus einem kleinen Tongefäß mit einem schwarzen, abstrakten Muster. »Schenk ihm dies«, sagte sie, »und ich werde auch für dich beten.«

Ich tat alles, wie sie es mir gesagt hatte und dachte darüber nach, warum ich ihn wohl bitten müsse, mir kein Leid zuzufügen. Das schien mir überflüssig, denn im Grunde war ich immer noch ein Kind, das jetzt in heiligen Gründen spielen gegangen war, ohne ganz zu verstehen, daß das eine mächtige und deshalb auch gefährliche Wirklichkeit ist. Ich war beschenkt worden, ich wurde mit unendlicher Freundlichkeit behandelt, was konnte da schon passieren? Und so wurde ich überheblich. Um die Geisterwelt, die mich an meinem Ort der Kraft berührt hatte, besser verstehen zu können, hatte ich eine ganze Reihe von Fachbüchern über die Kultur der Puebloindianer durchgeackert, ohne viel Nützliches zu finden. Eines Tages machte ich meinem Geisterfreund am Ort der Kraft Vorwürfe, daß ich nirgends, weder in der Literatur noch in diesem Land der Geheimnisse, einen Lehrmeister finden konnte. Schließlich hatte Castaneda seinen Don Juan kennengelernt; wieso hatte ich eigentlich niemanden zugewiesen bekommen? Augenblicklich, so meinte ich, solle irgendein indianischer Weiser jetzt, heute noch, aus dem Tal heraufmarschieren, um mich in all dem, was ich so brennend gerne wissen wollte, ausführlichst zu unterweisen. Trotz meiner grauen Haare benahm ich mich wie ein ungezogenes Kind. Die Ahnengeister schauten sich das eine Weile an und beschlossen, daß man mir sehr wohl etwas beibringen müsse. Die Lehre, die sie mir erteilten, hat mich fast das Leben gekostet.

Es war mittlerweile August geworden. Ich hatte mit meinen Studenten einen Ausflug zum Nationalpark von Bandelier gemacht, der nur etwa dreißig Meilen von Cuyamungue entfernt ist. Man zeigte uns den Gipsabguß der berühmten steinernen Berglöwen. Das Original befindet sich etwa sechs Meilen entfernt in den Bergen oberhalb von Frijoles Canyon und ist ein auch jetzt noch oft besuchtes uraltes Heiligtum. Indianer bringen Hirschgeweihe als Opfergaben dorthin. Oft weisen die Steine Spuren von Bemalung auf, mit Farben, wie sie die Indianer bei ihren Tänzen benutzen. Sechs Meilen (etwa neun Kilometer), das schien mir kaum der Rede wert, nicht mehr als ein guter Spaziergang. Soviel gehe ich oft, wenn ich im Tal Freunde besuche. Ich dachte mir, daß meinen Studenten die Wanderung Spaß machen würde. Wir trafen die von der Parkverwaltung vorgeschlagenen Vorbereitungen, und an einem frischen, sonnigen Morgen fuhren wir noch einmal nach Bandelier. Wir bekamen die Erlaubnis, die

Wildnis zu betreten, und eine Landkarte. Um halb neun waren wir unterwegs, zwei Studenten, vier Studentinnen und ich. Jeder von uns hatte zwei Liter Wasser, ein belegtes Brot, Rosinen und etwas Obst dabei. Ich hatte außerdem auch noch Verbandszeug, Salztabletten und zwei Tomaten.

Der Pfad aus Frijoles Canyon hinaus führt fast hundertfünfzig Meter lang ziemlich steil nach oben, und es wurde mir sehr bald klar, daß dies kein Sonntagsspaziergang war. Allein schon dieser Aufstieg war äußerst anstrengend. Dann führte der kaum sichtbare Pfad zwei Stunden lang quer über die Anhöhe, und aus dem Gestein und dem Sand stieg eine Bruthitze auf. Meine Studenten begannen, über Erschöpfung zu klagen. Um sie abzulenken, machte ich sie auf die vielen besonderen Pflanzen aufmerksam, an denen wir vorbeikamen, riesige Yucca, deren Blüte das Symbol von Neumexiko ist, einige stark duftende Stauden, deren farblose Rispen Schwärme von eifrigen Bienen umkreisten, flauschigen, blaßrosa Apachen-Federschmuck, Kakteentönnchen, deren gelbe Knospen am Aufspringen waren. Aber nur Sara, die in Neumexiko zu Hause ist, begeisterte sich mit mir. Sie hatte einen Wildesel in der Entfernung grasen sehen, und als ich auch hinschaute, verschwand ein Reh mit Kitzlein lautlos im Schatten einer Tanne.

Inzwischen hatte sich die Hitze grausam gesteigert. Elisabeth, blaßblond und mit heller Haut, war krebsrot und konnte nicht mehr weiter, obgleich wir uns mehrmals im Schatten der Wacholderbüsche ausgeruht hatten. Schließlich gab sie auf und kehrte um. Es war um die Mittagszeit. Wir waren am Rande von Alamo Canyon angekommen und stiegen auf einem Zickzackpfad abwärts, vorbei an tief eingeschnittenen Felswänden, wo Wacholderbüsche auf Schutthalden wuchsen. Ich überlegte mir, ob ich nicht auch umkehren sollte. Ich war völlig erschöpft, aber der Landkarte nach waren die Berglöwen gar nicht mehr so weit weg.

Es ging immer noch abwärts. Rechts ragte eine Basaltwand mit glänzenden schwarzen Adern mindestens zweihundert Meter hoch hinauf in den grausamen blauen Himmel. Plötzlich teilten sich die Basaltsäulen wie die Falten eines Vorhangs und dazwischen, weit oben, lehnte sich jemand heraus. Es war eine Männergestalt, Adlernase über vollen Lippen, gekleidet wie ein

Koschari, der heilige Narr der Puebloindianer, mit weiter ärmelloser Bluse und zwei trockenen Maiskolben auf der Kappe wie die Hörner der mittelalterlichen Narrenkappen. Das massive Gesicht zeigte einen absonderlichen Ausdruck, halb neugierig, halb freundlich besorgt. »So mag mein Geisterfreund aussehen«, dachte ich, während ich das merkwürdige Felsenbild immer wieder anschaute. »Seht ihr die Figur im Felsen?« rief ich nach vorn. Aber die jungen Leute waren zu weit weg und hörten mich nicht. Ich habe sie später gefragt, aber keiner konnte sich an den Mann im Felsen erinnern, obgleich er für mich so wirklich gewesen war wie der Pfad, die erbarmungslose Sonne und die Wacholderbüsche ringsum.

Den Pfad hatten wir inzwischen aus den Augen verloren, aber ganz unten in der Schlucht schlängelte sich ein schmaler, dunkler Streifen. »Ein Bergbach«, dachte ich begeistert und erleichtert. Dann waren wir endlich unten, aber statt in Wasser traten wir knöcheltief in trockene vulkanische Asche, die bedrohlich unter unseren Schritten knisterte. Der Pfad, der dann auch wieder erschien, führte aus dem Aschenbett rechts den Abhang hinauf und verlor sich zwischen riesigen Felsbrocken. Ich schaute hinauf zu dem rätselhaften Felsengesicht, das uns immer noch gleichmütig von oben zuschaute, und dann auf den schrecklichen Aschenbach und beschloß, umzukehren. Noch eine Canyonwand hinauf, wer weiß, wie weit zu den Löwen, dann alles noch einmal zurück war einfach mehr, als ich mir guten Gewissens zumuten konnte. Meine Vorräte gab ich den jungen Leuten, ebenfalls mein Regencape – man hatte uns vor plötzlichen heftigen Regengüssen gewarnt – und behielt nur eine von meinen Tomaten, eine Handvoll Rosinen und meinen Flaschenkürbis aus Yucatán, der noch halb voll Wasser war. Ich gab ihnen auch meinen Fotoapparat. »Macht mir eine Aufnahme vom Heiligtum und den Löwen«, bat ich. Dann drehte ich mich um und watete noch einmal durch den höllischen Aschenfluß, während ich nach unseren Fußspuren Ausschau hielt.

Ich fand den Wegweiser, der den Anfang des nach oben führenden Pfades anzeigte. Das war eine Erleichterung, aber im Grunde war ich tief enttäuscht. Eigentlich hatte ich den Ausflug geplant, weil ich mir erhoffte, etwas bei den Löwen zu sehen oder zu erleben, vielleicht irgendein Zeichen dafür, daß mich die

Geister nicht vergessen hatten. Es hatte nicht sein sollen. Es war mittlerweile zwei Uhr nachmittags geworden. Verstohlen schaute ich noch einmal zu dem Felsengesicht hinauf, aber es war verschwunden. Hatte sich mein Blickwinkel dermaßen verändert?

Schwerfällig stieg ich aufwärts und lutschte sparsam an meiner Tomate. Die Hitze steigerte sich immer weiter. Plötzlich hörte ich ganz klar den fernen rhythmischen Ton einer Pueblotrommel, schwer und dröhnend und schneller als das Schlagen meines Herzens. Es klang tröstlich und aufmunternd. Dann hörte das Trommeln auf, setzte noch einmal an, so als habe sich der Trommler weiter entfernt, und war schließlich nicht mehr zu hören.

Ich wurde immer durstiger und beschloß, an meinen Wasservorrat zu gehen, aber nur einen Schluck pro Viertelstunde. Hier und da setzte ich mich in den Schatten eines Wacholders. Meine Beine waren bedrohlich müde geworden. Ich hatte schätzungsweise mindestens noch vier Stunden zu wandern. Wie sollte das bloß noch weitergehen? Ich schaute mich um, und plötzlich löste ich mich auf. Ich war weg, ich war ins Nichts geschmolzen.

In den folgenden Tagen habe ich immer wieder darüber nachgedacht, was mir eigentlich geschehen ist, dort in der schrecklichen Schlucht. Manchmal meinte ich, es sei gar nichts geschehen, überhaupt nichts. Aber dann wußte ich, daß das nicht stimmte. In jener erhabenen, zermalmenden, alles durchdringenden Einsamkeit ohne jede menschliche Spur außer dem kaum wahrnehmbaren Pfad bin ich tief in mich hineingesunken, tiefer als ich je zuvor gelangt war. Ich fürchtete mich nicht, ich versank einfach. Und als ich die allertiefste Stelle erreicht hatte, den Boden der Schlucht meiner Selbst, den Ort des Todes, da hielt ich an. Ich wurde von etwas getroffen; es war weder in mir noch außer mir, es war nicht Licht, und es war nicht Gefühl. Wenn es überhaupt etwas »war«, dann war es ein grobes Vibrieren. Seine Berührung war geschwinder als wenn die Strahlenspitze eines Blitzes den Grat dieser heiligen Jemez-Berge berührte. Dann tauchte ich wieder auf in mein bewußtes Selbst, getragen von einer Welle von Lebenskraft.

Ich schaute mich um. Ich war immer noch bei demselben Wacholder, und vor mir wand sich der Zickzackpfad aufwärts dem Grat zu. Verwirrt atmete ich tief auf und kletterte weiter.

Aber ich war so müde, ich ging nicht, sondern stolperte nur vorwärts. Meine Tomate war verzehrt. Ich spürte, wie ich mein Herz belastete: also nahm ich einige Rosinen in den Mund wegen des Traubenzuckers. Beim Kauen verwandelten sie sich in einen klebrigen Klumpen, der nach Gips schmeckte. Ich mußte einige Schluck Wasser opfern, um sie runterzuspülen.

Endlich, es war halb vier, brach der Zickzackpfad ab. Ich glaubte am Rand von Frijoles Canyon angelangt zu sein und fühlte mich einen Augenblick lang etwas energischer. Aber obgleich ich mich jetzt oben auf der Mesa befand, auf der flachen Wiese zwischen den beiden Schluchten, und mich nicht mehr mit dem verwitterten Pfad plagen mußte, stieg das Gelände trotzdem immer noch weiter an. Es war mir klar, daß mich meine wie abgestorbenen Beine beim besten Willen nicht mehr weitertragen würden. Ich mußte mich einfach ausruhen. Ich bewilligte mir fünf Minuten unter dem nächsten Busch, aber damit war auch nichts geschafft. Ich konnte fast nicht aufstehen. Vielleicht könnte ich wenigstens den übernächsten Busch erreichen? Auch das erwies sich als unmöglich. Ich kauerte mich unter den nächsten Wacholder nahe am Pfad, konnte nicht einmal mehr sitzen, sondern legte mich lahm auf die Seite.

Es fiel mir ein, daß sich mein Bewußtsein trüben könnte, und dann wüßte ich vielleicht die richtige Richtung nicht mehr. Von da an stellte ich beim Ausruhen stets meinen Flaschenkürbis in die Richtung, in die ich gehen mußte. Es war so heiß geworden, daß die Haut auf meinen bloßen Armen zu knistern schien. Vielleicht sollte ich die Bluse ausziehen oder sie wenigstens vorn aufknöpfen? Aber ich wollte keinen Sonnenbrand und unterließ beides. Es fiel mir ein, daß einem geraten wird, sich in der Hitze des Tages in der Wüste auszuruhen und nur bei Nacht zu gehen. Das ist leicht gesagt, aber in der Dunkelheit würde ich den ohnehin kaum erkennbaren Pfad überhaupt nicht mehr finden. Und dann gab es auch noch die steilen Schluchten, die die Mesa durchschnitten, und die Skorpione, die Schlangen und die Berglöwen, die alle nachts unterwegs sind. Ob ich meinen Geisterfreund anrufen sollte? Aus Gründen, die mir damals nicht klar waren, schien das überflüssig. Also blieb ich liegen und schlief schließlich ein.

Eine halbe Stunde später wachte ich auf, noch genauso

erschöpft wie zuvor. Du mußt jetzt aufstehen, sagte ich mir. Du hast noch was zu tun, die Studenten zu unterrichten, das Institut zu verwalten, das Buch über Anneliese Michel zu schreiben. Also stand ich auf, und nach einigen Schritten begannen meine Beine, sich wie von selbst zu bewegen. Eine Weile torkelte ich weiter voran und sackte dann im nächsten Schatten wieder zusammen. Was würde eigentlich passieren, wenn ich mich nicht mehr rühren konnte? Meine Studenten, die ja sicher, wenn auch weit hinter mir, aber ebenfalls auf dem gleichen Pfad heraufkamen, würden mich finden. Sara würde die Parkaufsicht mit ihren Mauleseln holen. Ich würde in einem Krankenhaus zwischen weißen, kühlen Leinentüchern zu mir kommen und viele Liter Eistee trinken. Im Radio würde es heißen: »Professorin, Leiterin des Cuyamungue Instituts, fünfundsechzig Jahre alt, ohnmächtig im Park aufgefunden. Altersgrenze für die Erteilung der Wandererlaubnis in der Wildnis wird erwogen.« Das ging natürlich nicht. Weiter bis zum nächsten Busch. Beim Hinlegen schaute ich mich um, und vor mir im weichen, gelben Sand wand sich der zarte Abdruck einer kleinen Klapperschlange. Dort schlief ich nicht. Bei der nächsten Ruhepause verirrte sich eine Feuerameise in meine Jeans. Das Ausziehen und Ausschütteln der Hose verzehrte Kräfte, die ich besser zum Gehen verwendet hätte.

Eine schmale Wolke bedeckte die Sonne und einige Minuten lang wehte ein kühler Hauch durch meine lose Bluse. Das gab mir etwas Mut. Endlich stieg der Weg auch nicht mehr an. Das Wasser im Flaschenkürbis war immer noch kühl, und diesmal konnte ich eine halbe Stunde lang weitergehen. Dann kam die glühende Sonne wieder zum Vorschein, und ich suchte den nächsten Wacholder auf. Aber all das war nicht mehr so erschreckend. Vor mir sah ich die Spuren von Elisabeths bloßen Füßen, ich war also immer noch auf dem richtigen Weg. Vor allem sah ich zum ersten Mal kurz die Sangre de Cristo durch eine Lücke im Gebirge.

Meine Armbanduhr zeigte sechs Uhr an. Ich ging etwas schneller und strauchelte nicht mehr. Frijoles Canyon konnte nicht mehr weit weg sein.

Bald würde ich an den Wegweiser kommen, den wir beim Heraufkommen gesehen hatten, der mit einem Arm in Richtung der Berglöwen zeigt und mit dem anderen hinunter zur Touristenzentrale. Endlich, kurz nach sieben, kam ich bei dem Wegweiser an. Auf ihm stand allerdings nicht »Zur Touristenzentrale«, sondern »Zum Hauptquartier«. Das machte mir nichts aus; Hauptsache war, daß es hier abwärts ging. Der Pfad war so steil, daß er wohl ursprünglich für Bergziegen angelegt worden war. Auf halbem Weg stand eine verwitterte Bank; davor waren wieder Elisabeths Fußstapfen zu sehen. Ich blieb nur kurz sitzen, denn unten im Tal konnte ich Häuser und eine gepflasterte Straße sehen. Schließlich vereinigte sich der Weg zum Hauptquartier mit einem anderen. Statt ihm weiter zu folgen, überquerte ich einfach die Wiese in Richtung Landstraße. Links saß eine Familie im Gras und aß ihr Picknickabendbrot. Ich habe sie zweimal um Auskunft fragen müssen; das erste Mal haben sie mich nicht verstanden, weil meine Stimme so heiser war.

Es war nur ein kurzer Weg bis zum Parkplatz, wo mir meine gesamte Belegschaft erleichtert um den Hals fiel. Alle redeten durcheinander. Elisabeth hatte ebenfalls den Pfad zum Hauptquartier gefunden, was ich bereits von ihren Spuren wußte. Die anderen waren auch nicht zu den Steinlöwen gelangt. Eine Zeitlang waren sie ratlos herumgeirrt und schließlich am Rio Grande herausgekommen. Sie waren schwimmen gegangen und dann geradewegs zum Touristenzentrum zurückgewandert. Sie hatten gar nicht erst versucht, den ursprünglichen Pfad wiederzufinden. Daher hatten sie mich auch nicht eingeholt. Wir hatten ursprünglich ausgemacht, uns alle am Wagen wiederzutreffen. Als ich nicht ankam, machten sich meine Studenten Sorgen. Sara ist dann zu den Parkwächtern gegangen, die einen Zuni, Marathonläufer und ebenfalls Parkwächter, zum Heiligtum hinaufschickten. Kurz vor meiner Ankunft hatte der von dort aus auf seinem Funksprechgerät mitgeteilt, er sei oben angekommen, habe mich aber nicht gefunden. Wahrscheinlich war ich zu der Zeit bereits auf dem Weg zum Hauptquartier. Mein letztes bißchen Stolz auf meine Wanderleistung verflüchtigte sich, als mir klar wurde, daß er für den gesamten Weg zu den Steinlöwen nur eine Stunde gebraucht hatte.

Die Nacht zu Hause in Cuyamungue unter freiem Himmel war köstlich. Bewußt sog ich die kühle Luft ein und schlief dann tief und fest. Am Morgen stand ich zur gewohnten Zeit auf, duschte und ging hinauf zu meinem Freund. Ich war versucht zu fragen, warum es mir verwehrt gewesen war, die Steinlöwen zu sehen, aber ich war weiser geworden und beschloß, diese Frage unberührt zu lassen. An jenem Ort der Kraft in den Bergen war ich gestorben, aber die Ahnengeister hatten mich zu neuem Leben erweckt in dieser Initiation; ihr Geschenk hatte Körper und Geist gleichermaßen gesund gemacht.

In den folgenden Wochen wurde mir immer klarer, wie sehr ich mich verändert hatte. Es schien mir nun, als habe ich vor der Wanderung im Jemez immer von außen in die heiligen Bezirke geschaut. Nun wurde mir allmählich klar, daß ich zugelassen worden war. Da war zum Beispiel die Sache mit der Gedenkmesse für den alten Tom, den Indianer, der bei einem Autounfall ums Leben gekommen war. Als ich zum Tor hinaufging, dachte ich darüber nach, wie widersinnig es sei, zu seinem Gedächtnis eine Messe zu feiern und kein indianisches Ritual. Wie schmerzlich muß es für die Indianer gewesen sein, daß sie sich unter brutalstem Zwang den religiösen Gebräuchen ihrer spanischen Eroberer anpassen mußten. So kam ich in recht aufsässiger Stimmung am Heiligtum vorbei und überlegte, ob mein Freund nicht vielleicht mitkommen wollte, um bei dieser Gedächtnisfeier die von der eisernen Faust der Conquistadores vertriebenen Geister zu vertreten. Ich war allein und sagte laut: »Bitte, mein Freund, komm mit und tröste den Geist des alten Tom. Halte dich an meiner linken Schulter fest und begleite mich.« Als Neuling auf dem Weg der Geister war ich ziemlich betroffen, als sofort eine Antwort kam. Von hinten spürte ich eine mächtige Zusammenballung von Kraft, die gezielt auf meiner linken Körperseite aufprallte. Ich war aber nicht lange verwirrt, sondern fühlte bald darauf etwas wie Kameradschaft und ein köstliches Gefühl der Verschworenheit, das auf dem langen schattenlosen Weg hinunter ins Tal zu den Nachbarn, mit denen ich fahren wollte, nicht von mir wich.

Die vorderen Bänke der Kirche waren von Familienangehörigen und Freunden besetzt, also ging ich weiter nach hinten. Ich hatte mir vorgestellt, daß der Priester von den Freuden des Himmels sprechen würde, so wie ich das von meinem Kindermädchen in Ungarn in Erinnerung hatte. Er hatte jedoch etwas ganz anderes im Sinn. Sein Text bezog sich auf die jüdische Königin Jezabel und ihren Streit um irgendwelche Grundstücke. Ich war entsetzt und hoffte nur, daß Tom nicht mehr anwesend war, sondern inzwischen bereits sicher die Leiter hinabgestiegen war in die Unterwelt, um wohlbehalten bei den Maismüttern anzukommen, wo die Verstorbenen ihre Zeit glücklich und zufrieden mit Singen und Tanzen verbringen. Plötzlich sah ich, daß, während der Priester links auf der Kanzel eintönig weiterleierte, rechts ein leichter Luftzug die Blätter der prächtigen Bibel auf dem Altar beständig und ziemlich laut hin- und herbewegte. Es ist natürlich möglich, daß irgendwo ein Fenster offen war, aber daß der Luftzug gerade in diesem Augenblick aufkam und gerade an dieser Stelle sein Spiel trieb, war vielleicht doch ein köstlicher Schabernack meines Freundes gegen den gefühllosen Priester.

Wie die Feen, die an der Wiege des Kindes Pate stehen und Geschenke bringen, hatten die Ahnengeister noch eine ganz besonders köstliche Gabe für mich bereit. Eines Nachts im August, als ich ganz allein auf meinem Land war, wachte ich zwischen halb drei und drei mit einem Gefühl des inneren Vibrierens auf, so als berühre jemand meine Gebärmutter mit einem geladenen elektrischen Draht. Nach einer Weile kam mir der Gedanke, ich sollte die Erregung aus den Tiefen meines Körpers zu den Augen hinaufführen, dann würde ich »sehen« können. So war es auch. Kristallklare Bilder entstanden vor meinen Augen, eine Dorfstraße, ein Garten, alles in einen gelblichroten Schimmer getaucht, wunderschön, aber nichts, was ich kannte. Also schaute ich nur zu und versuchte zu verstehen, was das wohl bedeuten solle.

In der Weihnachtszeit desselben Jahres, als ich schon wieder in Columbus war, tauchte um die gleiche Zeit in der Nacht auf einem rotstichigen, dunklen Hintergrund das Gesicht eines Mannes auf. Nur der Kopf erschien, nichts anderes. Er hatte ein unordentlich zusammengelegtes weißes Tuch auf dem Kopf, war von dunkler Gesichtsfarbe und hatte den Mund auf, verkrampft in einem Viereck, so als schreie er in allerheftigster Wut. Als ich wieder zu mir kam, dachte ich: »Du gehörst aber nicht in meine Welt!« Einen Tag später kamen die ersten Nachrichten vom Einmarsch der Sowjettruppen nach Afghanistan und Aufnahmen von den Stammeshäuptlingen, die sich diesem Überfall widersetzten. Sie trugen die gleichen, unordentlich wirkenden weißen Turbane wie der Mann in meiner Vision. Bald danach »sah« ich, immer einige Tage im voraus, verschiedene Ereignisse der Geiselnahme in Teheran. Geduldig, Schritt für Schritt, zeigten mir meine unsichtbaren Lehrmeister, daß ich meinen Gesichten trauen konnte, indem ich Geschehnisse sah, die leicht mit Berichten in den Medien verglichen werden konnten. Ich wurde zum Seher ausgebildet. Ich verstehe jetzt, wieso in der klassischen griechischen Tradition davon die Rede ist, der Gott Apollo habe Kassandra »vergewaltigt« und ihr so die Gabe der Weissagung verliehen. Die Erregung hatte nämlich wirklich im Schoß begonnen und war im Körper aufwärts geströmt, bis sie sich schließlich in Bildern verdichtete.

Es wurde mir sehr schnell klar, daß die Gesichte immer zutrafen, auch wenn ich als Ungeübte sie oft nicht auslegen konnte. Ich habe sie am folgenden Morgen immer gleich mit Datum aufgeschrieben. Sie nahmen unterschiedliche Formen an. Oft handelte es sich um Ereignisse, die noch in der Zukunft liegen, wie oben im Fall der amerikanischen Geiseln in Teheran. Am Morgen des 19. Oktober 1983 zum Beispiel sah ich einen einfachen Torbogen, zwei aufrechte Pfähle und einen dritten darüber gelegten, an dem ein kleiner dreieckiger Wimpel hing. Auf einmal platzte ein strahlender Ball, wie eine Sonne, mitten in die Toröffnung. Das kann nicht die Sonne sein, dachte ich, das ist eher eine Explosion, denn ich konnte den starken Luftzug fühlen, der mir entgegenwehte und den Wimpel wild flattern ließ. Als ich mir diesen näher anschaute, trug er eine Karikatur von Präsident Reagans Gesicht. Vier Tage später, am 23. Oktober, fuhr jemand einen Lastwagen voll Sprengstoff in das Hauptquartier der amerikanischen Marinesoldaten im Libanon, und über zweihundert junge Männer starben. Ich habe mir damals überlegt, ob ich nicht jemanden hätte warnen sollen, weil die Vision so klar war, aber das wäre sinnlos gewesen. Trojas alter König Priam hatte Kassandra auch nicht geglaubt...

Anfangs schien es mir absonderlich, so zu leben, aber mittlerweile habe ich mich daran gewöhnt, obgleich sich das Gefühl des Wunderbaren erhalten hat. Eines Nachts erschien eine indianische Freundin in meinem Zimmer, die gleiche, die mir damals den Rat mit dem Speiseopfer gegeben hat. Ich konnte ihr Gesicht nicht sehen, erkannte sie aber an ihrem Rock. Sie hüllte mich ein in eine warme, zarte, unendlich süße Liebe. Dann war sie fort.

Einige Tage später kam die Traueranzeige von ihrer Familie: In der Vision ist sie mir vier Tage nach ihrem Tod erschienen. Vier Tage lang, sagen die Indianer, wandern wir noch über die Erde, bis wir zum Eingang der Unterwelt kommen.

Um eine andere Begebenheit zu erwähnen: Mir war es nicht möglich, dem Begräbnis von Don Liborio beizuwohnen. Das tat mir sehr leid, denn dieser liebe alte Freund war mein sachkundiger Führer durch Mexico City gewesen, als ich dort auf Feldforschung war. Ich wußte nicht einmal, wann und wo die Beerdigung stattfinden sollte. Dennoch habe ich alle Einzelheiten davon mitbekommen, als ich zur Zeit des Begräbnisses zu Hause in Columbus plötzlich einschlief. Allerdings haben die Trauergäste wohl nicht gesehen, daß Don Liborio ebenfalls zugegen war. Mir erschien er ganz klar, wie er über den Versammelten schwebte, in ein seidenes Tuch gehüllt, den zerknüllten Hut tief übers Gesicht gezogen, so wie er gern seine Siesta hielt. Eins konnte ich allerdings nicht verstehen, weil ich nämlich nichts hören konnte: Warum wurden den Gästen graue, zerbrochene, erdige Knochen gereicht? War es etwas zu essen, was ich nicht richtig erkennen konnte? Wie ich dann später erfuhr, hatte man Don Liborio in seine kleine Heimatstadt zurückgebracht, um ihn im Grab seines Vaters beizusetzen. Anscheinend hatten arme Leute, denen das Geld für eine Begräbnisstätte fehlte, ohne Wissen der Familie Don Liborios die Granitplatte abgehoben und ihren Toten darunter gebettet. Es waren dessen Knochen, die bei der Beerdigung herumgereicht und später wieder beigesetzt wurden.

Als ich 1982 in Japan war, starb der Vater meines Gastgebers. Die Asche des Ojiisan (Großvaters) blieb noch vierzig Tage lang auf dem Hausaltar. Ich habe viele Räucherstäbchen vor seiner Urne verbrannt und ihm kniend und unter den vorgeschriebenen Verbeugungen eine gute Fahrt ins Jenseits gewünscht. Vor meinem Rückflug nach Amerika schenkte mir meine Gastgeberin zum Abschied eine wunderschöne Schachtel mit aus roten Bohnen hergestellten Süßigkeiten. Ich müsse sie aber ganz allein aufessen, wurde ich gewarnt. Geschenke, mit einem schwarzen und gelben Band umwunden, sind Totengaben und dürfen nicht an andere weitergegeben werden.

Nach meiner Ankunft in Columbus hatte ich bald eine ganze

Reihe von merkwürdigen Unfällen. Ich stolperte und verletzte mir dabei den Fuß, ein glühendes Stück Holz sprang ohne ersichtlichen Grund aus der offenen Ofentür und brannte ein Loch in meinen geliebten chinesischen Teppich; ein Weinglas fiel aus dem Schrank und zerbrach auf dem Fußboden und anderes mehr. Ich kam endlich zu dem Schluß, Ojiisan sei gewissermaßen per Anhalter in der schönen Schachtel mit Süßigkeiten mitgekommen. Selbst ein lieber Freund kann Unheil stiften, wenn er sich in einen unruhigen Totengeist verwandelt hat. Bekümmert warf ich also die schöne Schachtel samt den Süßigkeiten in den Ofen und verbrannte sie. In der folgenden Nacht hatte ich eine Vision. Ojiisan erschien, schmal und zierlich, wie ich ihn gekannt hatte, aber mit einer Maske, einer weißen Kapuze mit Löchern für die Augen. Vorwurfsvoll sagte er, es habe ihm Freude gemacht, bei mir zu sein, und es betrübe ihn sehr, daß ich ihn nun von mir wiese. Dann war er verschwunden. Es gab keine Unfälle mehr, aber wenn ich manchmal an ihn denke, reut es mich fast, daß ich ihm nicht erlaubt habe zu bleiben. In diesen Visionen sehe ich aber nicht nur Tote.

Eine weise alte Mayabäuerin, die bei der Feldforschung in Yucatán mit mir arbeitete und mich gelehrt hat, wie man in den grausamen Tropen überlebt, mußte sich operieren lassen. In meinen Visionen sah ich sie in Lebensgefahr, sah kurze aber bezeichnende Einzelheiten des Eingriffs wie auch dessen erfolgreichen Verlauf, lange bevor ihr Mann mir davon geschrieben hat.

Manchmal taucht ein Stück Leben eines Wildfremden in den Fluten des Geisterflusses auf. Ich »sehe« einen Unfall. Ein junger Mann im eng anliegenden Motorradanzug, ohne Helm auf seinem schwarzen, recht langen Haar, liegt bewegungslos mit dem Gesicht nach unten auf einer etwas abschüssigen Landstraße. Wochen später kaufe ich eine Tüte grüner Paprikaschoten von einem alten Mann in unserer Straße. Auf einem Schild in seinem Garten steht »Carls Rasenmäher-Reparatur«. Unsere Maschine hat Mucken, also frage ich: »Sind Sie Carl?« Nein, sagt er, Carl sei sein Sohn, aber der sei im Krankenhaus, weil er einen schweren Motorradunfall hatte. Meine Vision fällt mir erst ein, als der bekümmerte Vater den Unfall näher beschreibt und auch erwähnt, daß Carl keinen Helm getragen habe. Carl lag mehrere Monate lang bewußtlos im Krankenhaus, ist aber wieder gesund geworden. Er kennt mich nicht, aber manchmal sehe ich ihn im Garten seines Vaters, und dann habe ich das Gefühl, als käme mir ein leichter Windhauch von ihm entgegen. War ich nun Zeuge des Unfalls? Oder hatte ich da eine Aufgabe zu erfüllen, vielleicht dafür zu sorgen, daß er nicht umkam? Ich kann mich nur an jene kurze Szene erinnern; alles übrige ist mir verhüllt.

In erster Linie aber scheint mir die Fähigkeit zum Sehen verliehen worden zu sein, damit ich, wenn nötig, angesprochen werden kann. Ich erinnere mich an jenes Gesicht mit der Jungfrau von Guadalupe, das sicherlich als Ermunterung gedacht war. Ich selbst war jene junge Frau, die dort in den geheimnisvollen, rosa glühenden Raum schaute, in die andere Wirklichkeit, in die ich bald eintreten würde. Dergleichen Erlebnisse hatte ich eine ganze Reihe. Die Ahnengeister haben mich etwa angewiesen, wie ich einen Gebetsstab machen soll, jenen gefiederten Pfeil, der die Bitten der Menschen zu den Geistern trägt. »Rot und Grün auf Schwarz«, wiederholten sie mehrmals, recht streng, wie mir schien. Ich hatte mich allerdings beim Anfertigen solcher Stäbe ziemlich ungeschickt angestellt. Auch die im Vorwort beschriebene Vision war dazu bestimmt, mir etwas beizubringen. Oft sind die Visionen allerdings gar nicht so leicht zu deuten. Es hat eine ganze Weile gedauert, bis ich jenes mächtige Gesicht verstanden habe.

Das Geschenk der Ahnengeister ist mir bis heute erhalten geblieben, aber ich kann die Gesichter nicht willentlich hervorzaubern. Auch kann ich niemandem beibringen, wie man das macht. Dem Geheimnis also ist auch im Labor nicht näherzukommen.

Inzwischen bahnte sich aber in bezug auf die Trancehaltungen eine neue Entwicklung an. Im Sommer 1980 lag ein Brief aus Wien im Postkasten an der Landstraße in Cuyamungue – von Professor Adolf Holl.

Kapitel 4

Ein neuer Weg öffnet sich

Der überraschende Brief von Adolf Holl bezog sich auf meinen Bericht über die Entdeckung der Trancehaltungen, der auf der Jahrestagung des amerikanischen Anthropologenverbandes so wenig Interesse erweckt hatte. Er war in dem Paket gewesen, das ich der Wiener Journalistin geschickt hatte. Holl schrieb, er arbeite an sechs Kurzfilmen zum Thema »Religion« für das Zweite Deutsche Fernsehen. Der letzte Beitrag solle eine Art Zusammenfassung sein, und er würde mich gern nach Deutschland ins Studio einladen, um vor den Kameras mein Experiment mit den verschiedenen Trancepositionen mit deutschen Versuchspersonen zu wiederholen.

Ich war sehr bekümmert, daß mir in der Zwischenzeit keine Möglichkeit eingefallen war, wie ich mit den Körperhaltungen und den Tranceerlebnissen weiterarbeiten könnte. Also war ich hell begeistert von Holls Vorschlag und stimmte ohne zu zögern zu. Bald darauf kamen mir jedoch schwere Zweifel. Nach nur einer einzigen Versuchsserie konnte ich keinesfalls sicher sein, daß wir wieder die gleichen Ergebnisse erzielen würden. Ein Versagen würde aber nicht nur mich, sondern auch den freundlichen Professor in die größte Verlegenheit bringen. Andererseits hatte ich schließlich mächtige Helfer »auf der anderen Seite«, und darauf mußte ich mich eben verlassen. Also flog ich im April 1981 nach Deutschland.

Nach meiner Ankunft hatte ich eine Arbeitsbesprechung mit der Produktionsfirma, die in Heidelberg für das ZDF arbeitet. Geduldig hörte sich der Direktor meine Wünsche an. Wir würden die »Klausur« in einem Hotel abhalten. Also bat ich um ein möglichst abgelegenes Konferenzzimmer. Es sollte Teppichboden haben, aber keine Möbel, sondern nur Matten oder Kissen zum Hinsetzen. Eine Vase mit Blumen auf einem kleinen Tisch wäre schön und vielleicht Räucherstäbchen. Ich war bemüht, möglichst die gleichen Bedingungen zu schaffen, die sich in Columbus als so wirksam erwiesen hatten. Ich machte mir allerdings keine Illusionen. Im Hotel würden wir voraussichtlich einen Tag darauf verwenden müssen, bis alles halbwegs so war, wie ich es wollte.

Zum Glück stellte sich dieser Pessimismus als grundlos heraus. Als wir uns kurz vor Ostern in dem schönen Hotel am Starnberger See versammelten, Adolf Holl, die Teilnehmer, die Mitarbeiter und das technische Personal aus Heidelberg, fehlten nur die Blumen. Eine der Studentinnen kletterte aus dem Fenster und brach einige Zweige vom Forsythienbusch, der im Hotelgarten in voller Blüte stand. Dies waren offensichtlich nicht mehr die steifen Kommilitonen, die ich aus meiner Heidelberger Studienzeit in Erinnerung hatte; es waren eher »Alternative«, von der Einstellung her verwandt mit der Generation der Sechziger, deren Lebensstil meine amerikanischen Universitätserlebnisse so entscheidend beeinflußt hatte. Erleichtert zündete ich ein Räucherstäbchen an, und wir konnten beginnen.

Die von Holl angeworbene Gruppe bestand aus drei Medizinstudenten, Uwe, Irmi und Ingrid, einem Werbetexter namens Franz, seit Jahren in Zen geübt, Kurt, einem Psychologiestudenten, und Doris, einer Sekretärin. Meine Trancegruppen setzen sich auch heute noch ähnlich zusammen: sowohl Männer als auch Frauen im Alter zwischen zwanzig bis Mitte vierzig, Mediziner, Therapeuten der verschiedensten Richtungen, aber gewöhnlich mit akademischer Ausbildung, und ganz allgemein Menschen, die ein Interesse an Meditation oder ähnlichen bewußtseinsverändernden Erlebnissen haben. «Wir, die Suchenden», benannte es ein junger Arzt aus Südtirol.

Es war offensichtlich, daß meine erste europäische Gruppe ziemlich unter Versagensangst litt. Tim, unser englischer Regisseur, versuchte der Gruppe oder sich selbst Mut zuzusprechen, indem er in Aussicht stellte, wenn »aus der Sache« nichts würde, könnte er ja auch Interviews machen mit der Frage, warum sich die Leute zu so etwas Hirnverbranntem gemeldet hätten. Ich selbst machte mir nur Sorgen über den Inhalt der Erlebnisse, nicht darüber, daß »nichts« passieren würde. Die Trance würde sich auf alle Fälle einstellen, vorausgesetzt, die Erwartung war da, die richtige Anregung und die nötige Konzentration.

Letzteres ist ganz besonders wichtig. In der Gruppe in Columbus war eine Frau gewesen, die sich einfach nicht konzentrieren konnte. Sie war in Gedanken immer woanders, beim Einkaufen, bei den Kindern, bei ihrem neuen Ehemann, nur nicht beim Rasseln. Sie hat überhaupt nichts erlebt. Das ist ein Problem, mit dem sich die Prediger in den Pfingstgemeinden auch viel befassen. Wenn sie den Gläubigen beibringen wollten, wie man in Zungen spricht, heißt es immer: »Denkt nicht an die Angelegenheiten der Welt, ob euer Maisfeld gedeiht oder ob ihr genug Geld habt für Tortillas. Denkt nur an die Offenbarung des Heiligen Geistes!« Um die Konzentration zu fördern, hatte ich eine Neuerung eingeführt, eine Atemübung. Vor jeder Sitzung ließ ich die Teilnehmer fünfzigmal leicht und normal ein- und ausatmen. Nur beim Einatmen kann man fühlen, wie die Luft am Septum vorbeistreicht, und das sollten sie beobachten. Der natürliche, beruhigende Rhythmus trägt nicht nur zur Entspannung bei, sondern konzentriert auch die Aufmerksamkeit auf ein einziges Signal, was die Wirkung des nachfolgenden Rasselns erhöht. Meine Erwartungen bestätigten sich, und wir machen diese Übung auch heute noch vor jeder Sitzung. Zusätzlich sorgte ich auch dafür, daß wir uns vor dem Frühstück zur ersten Sitzung trafen, denn daß Fasten die Trance fördert, ist auf der ganzen Welt bekannt.

Dies war das erste Mal, daß ich mit einer Gruppe arbeiten konnte, statt mit Einzelpersonen wie in Columbus, und ich war überrascht, wie viel stärker die Trancen waren. Ich hatte auch Gelegenheit, zwischen den Sitzungen und während der gemeinsamen Mahlzeiten mit den Teilnehmern zusammenzusein. Folglich bemerkte ich Nachwirkungen der Trance, die ich früher nicht wahrgenommen hatte. Die Leute befanden sich in einem fast elektrischen, prickelnden Erregungszustand. Kein Wunder, daß man in Amerika die frühen Pfingstlergemeinden, die den Gebrauch der Trance neu entdeckt hatten, die »Begeisterten« nannte. Wir haben viel miteinander gelacht, und die Unterhaltungen waren irgendwie schwungvoller und ungehemmter als sonst unter sich mehr oder minder fremden Menschen. Wir teilten kleine Erlebnisse miteinander, die uns von der Umwelt trennten. Es ergab sich auch das dringende Bedürfnis, ganz nah beieinander zu sein. »Am schwierigsten zu beschreiben«, schrieb ich in mein

Tagebuch, »weil sie so subtil ist, ist die aufblühende, fast zärtliche Zuneigung aller für alle. Ich bin überzeugt, daß wirklich niemand ausgeschlossen war. Alle knutschen alle ab in der harmlosesten Weise, irgendwie kindlich unschuldig. Es war wie in der Morgendämmerung, ein Berühren der Fingerspitzen im frühen Wind, wie das Treffen und das Sichtrennen spielerischer Wellen.«

So entwickelte sich ein Gefühl der Gruppenzusammengehörigkeit, das ich in den Apostolischen Gemeinden ebenfalls beobachtet habe. Es ist, als schaffe das gemeinsame Tranceerlebnis einen Ring, der die Gruppe zusammenhält und andere Menschen ausschließt. Die Anthropologen nennen das Paranoia. Diese Bezeichnung trifft jedoch nicht das Wesentliche. Es ist kein krankhaftes Mißtrauen, man fühlt sich nicht verfolgt. Eher ist es so, daß sich die Gruppe sozusagen von der Erhitzung der Trance wie zu einem Körper zusammengeschweißt fühlt. Wie sich so etwas ausdrückt, erlebten wir eines Morgens, als Tim, unser englischer Regisseur, beschloß, an der Sitzung teilzunehmen, anstatt sich nur die Tonbänder in seinem Zimmer anzuhören. Tim hörte aber nicht nur zu, er stellte auch Fragen. Es ginge ihm darum, mediumwirksame Aussprüche zu sammeln, sagte er. Seine Einmischung wirkte nicht nur störend, sie war schmerzhaft, und als wir beim Mittagessen saßen, war deutlich zu spüren, daß die Stimmung am Tisch ausgesprochen aufsässig war. Wir beschlossen also, Tim zu bitten, die Tonbänder wie zuvor privat abzuhören. Als das die Runde machte, brachen alle in ein erleichtertes Lachen aus. Wir hatten einen Exorzismus vollbracht.

Tims Besorgnis war verständlich. Es war ihm nicht völlig klar, was wir eigentlich vorhatten, er brauchte Material, auf das er zurückgreifen konnte, falls unser Unternehmen scheitern würde. Auch ich hatte mir ja Gedanken darüber gemacht, ob jene absonderliche Regelmäßigkeit der Erlebnisse wieder auftauchen würde, die wir in Columbus erfahren hatten. Aber je mehr Erlebnisberichte ich hier hörte, desto klarer wurde mir, daß meine Besorgnis fehl am Platz war. Was wir hier in Verbindung mit den verschiedenen Haltungen erlebten, stimmte mit dem überein, was ich auch in Columbus erlebt hatte.

Diese Übereinstimmung bezog sich offensichtlich nicht nur auf die körperlichen Veränderungen, daß man sich in der einen Haltung heiß fühlt, in der anderen kalt oder daß die Wahrnehmung der Zeit sich verzerrt, was ein Mitglied der Gruppe in Columbus den »totalen Zusammenbruch der Zeitperspektive« genannt hatte. Es ergab sich vielmehr trotz individueller Abweichungen wieder eine Stabilität des Erlebnisinhalts jeder einzelnen Haltung.

Bei der Wahrsagerhaltung hatte Anita in Columbus beispielsweise gesagt (dies und das folgende vom Tonband zitiert): »Die Energie ist mir in den Kopf gegangen und hat da in einer kreisförmigen Bewegung Hitze hervorgebracht. Am Hinterkopf habe ich dann eine Art Lichtausstrahlung gefühlt wie einen Heiligenschein... Es war, als wollte ich einen Schleier durchstoßen oder das Licht am Ende eines Tunnels sehen.« In Deutschland erzählte Ingrid: »Ich merkte, daß mir die Hitze in den Kopf kam, und gleichzeitig hat sich die Klapper in meinem Kopf in ein Mühlrad verwandelt, auch so eine kreisende Bewegung, immer nach rechts. Dann ist die Hitze verschwunden. Ich war praktisch ein Luftballon, der von diesem Mühlrad aus weggeschleudert worden ist.« Die Übereinstimmung könnte kaum genauer sein: die kreisende Bewegung, die sich bei Ingrid anfühlte, als verwandle sich ihr Kopf in ein Mühlrad; der Heiligenschein bei Anita und Ingrids (runder) Ballon; die Absicht, einen Schleier zu durchstoßen und bei Ingrid das Weggeschleudertwerden. In der Haltung des Bärengeistes erzählte Bryan in Columbus: »Plötzlich hatte ich wildes Herzklopfen, es öffnete sich etwas wie ein Gang in mir, eine Treppe, so etwas... Ich war nichts als eine Treppe, ich war nichts weiter, fast als sei das alles, ich war nicht einmal mehr ein richtiger Körper.« Man vergleiche das mit Ingrids Bericht in der gleichen Haltung: »Ich wußte nicht mehr, wie groß ich bin. Ob ich ganz klein bin und der Raum groß oder ich groß und der Raum noch größer, das konnte ich nicht unterscheiden. Ich habe das Gefühl gehabt, in einer großen Flasche zu sitzen, so eine Kuppelflasche, die einen unheimlich langen, schmalen Hals hatte, und den habe ich immer über mir gesehen... Ich habe dann das Gefühl gehabt, unheimlich große Augen zu bekommen und so'n kleinen Körper, oder daß ich so Käferfühler gekriegt habe.«

Nach drei Tagen anstrengender Arbeit mit den Haltungen, wurden wir am Ostermontag in ein Hotel in München gebracht, das in der Nähe des ZDF-Studios lag. Nach dem fast heimeligen Konferenzzimmer im Hotel war das Studio erschreckend, weit und tief wie eine zugige Höhle, vollgestellt mit Kameras, Plattformen, Mikrophonen an Stangen und überall von herunterhängenden Lampen beleuchtet. Holl und ich hatten beschlossen, für das Fernsehprogramm die Haltung des Höhlenbewohners von Lascaux zu machen. Was mochte sich der alte Jäger und Schamane, der mir in Columbus so gegenwärtig gewesen war, wohl denken, wenn er auf diese Weise aus seiner Höhlenheimat in diese kalten Mauern gebracht wurde? Als man uns die Plattform zeigte, die die Tischler uns für die Haltung gezimmert hatten, war ich beruhigt. Sie hat das Studio viel Geld gekostet, war rund, über fünf Meter im Durchmesser, mit grauem Samt überzogen und mit Schaumgummi gepolstert. Das hätte ihm sicher gefallen. Während Holl und ich die Einführung sprachen, sollten die Teilnehmer auf rosa Kissen sitzen. Für die Übung selbst waren Fußstützen angebracht, und die Platte konnte durch die entsprechende Vorrichtung auf die Neigung von 37 Grad hochgestellt werden.

Obgleich das Studio mittlerweile etwas an Fremdheit verloren hatte, fragten die Teilnehmer doch nach den Räucherstäbchen, die ich bei den Übungen im Hotel immer angezündet hatte. Ich hatte mir das als sinnliche Brücke gedacht zwischen dem Hotel und dem Studio und wandte mich an die Regisseure. Das Studio hat äußerst empfindliche Feuerwarnanlagen; rauchen darf man nur in gewissen abgeschlossenen Räumen, aber schließlich tat man mir den Gefallen und versprach, die Anlagen während der Filmaufzeichnung abzustellen, damit ich die Räucherstäbchen anzünden konnte.

Die Aufzeichnung fand am nächsten Tag statt. Ich brachte alles mit, was ich noch an Räucherstäbchen hatte und steckte sie in Flaschen rund um die Plattform herum. Das Studio ist so geräumig; ich dachte mir, wenn unsere Leute den Duft wahrnehmen sollen, muß er viel dichter sein als im Konferenzzimmer. Wir schauten uns die ausgezeichneten Tranceszenen an, die bei den Vorarbeiten für andere Folgen der Serie aufgenommen worden waren und für diese als Einleitung dienen sollten. Dann sprachen Holl und ich die Einleitung. Das mußte zweimal aufgenommen werden, weil sich ein störendes Geräusch gemeldet hatte.

Wie nicht anders zu erwarten, waren alle im Studio höchst besorgt wegen der Tranceszene selbst. Um die Trance nicht unbeabsichtigt hervorzurufen, hatte ich das Rasseln bei den Proben ohne Laut simuliert. Nach unserer Einleitung war eine Szene vorgesehen, in der die Teilnehmer die ihnen schon bekannten Haltungen kurz vorführten. Ich war angewiesen worden, dafür etwas zu rasseln, und obgleich das Ganze kaum eine Minute dauerte, waren einige Teilnehmer doch schon in Trance geraten. Dann war wieder etwas nicht in Ordnung, und wir mußten die Szene wiederholen. Im Studio gab es eine laute Auseinandersetzung zwischen den Kameraleuten und den Kabelträgern. Dann mußten wir zwanzig Minuten lang warten, weil aufgrund einer Gewerkschaftsregel jemand von irgendwo anders in der Stadt herbeigeholt werden mußte, der berechtigt war, ein gewisses Gerät umzustellen.

Bei den Vorbesprechungen hatte ich Tim nachdrücklich darauf hingewiesen, daß wir die Tranceszene nur einmal drehen konnten. Sollten wir unterbrochen werden, dann müßten wir vor der Wiederholung eine Wartezeit von mehreren Stunden einlegen. Auch müsse unbedingt Stille herrschen; niemand dürfe sich bewegen, Türen schließen oder sonst ein Geräusch machen, während ich am Rasseln war. Dies war äußerst wichtig, denn obgleich im Film von der Tranceszene nur drei Minuten gezeigt werden sollten, mußte ich trotzdem fünfzehn Minuten lang rasseln, denn nach einer kurzen Erholungspause und der Vorstellung der Teilnehmer sollten die Erlebnisberichte voll gebracht werden. Die Spannung im Studio wurde dadurch erhöht, daß ich nichts darüber verraten hatte, was die Haltung an Erlebnisinhalt vermittelt.

Tim hatte jetzt die volle Verantwortung, und ich war dankbar, da er in seinen Anweisungen all das betonte, was wir besprochen hatten. Die Plattform war im Winkel von 37 Grad geneigt, alle Teilnehmer lagen in ihrer Haltung still auf ihren Plätzen, eine eindrucksvolle Neuschaffung der ehrwürdigen Szene aus der Altsteinzeit. Die Räucherstäbchen dufteten, Tim gab mir über das Mikrophon im Ohr mein Signal, und es ging los.

Eine halbe Minute später wurde alles abgeblasen. Die Geräte hatten nicht den geringsten Ton aufgenommen. »Wie lange kann das denn dauern?« wollte Holl wissen. Tim ließ sich nicht festlegen. In der Technik sei das eben so, man ziehe an einem Faden, und niemand könne voraussagen, wie lang er ist.

Zum Glück war er diesmal kurz, und ich konnte wieder mit dem Rasseln anfangen. Es fiel mir schwerer als sonst. Auch unter normalen Umständen sind fünfzehn Minuten recht lang, und hier konnte ich nicht auf die Uhr schauen. Verbissen rasselte ich weiter. Irgendwann fing Irmi heftig zu zucken an. Ich erschrak. War die Fußstütze so einer Belastung gewachsen? Kurt, der weiter unten lag, erzählte später, er habe gefühlt, daß Irmi Schwierigkeiten hatte und habe versucht, ihr »Hilfe« zu schicken. Nach einer Weile beruhigte sie sich. Ich rasselte weiter, und kurz bevor ich aufhörte, lag sie wieder bewegungslos da.

Holl überbrückte die nachfolgende Pause mit einigen Bemerkungen über das Experiment, dann stellte er die Teilnehmer vor und fragte schließlich jeden einzelnen nach seinen Erlebnissen. Er fing mit Ingrid an, und mit wachsender Begeisterung hörte ich zu:

Ich fühlte eine ungeheure Hitzewelle, die sich von meinen Füßen bis in meinen Kopf bewegt hat. Als sie da oben angelangt war, hat sich der Kopf verändert zu einer Bergspitze und ist immer höher geworden, immer höher in die Höhe, und ich hatte das Gefühl, der höchste Gipfel der Welt zu sein. Unter mir hat sich die ganze Welt erstreckt, unendlich weit und unbegrenzt. Ich konnte praktisch alles übersehen. Aber es war nicht nur die Erde, die unbegrenzt war, sondern ich hatte das Gefühl, auch der Himmel, der ganze Kosmos würde sich öffnen und unbegrenzt sein über mir. Dann hat sich das Hitzegefühl gegeben, es war weg. Ich bin in diese Weite hineingefallen und wurde wie von einem weichen Wind durch diese ewige Weite getrieben. Es war unheimlich mild, sanft. Es gab keine Entfernung, weder in die Weite noch in die Tiefe noch in die Höhe. Ich konnte mich überall hintreiben lassen von dem Wind, wohin ich wollte; es war sehr sehr schön.

Was die anderen zu berichten hatten, war ebenfalls spannend, jeder Bericht auf seine Art.

Doris: Bei mir fing es auch mit Hitze an, aber nicht von den Füßen, sondern aus der Nierengegend, und es strömte in meinen Körper. Und dann hatte ich das Gefühl, es fließt nicht durch, es staut sich in meinem Körper. Ich hatte richtige Ängste, daß ich platzen könnte, und ich muß den Mund aufgemacht haben. Zu einem gewissen Zeitpunkt hatte ich dann das Gefühl, daß die Wärme durchfließt; das war dann angenehm. Ich kann nicht sagen, daß ich mit dieser Wärme ausgeflossen bin, aber ich hatte schon das Gefühl wegzufließen.

Uwe erlebte nicht die Befreiung, die Doris dadurch erlangt hat, daß sie ihren Mund aufmachte:

Ich war relativ lange ziemlich ruhig, bis sich dann ein Kribbeln und Vibrieren im ganzen Körper eingestellt hat. Dann begann ein seltsames Ziehen von den Ohren hoch und dem Mund, ein regelrechtes Verkrampfen des Gesichtes. Diese Verkrampfung war so stark, daß ich, als die Rassel aufhörte, ganz große Mühe hatte, meinen Mund zu öffnen. Ich hatte das Gefühl, daß der Mund verschlossen und versiegelt war. Diese ganze maskenhafte Verspannung hat sich dann in einem unheimlichen Muskelzittern entladen, das jetzt noch anhält.

Irmi hatte erlebt, daß sie sich ausdehnte; dann hatte sie sich aufgespalten:

Ich war wie ausgebreitet, aufgespannt und habe dann den Eindruck gehabt, die Rassel würde hinter mir noch einmal auftauchen; ich habe zwei Rasseltöne gehabt. Dieses Aufspannen war der Eindruck der Weite, der sich dann mit einer Veränderung der Bewegung, die ich ausgeführt habe, also nicht absichtlich, aber die ich ausgeführt habe, die hat sich in eine Längsteilung umgewandelt; da war erst der Eindruck breit, weit ausgebreitet, dann lange hinaufwachsen. Und mit dieser Längsveränderung ist dann auch die Rassel nach hinten gegangen. Also es waren zwei Ausgänge da.

Bei Franz ist die Veränderung etwas verdeckter, aber trotzdem noch in ihren Grundzügen zu erkennen:

> Ich habe den Eintritt zweimal sehr intensiv erlebt, und zwar hat sich für mich die innere Bildebene hinter die Augen verlegt. Das war ein ganz milchiger Kreisstrom. Beim zweiten Mal war es viel intensiver. Ich hörte plötzlich eine zweite Rassel, die einen ganz anderen Klang hatte. Ich bin dann wieder zurückgefallen, aber es war irgendwie eine ganz veränderte Ebene danach.

Kurt erlebte einen klaren und sehr eindrucksvollen Austritt aus sich selbst:

> Bei mir ergab sich so eine Welle, und zwar hat sich die von den Extremitäten hier im Brustkorb gestaut; ich hab unheimlich gekämpft, ich wußte, es muß in den Kopf. Damit habe ich gekämpft, diese Stauung in den Kopf zu bringen, durch den Hals. Ich hab dann einen fürchterlichen Druck im Kopf gehabt und hab den ganzen übrigen Körper nicht mehr gefühlt, nur noch den Kopf. Und dann habe ich auch dieses zweite Rasselgeräusch gehört. Das Rasselgeräusch ist eine Kreisbewegung geworden. Mit einem Schlag ist's – ja, das ist so bildhaft –, ich habe die Energie so kreisförmig aus dem Kopf hinaustreten sehen, und dann war ich völlig entspannt.

Die Kameras standen still. Trotz aller Schwierigkeiten und Unterbrechungen war das Grunderlebnis klar zutage getreten. Der alte Schamane muß zufrieden gewesen sein, so wie vor Tausenden von Jahren, als er mit seinem Stift aus Holzkohle und Talg die Gestalt mit wenigen Strichen und doch so sachverständig auf den Felsen gezeichnet hat. »Seht ihr«, mag er zu seinen Lehrlingen gesagt haben, »so müßt ihr das machen!« Dann haben sich die Burschen auf den Hügel gelegt und sind in der vorgezeichneten Haltung losgeflogen auf ihre Seelenfahrt.

Ich hatte das dringende Bedürfnis, alle meine jungen Helfer in meiner Begeisterung fest in den Arm zu nehmen, aber dazu war keine Gelegenheit. Plötzlich war ich umringt von den Leuten im Studio, den Kameramännern, den Regisseuren; sogar die Bildmischer waren aus dem oberen Stockwerk gekommen und andere sonst im Verborgenen wirkende technische Mitarbeiter. Sie wollten das auch probieren, jetzt gleich. Leider mußte ich sie enttäuschen. Die Versuchspersonen hatten fast eine Woche lang mit mir gearbeitet, erklärte ich; sie hatten gelernt, sich zu konzentrieren; sie hatten auch noch andere Haltungen erlebt, alles in Vorbereitung auf diesen Höhepunkt. »Ich hab's euch doch gesagt«, meinte die Bildmischerin. Und dann gingen sie alle auf ihre Arbeitsplätze zurück, um den Schluß der Folge aufzuzeichnen.

»Es ist dir hoffentlich klar«, bemerkte Kurt hinterher, »daß du da ein Wunder erlebt hast.« Diese Leute im Studio seien total abgebrüht und hätten sich vorher weidlich lustig gemacht über unser Programm.

»Nachher hat sich dann alles schmerzlich aufgelöst«, schrieb ich in mein Tagebuch. Aber das hat nicht gestimmt. Wir sind immer noch befreundet, und Ingrid Müller war es, die für ihre medizinische Doktorarbeit die Münchener Versuche in die Wege geleitet hat. Kurt und Uwe waren zwei der vier Versuchspersonen bei jener Untersuchung. Und die begeisterten Berichte von Kurt lockten die ersten Teilnehmer in die Seminare, die »Workshops«, die ich seither jedes Frühjahr in Europa abhalte.

Diese Fortsetzung meiner Arbeit ist eigentlich das Wichtigste, was das Fernsehprojekt mit sich gebracht hat. Es war die Idee von Franz. Er ist einer der Gründer und war jahrelang Leiter des Buddhistischen Zentrums in Scheibbs. Am Tag nach der Aufzeichnung des Films sind wir alle durch Wien spaziert, haben gelacht und Erdbeeren auf der Straße gegessen. Plötzlich fragte mich Franz: »Sag mal, kannst du mir die Zeichnungen von den Haltungen geben? Vielleicht könnte ich so ein Seminar auch in Scheibbs organisieren.« Bevor ich überhaupt antworten konnte, legte er mir den Arm um die Schultern und fügte lachend hinzu: »Ach, i wo! Warum solls der kleine Schmied machen, wenn wir auch den richtigen Schmied haben können?«

Kapitel 5

Der Weg der Geister

Das erste Seminar, das Franz organisierte, fand 1982 im Buddhistischen Zentrum in Scheibbs (Österreich) statt. Er veröffentlichte das Datum in den Mitteilungen des Zentrums, und einige der Leser meldeten sich an. Andere hatten das Fernsehprogramm gesehen. Kurt erzählte Freunden in Wien von dem, was er bei der Arbeit für das Programm erlebt hatte, und auch von dort kamen Teilnehmer. Jolanda kam aus der Schweiz dazu. Im folgenden Jahr warb sie Freunde an, man mietete in der Schweiz ein geeignetes Haus auf dem Land, und wir hielten dort das Seminar ab. Das hat sich inzwischen zu einem jährlichen Treffen entwickelt, Teil meiner Frühjahrstournee in Europa, bei der ich zur Zeit fünf verschiedene Länder besuche.

In Cuyamungue verlief die Entwicklung der Workshops etwas langsamer. Anfangs habe ich auch Anthropologiekurse am Institut abgehalten, aber mit der Zeit wurde meine Verbindung zur Universität von Denison immer loser. Außerdem verlagerte sich im Laufe der Zeit der Schwerpunkt meiner Arbeit. Die Workshops waren zu diesem Zeitpunkt genau das Richtige.

Die Teilnehmer an den Workshops gehören hüben wie drüben etwa zur gleichen Bevölkerungsschicht. Manche machen einfach mit, weil sie sich auf diese Weise selbst kennenlernen. »Esoterische Touristen«, wie einer meiner Freunde sie nennt, gibt es heutzutage überall. Einige, die sich in der einen oder anderen Weise mit Heilung beschäftigen, bauen die Haltungen und die religiöse Trance in ihr Programm ein, andere halten selbst Seminare ab. All dies wächst ohne eine zentrale Führung. Man weiß voneinander aus einem bescheidenen Nachrichtenblatt, das wir vom Institut herausgeben und in dem wir auch über den Verlauf unserer Forschung berichten. Die Arbeit am Institut umfaßt die Seminare und die Erforschung der religiösen Trance. Für viele Teilnehmer ist Cuyamungue ein wichtiger spiritueller Zufluchtsort geworden; ein Aufenthalt dort wird als etwas Besonderes geschätzt.

Das Gelände von Cuyamungue ist eine Art Tierschutzpark, zu dem die Öffentlichkeit nur während der Seminare Zugang hat. Das Wohnhaus, das wir im Laufe mehrerer Sommer gebaut haben, wird von Mitgliedern des Instituts bewohnt, die bei der Organisation der Workshops und bei der Herausgabe des Nachrichtenblattes mithelfen. Das Studentengebäude, an dem wir im Jahr meiner Initiation gearbeitet haben, ist fertiggestellt. Es hat uns im Laufe der Zeit gute Dienste geleistet mit seinem isolierten Dach, das uns im Sommer den in der Wüste unentbehrlichen Schatten spendet. Der Wind kreist in der doppelten Bretterwand, bläst durch die Ritzen und sorgt für Kühlung. Die kleinen Vögel des Felsengebirges, himmelblaue Singdrosseln, Rotkehlhüttensänger und grünliche Fliegenschnäpper nisten im Frühling in den Winkeln zwischen Brettern und Dach, und die großäugigen Wüstenmäuse und deren Erbfeind, die Ringelnatter, haben den Hohlraum unter dem Fußboden entdeckt. Die diebische Holzratte, ein Nager mit Elsterneigungen, hat sich kürzlich hinzugesellt und ist uns weniger willkommen. Einen Sommer hatte ich einen holländischen Shintopriester zu Besuch, der sich jeden Morgen den Kopf rasierte. Die Holzratte hat ihm das Rasiermesser geklaut, und er mußte die Kopfstoppeln mit einem geborgten Damenrasierapparat bearbeiten.

Neben dem Studentengebäude habe ich meinen Gemüsegarten. Meine spanischen Nachbarn, die mir beim Pflanzen der Obstbäume geholfen haben und der Wüste unglaubliche Ernten entlocken, lächeln mitleidig, wenn ich meinen Garten auch nur erwähne. Wo gibts denn sowas, daß man im Garten dem Unkraut, angeblich mit Absicht, Raum gewährt? Aber bei mir sind die wilden Kinder der Hügel herzlich willkommen. Meine Chilies und Tomaten, der Blattsalat und die Küchenkräuter müssen sich eben damit abfinden, daß rund um sie herum auch der indianische Tee, eine Art Schachtelhalm, blüht, die Königskerze ihre pelzigen Blätter ausbreitet, der mexikanische Hut, ein Korbblütler, mit braunen Samtblumen das Auge erfreut, Bergprimeln, Glockenblumen und wilder Salbei auftauchen und viele, deren Namen ich noch nicht kenne und deren Samen die Vögel herbeibringen und der immer singende, summende Wüstenwind.

Das wahre Herz des Landes aber ist die Kiva. Ich kann mich nicht mehr genau daran erinnern, wann es mir eingefallen ist, die Kiva zu bauen. Eines Tages war der Gedanke einfach da, so wie man plötzlich eine neue Melodie summt oder die Anfangszeilen eines Gedichtes weiß – ein Geschenk von der anderen, der heiligen Seite. Weiße dürfen diese heilige Stätte der Puebloindianer nicht betreten, solange sie noch kultischen Ritualen dient. Ich habe daher prähistorische Ruinen besucht, um herauszufinden, wie die Ahnen der jetzigen Bevölkerung ihre runden, halb unterirdischen Gebäude gebaut haben. Danach habe ich die Pläne für unsere Kiva entworfen.

Die Kiva war von Anfang an etwas Besonderes. In einer regnerischen, sternenlosen Sommernacht mußte eine Workshopteilnehmerin aufstehen, um im Studentengebäude die Toilette zu benutzen. Die leere Kiva, erzählte sie am folgenden Morgen, sei von innen beleuchtet gewesen, ein rötlich-gelbes Licht sei durch alle Ritzen gedrungen. »Hast du durch ein Fenster geschaut, um zu sehen, was los ist?« fragte ich. »Aber nein«, wehrte sie erschrocken ab, »das hätte ich niemals gewagt.«

Manche möchten gern in der Kiva schlafen, weil sie abgeschlossen ist und angenehm warm in der Nacht, und man träumt wundersame Träume, die leicht zu behalten sind. Aber nicht alle sind in der Kiva willkommen. Eine deutsche Freundin, die ungenannt bleiben soll, kam nur zu Besuch nach Cuyamungue und wollte von unseren Übungen nichts wissen. »Bei dem Gedanken, daß du mich in Trance versetzen könntest«, hatte sie bei der Ankunft erklärt, »rollt sich meine Seele vor Angst zusammen wie ein Igel.« In der ersten Nacht, die sie in der Kiva verbracht hat, fiel ihr ein dicker Wassertropfen auf die Nase. Sie schob daraufhin ihr Feldbett auf die andere Seite, aber es kam noch ein Tropfen, wieder genau auf ihre Nase. Wieder rückte sie das Feldbett beiseite und suchte dann mit der Taschenlampe nach der Pfütze, die sich logischerweise inzwischen an dem ersten Ort hätte bilden müssen. Sie fand keine. Als ein anderer Gast, der zum ersten Mal den amerikanischen Südwesten besuchte, in der Kiva schlief, lief nachts eine Maus laut über die Kivadecke und fiel dann mit einem deutlichen Klatsch auf den Steinboden. »Sie muß sich doch dabei das Genick gebrochen haben«, meinte mein Besucher. »Aber ich konnte heute früh keine tote Maus finden.«

Die dramatischste Kivageschichte passierte meinem Freund Hans Peter Dürr, dem bekannten Verfasser der *Traumzeit*, der mich im Sommer 1981 in Cuyamungue besuchte. Er hat die Geschichte später auch selbst erzählt, in einer kleinen Sammlung verschiedener Aufsätze, dem *Satyricon*.[1]

Einige Tage vor Hans Peters Ankunft saß ich mit einer Freundin aus Albuquerque vor dem Studentengebäude. Plötzlich sahen wir, wie ein sehr großer Raubvogel über den Hügeln im Westen seine weiten Kreise zog, immer näher zu uns heran. Endlich erkannten wir, daß es ein Adler war. Ich hatte in unserer Gegend überhaupt noch keinen Adler gesehen und bewunderte die herrlichen Kreise, die er nun unmittelbar über unseren Köpfen zog. Als Hans Peter ankam, war ich immer noch mit dem Adler beschäftigt, und es war eins der ersten Dinge, die ich ihm erzählte. Zu unserer beiderseitigen Überraschung hatte er ebenfalls gerade ein Abenteuer mit einem Adler hinter sich, und zwar beim Sonnentanz der Cheyenne-Indianer.

Zu den Cheyenne war Hans Peter von Dr. Schlesier eingeladen worden, einem deutschen Ethnologen, der dort Feldforschungen machte. Als Hans Peter nun unter den Gästen beim Sonnentanz saß, schloß er wie von ungefähr die Augen und sah plötzlich ein helles Licht am Horizont. Als das Licht näher auf ihn zukam, erkannte er, daß es ein Adler war. Der Adler hielt unmittelbar vor ihm an und drehte den Kopf, als wolle er ihn genau betrachten. Er war so nahe, daß Hans Peter die Einzelheiten des Raubvogelauges klar wahrnehmen konnte. Überrascht drehte er sich zu Schlesier um und sagte: »Sieh mal, was da gekommen ist!« Schlesier hatte natürlich nichts gesehen, schlug Hans Peter aber vor, zum Bewahrer der Pfeile zu gehen, einem Weisen der Cheyenne, um ihm seine Vision zu beschreiben. Dieser erklärte ihm, daß die Pfeifen, die beim Sonnentanz geblasen werden, aus Adlerknochen geschnitzt sind, und daß es ein besonders großes Glück bringe, wenn der Adlergeist einem erscheine. Dieser Geist sei sehr mächtig, und es mache nichts aus, daß Hans Peter Weißer sei, der Segen werde ihm trotzdem zuteil.

Wir hatten beide den Eindruck, daß der Adler, den meine Freundin und ich gesehen hatten, Hans Peters Ankunft angezeigt hatte, und daß der Adlergeist ganz offensichtlich eine Zuneigung zu Hans Peter gefaßt hatte. Ich fragte ihn, ob er sich bei dem

Adlergeist auch entsprechend bedankt habe. Als Ethnologe mußte er wissen, <u>daß er mit seiner Vision in eine Welt der Reziprozität, der Gegenseitigkeit, eingeladen worden war, wo jedes Geschenk ein Gegengeschenk erfordert.</u> Aber Hans Peter schien die Sache nicht eilig, und ich bestand nicht darauf.

Wir verbrachten einige sehr angenehme Tage miteinander; es kamen Gäste, wir machten Ausflüge, und das Gegengeschenk für den Adlergeist war augenscheinlich in Vergessenheit geraten.

Am Samstagmorgen benutzten wir wie immer die nebeneinandergelegenen Badezimmer im Studentengebäude, und Hans Peter fragte mich durch die dünne Bretterwand, ob ich den Deckel von seiner Seifenschachtel genommen hätte. Er war ganz sicher, daß er die Schachtel fest geschlossen hatte, denn ich hätte ihn doch gewarnt, daß die Mäuse die Seife anknabbern würden. Dennoch hatte er die Schachtel jetzt mehrmals offen gefunden. Ich war nicht in seinem Badezimmer gewesen, also meinte ich: »Wer weiß, vielleicht necken dich die Geister, weil du etwas Wichtiges unterlassen hast, wie zum Beispiel dem Adler ein Geschenk zu bringen.«

Ich war überrascht, daß er jetzt unerwarteterweise bereit war, das kleine Ritual durchzuführen. Wir sind zusammen auf die Anhöhe gegangen, wo ich gewöhnlich zum Sonnenaufgang und zum Sonnenuntergang einen Segen spreche und etwas Maismehl opfere, und Hans Peter hat nicht nur dem Adler sein Tabakopfer dargebracht, sondern sogar noch meinem Geisterfreund ein Mehlopfer gespendet. Ich sagte nichts, fragte mich aber doch, was ihn wohl zur Einkehr gebracht hatte.

Auf dem Rückweg fragte er plötzlich: »Sag mal, die Rassel, die du benutzt, gibt es die hier in der Gegend?« »Ja.« »Hast du eine hier?« »Nein, ich habe meine in Columbus gelassen und muß mir erst wieder eine kaufen.«

Dann kam es raus. Nachdem unsere Gäste nach dem Abendbrot weggefahren waren, war Hans Peter in die Kiva schlafen gegangen. Er machte die Tür hinter sich zu und lag noch eine Weile hellwach im Schlafsack auf dem Feldbett und hörte den Grillen draußen zu. Plötzlich ertönte ein lautes Rasseln vor der Tür. Sein erster Gedanke war, ich wolle ihm einen Streich spielen.

Ich steige aus dem Schlafsack, öffne die Tür und schaue nach. Im hellen Mondlicht kann ich die ganze Gegend überblicken, aber ich kann niemanden sehen, auch keine Klapperschlange am Boden. Das Rasseln hat aufgehört, und ich krieche in den Schlafsack zurück. Ich fühle mich sehr unwohl und weiß mir nicht anders zu helfen, als daß ich den Eagle Spirit »rufe«. Plötzlich ruckt das Feldbett in Abständen von einigen Sekunden dreimal heftig hin und her, und ich denke: »Wie komme ich bloß aus dieser Situation wieder raus?« ...Da habe ich das Gefühl, als sei der Adler da, in der Kiva und breite seine Schwingen über mich aus. (1982: 84-85)

Das Zirpen der Grillen draußen war während der ganzen Zeit nicht zu hören gewesen; es herrschte Totenstille. Plötzlich war alles vorbei, die Grillen machten wieder ihre Musik, und Hans Peter schlief ein. Die Sache hat ihn ziemlich mitgenommen. »(Ich) frage mich«, schreibt er, »ob ich noch derselbe bin, der vor zwanzig Jahren aus der Kirche ausgetreten ist.«

Daß Hans Peter so unsanft behandelt wurde, liegt meiner Ansicht nach nicht nur daran, daß er die Regel der Gegenseitigkeit nicht befolgt hat, sondern ganz allgemein daran, daß die Geister das Ritual vermißten. Warum ist ihnen ein Ritual so wichtig? Das Ritual ist für sie das Mittel zur Kommunikation mit uns Menschen, etwa so wie wir miteinander sprechen. Es gibt überhaupt keine religiöse Handlung ohne Ritual, eine Tatsache, die in allen Religionsgemeinschaften bekannt ist. Das Ritual ist die Regenbogenbrücke, über die wir zu den Geistern gelangen können und über die sie in unsere Welt herüberwechseln. Warum sie das möchten, ist nicht ohne weiteres klar. Es liegt wohl daran, daß sie wissen, was wir in der westlichen Welt vergessen haben, nämlich, daß die gewöhnliche und die andere Wirklichkeit zusammengehören als zwei Hälften eines Ganzen. Nur wenn beide Hälften zusammengefügt sind, ergibt sich die Welt als Ganzheit, eine Welt, in der es sich zu leben lohnt. Das Menschendasein ist leer ohne die Geister, aber auch das Geisterdasein ist unvollständig ohne uns Menschen und unsere Welt. Und obgleich die Geister so viel mächtiger sind als wir Menschen, brauchen sie uns in diesem Sinne eben auch.

Als Kulturanthropologin war mir dies alles natürlich theoretisch ohne weiteres klar. Ich war aber gewissermaßen ein Wanderer in fremden Landen und mußte erst eine Menge neuer Verhaltensmaßregeln lernen. So wurde mir erst, als ich meinen Geisterfreund bat, mich zur Totenmesse für Tom zu begleiten, klar, daß diese Wesen wirklich bereit sind, unsere Freunde und Helfer zu sein. Ganz besonders deutlich erlebte ich das einmal bei einem Workshop, den ich 1984 an der Volkshochschule in Salzburg abhielt.[2]

An diesem Tag im April lag draußen Schnee. Es rieselte weiter, als wir uns in dem großen Saal im Obergeschoß zu einer Übung versammelten. Als Körperhaltung hatte ich die des Singenden Schamanen ausgewählt (siehe Kapitel 11, Seite 224). Es war eine recht große Gruppe mit mehr als dreißig Teilnehmern. Sie begannen, zum Ton meiner Rassel leise zu singen, in einfachen, offenen Lauten, wobei sich die Stimmen unter Einwirkung der Trance bald zu einem getragenen, immer lauter werdenden vielstimmigen Choral vereinigten.

Ich hatte am Morgen dieses Tages in einem Buch über Schamanismus geblättert, und es war mir eine Stelle aufgefallen, wo Vilmos Diószegi, ein bekannter ungarischer Folklorist, von seinem Besuch bei einem alten sibirischen Schamanen erzählt. Schwach und siech habe er auf seinem Lager gelegen und sei erst etwas zu sich gekommen, als Diószegi ihn über seine frühere schamanistische Tätigkeit befragte. Als ich nun die Leute da vor mir schwanken und leicht zittern sah in der sich steigernden Trance und die Welle von Kraft spürte, die auf mich zuströmte, kam mir plötzlich ein Gedanke. Wenn das, was ich da wahrnahm, irgendeine wie auch immer geartete Kraft hatte, sollte es doch eigentlich möglich sein, diese Energie gewissermaßen geballt so einem alten Schamanen zur Heilung und zum Trost zu senden. Ich wandte mich an meinen mächtigen Geisterfreund und bat ihn, uns doch als Bote zu dienen. Ich dachte an die sibirische Tundra, an die bellenden Hunde, an ein schwarzes Zelt, und da geschah plötzlich etwas, was mir sonst nicht passiert: Meine Rassel, die ich immer fest und sicher in der Hand halte, rutschte nach der linken Seite etwas ab. Aufgeschreckt und etwas verwirrt griff ich sie fester und rasselte weiter. Einige Minuten später geschah das gleiche noch einmal, aber nun nach rechts. Diesmal war ich vorbereitet und dachte mir: Wir haben wohl wirklich etwas fortgeschickt, und nun kommt es wie bei einem Echo wieder zurück.

Am Ende der Übung setzten sich die Teilnehmer auf den Teppichboden, und ich bat sie, von ihren Erlebnissen zu erzählen. Vom Auftrag an meinen Freund sagte ich nichts. Das, dachte ich, ist etwas ganz Privates, es geht niemanden was an. Es kamen Berichte darüber, wie heiß es einigen geworden war. Die Stimme habe sich verselbständigt, die Brustmuskeln hätten sich versteift, die Tränen seien gekommen und das Herz habe stark geklopft, alles Beobachtungen, die ich schon zur Genüge kannte. Ich hörte nicht mehr ganz so aufmerksam zu, hatte kurz auf den in der Dämmerung weiter fallenden Schnee geschaut, als zu meiner Linken eine junge Frau zu sprechen anfing:

»Bei mir war eigentlich nichts Besonderes los«, sagte sie, »ich bin wohl ziemlich im normalen Bewußtseinszustand geblieben. Und da kam da plötzlich dieser ganz große gelbe Schmetterling und setzte sich mir hier auf den linken Oberarm, und ich konnte ganz genau fühlen, wie er so liebevoll meinen Arm umklammerte.«

Das klang alles so einfach und alltäglich, daß ich scherzend erwiderte: »Ach so, und das war alles im normalen Bewußtseinszustand!« Bis es mir den Atem verschlug und mir die Tränen kamen: Nicht nur war das, was wir gesandt hatten, empfangen worden, sondern man hatte uns auch einen Gruß zurückgeschickt.

Eine Woche später leitete ich einen Kurs beim Forum in Freiburg. Ich hatte den Einführungsvortrag gehalten, und wir hatten die erste Übung hinter uns. Die Fenster des Saales gehen nach vorn, und die ungeübten Teilnehmer waren durch die Straßengeräusche abgelenkt worden. So jedenfalls versuchte ich mir ihre mangelnde Konzentration zu erklären. Oder hatte es an mir gelegen? Ich nahm mir vor, mich nach der Pause besser zusammenzunehmen. Wir machten wieder die Haltung des singenden Schamanen. Ich fing an zu rasseln. Gewöhnlich halte ich die Augen offen, weil ich die Teilnehmer beobachten will. Diesmal machte ich sie aber zu, um mich ganz besonders intensiv konzentrieren zu können. Kaum hatte ich angefangen zu rasseln, da geschah das Unerwartete. Wie vor einer Nebelwand sah ich einen alten Mann, nur den Oberkörper, wie mit einem goldenen

Griffel gezeichnet. Sein markantes Gesicht war ernst, nach innen gerichtet. Es trug mongolische Züge, mandelförmige Augen, hohe Wangenknochen. Sein graues Haar hing auf den zerknüllten Kragen herab und wehte im Wind. Er schaute mich nicht an, sondern blickte himmelwärts, die Arme im Gebet gehoben. »Wenn ich ihn nur lange genug sehen kann«, dachte ich verzweifelt, während ich krampfhaft bemüht war, den Rasselton gleichmäßig zu halten, »damit ich mir alles merken kann!« Aber da war er schon wieder fort, und mir blieb nur jene zarte Süße, die gern der Ekstase folgt.

Was ich hier wie durch einen Zufall entdeckt hatte, wurde bald zum Ritual. Jedesmal bevor ich zu rasseln beginne, bitte ich seither meinen Geisterfreund, sich uns zuzugesellen. Und wie beim ersten Mal bitte ich um etwas, was mir gerade wichtig ist, mit einer kaum merklichen Bewegung der Lippen. Mit zunehmender Erfahrung im rituellen Bereich schien es mir auch angebracht, all die anderen Geister, deren Gegenwart ich fühlen kann, zu Beginn eines Workshops einzuladen. Ich tue das, indem ich in die vier Himmelsrichtungen und in Richtung der Erde und des Himmels rassele und ihnen dann ein wenig Maismehl als Willkommensgruß darbringe.

Daß dieses Ritual das Richtige ist und sogar erwartet wird, wurde mir bei einer späteren Gelegenheit nachdrücklich klargemacht. Das war in Cincinatti. In der Gruppe waren mehrere Psychiater, eine protestantische Predigerin und ein katholischer Priester. Ich hatte Hemmungen. Vielleicht war es unter diesen Umständen taktlos, ein Ritual durchzuführen, das den einen »unwissenschaftlich« und den anderen mit Sicherheit heidnisch erscheinen mußte. Also ließ ich das Einführungsritual weg.

Nach der Morgensitzung fühlte ich mich plötzlich ganz ungewöhnlich matt. Ich legte mich also in der Pause auf den Teppich und versuchte zu schlafen. Sofort hatte ich eine kurze Vision. Ich habe einen kleinen Gegenstand in der Hand und bin eifrig dabei, ihn unter meinem Kissen zu verstecken. Das verursacht in mir eine ganz besondere Freude, aber auch eine starke Sehnsucht. Dabei weiß ich auch, daß ich den Gegenstand, den ich versteckt habe, brauche, um ein bestimmtes Problem lösen zu können. Dann komme ich wieder zu mir und kann mir weder erklären, was »der Gegenstand« ist, noch was das Problem sein könnte, zu dessen Lösung ich ihn brauche. Schließlich schaute ich mir vor Beginn der nächsten Sitzung meine Notizen durch und verstand plötzlich, worum es ging. Wenn ich die Geister zur Teilnahme einlade, dann künden sie ihre Gegenwart gewöhnlich dadurch an, daß jemand von den Teilnehmern erzählt, es sei ein Windstoß durch den Raum gefahren. Das hatte diesmal niemand gesagt. Die Geister wollten geladen werden, und ich hatte es versäumt. Beschämt trat ich in die Mitte des Raumes und führte ohne jede Erklärung das erforderliche Ritual durch. Ich wußte, daß alles in Ordnung war, als Jill, die Predigerin, bei der nächsten Haltung erzählte, sie habe die »Windgeister« gesehen.

In diesem Workshop habe ich auch noch etwas anderes gelernt, denn nachdem ich das erwartete Ritual nicht durchgeführt hatte, machte ich noch einen zweiten Fehler. Ich zeigte der Gruppe eine Haltung, die noch niemand kannte, das Rufen der Geister (siehe Kapitel 11, Seite 227). Diese Haltung ähnelt einer anderen, und zwar der der gefiederten Schlange (siehe Kapitel 13, Seite 262). Beim Rufen der Geister bitte ich gewöhnlich meinen Geisterfreund um Hilfe, aber bei der Haltung der gefiederten Schlange lade ich auch noch diese mächtige Spenderin des Lebens und der Fruchtbarkeit mit ein. Vielleicht lag es daran, daß ich nicht richtig aufgepaßt habe, oder einfach daran, daß die beiden Haltungen sehr ähnlich sind, jedenfalls machte ich den Fehler, die gefiederte Schlange anzurufen. Ich habe es sofort gemerkt, habe mich verbessert und mich bei der Mächtigen dafür entschuldigt, daß ich sie umsonst bemüht hatte.

Als es dann ans Erzählen ging, rief ich Diane als erste auf, nicht etwa weil sie die Haltung schon kannte, das war nicht der Fall, sondern eigentlich nur, weil sie schon früher mit mir gearbeitet hatte und ich wußte, wie begabt sie ist. Ich erwartete, daß sie sich schon bei diesem ersten Mal in einem Baum oder etwas Ähnliches verwandelt hatte, wie das bei dieser Haltung oft geschieht, und daß sie dann die herannahenden Geister gesehen hatte. Stattdessen berichtete sie folgendes:

Mein Mund wurde sehr groß und trocken, und dann sind Schlangen herausgekommen, viele Schlangen, und ich mag Schlangen überhaupt nicht. Denen ist eine riesengroße Schlange gefolgt, mein Mund und mein Hals sind ganz weiß geworden, als ob sie mit Ton überzogen wären. Dann erschienen irgendwelche Wesen, die haben angefangen, ein Loch in das Dach zu machen, damit die Schlangen fort konnten.

Diane war die einzige, die die gefiederte Schlange gesehen hat, und war offensichtlich dazu ausersehen, ihr beim Fortgehen behilflich zu sein. Das Vorkommnis hat mich gelehrt, wie mächtig so ein Beschwörungsritual sein kann. Andererseits wurde mir wieder einmal klar, wie freundlich diese andere Welt ist. Ich Dummkopf war nicht mit einem Donnerschlag bestraft worden, man hatte mir nur warnend mit dem Zeigefinger gedroht. Mir war, als könne ich meinen Geisterfreund hören: »Es ist schon gut, aber versuch das nächste Mal, etwas vorsichtiger zu sein.«

Anfangs benutzte ich in meinen Workshops nur die Körperhaltungen, die wir 1977 in Columbus ausprobiert hatten. Ich war lange Zeit der Meinung, diese Haltungen seien ausschließlich den Gruppen oder Kleingesellschaften bekannt, in deren Kunst wir sie kennengelernt hatten, den indianischen Fischern der amerikanischen Nordwestküste zum Beispiel oder den Nupe südlich der Sahara. Daß ich mich in diesem Punkt irrte, hätte mir eigentlich schon sehr bald klar werden sollen. Bereits im Anschluß an unsere Fernseharbeit hatte ein Freund darauf hingewiesen, daß der Winkel von 37 Grad nicht nur bei dem Schamanen der Höhle von Lascaux auftaucht. Er erscheint auch in ägyptischen Darstellungen, wenn auch etwa zwölftausend Jahre später. Die Haltung ist allerdings etwas abgewandelt, der rechte Arm liegt nicht neben dem Körper, sondern ist hochgestreckt, aber der Gott Osiris fährt in diesem Winkel gen Himmel (Abbildung 5). Wie wir aus den ägyptischen Texten erfahren, wurde er von Seth, seinem Zwillingsbruder, zerstückelt und von seiner Mutter und seinen Schwestern wieder zusammengefügt, woraufhin er dann zu den anderen Göttern in den Himmel kam. Die göttlichen Zwillinge, das Zerstückeln, die Wiederherstellung und die Seelenfahrt in die oberen Regionen sind alles schamanistische Motive, wohlbekannt vor allem aus Sibirien und dem amerikanischen Doppelkontinent. Wir können also annehmen, daß Osiris ursprünglich einen Schamanen darstellt. Die Gestalt enthält Hinweise darauf, und das legt nahe, daß der Schamanismus in dieser Form einst rings um das Mittelmeer herum vorherrschte, vom

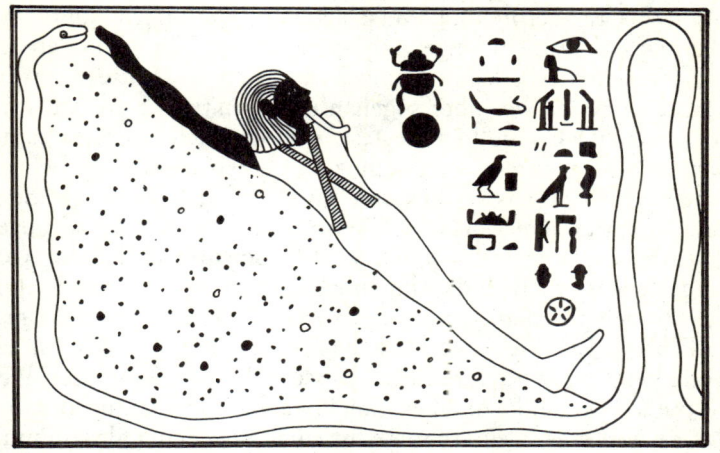

Abb. 5: Osiris-Res oder »Der aufestehende Osiris«
(Budge 1911, Seite 46)

südlichen Frankreich bis nach Ägypten. Erstaunlich ist nur die Tatsache, daß sich diese Elemente über eine so enorme Zeitspanne hinweg in Nordafrika erhalten haben, noch dazu, da es sich um zwei verschiedene Kulturtypen handelt. Der Schamane von Lascaux war zweifelsohne Jäger, wie alle zu jener Zeit, Osiris hingegen hat sich in einen Gott der zeitlich viel jüngeren Ackerbauern am Nil verwandelt, ohne seinen ursprünglichen Charakter einzubüßen und ohne das Wissen um die richtige Haltung und vor allem den richtigen Winkel für die Himmelfahrt zu verlieren. Ich betrachtete die Übereinstimmung damals als einen Sonderfall und forschte nicht weiter in dieser Richtung. Erst ganze zwei Jahre später ging mir plötzlich auf, daß es sich hier um eine wichtige, völlig unabhängige Bestätigung unseres Erlebnisses mit dieser Körperhaltung handelt. Meine Teilnehmer waren ebenfalls in die obere Welt gefahren, ohne die geringste Ahnung vom Zusammenhang zwischen der Auferstehung des Osiris, seiner Körperhaltung und des Winkels seiner Himmelfahrt zu haben.

Die weite Verbreitung verschiedener Haltungen sollte mir allerdings nicht mehr lange verborgen bleiben. Teilnehmer an den verschiedenen Workshops fingen an, sich in Museen umzuschauen und Bücher über sogenannte »primitive« Kunst zu Rate zu ziehen. Dabei stellten sie fest, was ich nicht gesehen hatte, nämlich daß mehrere der Haltungen, die wir zusammen benutzt hatten, auch anderswo bekannt sind, und daß es anscheinend auch noch andere vielleicht ebenso wirksame Körperhaltungen gibt, die wir noch nicht kannten, die aber überall auf der Welt dargestellt worden sind. Allmählich kamen wir zu dem Schluß, daß es sich bei dem, was wir entdeckt hatten, nicht um einige örtlich beschränkte Absonderlichkeiten handelt, sondern um ein Verhalten, um ein tiefgründiges Wissen, das auf der ganzen Welt verbreitet ist, und vor allem auch, daß dieser Kulturkomplex, gerade weil er so weit verbreitet ist, auch ungeheuer alt sein muß. Das war uns schon vorher rein intuitiv klar geworden. Ich entsinne mich an einen Ausspruch des amerikanischen Flötenspielers Herbie Mann. Er erzählte, er habe eine dreitausend Jahre alte Mayaflöte gespielt, und wie erregend schön es gewesen sei, als sein feuchter Hauch den Duft des alten Tons neu erweckte. So ähnlich ging es uns auch, als wir die verschiedenen Körperhaltungen erforschten. Die Ahnengeister erwachen und fangen an, aus den Untiefen uralter Zeiten zu uns zu sprechen.

Als ich das Material, das sich allmählich bei mir angesammelt hatte, nach Kulturstufen ordnete, begann ich zu verstehen, daß der Kulturkomplex mit den Jägern und Sammlern als der ältesten Stufe begonnen haben mußte; sie waren also die Erfinder, und zwar vor vielen Tausenden von Jahren. Die Zeichnung des Schamanen von Lascaux war sicher nur das älteste Beispiel für bildliche Darstellungen eines wichtigen Bestandteils uralter religiöser Rituale. In den Gartenbaugesellschaften, die uns zahlreiche herrliche Darstellungen verschiedener Körperhaltungen hinterlassen haben, ist der Komplex zu voller Blüte gelangt. Hier und da gab es einmal einen Übergang zwischen zwei entfernten Kulturtypen, wie zwischen den Jägern von Lascaux und den Ackerbauern in Ägypten, aber das ist nicht sehr oft geschehen. Statt dessen sind einige Haltungen bei den Jägern verblieben; andere sind von den Gartenbauern unverändert übernommen worden, wie etwa die des Bärengeistes (siehe Kapitel 8, Seite 165) oder des Singenden

Schamanen (siehe Kapitel 11, Seite 224). Oder es erscheinen bei den Gärtnern neue Haltungen, die begeistert variiert werden, wie die Haltungen, die zur Wandlung führen (siehe Kapitel 10, Seite 198 ff). Mit dem Auftauchen der Ackerbauern verschwindet der gesamte Kulturkomplex. Diese Beobachtungen waren insofern nützlich, als wir nicht das gesamte in der Literatur gesammelte Kunstgut durchackern mußten, sondern uns auf diese wenigen Kulturformen beschränken konnten.

Das Erstaunliche an den Körperhaltungen ist die Tatsache, daß sie trotz ihres hohen Alters Erlebnisse vermitteln, mit denen auch moderne Menschen etwas anfangen können. Es fällt uns leicht, mit dem singenden Schamanen zu feiern, in anderen Haltungen eine Seelenfahrt zu unternehmen oder uns für das Heilen zu öffnen. Ein Grund dafür ist sicher, daß wir noch das gleiche Nervensystem haben wie unsere Vorfahren vor zehn oder zwanzigtausend Jahren. Also können wir, wenn auch vielleicht etwas stümperhaft, das gleiche zuwege bringen wie sie. Schließlich waren die Gartenbauer die Vettern der Ackerbaugesellschaften, von denen wir abstammen. Es gibt jedoch zwei Jägerhaltungen, bei denen die Kulturlücke so groß ist, daß wir uns dabei wie verirrte Fremde fühlten.

Eine dieser Haltungen ist die des Knochenweisens (siehe Abbildung 4), kurz erwähnt in Kapitel 2, Seite 44. Sie ist in Australien bekannt und hat sich aus geographischen Gründen nicht weiter verbreitet. Die dortigen Stämme, die sie kennen, sind der Überzeugung, daß nur kleine Kinder und alte Leute eines natürlichen Todes sterben. Der Tod von Erwachsenen hat immer einen anderen Grund. Es handelt sich dabei um »magischen« Mord. Das Knochenweisen dient dazu, einen solchen Mord zu rächen, indem man den Mörder mit einem unsichtbaren, aber tödlichen Geschoß trifft.

Um einen solchen Racheakt auszuführen, setzt sich der Betreffende auf das rechte Bein, stellt den linken Fuß auf und beugt das linke Knie. Die linke Hand hält den Knochen und stützt sich auf das linke Knie, während die rechte Hand das linke Handgelenk berührt, um das Zielen zu erleichtern. Meine Teilnehmer, denen die ethnographischen Umstände unbekannt waren, erlebten einen mächtigen, von der Erde ausgehenden Energiefluß, der den Körper durchströmt und dann explosionsartig aus dem Stab austritt, den sie statt des Knochens in der Hand hielten. So berichtete Othmar (Scheibbs, 1984):

> Es war erstaunlich, wie meine rechte Hand immer stärker vibrierte, wie überladen. Dann hat das nachgelassen. Dann habe ich einen kleinen Baum gesehen, mit den Ästen nach unten, an denen saßen dünne Stacheln. Neben dem Baum ist ein kleines Wesen gestanden, wie ein Zwerg, und hat sich nicht bewegt. Ich sah das Bild eines steppigen, braunen Bodens mit einer Wasserlache; darin hat sich ein weißes Gerippe gespiegelt. In der Entfernung war eine weiß schimmernde Kuppe; fliehende Tiere sind vorbeigekommen, und ich habe einen Steppenbrand gesehen und einen Mann vor einem Waschbecken, aber nur die Beine. Und der kleine Baum ist immer wieder aufgetaucht.

Bei diesem Erlebnis hat Othmar nicht nur die Energie durch seinen Körper fließen lassen, er war selbst der unsichtbare Speer, der aus dem Stab heraustritt und sein Opfer sucht. Die australische Landschaft ist überraschend wirklichkeitsnah geschildert, die Farbe der Ebene, das Grasfeuer, selbst die Wasserpfütze und die dornigen Pflanzen. Nur daß es eben die australische Wüste in der anderen Wirklichkeit ist. Das ist angedeutet durch den bewegungslosen Zwerg und durch das sich im Wasser spiegelnde Skelett, das den tödlichen Ausgang des Unternehmens voraussagt. Othmar hatte natürlich keine mörderischen Absichten. Er erreicht sein Opfer, aber der Angriff findet nicht statt; er sieht nur die Beine. Wer es auch gewesen sein mag, den er dort vor dem Waschbecken angetroffen hat, er blieb unversehrt, und Othmar befindet sich wieder an dem kleinen Baum. Kein Wunder, daß Franz, der die Haltung mehrmals gemacht hat, sich schließlich weigerte, sie zu wiederholen. Er habe Angst, meinte er, er könne »zu viel tun«, er würde vielleicht den Angriff einmal wirklich ausführen und jemandem in der anderen Wirklichkeit aus Versehen Schaden zufügen. Es gibt eine ganz Reihe von Gesellschaften, wo man überzeugt ist, daß solche rituellen Angriffe in der gewöhnlichen Wirklichkeit Krankheit und sogar den Tod verursachen können.

Die zweite Jägerhaltung wird oft dargestellt. Wir entdeckten

Spuren davon an der amerikanischen Nordwestküste (Abbildung 6), in Felsen eingehauen in Kalifornien (Abbildung 7a), in Cochiti Pueblo, Neumexiko, auf einen Krug gemalt (Abbildung 7b) und in Schweden in einen Menhir gehauen (Abbildung 7c).

Abb. 6: Cowichan
(amerikanische Nordwestküste)
Spindelgewicht, 19. Jahrhundert

Abb. 7a: Felszeichnung auf dem
Weg nach
Peñasco Blanco,
Kalifornien

Abb. 7b: Tonfigur,
Cochiti Pueblo, Neumexico

Abb. 7c: Felszeichnung,
Korgsta, Schweden

Man kannte die Haltung in prähistorischer Zeit in Florida und in Peru, in der Sahara, auf Neuguinea und auf den Inseln im Stillen Ozean. Gerhard Binder, der österreichische Maler, der dieses Buch illustriert hat, und ich haben uns im Sommer 1985 in Cuyamungue mit dieser Haltung befaßt.

Man steht breitbeinig und mit gebeugten Knien, obgleich es auch Darstellungen von sparsam gezeichneten Strichmännern gibt, die gerade stehen. Um es uns etwas zu erleichtern, wählten wir die zweite Variante. Die Arme hebt man in Schulterhöhe, sie sind am Ellbogen abgeknickt, so daß der Unterarm fast im rechten Winkel zum Oberarm hochsteht, und die Finger sind gespreizt. Das folgende ist ein Eintrag in mein Tagebuch:

Cuyamungue, den 29. August 1985
Nach dem Ritual zum Sonnenaufgang beschlossen wir, eine Sitzung in der Kiva zu machen. Wir hatten das mehrere Tage lang nicht getan und fühlten beide jene besondere Sehnsucht »nach Hause« zu gehen. Ich schlug vor, wir sollten einmal die Haltung machen, die ich aus Felsbildern kannte, und die fast so aussieht, als stamme sie von Kindern; sie wirkt so einfach und unmittelbar. Wir hatten sie beide noch nie versucht. Ich hatte mein Rasseln auf Tonband aufgenommen, damit ich auch mitmachen konnte.
Nach der Atemübung stellte ich das Tonband an, nahm die Haltung ein und machte erwartungsvoll die Augen zu. Aber im gleichen Augenblick fing das Tonband an, sich völlig verrückt zu benehmen. Ich überlegte, daß entweder das Gerät kaputt sei oder daß etwas mit den Batterien los war. Erst klang das Rasseln ganz schrecklich laut, dann wurde es langsam und fast unhörbar, und so ging das immer weiter, rauf und runter wie auf der Achterbahn. Ich drehte mich zu dem Tonbandgerät hin, um nachzusehen, was eigentlich los war, aber ich war in der Haltung wie festgenagelt und konnte mich nicht bewegen. Endlich beruhigte sich das Band, aber da waren die fünfzehn Minuten schon fast vorbei. Meine Schultern schmerzten ganz scheußlich. Ich hatte überhaupt nichts gesehen, hatte aber das Gefühl, nur noch aus riesigen, heißen, strahlenden Handflächen zu bestehen.

Gerhard hatte auch gemerkt, wie sonderbar sich das Tonband benahm und beschrieb es genauso, wie auch ich es gehört hatte. Er fühlte sich aber nicht verantwortlich für das Gerät, also klammerte er die Störung einfach aus und konzentrierte sich statt dessen auf sein Erlebnis:

> Es ging eine Linie durch mich durch; der Ton der Rassel begann mit einem Knall; es war Macht da, die sich in die Hände verlagerte. Meine Hände wurden größer, die Kraft rann mir durch die Hände. Ich habe mich körperlich verwandelt gefühlt, so als gehe ich in eine einfachere Form über, dann wurde ich amorph, es entstand eine runde Öffnung in mir, die ganz bis nach unten reichte. Es erschien eine Garbe, ich habe sie fest umarmt wie mit großer Kraft, sie war ganz hell, gelb, dann blau-weißlich. Ich habe mich mit der Garbe auf Stoppeln gewälzt auf einem Feld, das ich aus meiner Kindheit kenne; ganz früher war das mal ein Feld, ist es jetzt aber nicht mehr. Der Laut der Rassel, alles war ganz laut, wie ein riesiger Donner. Ich fühle es immer noch im Bauch, wie stark meine Energie angeregt worden ist. Es schien mir auch immer wieder, als machte ich mächtige Töne. Dabei habe ich mich zu dir gedreht.

Das Gefühl, daß wir etwas Außergewöhnliches erlebt hatten, begleitete uns den ganzen Tag. Meine Hände waren wie ein Sieb, meine Lebenskraft schien auszurinnen, meine Energie, ich wußte nicht was. Am Abend saßen wir im Studentengebäude, und Gerhard arbeitete an einer Halskette aus Stachelschweinstacheln. Das Stachelschwein hatte ich im Juli zufällig auf der Fahrt zum Reservat der Meskalero-Indianer an der Landstraße liegen sehen. Es war wohl von einem Auto überfahren worden und noch warm, als ich ihm die Stacheln herauszog. Ich habe später Halsketten für meine Marionetten daraus gemacht. Als Gerhard fertig war, waren noch einige Stacheln übrig, und ich sagte leichthin: »Die kannst du ruhig behalten, ich kann ja immer wieder welche kriegen.« Später habe ich mir überlegt, wieso mir das eigentlich so leicht vorgekommen ist, denn ich hatte bei uns in der Gegend überhaupt noch nie ein Stachelschwein gesehen.

Die Erlebnisse mit der Haltung waren uns beiden rätselhaft.

Wir beschlossen deshalb, am nächsten Morgen vor Sonnenaufgang die Haltung des Wahrsagers von Tennessee zu machen (siehe Kapitel 7, Seite 139). Ich wachte bereits auf, bevor mein Wecker läutete, lag noch eine Weile still im Schlafsack und schaute zum verblassenden Sternenhimmel hinauf. Plötzlich hörte ich einen absonderlichen Laut. »Schwusch, schwusch, schwusch, schwusch« ging es rhythmisch und beständig. Dann wurde es leiser und verstummte. Ich war mir sicher, daß wir kein Insekt auf dem Land haben, das so surrt. Erst als ich versuchte, den Laut nachzuahmen, wurde mir klar, daß ich meine eigene Rassel gehört hatte. Wir haben öfter einmal »Vorgänger«-Erlebnisse in Cuyamungue, wo die Wahrnehmung dem Ereignis um eine Stunde oder noch mehr vorausgeht, also war ich nicht so befremdet; aber es schien mir doch, daß dieses Erlebnis den Auftakt zu einem besonderen Tag darstellte.

Wir begaben uns in die Kiva, malten uns das Gesicht an, wie das zu dieser Haltung gehört und nahmen sie ein. Ich hatte mir einige Monate vorher das rechte Knie verletzt, es war aber schon längst verheilt. Plötzlich fängt es an, ganz unerträglich zu schmerzen. Ich versuche, die Haltung etwas zu ändern, aber im selben Augenblick bäume ich mich auf. Ich bin ein verwundetes Tier. Dieses sich Aufbäumen ist ein überwältigendes Erlebnis, der Gipfelpunkt der Ekstase. Dann werde ich von einer unsichtbaren Kraft niedergedrückt und breche zusammen.

Gerhard hatte sich die Kappe des Wahrsagers aufgesetzt, die ich nachgearbeitet hatte (Abbildung 15, Seite 139). Dadurch verschärften sich die Bilder, und sein Erlebnis war noch eindrucksvoller als gewöhnlich:

Beim ersten Ton der Rassel erschien ein weißes Licht, und ich mußte den Kopf nach rechts drehen. Die Kappe machte die Hirnschale leichter. Man konnte hinten aus der Kiva rausgehen. Ich wurde von hinten hell angeleuchtet, dann wurde es wieder dunkel, und ich habe mich selbst gesehen. Dann war das Bild weg. Ich stellte die Frage, und der Strichmann erschien beim Ausgang, in der gleichen Haltung, die wir gemacht haben, aber mit den Beinen auseinander. Gleichzeitig veränderte sich der Rasselton. Die Figur hat hell geleuchtet, lustig und angenehm. Ich bin von hinten in die Figur hineingestiegen und bin dahingetrieben. Vor mir wurde es ganz hell, hinter mir dunkel. Ich als die Figur war die Scheidewand. Das Gefühl hatte ich vorher schon, ich meinte, es müsse etwas mit der Sonne zu tun haben; man steht in der Sonne, in der Sonnenenergie. Es war alles sehr positiv, es war ein gutes Gefühl in der Figur, nichts Rätselhaftes war dabei. Ich bin dann rausgestiegen aus der Figur, wieder hinten. Ich sah eine Kugel, in die bin ich hineingestiegen und bin dahingetrieben wie in einer Blase. Ich habe dann noch den Bären gesehen, er hat mich verarztet; ich habe auf dem Berg gestanden und habe ihn gerufen, immer wieder: »Großvater Bär, Großvater Bär!« Die Gestalt kam wieder, hat gestrahlt für mich. Es war die Sonne da und Licht, aber ich wußte nicht, ob es Tag war oder Nacht. Ich habe dann die Frage noch einmal gestellt und verstand, daß der Jäger die Haltung braucht, es war in dem Augenblick sehr eindeutig, aber nun weiß ich den Sinn nicht mehr. Zum Schluß wurde alles grau, ich war in einem Tipi bei Sonnenaufgang. Im Zelt saß ein alter Indianer, er hatte einen Pelz an, es war ein Büffelpelz; wir haben ins Morgengrauen geschaut. Er hatte glitzernde Augen. Im Zelt lag ein Teppich, auf dem war wieder die Strichfigur abgebildet, und sie strahlte. Er sagte, er würde mir die Geschichte erzählen. Aber da war die Rassel aus, und ich hatte das Gefühl, es macht nichts, ich komme ja eh wieder. Es war ein ruhiges Gefühl, so etwa, daß er sie mir trotzdem erzählen wird.

Als wir aus der Kiva hinaustraten, war der Himmel noch blaß. Der Mond hatte alle Sterne zu Bett geschickt und war selbst dabei, sich zur Ruhe zu begeben, aber die Sonne war noch nicht aufgegangen. Kisie, meine Schäferhündin, schloß sich uns an wie immer, und zusammen gingen wir hinauf auf den Hügel zum Morgensegen. Kisie ist immer sehr brav bei solchen Ritualen, sie springt an niemandem hoch, sondern setzt sich hin, legt die Vorderpfoten übereinander und wartet geduldig bis wir fertig sind, erst dann bettelt sie, daß man ihr den Ball zum Haschen wirft. Diesmal aber war sie unruhig. Sie lief über die Anhöhe zur anderen Seite, blieb etwas weiter unten an einem Wacholderbusch stehen und fing mit gesträubtem Fell an zu knurren. Neugierig folgen wir ihr und fanden unter den Zweigen versteckt ein völlig unbewegliches Stachelschwein. Das klingt jetzt lächerlich, aber damals waren wir wirklich überzeugt, daß es uns angegrinst hat.

Ich griff Kisie fest am Halsband, denn auch wenn Stachelschweine ihre Stacheln nicht auf ihre Angreifer schießen, wie bei uns hier erzählt wird, so hätte sich ihre Schnauze beim Beschnüffeln des Tieres doch sogleich in ein Nadelkissen verwandelt. Ich führte sie weg, sprach den Segen, opferte das Mehl, und dann sind Gerhard und ich wortlos fortgegangen und haben uns nicht umgeschaut, aus Angst, daß sich das Wunder verflüchtigen könnte. Und in der Tat, als Gerhard am Mittag noch einmal hinaufgegangen ist, war das Stachelschwein verschwunden. War es überhaupt dagewesen? Wir hatten es beide gesehen, aber wir standen noch unter der Nachwirkung der Trance.

Andererseits war es Kisie, die das Tier entdeckt hatte. Was war also geschehen? Stachelschweine sind im Südwesten ziemlich verbreitet. Sie gehen nachts auf Nahrungssuche, also war es verständlich, daß ich noch keins auf meinem Land gesehen hatte. Aber warum war es gerade an diesem Morgen und gerade unter jenem Busch aufgetaucht?

Wenn ich die Einzelheiten unseres Erlebnisses überdenke, drängt sich mir der Schluß auf, daß diese Haltung das Wild anlockt. Wir hatten beide unseren Körper in der Trance angeregt und dann den Ruf über unsere Handflächen ausgestrahlt, wie eine Antenne Wellen ausstrahlt, und das hatte eine solche Kraft, daß es sogar das Tonband durcheinander gebracht hat. Wir hatten dem Ruf Form und Richtung dadurch gegeben, daß wir die Stacheln des Stachelschweins in der Hand gehalten hatten. Wenn es statt dessen ein Rehschwanz gewesen wäre, wäre vielleicht ein Reh aufgetaucht. Das Stachelschwein war unserem Ruf gefolgt, und da es gewillt war, sich zu opfern, war es sicher verwirrt und angenehm überrascht, daß es nicht auf unserem Spieß landete.

Wie immer hatte man uns außerdem noch einiges mehr klargemacht. In unserer Trance waren wir sowohl der Jäger als auch das Gejagte gewesen. Gerhard, der Jäger, umarmte eine Garbe, die er anstelle eines Tieres geerntet, also getötet hatte, und wälzte sich mit ihr auf der Erde.

Gerhard, das Opfer, hatte ein Loch im Körper und wurde zu

einer flüchtigen Geistergestalt. Als wir den weisen alten Wahrsager von Tennessee baten, uns unser Erlebnis zu deuten, zeigte er uns noch einmal geduldig, was stattgefunden hat. Das verwundete Tier erlebt die Ekstase des Todes, sagte er zu mir. Der Jäger, wurde Gerhard belehrt, ist die Scheidewand, vor ihm ist das Licht des Lebens, hinter ihm das Dunkel des Todes. Aber das Leben ist unzerstörbar, der mächtige Bärengeist erscheint als Heiler. Das ist die Wahr-Sagung, rund und vollkommen wie die Blase, die Gerhard dann umhüllte. Damit war der Unterricht beendet, aber die Rassel tönte noch, also fing unser geduldiger Lehrmeister noch einmal von vorn an, mit einer anderen Bilderfolge. Auf dem Teppich im Zelt glühte der Strichmann auf. Siehst du, darüber ist Licht, darunter sinkt man in das Dunkel der Erde. »Wir hören dich«, sind wir versucht zu erwidern.

Jedem, der sich einmal eine Beschreibung von Jägervölkern angeschaut hat, wird auffallen, wie echt sich diese Tranceerlebnisse anfühlen, nur daß sie uns noch tiefer als eine Ethnographie einführen in die geheime Welt des Jägers. Ich werde deshalb auch oft gefragt, ob das, was wir da unternehmen, nicht ein unzulässiges Eindringen sei in geheime Welten, in denen wir nichts zu suchen haben. Die Geister selbst scheinen die Sache anders zu sehen, sonst hätten sie uns ja nicht eingeladen in ihre Welt. Solche Fragesteller kennen sich außerdem auch nicht gut genug aus in der Geschichte unserer Art. Wir sind keine Eindringlinge, wir suchen nur den Weg nach Hause. Einst, vor vielen Jahrtausenden, waren auch unsere Ahnen Jäger und Sammlerinnen, Teil ihrer natürlichen Umwelt statt ihre Zerstörer. Später haben wir uns dann irgendwie verirrt, und als wir uns umschauten, war das Tor zu dieser zarten Welt zugeschlagen. Wir haben dann begonnen, die Welt zu erobern, erst mit dem Pflug und dann mit der Wissenschaft. Das war der Sündenfall. Nachdem er bei den Hopis den Schlangentanz gesehen hatte, formulierte es D.H. Lawrence so:

> Wir haben die Kräfte, die natürlichen Bedingungen mit Hilfe der Wissenschaft erobert. Das war verhältnismäßig leicht, und wir sind die Sieger... Die Hopi haben die Eroberung mit dem mystischen, lebendigen Willen, den die Menschen besitzen, angestrebt und haben diesen dem Willen des Drachenkosmos

entgegengestellt. Wir haben mit anderen Mitteln eine teilweise Eroberung zuwege gebracht. Unsere Getreideernte ist gesichert, wir brauchen keine siebenjährige Hungersnot befürchten. Das wird es anscheinend auch nicht noch einmal geben. Aber es geht uns etwas anderes ab, jene geheimnisvolle innere Sonne des Lebens... Der Himmel knipst das Sonnenlicht an oder dreht die Dusche auf. Wir kleinen Götter sind nur Götter der Maschinen. Das ist für uns das Höchste. Unser Kosmos ist eine Riesenmaschine. Und wir sterben an Langeweile. (1934: 77; Übersetzung der Autorin)

Was D.H. Lawrence 1934 noch nicht voraussehen konnte, ist, daß wir nicht nur an Langeweile sterben werden, sondern auch an der Verwüstung der Erde oder an einem möglichen Weltenbrand durch Kernwaffen. Vielleicht ist uns das Geheimnis der Haltungen mit Vorbedacht enthüllt worden. Es gibt heute viele Bewegungen, die jede auf ihre Art auf »die geheimnisvolle innere Sonne des Lebens« zusteuern. Uns wurden die Haltungen gezeigt, um uns bei der Einkehr zu helfen. Dazu scheinen sie mir ganz besonders geeignet. Sie geleiten uns in unbekannte, einmalig schöne Welten. Durch sie lernen wir das Wahrsagen, das Heilen, das Festefeiern. Sie trösten uns und nehmen uns die Angst, besser als all unsere wissenschaftlichen Errungenschaften. Sie erfreuen uns mit stets neuen, stets überraschenden Abenteuern, sie bescheren das Licht und das Wunder, das sonst in der Eintönigkeit des modernen Lebens nicht mehr zu finden ist.

Nachtrag: Nach Abschluß dieses Manuskripts erhielt ich zwei Beispiele von nicht-westlichen Darstellungen, die in erstaunlicher Weise das bestätigen, was wir mit dem Stachelschwein erlebt haben. Das erste ist ein Felsbild aus Südafrika (Holm, seine Abbildung 28). Ein großer Schamane, der seine Arme in der beschriebenen Weise hochhebt, ist von einem beachtlichen Schwarm von Fischen umgeben. Die Köpfe der Fische sind fast alle auf ihn ausgerichtet. Zu seiner Linken und außerhalb des Fischschwarmes befinden sich sieben kleine Boote, und in jedem Boot steht ein mit einem langen Speer bewaffneter Fischer, der auf die Fische zielt. Einer hat bereits einen Fisch aufgespießt und ist dabei, ihn ins Boot zu ziehen. Die zweite Darstellung stammt aus Saora, einer Ortschaft in Distrikt Koraput in Orissa, Indien.

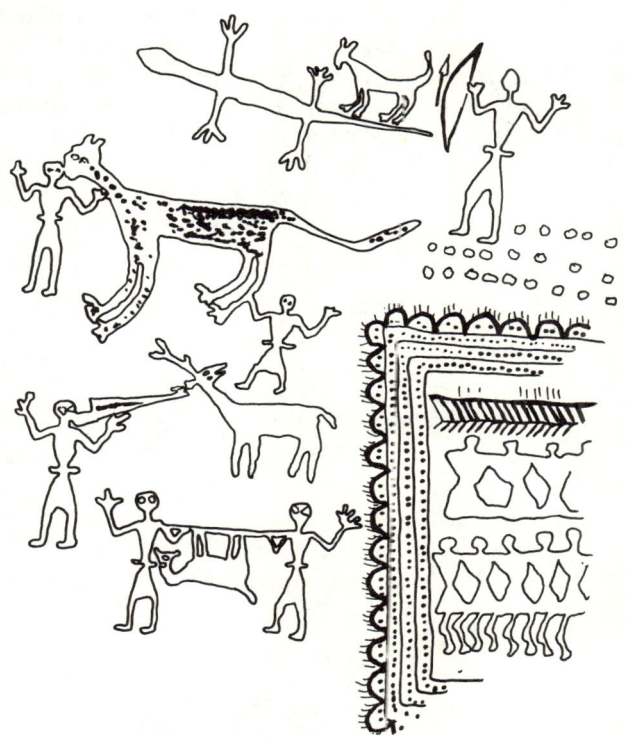

Abb. 8: Wandmalerei aus Saora, Koraput District,
Orissa, Indien, zeitgenössisch

In Saora ist es heute noch Sitte, daß man einen Meister des *Ittal*-Malens anstellt, der dann mit Reisstärke Bilder auf die Lehmwand des Hauses malt. Das wird zu Ehren der Verstorbenen getan oder um Geister zu beschwören und Unheil abzuwenden. Vor Beginn seiner Arbeit legt der Meister das Geschenk, das er für seinen Geist bekommen hat, vor die Bildwand, damit ihm der Geist im Traum das Thema seines Gemäldes nennt. Wenn das Bild fertig ist, teilt der Geist durch ein Medium in Trance mit, ob er es annimmt oder ob es noch verbessert werden muß. Wie bei dem Beispiel aus Südafrika sehen wir auch in diesem Fall die enge Beziehung zwischen den Jägern in der »Stachelschwein-Haltung« und dem Wild. Alle Jäger auf dem Bild sind in dieser Haltung dargestellt. Einer von ihnen trägt einen Bogen, der andere ein Gewehr. Die Jäger haben eine große Echse erlegt, eine ebenso große Katze, ein Reh und eine Reihe kleinerer Huftiere.

Zweiter Teil

Die Haltungen und was sie zu bieten haben

Einige praktische Hinweise

Wer die im folgenden beschriebenen Haltungen selbst ausprobieren möchte, braucht vor allem eine rhythmische Anregung. Mit einiger Übung kann man sich selbst ein Tonband herstellen, entweder mit einer Rassel oder mit einer Trommel. Der Rhythmus soll gleichmäßig und ziemlich schnell sein. Wir haben meinen nachgemessen, er beträgt 200 bis 210 Schläge pro Minute, und jede Übung geht fünfzehn Minuten lang.

- Am besten prägt man sich die Haltung zunächst genau ein und setzt sich dann bequem hin, um die Atemübung zu machen. Sie besteht aus fünfzig leichten, natürlichen Atemzügen, jeweils Einatmen, Ausatmen und Pause. Danach nimmt man die Körperhaltung ein, schließt die Augen und beginnt auf das Instrument zu hören. Es kommt oft vor, daß man nach einer Weile den Ton gar nicht mehr hört. Das braucht einen weiter nicht zu stören, denn das Nervensystem registriert die Anregung trotzdem, auch wenn man den Ton nicht mehr bewußt wahrnimmt. Wenn man etwa versucht, zum Schlag des Instruments zurückzufinden, läuft man Gefahr, die Vision zu unterbrechen.
- Wenn man klinisch und nervlich gesund ist, kehrt man sehr bald wieder in den normalen Bewußtseinszustand zurück, sobald das Rasseln/Trommeln aufhört. Hier und da kann es vorkommen, daß dieser Übergang nicht ganz so glatt vor sich geht. Aus diesem Grund ist es wichtig, daß *ein Anfänger immer eine Begleitperson bei sich hat*. Bemerkt der Begleiter, und dies ist auch für den Gruppenleiter wichtig, daß der Anfänger nicht gleich wieder zu sich kommt, ruft er ihn zunächst beim Namen. Man kann die Körperhaltung auch behutsam lösen. Ein Glas Wasser leistet ebenfalls gute Dienste. Als Gruppenleiter erfährt man auch oft einmal selbst eine

leichte Trance, die aber schnell verfliegt. Eine meiner Teilnehmerinnen erzählte, sie habe beim Rasseln plötzlich ihren indianischen Geisterfreund gesehen, er habe vor ihr gestanden und mitgerasselt.
- Man regt die Teilnehmer an, sich nach der Trance Notizen von ihren Erlebnissen zu machen. Wichtige Einzelheiten werden später leicht vergessen, was ja auch in der gewöhnlichen Bewußtseinslage immer wieder vorkommt.

Wie schon erwähnt, sage ich einer Gruppe niemals vorher, welches Erlebnis zu erwarten ist. Nach der Veröffentlichung dieses Buches kann das nicht mehr in dieser strengen Form durchgeführt werden. Der »ideale« Inhalt der Haltung, der Grundriß des Erlebnisses, wird den Teilnehmern demnach oft nicht sofort klar sein. In dieser Beziehung ähnelt die Körperhaltung dem Märchenbaum: Man muß ihn fest schütteln, damit der goldene Apfel zur Erde fällt. Ein guter Gruppenleiter zeichnet ihn deshalb hinterher aufgrund der Einzelberichte immer wieder nach. Ein derartiger Unterricht findet auch in den traditionellen Religionsgemeinschaften statt, wo die Visionen einen Teil des Rituals darstellen. Erlebnisse, die dem Anschein nach nicht zum Grundthema passen, dürfen aber nicht einfach zurückgewiesen werden. Es gibt verschiedene Gründe, warum so etwas erlebt wird. Vielleicht muß erst einmal ein persönliches Problem aus dem Weg geräumt werden; vielleicht kommt ein Geist vorzeitig an, weil er es eilig hat, mit einem Menschen Freundschaft zu schließen; oder ein Märchenbruchstück wird wahrgenommen, das irgendeine, wenn auch flüchtige Verbindung mit der Haltung hat. Außerdem tauchen bei jeder Haltung, ganz gleich wie oft man sie ausgeführt hat, immer wieder höchst überraschende neue Variationen zum Grundthema auf. Nicht immer sind die Varianten so leicht zu erkennen wie bei einer Freundin, die den Workshop in der Schweiz jedes Jahr mitmacht und die bei ihrer ersten Seelenfahrt ein Schloß aus Kristall gesehen hat. Sie wollte gern hinein, aber es war ihr verwehrt. Im folgenden Jahr kam sie wieder bei dem Schloß an. Es war zugesperrt, und als sie versuchte, den Eingang zu erzwingen, gossen ihr unsichtbare Hände einen eiskalten Eimer Wasser über den Kopf. Erst im dritten Jahr ist sie endlich zugelassen worden, und dann war das Schloß leer.

Die Stabilität der Grundthemen und die gleichzeitig auftretenden mannigfaltigen Variationen haben eine Gruppe von Mitarbeitern zu einer phänomenologischen Studie angeregt, die demnächst anlaufen soll. Eine statistische Erhebung hat ergeben, daß ich von 1982 bis Ende 1987 und einschließlich der Voruntersuchung von 1977 insgesamt 80 Workshops veranstaltet habe mit 592 weiblichen und 298 männlichen Teilnehmern. Da eine ganze Reihe davon an mehreren Seminaren teilgenommen hat, und zwar 159 weibliche und 68 männliche Teilnehmer, ergibt sich eine Nettoteilnahme von 433 Frauen und 228 Männern.

Kapitel 6

Wir machen eine Seelenfahrt

Was geschieht bei einer Seelenfahrt? Man fliegt auf Vogelschwingen dahin. Bunte Wolken schlagen ihr Pfauenrad, eine Frau mit Sternen in den Haaren bewacht den Eingang zur Unterwelt. Menschen verwandeln sich in Albatrosse und schaukeln auf den Wogenkämmen. Das haben einige bei ihrer Rückkehr von solchen Reisen erzählt.

Es gibt immer mehrere Haltungen, die uns entweder in die Höhen führen oder über die Mittlere Welt, wo die Menschen zu Hause sind, hinunter in die Unterwelt oder hinaus auf die Meere. Obgleich man auch in anderen Haltungen den Körper für kurze Augenblicke verlassen kann, sind die in diesem Kapitel beschriebenen Haltungen ganz besonders dazu geeignet, ausgedehntere Fahrten zu unternehmen.

Die Haltung des Schamanen von Lascaux

In Kapitel 2, Seite 39 habe ich kurz beschrieben, wie wir dazu gekommen sind, diese Körperhaltung auszuprobieren. Wie schon erwähnt, legt man sich auf eine im Winkel von 37 Grad geneigte Unterlage. Die Beine liegen nebeneinander, die Füße fallen auf natürliche Weise auseinander. Der rechte Arm liegt entspannt, am Ellbogen etwas gekrümmt, einige Zentimeter vom Körper entfernt. Dadurch liegt die rechte Hand hochkant mit dem Daumen nach oben. Obgleich der linke Arm ebenfalls neben dem Körper bleibt, ist er gespannt, sehr gerade, und die linke Hand ist so gedreht, daß die Handfläche nach außen weist und der Daumen steif nach unten. Man schließt die Augen, und der Flug kann losgehen. Einige Freunde haben sich selbst Unterlagen mit der gewünschten Winkelneigung gezimmert, aber normalerweise ist es schwierig, so etwas bereitzustellen. In Cuyamungue habe ich Einzelbretter herstellen lassen, die an einen Ständer angehängt werden. Den kann man sogar unter freiem Himmel aufstellen, was dem Erlebnis eine ganz besondere Note gibt. Im Buddhistischen Zentrum in Scheibbs hatten wir mehrere Stände und große rechteckige Platten. Die Hausgruppe nannte das »Felicitas' Abschußrampe«. Vor einigen Jahren versammelten wir uns zu dieser Haltung im Meditationssaal, und einer der Teilnehmer, ein Psychologe aus Gugging, kam auf den Gedanken, auf der Fußstütze einen Kopfstand zu machen. Bei der Übung hatte natürlich auch er wie alle anderen seinen Kopf nach oben. In der Trance hat er sich dann in einen Vogel verwandelt, der lustig herumgeflogen ist, aber mit dem Bauch nach oben.

Es gibt eine Reihe von Stämmen, bei denen der Flug in die obere Welt ein Teil der Initiation ist. Der Schamane »stirbt« während des Initiationsfluges und wird bei der Rückkehr »wiedergeboren«. In verkürzter Form ist das oft der Inhalt des Erlebnisses, das viele berichten. Sehr bald nach dem Einsetzen der Trance erlebt man, daß man gespalten wird oder daß man sich öffnet, wie im Tod. »Ich bin entzwei gebrochen« oder »Mein Bauch hat sich geöffnet, und es klaffte ein großes Loch darin«, und »Oben auf meinem Kopf öffnete sich eine Klappe«. Oft erst nach schwerem Kampf schlüpft ein Wesen aus wie der Schmetterling aus der Puppe. In der Trance gebiert der Mensch sich selbst. »Es war, als würde ich rausgequetscht wie die Erbse aus der Schote«, oder »Ich bin unter einer schwarzen Schachtel gewesen, von oben schien ein Licht rein durch das Loch, da will ich raus. Endlich bin ich draußen und fliege im Land umher«. Die neue Form des Selbst hat gewöhnlich etwas mit einer Vogelgestalt zu tun: »Beim ersten Ton der Rassel habe ich einen Riesenvogel gesehen.« Oder »Ich sitze in einem Baum mit Hunderten von kleinen Vögeln, mittendrin, die haben alle gezwitschert, so wie deine Rassel zwitschert.« Oder das Ausgeschlüpfte wird selbst zum Vogel oder zu einem vogelartigen Wesen. Wir werden daran erinnert, daß in Übereinstimmung mit unseren Erlebnissen der Strichmann von Lascaux eine Vogelmaske trägt und daß auf dem neben ihm stehende Stab ein Vogel steckt. Eva D. berichtet (Scheibbs, 1983):

Ein großer Vogel war über mir, der aber nicht ich war, und der mich in den Klauen gehabt hat und der eine ganze Weile mit mir geflogen ist; das war einfach toll, es war unheimlich schön. Dann wollte ich selber fliegen, und der Vogel hat mich losgelassen. Ich war sehr klein, ich sehe aus wie ein Specht, und das Losgelassenwerden hat ungeheure körperliche Reaktionen hervorgerufen; ich bin in kleinen Kreisen immer weiter runter geflogen.

Nicht jedem werden alle Phasen des Erlebnisses beschert. Besonders der Eintritt ist oft stark verkürzt. »Es war alles so schnell vorbei, an vieles kann ich mich gar nicht mehr erinnern.« Ich entsinne mich an den schnellen Übertritt bei meiner eigenen ersten Seelenfahrt, die für mich allerdings wenig schmeichelhaft verlief. Den Austritt aus dem Körper habe ich überhaupt nicht erlebt; ich war sofort ein Vogel, kaum flügge, und auf wackligen Flügeln bewegte ich mich mit ziemlicher Geschwindigkeit auf eine rosa Mauer zu. »Ich hätte doch die fünf Kilo abnehmen sollen!« dachte ich reumütig. Zum Glück hörte das Rasseln auf, bevor es zur Bruchlandung kam.

Für viele kommt das Erlebnis des Fliegens so unerwartet, daß sie verwirrt werden: »Ich habe einen winzigen Hasen auf der Erde gesehen und konnte mir nicht vorstellen, warum er immerzu größer wird!« Andere nehmen es als selbstverständlich hin, daß sie plötzlich weit unten in der Entfernung ein riesiges braunes Gebirge sehen und sonst noch irgendwelche Landschaften.

Am schönsten ist die Seelenfahrt in dieser Haltung, wenn der Teilnehmer in blaue Höhen davonfliegt:

Isi, Cuyamungue, 1986: Ich habe Angst gehabt, weil ich mich so leicht gefühlt habe, und davor, daß ich den Kontakt mit dem Erdboden verlieren würde. Aber dann war es schon passiert, und ich war im Himmel. Ich habe die Erde unter mir gesehen und den Schatten von einem großen Vogel, und wenn ich mich bewegt habe, dann hat sich der Schatten auch bewegt. Daher habe ich gewußt, daß ich der Vogel bin. Ich habe in den Wolken rückwärts Purzelbäume geschlagen. Plötzlich sehe ich hinter mir eine Menge Pfauen, die schlagen ihr schillerndes Rad. Ich bin höher und höher geflogen, ich konnte einfach nicht aufhören. Schließlich bin ich an einem

Stern angekommen, das war in Wirklichkeit eine Tür und dahinter ein helles Licht. Ich bin durch die Tür gegangen, und da stand eine Statue, aber die hatte keinen Kopf. Ringsherum war viel Licht, Leute haben getanzt, und alle schienen sehr glücklich.

Spontan und ohne daß man das erwarten konnte, hat Isi hier etwas ganz Ähnliches erlebt, was auch die australischen Medizinmänner berichten, die davon erzählen, daß sie auf dem Regenbogen in den Himmel steigen. Dann kommen sie an eine Tür, treten ein und befinden sich bei den Geistern. Daß die Teilnehmer in der Trance unerwarteterweise Mythenfragmente erleben, kommt übrigens häufig vor, wie wir später noch sehen werden (im dritten Teil). Wenn ich nicht auf alle Mythen hinweise, so liegt das ganz einfach daran, daß ich sie oft gar nicht erkenne.

Die Statue ohne Kopf ist ein weiterer Hinweis darauf. Die Traditionen der Jäger und besonders der Gartenbauer lehren, daß die Menschen sterben, wenn sie das wahre Gesicht eines Geistes wahrnehmen. Europäische Mythen haben einen fernen Nachklang solcher Traditionen bewahrt, etwa in Griechenland, das im klassischen Altertum der Gartenbaukultur noch recht nahe stand. Man denke nur an die Geschichte von Semele, einer der Geliebten des Zeus. Als er ihr schließlich ihren Wunsch erfüllte und seine wahre Natur zeigte, verbrannte sie.

Ein weiteres Beispiel ist das Wunderei, das eine andere Teilnehmerin zu sehen bekam. In seiner Studie über den Schamanismus zitiert Mircea Eliade eine Erzählung der Yakut[1], derzufolge die Raubvogelmutter, die einen Adlerkopf hat und eiserne Federn, auf einem Tannenbaum landet, dem Weltenbaum, und dort einige Eier legt, aus denen sie die Schamanen ausbrütet. Das folgende Erlebnis erinnert an diese Legende.

Bente, Cuyamungue, 1986: Ich habe ziemlich langsam angefangen, aber dann bin ich im Weltenall herumgewirbelt und wußte nicht mehr, wo ich bin. Dann sagte eine Stimme: »Ich werde dir eine Geschichte von Kindern erzählen.« Ich habe in einem Nest gesessen und habe auf einen Knopf gedrückt. Daraufhin erhob sich aus dem Nest ein Maibaum, und auf bunten Bändern strömten Schutzgeister aus dem Baum und haben einen Kokon gebildet, wie ein Wespennest, so groß. Der hat sich geöffnet, und eine kleine, weiße, feuchte Taube ist ausgeschlüpft. Die ist auf die Sonne zugeflogen, und beim Fliegen ist ihr Gefieder trocken geworden. Die Sonne hat ihr Herz und ihren Leib berührt. Dann ist sie zum Sonnensystem zurückgekehrt, hat ein Ei gelegt; es hat sich geöffnet, und heraus kam eine neue Erde. Diese Erde war wunderbar grün, und viele Kinder, Hunderte von Kindern, haben auf ihr gespielt, die Kinder der Sonne.

Nicht alle Seelenfahrten führen in den Himmel. Bei manchen streift man statt dessen über die Mittlere Welt, wo die Menschen wohnen.

Ann D., Cuyamungue, 1986: Ich bin durch meinen rechten Daumen ausgeschlüpft; ich hatte das Gefühl, daß der voller Kraft ist. Ich habe die Kiva nicht gleich verlassen; erst bin ich über dir, Cynthia, geschwebt, und habe dir das Haar gestreichelt, dann bin ich über Krissie gewesen; ich habe auch versucht, Darlene zu finden, aber ich habe sie nicht gesehen. Dann habe ich mir überlegt, ich könnte vielleicht meine Eltern besuchen, aber eine Stimme hat gesagt: »Tu das nicht, die brauchen keinen Schutz!« Also habe ich beschlossen, meine Freundin Jessie zu suchen. Sie hat schwere Schmerzen gehabt. Ich bin über ihr geschwebt, habe versucht, sie zu berühren, aber das ging nicht. Ich habe versucht, sie einzuhüllen, um sie zu trösten, aber ich konnte nicht bei ihr bleiben. Ich habe gewußt, daß meine Zeit schon fast um ist. Ich bin umgekehrt, aber inzwischen ist mein Daumen umgeknickt. Ich habe einen panischen Schrecken gekriegt und hatte Angst, daß der Daumen gebrochen ist. Ich habe mich in der Luft um- und umgedreht und habe mir heftig überlegt, was ich bloß machen soll, um den Daumen wieder gerade zu machen. Auf nichts anderes habe ich mich konzentriert, nur darauf, wie ich den Daumen wieder aufrichten kann, damit ich in meinen Körper zurück kann. Endlich, vier Schläge bevor dein Rasseln aufhörte, habe ich es fertiggebracht und bin wieder eingeschlüpft.

Ann hat sich später allerhand gutmütigen Spott gefallen lassen müssen wegen ihres widerspenstigen Daumens; wir haben sie sogar fotografiert, wie sie ihn vorwurfsvoll betrachtet.

Obgleich man seinen Geisterfreund gewöhnlich in der Unterwelt antrifft, kann das gelegentlich auch bei der Fahrt in die obere geschehen. Ewald zum Beispiel hat dabei seinen kleinen Drachen wiedergesehen.

Ewald, Scheibbs, 1985: Als du angefangen hast zu rasseln, bin ich schnell, wie mit einem Düsenflugzeug, durch das Fenster geflogen. Aber anstatt hochzufliegen bin ich in ein Schlangenloch gefallen. In der Ecke stand ein Hexenbesen, mit dem bin ich raus, und da war mein Drache. Wir haben Pingpong gespielt und uns unterhalten, und er hat gesagt, wenn er dabei ist, geht alles besser. Dann habe ich Felicitas rasseln sehen, und sie hat einen weißen Pferdekopf gehabt.

Lukas, ein junger Arzt, konnte dem Bärengeist, dem mächtigen Heiler, der sich immer wieder mit ihm beschäftigt hat, auch diesmal nicht entgehen.

Lukas, Scheibbs, 1985: Ich hatte ein perlendes Gefühl, so als wäre ich in einem gasförmigen Zustand. Mein drittes Auge ging auf, und der Bär ist erschienen. Er hat mir mit dem Kopf zugenickt: »Komm mit!« Ich stehe auf und gehe mit. Ich liege auf dem Waldboden und sehe über mir einen hellen Fleck. In den fliege ich hinein; das Prickeln hält an, es war wie Sieden.

Jolanda aus den Schweizer Alpen wird auch in Cuyamungue bei dem Flug in die Obere Welt von ihrem Adler begleitet.

Jolanda, Cuyamungue, 1985: Mein Kopf öffnet sich, und ein Springbrunnen kommt heraus. Ich werde von jemandem gezogen, es ist ein Adler, der mich in den Armen hielt; ich konnte seine weichen, flaumigen Brustfedern fühlen, das war so schön. Aber ich wollte nicht fliegen, und wir sind Hand in Hand einen Abhang hinaufgegangen und sind bei einer Höhle angelangt. Wir sind hineingegangen, da war ein Loch in der

Decke, durch das konnte man den Himmel sehen und die Welt, so viel Helligkeit. Wir sind durch das Loch geflogen, mit riesengroßen Flügeln, ich war umarmt von diesen großen Flügeln und fühlte wieder die flaumigen Brustfedern. Dann bin ich aus der Umarmung rausgeflogen, und ich bin durchsichtig.

In meinen Notizen zu dieser Sitzung findet sich der folgende Eintrag: »Beim Rasseln, und ich hatte natürlich keine Ahnung, was Jolanda erlebte, sah ich eine Adlerfeder, die neben ihr auf den Boden flatterte. Als ich näher hinschaute, habe ich nur ihre Schuhe gesehen.«
Übrigens wird das Erlebnis, daß man von einem Riesenvogel fortgetragen wird, bei dieser Haltung oft berichtet, und das Motiv erscheint verschiedentlich in alten Kunstwerken. Jolandas Erlebnis stimmt recht genau mit dem überein, was ein Künstler zu der Zeit, als die Ungarn in Europa erschienen, im Donautal in Gold gearbeitet hat (Abbildung 9, Seite 117).

Seelenfahrt in die Unterwelt

Die Unterwelt hat einen viel reicheren Schatz an Erlebnissen zu bieten als die obere. Sie ist genauso reich bestückt wie das gesamte Menschenreich. Sie enthält unsere Landschaften und Städte, die Tiere und Pflanzen, unsere Geschichte und Erinnerungen, unsere Mythen und auch unsere Totengeister. Wie die Oberwelt ist auch die Unterwelt ein Teil der Wirklichkeit, in der der Wanderer nicht nur schaut und handelt, sondern auch bemerkt und in die Handlung mit einbezogen wird. Gerhard B. erzählt, wie er in einer Höhle auf dem Rücken gelegen hat. Ein Adler saß auf seinem nackten Bauch und hat ihn genau betrachtet. Jackie wird von einem Heer von Ameisen durch den Urwald getragen. Die Ameisen schicken sich an, sie aufzufressen, und sind enttäuscht, daß sie ihnen entflieht, als die Rassel aufhört.
Vielerorts in der Welt, in Sibirien, in Australien oder in Südamerika ist die Unterwelt der Ort, wo man das Heilen lernt[2] oder wohin der Schamane hinabsteigt, um eine verlorene Seele wiederzufinden, was ebenfalls eine Heilung darstellt. Bei unserer Arbeit mit den Haltungen haben wir jedoch die Erfahrung gemacht, daß

Abb. 9: Medallion auf Krug Nummer 2,
Goldschatz von Nagyszentmiklós, Ungarn;
Kunsthistorisches Museum, Wien;
10. bis 11. Jahrhundert n. Chr.

das Heilen eine wesentlich breitere Grundlage hat. Es kann in einer ganzen Reihe von verschiedenen Haltungen stattfinden und ist vor allem ein Geschenk jenes mächtigsten aller Heiler, des Großvaters Bär (siehe Kapitel 8, Seite 155)

Eine Sami(Lappen)Haltung

Die Zeichnung der von den Sami, einem Stamm nomadisierender Renntierhirten im nördlichen Europa, praktizierten Haltung, wurde 1673 in Deutschland veröffentlicht (Abbildung 10). Der Schamane liegt auf dem Bauch. Die Arme hält er ausgestreckt, wobei die rechte Hand etwas weiter nach vorn gestreckt ist als die linke. Die Beine sind in Knöchelhöhe gekreuzt, und das rechte liegt über dem linken. Das Gesicht ist nach rechts gedreht. Die Trommel, mit der der Schamane in die Unterwelt »reitet«, liegt mit dem Griff nach oben auf seinem Rücken und bedeckt einen Teil seines Kopfes. Ein Gefährte gibt das Trommelsignal für die Fahrt.

Abb. 10: Lappenschamane (Sami)
(nach Scheffer 1673, Seite 139)

Wir hatten keine Trommel in der entsprechenden Größe und haben sie durch einen Kranz von Zweigen oder durch ein Kissen ersetzt. Ich bin überzeugt, daß die Zeichnungen auf den beiden Trommeln wie auch die Ausstattung der Schamanentracht eine wichtige Rolle bei der Fahrt spielen; es sind nicht einfach Metaphern, sondern Dinge, die in der Trance offenbart wurden. Sie sind im wahrsten Sinne des Wortes »Löcher«, Einstiegsluken in die andere Wirklichkeit.

Trotz unserer unvollständigen Nachbildung dessen, was der Sami-Schamane für seine Fahrt braucht, vermittelt die Haltung ein sehr intensives Erlebnis. »Ich muß sehr tief runtergegangen sein«, schrieb ich in mein Tagebuch. Das folgende ist ein Bericht von Barbara, Cuyamungue, 1985:

Sobald ich die Haltung eingenommen hatte, sind auch schon die Bilder gekommen, noch bevor du mit dem Rasseln angefangen hast. Ich bin in einer herrlichen Landschaft gewesen, so ähnlich wie hier. Vor mir befand sich eine sehr lange Mauer mit einem Adobehaus, und darin eine Tür. Ich habe zugesehen, wie aus der Tür ein schwarzes Insekt rausgekrochen ist, dann ein zweites. Danach ist eine Antilope gekommen, und dann sind viele dunkelhäutige Leute aufgetaucht, die an den Fußknöcheln mit Schmuck versehen waren. Vor mir war ein ungepflasterter Weg. Den bin ich entlang gegangen. Ich sehe viel weißhäutige Beine. Plötzlich kommt mir eine hell beleuchtete menschliche Gestalt entgegen. Ich erschrecke mich, und sie verschwindet. Ich schaue in die Höhe, und über mir ist eine wunderschöne Öffnung im Himmel.

Als wir diese Haltung 1987 in Holland gemacht haben, berichteten fast alle Teilnehmer, daß sie etwas mit Wasser zu tun gehabt hätten, so als seien sie in einem Touristenbus direkt zu ein und derselben Stelle in der Unterwelt gebracht worden. »Ich habe nichts gesehen«, berichtete eine Teilnehmerin, »ich habe nur das Fallen von goldenen Regentropfen gehört«, oder »Ich habe das Wasser in einer Höhle tropfen hören, und Pilze sind aus mir rausgewachsen« oder »Vor mir ist ein sprudelnder Wasserfall aufgetaucht; dadurch habe ich die Sonne gesehen; sie hat ganz winzige Strahlen gehabt.« Ein anderer Teilnehmer berichtete: »Ich bin im Wasser und habe das Gefühl, daß ich versinke. Dann fange ich an, wie ein Delphin zu schwimmen.« Und noch ein Beispiel: »Ich war im Meer und habe ein großes Tier gesehen. Es ist aus den Tiefen raufgekommen, und ich habe sein Riesenrückgrat sehen können.«
Der Bericht von Claudia weist noch mehr Einzelheiten auf (Utrecht, 1987):

Mein Kopf ist ganz schwer geworden, so als sei zu viel Blut darin, und das Atmen ist mir schwergefallen. Ich bin ein Fisch oder vielleicht eher ein Walfisch, sehr groß und massiv, und ich schwimme im Ozean. Davor habe ich einen Wasserfall gesehen, darin sind Lachse gesprungen; und ich habe Feuer in den Händen. Aber meine Hände waren gar keine Hände, sie waren völlig verunstaltet.

Andere Gruppen zerstreuen sich gewöhnlich, sobald sie in der Unterwelt ankommen, jeder hat sein eigenes Abenteuer, wie das zum Beispiel bei einem Workshop 1987 in Wien der Fall war. Man sieht wohl mitunter Wasser, aber es ist nicht vorherrschend, wie bei der holländischen Gruppe. So erzählt Thomas: »Beim Horchen auf die Rassel fühle ich unterm Schild wie ein Kribbeln, und eine Kraft dringt senkrecht von oben in meinen Körper ein. Es kommt ein Windstoß, und darüber höre ich es singen und dröhnen. Ein Vorhang geht auf, und ich schwebe über einem Wald. Es ist eine Quelle da, ich tauche die Hände ins Wasser, es ist kalt und frisch. Ich habe auch davon getrunken. Dann mußte ich in den Berg hinein.« Und von Isi hören wir: »Mir ist wohl unter dem Schild, aber dann gleite ich raus und rutsche in die Erde, die sich aber eher wie Wasser angefühlt hat. Ich sehe eine weiße, transparente Frau, die fragt mich: »Was willst du?« Aber es ist mir nichts eingefallen. Plötzlich schwebe ich zum Himmel hoch, mir wird schwindelig; ich bin nicht weg, aber ich weiß nicht, was oben ist und was unten.«

Diese Wiener Gruppe war verhältnismäßig groß, und darum benutzten wir auch eine Trommel zusätzlich zu der Rassel. Für manche wurde der Schlag der Trommel übermächtig: »Die Trommel hat mir befohlen, den Körper zu verlassen. Sie war sehr herrisch. Also bin ich raus und habe mir überlegt, was ich nun tun soll.«

Es erscheinen viele Tiere in der Unterwelt, die sich als Gefährten zu den Besuchern gesellten: »Als ich unten angekommen bin, hat sich mir eine Hyäne angeschlossen. Ich bin selbst zur Hyäne geworden, und sie hat mich zu einer Höhle geführt, da waren viele andere Hyänen. Sie hat mich einen Gang hinuntergeführt in einen kleinen Raum voll von Kristallen; da war der Stein der Weisen aufbewahrt. Die Hyäne hat gesagt: ›Den brauchen wir nicht, wir sind ja Tiere.‹« Oder: »Es ist ein Rabe aufgetaucht. Ich möchte mitfliegen. Wir sind zu einer Gegend mit schwarzen Bergspitzen geflogen, es war so wie im Märchen von den sieben Raben.«

Daß man sich in ein Tier verwandelt, kommt öfter vor: »Ich bin auf allen Vieren herumgelaufen und habe gedacht, was bin ich nun jetzt schon wieder? Ich habe ein Reh umgebracht und habe es gefressen, aber ich war nicht bösartig.« Oder man behält seine menschliche Form und schlendert umher wie ein neugieriger Tourist.

Sepp: Ich habe einen Kopfstand auf der Erde gemacht, und dann gings abwärts. Ich bin über einen Wurm gestolpert, der war weich und hat mich in die Tiefe gerissen. Ich war in einem hohlen Gang, wie in einem Bergwerk; dann kam eine Höhle; vor mir waren Schmiedehämmer, und ich konnte Dampf und Kohle und Eisen riechen.

Es gibt auch ätherischere Eindrücke. Rosemarie: »Ich rutsche auf der Mondsichel runter, und die Erde nimmt mich auf. Ich bin ein lichtes Wesen und tanze in die Stadt. Bäume marschieren aus der Stadt heraus und Fratzen ziehen hinein.«

Indianische Haltung aus Südamerika

Da die Sami-Haltung etwas schwierig ist, haben wir mit einer anderen etwas mehr Erfahrung. Sie wird von Michael Harner vorgeschlagen[3], der sie wohl bei südamerikanischen indianischen Medizinmännern gesehen hat, deren Schüler er war. Man liegt dabei auf dem Rücken. Der rechte Arm liegt lose neben dem Körper, der linke auf der Stirn, aber so, daß weder der Ellbogen noch die Hand den Boden berühren. Es ist darauf zu achten, daß der Arm keinen Druck auf die Augen ausübt. Wie in allen Haltungen werden die Augen geschlossen (Abbildung 11, Seite 122).

In dieser Haltung sind manche unten, sobald die Rassel anfängt. Meistens aber ergibt sich die klare Wahrnehmung eines Wirbels. Ich war verblüfft, als ich das zum ersten Mal gesehen habe. »Die gesamte Welt drehte sich in einem Riesenwirbel vor meinen Augen!« notierte ich. Ich fand das sehr beängstigend. In den Ursprungsmythen der Navajo[4] wird erzählt, daß die Menschen vor der Flut aus der vierten in die fünfte Welt geflohen seien. Sie schauen durch ein Loch hinunter auf ihren Fluchtweg und sehen voll Angst, wie unten die Fluten schäumend wirbeln und sich drehen. Der Eingang in die Unterwelt kann sehr verschieden aussehen. Man sieht vielleicht eine Höhle, und es gibt Frauen, die erzählen, der Höhleneingang sei wie eine Scheide gewesen. Für eine Teilnehmerin war er eine Riesenblume: »Sie hatte weiche Blütenblätter, und sie hat einen feinen Duft ausgestrahlt. Weiter unten war alles klebrig und dunkel.« Eine österreichische Teilnehmerin sah ein Loch in einem hohlen Baum, dort

Abb. 11: Tonarbeit von Ursula Straub, Bern

saß ein Mädchen mit Sternen im Haar am Eingang zur Unterwelt. Franz hält gern Ausschau nach »seiner« Brücke. Einmal konnte er sie nicht finden: »Ich habe sie schließlich visualisiert, und dann ist sie prompt aufgetaucht. Daneben war ein dunkles Loch, *und dann kam die wirkliche Brücke.*« Ich nehme diesen Ausspruch gerne als Beispiel, wenn ich nach dem Unterschied gefragt werde zwischen einer Visualisation und der echten Vision, dem Gesicht der anderen Wirklichkeit. Was man visualisiert, bewußt herbeiführt, ist die eigene Schöpfung. In einer Vision sieht man die andere Wirklichkeit, etwas, das sich »da draußen« befindet.

Der Weg hinunter kann über eine abschüssige Landstraße führen; man geht Stufen hinab oder rutscht durch eine Röhre, einen Tunnel oder etwas Ähnliches. Man wandert kaum einmal einfach zu Fuß hinunter. Manche zergehen auf der Erde, »wie Schokolade« oder sie sinken einfach in die Erde hinein. Man kann auch sanft hinunterschweben auf einem Zauberteppich oder auf einem Kissen. Einige schlagen einen Purzelbaum nach hinten und rutschen, rollen oder taumeln abwärts; andere geraten in den Wirbel. Das ist nicht immer angenehm, wie wir von Judy Ch. (Columbus, Ohio, 1985) hören:

> Ich habe schrecklich unbequem gelegen, und der Arm auf meiner Stirn hat sich taub angefühlt. Rundum hat es nach Wirbeln geklungen, und dann bin auch ich in einem Wirbel herumgeschleudert worden, schneller und immer schneller im Kreis herum, wie die Kleider in einer Waschmaschine; bin rum und rum gekreist, und alle Knochen haben mir weh getan. Ich war froh, als das Rasseln vorbei war.

In dieser Sitzung ist Judy offensichtlich nicht in die Unterwelt gelangt, aber mit dem Ausklingen der Rassel hat ihr wenigstens nichts mehr weh getan. Sie hat mit uns gelacht über ihr klägliches Abenteuer in der Waschmaschine und ist später mehrere Male gut in der Unterwelt angekommen, obgleich sie manchmal das Gefühl hatte, sie sei ein »stumpfer Bohrer«.

Wenn man unten angekommen ist, kommt man durch Nebel oder, noch öfter, an einen Fluß. Wie die neu ankommenden Toten in der griechischen Sage muß man dann mit einem Boot übersetzen. »Ich habe helle Lichtringe gesehen«, erzählte einer, »etwas hat mich an den Beinen gezogen; und ich bin an einer Stelle angekommen, da hat es viele dunkle Vögel gegeben, und dann war ich in einem Boot, das von jemandem gerudert wurde.« Oder: »Ich war in einem Boot und bin langsam in die Unendlichkeit gefahren.« Und: »Ich bin in einem Paddelboot gelegen und bin langsam dahingetrieben. Dann bin ich kopfüber ins schwarze Wasser gefallen.«

Vom Rückweg wird verhältnismäßig selten gesprochen. Es gibt einige wenige Berichte darüber, daß man hinaufgeschwebt ist, geführt vom Ton der Rassel, daß sich plötzlich ein Loch über einem geöffnet hat oder daß man sich unerwarteterweise wieder in der Kiva befindet, und das Dach klafft offen. Einige bringen das Wiederauftauchen recht geschickt fertig. Fritz E. hatte sich in eine große weiße Schnee-Eule verwandelt. Nach einer Weile hat er in der Felswand ein Loch gesehen und ist dahindurch in den nächtlichen Himmel hinaufgeflogen. Für viele scheint jedoch die Viertelstunde zu kurz zu sein für eine Fahrt durch die Unterwelt, und wenn die Zeit vorbei ist, sind sie noch nicht bereit heimzukehren. Dann kann es geschehen, daß das Ende des Rasseltones sie bei den Vorbereitungen zur Rückkehr überrascht. Thomas war zum Beispiel zu Pferd durch diese wundersame Welt geritten, allerdings mit dem Gesicht nach hinten, ein Erlebnis, das als Motiv häufig in europäischen Märchen auftaucht. »Kurz vorm Ende«, so berichtete er, »hat mich etwas gegriffen und auf dem Pferd nach vorn gedreht!« In einem anderen Erlebnis war ein Mädchen ohne Kopf herumgewandert. Als es soweit war, daß sie wieder zurückkehren mußte, hat sie sich schnell den Kopf aufgesetzt.

Andere wiederum erleben wohl das Wiederauftauchen aus der Unterwelt, aber es ist schwierig und muß mehrmals versucht werden. Ann B. (Cuyamungue, 1986) erzählt, sie habe sich in einen Adler verwandelt und sei so durch die Unterwelt geschwebt:

Ich bin in den Berg geflogen, und dann bin ich der Berg. Ich bin ein untätiger Vulkan und lade mich mit Energie auf. Dann breche ich aus, ich ströme als rote Energie heraus aus dem Berg. Dann bin ich wieder der Berg; ich tanze auf dem Grat, immer schneller; auch die Rassel wird immer schneller, und ich muß aufpassen, wo ich tanze, damit ich nicht wieder in den Vulkan hineinfalle.
(Der Rasselrhythmus ist immer der gleiche, die steigende Geschwindigkeit ist also ihre Wahrnehmung. FDG)

Auch in dieser Haltung tauchen mitunter Märchenmotive auf. Im Grimmschen Märchen von der Goldmarie und der Pechmarie[5] läßt die erstere ihre Spindel in den Brunnen fallen. Sie hat Angst, daß die Stiefmutter sie bestrafen wird, wenn sie die Spindel verliert, also springt sie in den Brunnen. Unten kommt sie an einen Ofen, wo die Brote fertig gebacken sind und sie bitten, sie herauszunehmen. Sie tut das. Später arbeitet sie bei Frau Holle, deren Anwesenheit andeutet, daß der Boden des Brunnens die geheimnisvolle Unterwelt ist. Ann B. ist in der gleichen Gegend gelandet wie die Goldmarie.

Ann B., Cuyamungue, 1986: Die Erde hat zu beben angefangen, dann hat sie sich geöffnet, und ich bin hinuntergefallen in eine Welt, die war grün und dämmrig; und sie war von einem fluoreszierenden Licht beleuchtet. Ich bin überall herumgewandert und bin an einen Backofen gekommen. Ich habe ihn geöffnet, das Brot darin war fertig gebacken, und ich habe etwas davon gegessen.

Wer sich in den Sagen des griechischen Altertums auskennt[6], wird im folgenden Erlebnisbericht sofort den Eingang zum Tartarus erkennen mit seinen wehenden Schatten und dem kalten Nebel. Allerdings tritt Hugh nicht Cerberus entgegen, dem Geizhals, der die Totenseelen über den Styx rudert, sondern der großzügige weiße Büffel.

Hugh, Cuyamungue, 1986: Ich war in einer kalten Gegend, die Luft war neblig, es war dämmrig, und es herrschte ein unheimliches Licht. Mein Begleiter war ein weißer Büffel, und er ist auch mit mir gekommen, als ich in ein Boot eingestiegen bin. Auf der anderen Seite war der Boden anders, er war nicht fest. Ich bin allen möglichen Verwandten begegnet, auch meinem Vater. Der hat sich in einen Bären verwandelt; wir haben zusammen getanzt, aber mir war sehr kalt; und deshalb hat er mich zu einem Feuer geleitet, das hat in einer Grotte gebrannt. Da wurde mir wärmer. Wir sind um das Feuer getanzt, aber ganz langsam. Dann ist der weiße Büffel gekommen, und wir sind zurückgegangen.

Im folgenden möchte ich noch einige Berichte von Erlebnissen in dieser Haltung zitieren. Im ersten gelingt es der Teilnehmerin nicht, ans Ziel zu gelangen, obgleich ihr allerlei Wesen den Weg weisen, Vögel, eine Trauerweide, Kobolde und sogar Fische:

Michelle, Wien, 1985: Ich konnte fühlen, wie der Boden unter mir vibriert. Ich bin flüssig und breite mich über den Boden aus. Ich kann eine heiße Flüssigkeit in meinem Bauch fühlen. Er öffnet sich, und eine goldene Gestalt erhebt sich aus dem Loch. Über mir sind Vögel, links weit oben ist ein schwarzes Loch. Das hat die Vögel eingesogen, aber ich konnte da nicht hin. Hinter mir hat mir eine Trauerweide gewunken. Aus der Weide sind kleine Kobolde gekommen und haben auf mir getanzt; das war lieb und schön. Die sind dann auch in das schwarze Loch abgesogen worden. Dann war ich im Wasser; das schwarze Loch war ein offenes Fischmaul. Die Fische sind auf das schwarze Loch zugeschwommen, ich wäre auch hingekommen, aber dann war die Rassel aus.

Indianer kommen oft in der Unterwelt vor, sowohl in Europa als auch vor allem natürlich in Amerika:

Elizabeth R., Columbus, Ohio, 1985: Mein Gesicht ist sehr warm geworden, und ich konnte ein Geräusch hören, das war wie ein Flügelschlag. Ich habe mich in den Laut eingefügt und bin zu einem Adler geworden und habe in einem Baum gesessen. Unter dem Baum ist eine indianische Familie gesessen, Vater, Mutter und eine kleine Tochter. Ich bin runtergeflogen zu ihnen, und das kleine Mädchen hat mir einen Teil ihres Mittagessens gegeben. Dafür habe ich ihr eine meiner Federn geschenkt, und die hat sie sich ins Haar gesteckt. Dann bin ich in die Berge geflogen und habe mich in mich selbst zurückverwandelt. In den Bergen habe ich einen alten Indianer getroffen, der hat traditionelle indianische Tracht getragen. Er war klein und hatte schneeweißes Haar, und er hat mir sofort fabelhaft gefallen. Er hat mir eine Halskette aus grünen und blauen Steinen geschenkt. Dann hat er mich ans Wasser geführt; ich habe mich nackt ausgezogen und bin hineingestiegen, und es war schrecklich kalt. Ich habe das Gefühl gehabt, dies ist meine Initiation. Dann hat er mich aus dem Wasser raussteigen lassen und hat mich in Pelze eingewickelt. In der Nähe ist ein Bär gewesen, der hat im Wasser Fische gefangen und hat dem alten Indianer einen geschenkt. Es ist inzwischen dunkel geworden, der alte Indianer hat ein Feuer gemacht und den Fisch gebraten. Wir haben den Fisch gemeinsam gegessen, und ich habe mich gesegnet gefühlt und sehr dankbar. Ich habe angefangen zu weinen. Dann habe ich den alten Indianer gefragt, warum mir der Nacken wehtut. Daraufhin haben der Indianer und der Bär angefangen, mich ganz fest zu schütteln und haben gesagt, jetzt würde es mir besser gehen. Ich habe ihnen gesagt, daß ich nicht weg wollte, aber sie haben gesagt, ich würde ja wiederkommen, und unsere beiden Welten seien ja gar nicht so scharf von einander getrennt. Da habe ich mich dann wieder in einen Adler verwandelt und bin sehr zögernd zurückgeflogen.

Indianische Schamanen aus Guatemala lehren, daß es mehrere Seelen gibt und daß eine die Heilende ist. Bei einer Diagnose und beim Heilen tritt diese Heilerseele in den Körper des Patienten ein, so wie die Seele bei einer Seelenfahrt die Unterwelt betritt. Mir war diese Tradition bekannt, ich war aber dennoch überrascht, als mir das, Tausende von Meilen von Guatemala entfernt, von einer österreichischen Ärztin beschrieben wurde, die nichts von zentralamerikanischen Medizinmännern wußte. Susanna fühlte sich unwohl bei der Sitzung am Vortag, und ich hatte sie nicht zurückerwartet. Sie kam aber doch und hat bei der Reise in die Unterwelt folgendes erlebt:

Susanna, Wien, 1985: Ich habe erlebt, wie die Rassel mir im Bauch herumgehüpft ist, und dann hat sich ihre Hitze wellenförmig ausgebreitet. Plötzlich ist ein kleiner grüner Mann vor mir erschienen, der hat einen Speer in der Hand gehalten und ist mir in den Bauch hineingefahren und ist herumgewandert. Als er zum Herzen gekommen ist, hat er hineingestochen. Das hat sich gut angefühlt, die alte Luft war weg. Dann ist er beim Nabel angelangt und hat sich überlegt, was er nun tun soll. Er ist aus dem Nabel rausgeschlüpft und ist so groß geworden wie ich. Er hat angefangen, mit mir zu raufen und hat mich aggressiv geschüttelt, hat meine Haare von hinten gegriffen und mich hin- und hergependelt. Dann ist er vor mir erschienen, hat sich verbeugt und hat mir den Körper von allen Seiten bestrichen. Dann hat er mit ausgebreiteten Armen Licht aufgenommen, und darin bin ich geschwebt, als die Rassel ausgeklungen ist.

Während Susanna auf ihrer Fahrt in die Unterwelt von einem ihrer Ansicht nach körperlichen Leiden geheilt worden ist, hat Adolf gelernt, wie man dabei mit einem schweren seelischen Problem fertig werden kann, in seinem Fall mit seiner Angst vorm Altwerden. Es war uns von Anfang an aufgefallen, daß er eine Abneigung gegen ältere Frauen, wie ich es bin, hatte. Es wurde uns bald klar, daß dieser Mann, der erst Mitte vierzig war, sich schrecklich davor fürchtete, selbst alt zu werden. Nach der Fahrt in die Unterwelt berichtete er:

> Mir wurde heiß an der Stirn. Plötzlich war ich in Jerusalem, an der Klagemauer. Dahinter war ein kleiner Weg zwischen Bäumen, ich glitt darüber hinweg. Ein Hase saß am Pfad, der hat mich angeschaut. Es war ein ganz alter Hase. Ich war erstaunt, daß er nicht weggelaufen ist. Wir waren alle zusammen da, aber wir konnten sein Gesicht nicht sehen.

Ich habe Adolf nicht gefragt, wie so ein »alter« Hase aussieht. Ich hatte das Gefühl, daß man eine solche Wunde am besten unberührt läßt, vor allem weil sie nach mehreren Sitzungen anscheinend schon am Verheilen war. Zwei Tage später machten wir den *mallam*, die Wahrsagehaltung der Nupe (siehe Abb. 2, Seite 39 und Kapitel 7, Seite 138) und ich hörte mit großer Freude, was Adolf nun zu sagen hatte. Anscheinend war er wieder an die Stelle geführt worden, wo er auf der Reise in die Unterwelt gelandet war:

> Ich habe noch einmal die Bilder von vorgestern wiedererlebt und alles gesehen und gehört. Der Pfad hat an einigen Feldern vorbeigeführt, und dann bin ich zu einer Schneise gekommen, wo gerodet wurde. Das war traurig, denn die alten Bäume können doch den kleinen Geschichten erzählen. Sogar die Baumstumpen haben sie rausgemacht. Ich habe mich auf einer Lichtung hingesetzt, es waren Vögel um mich rum, und ich habe beschlossen: hier und jetzt kann ich den Kummer überwinden. Ich habe raufgeschaut und habe ein Dreieck aus

Licht gesehen, und aus meinem Kopf gingen Strahlen in alle Richtungen.

Nach dieser Sitzung ging Adolf in den Wald spazieren, und als ich zum Mittagessen kam, stand vor meinem Teller eine kleine Vase mit Wiesenblumen. Es gab auch keine bissigen Bemerkungen über alte Frauen mehr.

Schließlich möchte ich noch ein Ritual beschreiben, bei dem Gesichtsbemalung und Körperhaltung zusammen eingesetzt werden. Es handelt sich ebenfalls um eine Seelenfahrt, obgleich dabei einige sonderbare Nebenerscheinungen auftreten. Aufgrund dessen, was die Frauen in dieser Haltung erleben, nennen wir dies das *Albatrosabenteuer*.

Im Grab C der Fundstätte in Etowa, Bezirk Bartow im Staat Georgia (USA), haben Archäologen die Statuen eines Mannes und einer Frau gefunden, aus dem Marmor des nördlichen Georgia gearbeitet. Ich hatte Fotografien davon in verschiedenen Büchern über indianische Kunst gesehen (Abbildung 12 und 13).

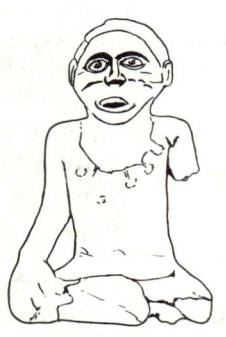

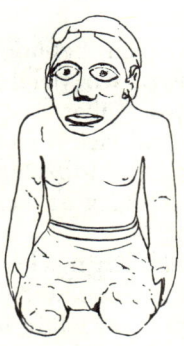

Abb. 12: Männliche Figur, Grab C, Fundstätte Etowa, Barlow, Georgia 7. Jahrhundert n. Chr.

Abb. 13: Weibliche Figur, aus demselben Grab wie Abbildung 12

Der Mann sitzt im Schneidersitz, die rechte Hand auf dem Knie. Der linke Arm ist abgebrochen, aber er wurde später auch gefunden, und man hat ihn in einem Museum angeklebt. (Daher die verschiedenen Abbildungen, manchmal mit und manchmal ohne Arm.) Wir wissen jetzt, daß er die linke Hand auf dem linken Knie ruhen hat. Die Frau kniet, sie hat die Beine unter dem Körper angezogen und sitzt darauf, so wie es bei Frauen in Japan üblich ist, aber ihre Knie sind etwas gespreizt. Die Hände liegen fest an die Oberschenkel angedrückt, in der Nähe der Hüften, und sie ist etwas nach vorn gebeugt. Beide strecken die Zunge heraus, der Mann etwas weiter als die Frau, und beide tragen eine auffällige Gesichtsbemalung.[7] Es ist, als trügen sie beide grünlich-blaue Halbmasken, wobei die der Frau etwas kürzer ist als die des Mannes. Die untere Kante und die Augenlöcher sind mit Kohle schwarz umrandet.

Als ich im April 1985 in Scheibbs eine Gruppe erfahrener Teilnehmer zum Maskentanz beisammen hatte (siehe Kapitel 11, Seite 219), nahm ich die Gelegenheit wahr, und wir haben diese Haltung ausprobiert. Wir haben auch die farbige Maske angemalt, was sich äußerst eindrucksvoll ausmachte. Nachfolgend seien einige der Frauenerlebnisse zitiert:

Ilse S.: Ich befinde mich in blau-grünem, kaltem Licht, irgendwo, wo viel Eis ist. Die Welt rückt weg. Ich bin ein Vogel, der über das Meer fliegt, ein Albatros. Ich sehe Eisberge und viel Wasser. Ich lande auf dem großen Holzmast von einem Holzschiff, es ist kaputt. Ich werde geschaukelt. Die Besatzung ist weg, das Schiff ist führerlos.

Michelle: Ich mache einen Salto nach hinten und verwandle mich in einen weißen Albatros. Ich lande auf einem alten griechischen Schiff und höre Musik von irgendwoher. Ich springe in das blaue Wasser und werde ein Delphin, dann bin ich selbst Wasser. Ich verdunste, und die Sonne nimmt mich auf. Ich verwandle mich in Regen, dringe in die Pflanzen ein und in die Bäume. Ich bin stilles Wasser, das sich in einem Bach vereint und dann ein Wasserfall ist. Das Wasser dringt in Steinschichten ein und kommt in den Tropen raus. Dann hat alles wieder neu angefangen.

Sigrid: Ich habe viele Vögel gesehen, dann habe ich auch Flügel bekommen, sehr große, und bin immer höher geflogen in blau-violettes Licht. Dann bin ich lange Zeit auf dem Wasser geschaukelt. Die Energie strömt durch mich durch, dann wächst mir etwas raus aus dem Kopf, und das zieht mich rauf. Mein Kopf hat sich ausgedehnt, und ich bin zu einem See geworden mit Seerosen drauf.

Die Berichte sprechen alle von Wasser, von der Verwandlung in einen Vogel, manchmal als Albatros erlebt, wie auch von einer Schaukelbewegung. Im Gegensatz dazu scheint es, daß die Männer von einer enormen Gewalt ergriffen und fortgeschleudert werden, jenseits der Grenzen der Erde.

Franz: Ich habe eine lange, schnelle Fahrt in einer Röhre gemacht, in grau-weißem, kaltem Licht. Ich komme raus in einem freien Raum, wie im Weltraum. Ich war in einer anderen Welt, auf einem anderen Stern, da waren lauter Leute wie aus Glas, die hatten spitze, lange Ohren und lange Mützen, und die haben in ockerfarbigem Licht getanzt. Dann wollte ich weiter.

Rudi: Mein Tiger kommt und sagt: geh zum Adler. Der Adler ist mir in den Körper geschlüpft, und ich zische ins Weltall mit tausend Funken, in den luftleeren Raum, heraus aus der Galaxis. Die Sonnen sind dicht beieinander, dazwischen tausend Splitter, die zu Sonnen werden. Ich wollte bleiben, aber ich mußte weiter, wie durch die Schallmauer; ich komme dorthin, wo der Raum sich krümmt, ich bin drin, in Kreisen, in Raum hinter Raum. Ich erlebe das Leben und das Sterben von euch allen hier, Leben, Sterben, Leben, Sterben. Ich halt's nicht aus. Dann hat der Adler gekreischt, und ich bin wieder hier.

Ich fand das, was die Männer zu erzählen hatten, äußerst beängstigend. Es schien, als seien sie über ihr Ziel hinausgeschossen. Ich hatte sowohl die Männer wie auch die Frauen die Frauenhaltung einnehmen lassen und machte mir nun Sorgen, daß das ein Fehler war. Aber selbst als ich es bei einem späteren Workshop anders machte und gemäß den Statuen die Männer- und die

Frauenhaltung trennte, schien der Haltung etwas Übertriebenes anzuhaften, etwas wie ein gefährliches Sichgehenlassen. So erzählte Hannes (Salzburg, 1987):

> ... Die Erde hat sich rasend zu drehen begonnen. Wir sind zu Raketen geworden und durch das Weltall gesaust, zwischen Planeten und wieder zur Erde zurück... Ich bin allein auf dem Berggipfel, auf dem Krater, der explodiert, ich bin in einem Kanu und paddle mich auf der Lava ins Meer... Ich bin in Afrika und liege in der Hängematte, es sind Hunderte von Schlangen um mich herum, die wiegen sich zum Lied einer Flöte... Ich verwandle mich in einen Affen, in einen Gorilla, in Kingkong... Ich werde zu einer Mücke, gehe auf die Alm; ein Ahorn hat Keimblätter, wird zum riesengroßen Baum... Aber das dauert viele Generationen.

Wir werden an Rudis »Hinauszischen« ins Weltall erinnert und daran, daß er zuschaut, wie seine Freunde immer wieder leben und sterben, was ja auch viele Generationen in Anspruch genommen hätte. Ich überlege mir, ob die männliche Haltung vielleicht einen Fehler enthält. Die Archäologen, die die Statuen entdeckt haben, berichten, sie seien achtlos an eine leere Stelle im Grab geworfen worden, und dabei sei der Arm des Mannes wahrscheinlich abgebrochen. Vielleicht haben ihre Zeitgenossen die in der männlichen Haltung enthaltene Überschwenglichkeit abgelehnt und die Statue deshalb so achtlos behandelt. Eine Frauenstatue in der Körperhaltung der Frau und mit Gesichtsbemalung ist auch in Kentucky gefunden worden, aber ohne männlichen Begleiter.

Zum Abschluß möchte ich noch von einem besonderen Erlebnis berichten, das auch etwas mit Seelenfahrt zu tun hat, wenn auch nicht in Verbindung mit einer Haltung. Die Geschichte bezieht sich auf eine Gruppe von »kleinen Männlein« aus Peru, die uns im Sommer 1986 in Cuyamungue besucht haben: Nachbildungen von uralten Blasgefäßen oder Tonflöten. Jedes Gefäß besteht aus zwei miteinander verbundenen Hohlräumen oder Resonanzkammern. Die hintere ist wie eine Muschel gestaltet und kann leicht zwischen zwei Händen gehalten werden, während die vordere eine figürliche Darstellung enthält, eben jene kurzbeinigen, dickbäuchigen Männlein. Sie tragen absonderliche Mützen und halten verschiedene Dinge auf dem Bauch; einen Fisch, einen Papagei, eine Eidechse und dergleichen mehr (Abbildung 14).

Daß ich diese Blasgefäße beschreibe, als seien sie tatsächlich »Männlein«, soll kein Scherz sein. Sie waren wirklich nicht einfach nur spannengroße Tongefäße, denn als wir sie im Kreis in der Kiva aufgestellt hatten, strahlten sie eine greifbare, kraftvolle Wesenheit aus. Darum haben wir sie auch respektvoll willkommen geheißen, haben eine herrliche Webarbeit aus Guatemala in der Kiva aufgehängt, und wenn wir in der Kiva ein Ritual machten, haben wir auch ihnen ein Maismehlopfer dargebracht und den Rauch des duftenden wilden Salbei.

Abb. 14: Flöte präkolumbianisch,
gezeichnet nach einer Kopie von Daniel Stat

Diese Tonflöten haben eine interessante Geschichte. Sie sind von mehreren aufeinander folgenden hoch entwickelten Kulturen in Peru ein Jahrtausend lang hergestellt worden, bis die Spanier das Inkareich zerstörten. Es gibt kaum eine Erinnerung bei den heutigen Bewohnern der Gegend, wozu man diese Flöten wohl einmal benutzt haben mag (siehe unten). Vielleicht haben sie hochgestellten Priestern gehört, die die Kunde über ihren Gebrauch als Geheimwissen weitergegeben haben, das dann mit dem Untergang der Priesterkaste verlorengegangen ist. Archäologen haben sie für Wasserkrüge gehalten, bis Daniel Stat, für den die Archäologie nur eine Liebhaberei ist, 1972 ein solches Gefäß bei einer Versteigerung in Pennsylvania erwarb. Er untersuchte dann in verschiedenen Museen eine ganze Reihe solcher Gefäße und auch Bruchstücke davon und kam zu dem Schluß, daß es sich nicht um Wasserkrüge handelt, sondern um Blasinstrumente. Er hat schließlich mehrere ausgeborgt und eine Methode entwickelt, wie man sie nachbilden kann. Mit einem Physiker, Dr. Steven Barrett von der *University of California* in Los Angeles, hat er 69 dieser Gefäße im Physiklabor untersucht. Die beiden Wissenschaftler haben entdeckt, daß ihr hoher, durchdringender Ton sich auf einem außerordentlich engen Frequenzband bewegt, nur etwa ein halbe Oktave, zwischen 2000 und 3500 Hertz. Sie stellten auch fest, daß bei gleichzeitigem Blasen mehrerer solcher Flöten eine Resonanz entsteht, ein »Differentialton«. In der modernen Physik ist dieser Ton bekannt, aber es gibt angeblich kein Gerät, mit dem er registriert werden kann; er ist also ein rein persönliches Phänomen. Man spekuliert, daß dieser besondere Ton in der Lage ist, einen veränderten Bewußtseinszustand herbeizuführen.

Daniel Stat hat mit uns ein kurzes Ritual in der Kiva veranstaltet, und aufgrund der besonderen akustischen Eigenschaften des halb unterirdischen Rundbaus war der Flötenton außerordentlich mächtig. Es war, als trete er ins eine Ohr ein und komme spürbar aus dem anderen wieder heraus. Zusammen mit dem hohen, durchdringenden Hauptton haben wir auch noch andere Nebentöne gehört, die wie ein Rascheln im Hintergrund auftauchten. Wie Daniel Stat schon vor Jahren entdeckt hatte, und ebenso auch andere, die Gelegenheit hatten, mit den Gefäßen zu arbeiten, verursacht der Ton tatsächlich eine klar erkennbare Veränderung der Bewußtseinslage, der Wahrnehmung, eine Art Trance. Eva D., eine Besucherin aus Österreich, beschrieb, daß sie einen starken Wind gefühlt hat: »Der Wind geht unheimlich, der ganze Raum hat sich angefüllt, es war ein seltsamer Zustand, wie ein Rausch. Als wir aufgehört haben zu pfeifen, habe ich noch lange ein Singen und Wispern gehört.« Eigentlich waren wir enttäuscht, wir meinten, daß wir mit unserer ausgiebigen Tranceerfahrung leicht entdecken könnten, wozu die Gefäße benutzt worden sind, aber das war nicht der Fall.

Als die Blasgefäße in Cuyamungue zu Besuch waren, waren

wir mitten in den Vorbereitungen für einen Maskentanz (siehe Kapitel 11, Seite 220) und machten eine Wahrsagerhaltung mit der Frage, was die Männlein wollten. Wir wurden belehrt, daß sie Rasseln, Trommeln und Tanzen haben wollten. Wir haben diese Anweisungen befolgt, und am Vorabend des Tanzes haben wir außerdem das Blasen auf den Gefäßen in das Ritual in der Kiva aufgenommen. Anscheinend waren die Männlein zufrieden mit unserer Behandlung, und ohne daß wir es wußten, hatten sie schon ein Gegengeschenk vorbereitet.

Unser Maskentanz begann in dem Jahr damit, daß wir voll kostümiert unter Trommel- und Rasselbegleitung in die Kiva einzogen und im Kreis um die Gefäße tanzten, gemäß den Anweisungen, die wir von den Flöten erhalten hatten. Danach setzten sich alle Tänzer im Kreis um die Gefäße; ich schenkte jedem Männlein eine Prise Maismehl und verteilte dann die Flöten an die Tänzer. Dabei habe ich gar nicht bemerkt, daß Isi mit Belinda, einer anderen Teilnehmerin, die Flöte getauscht hatte. Ich fing an zu rasseln, Burgi und David, beides Gäste aus Österreich, bedienten die Trommeln, und die, die die Gefäße bekommen hatten, fingen an zu blasen. Da dies ein Ritual war und keine Arbeitssitzung, bat ich hinterher nicht um Erlebnisberichte. Erst mehrere Tage später, als wir am Mittagstisch saßen und uns über die Erlebnisse beim Tanz unterhielten, erzählte Isi, was ihr bei dem Ritual mit den Gefäßen passiert ist, und sie hat es mir diktiert:

Isi: Ich war mitten in der Wüste, die war sehr trocken, ohne Büsche, und überall waren Eidechsen, die huschten über die Steine. Es gab ein Geräusch, das war, wie sie dahinhuschten, ganz leise. Plötzlich hat ein Haus vor mir gestanden, ein ganz einfaches, niedriges Haus mit einem rechteckigen Eingang, aber ohne Tür. Da ist ein Mann drinnen gestanden. Den habe ich nicht richtig gesehen, aber ich habe gewußt: da steht ein Mann. Er hat nicht die ganze Tür verdeckt, nur so halb, so daß ich gewußt habe, es ist einladend, und er will, daß ich hineinkomme. Beim Hineingehen habe ich gewußt, daß er ein Salamander war. Dann habe ich einen Eindruck von dieser Höhle gehabt, die war ganz feucht, es hat heruntergetropft. Alles war zerklüftet, auf Vorsprüngen haben Reptilien gelegen,

die haben alle ganz friedlich geschlafen. Dann hat er gesagt: »Hier kommt die Feuchtigkeit her für die Wüste.« Ich habe dann hinterher gesehen, daß ich auf dem Männchen gepfiffen habe, das die Eidechse in den Händen hat. Erst hat Belinda das in den Händen gehabt. Ich habe gedacht, das ist egal, aber dann hatte ich das Gefühl, das Männchen möchte ich haben. Als ich das Männchen gesehen habe, bevor ich darum gefragt habe, war da das Gefühl des Wiedererkennens am Hut, daß das das Männchen war, das in der Nacht geflötet hatte, und ich hatte eine besondere Beziehung dazu. In der Nacht vom Freitag auf den Samstag vom ersten zum zweiten August (unser Maskentanz fing am 5. August an), vor dem Maistanz in Jemez Pueblo, habe ich ganz deutlich ein Flöten gehört. Als ich aufgewacht bin, habe ich erst gemeint, es sind Grillen, aber dann habe ich Grillen gehört. Was soll das sein? Es waren aber nicht Grillen, die waren schon da, aber dann habe ich unterscheiden können; ich habe den Ton gehört wie der, den wir gemacht haben beim Pfeifen, und der ist aus der Kiva gekommen. Es war drei Uhr, ich bin aufgestanden und auf die Toilette gegangen, und ich habe gesehen, es war ein Lichtstrahl von der Milchstraße über der Kiva, der Mond ist aufgegangen. Als ich aufgestanden bin, habe ich es nicht mehr gehört.
Ich habe mich richtig gefreut über dieses Erlebnis mit dem Männchen von der Flöte. Endlich war jemand freundlich zu mir. Andere Wesen wollen mich immer in Bewegung bringen, ich habe immer Angst, wenn sie mich anstupsen. Dieser Mann will keinen Spaß mit mir machen, nicht wie die Vögel, die machen sich lustig über meine kleinen Ängste, wie der eine, der mich über den Abgrund geschubst hat.

Aufgrund dessen, was Isi erlebt hat, können wir spekulieren, daß der Schamane in der Trance, die beim Blasen des Gefäßes mit der Eidechse entsteht, unmittelbar zu der Höhle fahren konnte, wo die Feuchtigkeit aufbewahrt wird. Dort konnte er dann für sein Dorf um Regen bitten. Dürr (1984: 346) bemerkt, daß »bei den Maya, Azteken und zahllosen anderen Völkern gerade Regenrituale in unterirdischen Höhlen vollzogen werden.«
Vielleicht ergab sich eine ähnliche Möglichkeit beim Blasen des Gefäßes, wo das dickbäuchige Männlein einen Fisch in den

Händen hält. In dem Fall ist der Medizinmann unter Umständen zum Meeresufer geflogen, um einen Fischschwarm zu erbitten. Was es zu bedeuten hat, wenn stattdessen ein Vogel gehalten wird, ist kaum zu erraten, aber kürzlich zeigte mir eine Freundin ein ähnliches, allerdings recht nachlässig gearbeitetes Gefäß aus einem Dorf in Guatemala. Es hat nur eine Resonanzkammer, und die stellt eine Frau mit einem winzigen Kind dar. Man hatte dem Käufer erzählt, die Flöte diene dazu, »die Leute in die Kirche zu rufen.« Das mag sehr wohl eine verschwommene Erinnerung daran sein, daß man in alten Zeiten durch das Blasen auf dem Gefäß zu einem besonderen Ort gelangen konnte, wo ein heiliges Wesen den Frauen das ersehnte Kind gewährt.

Kapitel 7

Die vielen Gesichter der Wahrsagung

Das Wahrsagen ist sicher so alt wie die menschliche Kultur überhaupt. Die Jäger haben den Ritus vor allem gebraucht, um mit seiner Hilfe das Jagdwild leichter finden zu können, was von überragender Wichtigkeit war. Als sich dann auch andere Gesellschaftstypen entwickelten, wurde das Wahrsagen den veränderten Umständen angepaßt, hat aber immer wichtigen gesellschaftlichen Belangen gedient.

Es ist bedauerlich, daß man das Wahrsagen in der westlichen Welt offiziell als Aberglauben abgetan hat, als betrügerische Gaukelei, dazu geeignet, die Unwissenden und Leichtgläubigen auszunützen. Damit verkennt man den wirklichen Sinngehalt solcher Riten, die dazu dienen, dem Ratsuchenden *wahr*-zu-sagen, nämlich ihm etwas Wichtiges über sich selbst oder sein gesellschaftliches Umfeld zu enthüllen. Es gibt in jedem Leben Umstände, in denen solche Einsichten von überragender Bedeutung sind. Aus diesem Grund hat man das Wahrsagen auch weltweit nicht ausrotten können. Es spielt überall weiterhin eine wichtige Rolle, ent-deckt das Verborgene, verbannt die Angst und hilft, Entscheidungen zu treffen.

Hilfsmittel wie etwa Tarotkarten werden im Westen oft zum Wahrsagen benutzt. Viel wahres Wissen aber ist in der anderen Wirklichkeit verborgen, und am leichtesten kann man dazu in der Trance – und in der entsprechenden Körperhaltung – Zugang gewinnen.

Im Laufe unserer Forschungen haben wir drei äußerst nützliche Haltungen dieser Art entdeckt. Die eine ist die des Nupe-Wahrsagers, des *mallam* (Abbildung 2, Seite 39), die wir aus einer Fotografie kennen, die südlich der Sahara aufgenommen wurde. In der Kunst haben wir sie noch nicht dargestellt gefunden. Dies war eine der ersten Haltungen, die wir ausprobiert haben (siehe Kapitel 2, Seite 23). Die medizinischen Untersu-

Abb. 15: Stein, Temple Mound, Wilson County,
Tennessee, 1200 bis 1216 n. Chr;
Frank H. McClung Museum, University of Tennessee, Knoxville

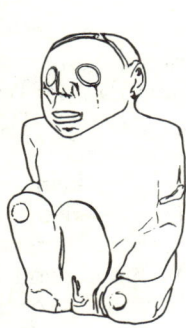

Abb. 16: Stein, Cumberland Valley,
Rhea County, Tennessee,
1300 bis 1700 n. Chr.

Abb. 17: Tonfigur aus Cholula,
Mexico, präkolumbianisch

chungen in München haben ergeben, daß sie zu einer tiefen Trance führt. Die zweite Haltung dieser Art stammt aus Tennessee (USA) (Abbildung 15). Es ist eine mit beachtlichem Können in Stein gehauene Porträtstudie eines älteren Mannes. Abbildung 16 zeigt die gleiche Haltung, ebenfalls aus Tennessee, aber die Statue ist nicht gut erhalten. Die dritte Haltung (Abbildung 17) habe ich bei zwei kleinen Frauenstatuen aus Cholula (Mexiko) gesehen. Sie ähnelt der Körperhaltung von Tennessee, nur sitzen die Frauen auf Hockern, statt auf einem Bein zu knien.

Die durch die drei Haltungen vermittelten Erlebnisse gleichen sich in gewisser Weise. Sie gewähren visionäre Einsichten über einen selbst und über die gesellschaftliche Lage, die im gewöhnlichen Bewußtseinszustand nicht zugänglich sind. Es besteht auch in allen drei Haltungen die Möglichkeit, Fragen zu stellen. Manchmal wird das sogar vorgeschlagen, wie wir dem folgenden Bericht über ein Tranceerlebnis in der *mallam*-Haltung entnehmen können.

Eva D., Wien 1985: Ich bin in dieser Haltung mit Riesengeschwindigkeit herumgewirbelt worden. Ich bin über euch gewesen und habe euch alle gesehen. Dann bin ich runtergesunken, und dann habe ich gehört, wie jemand sehr eindringlich sagt: »Frag die Vögel, frag die Bäume!«

Andererseits haben wir festgestellt, daß Fragen, die jemand in einer Haltung stellt, die kein Wahrsagererlebnis vermittelt, einfach nicht zur Kenntnis genommen werden oder daß der Betreffende kurz angebunden zurechtgewiesen wird, etwa mit: »Das ist jetzt nicht die Zeit dafür!«

Die drei Wahrsagerhaltungen vermitteln aber keine völlig gleichen Erlebnisinhalte. Während der *mallam* vor allem Auskünfte gibt, die sich auf das soziale Umfeld beziehen, interessieren sich die weisen Frauen von Cholula und der Wahrsager von Tennessee mehr für persönliche Probleme. Letzterer, und das scheint widersprüchlich, ist jedoch auch ein Sachverständiger für Rituale, also für gesellschaftliche Bezüge, aber von besonderer Art. Auch bei den einführenden Erlebnissen ergeben sich Unterschiede, wie wir weiter unten sehen werden, so zum Beispiel, daß nur beim *mal-*

lam ein blaues Licht und auch andere Wahrnehmungen auftreten, während in den anderen beiden Haltungen die Beantwortung der Frage sofort angegangen wird. Bei der Haltung des Wahrsagers von Tennessee wird zudem oft eine lakonische Kürze berichtet. Es kann geschehen, daß die Antwort gegeben ist, das Rasseln aber noch nicht aufgehört hat; dann wird zur Überraschung des Fragestellers die Auskunft einfach noch einmal wiederholt.

Der Nupe mallam

Wie oben bereits beschrieben, sitzt man in dieser Haltung auf dem Boden; die Beine sind nach rechts gedreht, so daß der linke Fuß am rechten Schenkel anliegt. Wir haben auch Versuche mit der Haltung im Spiegelbild gemacht, die Beine also nach links gelegt. Das scheint das Erlebnis nicht zu beeinträchtigen. Wenn die Beine nach rechts liegen, lehnt man den Oberkörper auf den steifen linken Arm, während die rechte Hand auf der linken Wade ruht. Finger und Daumen zeigen nach vorn.

Ganz allgemein berichten die Teilnehmer von einer leuchtenden blauen Farbe, die das gesamte Sehfeld einnimmt. Sie kann auch als umgrenztes Licht erscheinen in Form von kleinen Punkten oder, wie bei Patty, als die strahlend blauen Augen des Wolfgeistes. Man erlebt eine Kreisbewegung um die eigene Achse, oder man »hört« die Kreisbewegung der Rassel. Die Rassel kann auch um einen herumtanzen. Man steht vielleicht in wirbelnder, schwarzer, rötlich-gelber oder blauer Farbe, oder das Gesicht wird einem mit lila Farbe besprüht, und dann fängt das Wirbeln an. Die schwächste Form ist die, daß man beispielsweise einen weißen Nebelkreis sieht oder einen Ring von Pfeilen. Dieses »Ankurbeln« ist anscheinend nötig, damit man genügend Energie zur erfolgreichen Fortsetzung der Vision hat. Danach beobachten manche, daß sich ihr Kopf aufspaltet, oft wie ein Dreieck, das mit der Spitze nach oben oder auch nach unten weisen kann. Vielerorts gibt es die Tradition, daß Wahrsager spitze Hüte tragen (siehe die Damen von Cholula, weiter unten), so daß wir spekulieren können, daß das vielleicht die dreieckige Öffnung andeutet, die man in der Trance wahrnimmt, besonders da dies dem »Sehen« oder »Herausfinden« unmittelbar vorausgeht.

Diesen einleitenden Eindrücken folgen gewöhnlich persönliche Erinnerungen. Gedanken der vergangenen paar Tage, Bekannte, Ereignisse aus der Kindheit oder später huschen vorbei »wie ein Film«. Bald erscheinen Andeutungen von seelischen Problemen, aber in dieser Haltung gehen sie normalerweise bald in Umfeldbezogenes über. Wie eine Erinnerung tauchte Adolfs Angst vor dem Altwerden, die ihm erst in der Unterwelt entgegen getreten war, in dieser Haltung von neuem auf. Er erlebte dann die Bedeutung der alten Bäume im Wald, weil, wie er so ergreifend bemerkte, sie es sind, die den kleinen Bäumen Geschichten erzählen. Man bedenke, welche soziale Bedeutung es hat, wenn jemand erzählt: »Ich bin traurig geworden, weil ich den Leuten im Zimmer nicht näherkommen konnte«, und besonders die folgende, besonders wehmütige Bemerkung: »Ich habe einen Laut in der Schlucht gehört, aber ich habe nicht herausfinden können, wo der herkam.« Eine Frau mit häuslichen Schwierigkeiten erzählte: »Ich habe zwei Gestalten gesehen, die waren durchsichtig wie Nebel oder Rauch. Ich wollte mich aufrichten, aber die haben mich immer wieder weich hinuntergezogen.« Ein Student, der mit den Frauen nicht zurecht kommt, sagte: »Ich habe die Öffnung zu einem Tunnel gesehen, der war blaß-grün, und darin ist eine Frau gestanden; sie war sehr zart, und sie war nackt, aber sie hat einen Schal aus hartem, kaltem Stahl getragen, es war wie eine Rüstung.« All diese Beobachtungen umreißen den Betreffenden innerhalb seiner gesellschaftlichen Situation.

Derartige Enthüllungen können unter Umständen nicht nur für den Betreffenden recht überraschend sein, sondern auch für die Gruppe, die den Bericht zu hören bekommt. Einen Sommer lang war ein junger Mann namens Victor bei uns zu Gast in Cuyamungue. Seine Freundin hatte ihn mitgebracht, und er wußte anscheinend nicht, daß wir mehr oder weniger vegetarisch kochen und auch Geflügelfleisch nur recht sparsam verwenden, eigentlich nur zum Würzen der Speisen. Uns war nicht bekannt, daß Fleisch für Victor nicht nur Speise war, die er gern aß, sondern daß das Verzehren von Fleisch in seinen Augen seine Männlichkeit bestätigte, in der er sich durch unsere Eßgewohnheiten anscheinend bedroht fühlte. All dies wurde uns plötzlich klar, als wir seinen Bericht hörten:

Victor, Cuyamungue, 1985: Ich habe ein warmes Gefühl gehabt, ich habe draußen auf der Erde gesessen; es war Gras da und gelbe Maispflanzen. Da bin ich durchgegangen und bin bei einem einsamen Baum angelangt und bei einem Stein am Rande von einer Arroyo. Vor mir sehe ich einen roten und gelben Berg, den klettere ich hoch, immer höher. Schließlich bin ich geflogen. Ich bin in ein Tal geraten; der Berg war mitten in dem Tal, und in dem Berg war eine Höhle. Ich bin in die Höhle hineingeflogen, und da war eine Felszeichnung an der Wand. Es war ein Mann drin, der ist gerade von der Jagd gekommen und hat eine Antilope mitgebracht. Er hat die Leber rausgeschnitten und hat sie mir gegeben. Nachdem ich sie aufgegessen habe, bin ich aus der Höhle rausgeflogen, immer höher rauf; alles ist immer kleiner geworden und hat ausgesehen wie die Landschaft um den Pecosfluß herum. Ich bin in ein anderes Tal geraten und sehe Bären, die sind beim Fischen. Ein Mann tanzt auf einem Stein; ich verwandle mich in den Mann und vollführe einen sehr kraftvollen Tanz. Ich höre auf zu tanzen, gehe jagen, finde eine Antilope, erlege sie mit meinem Speer, trage sie in die Höhle, schneide die Leber raus und esse sie auf. Dann bin ich aus der Höhle rausgeklettert, bin durch das Maisfeld gegangen, bin zu einem Bach gelangt, habe Wasser getrunken und wollte wieder jagen gehen, als die Rassel aufgehört hat.

Trotz der auffallenden Wiederholung der Jagdepisode, was in dieser Haltung gewöhnlich nicht vorkommt, hat das Tranceerlebnis Victors Appetit auf Fleisch nicht gemildert, sicher weil er kulturell tief verwurzelten Werturteilen entsprang. Im Gegenteil. Er steigerte sich sogar und hatte jetzt in Victors Augen eine durch die Trance bestätigte Berechtigung. Leider konnten wir ihm keine Antilopenleber vorsetzen, auch keinen anderen Teil einer Antilope. Sobald es sich machen ließ, fuhr er also ins Tal, um seiner Not im örtlichen Hamburgerlokal ein Ende zu bereiten.

Mit Anfängern machen wir die *mallam*-Haltung gewöhnlich zu Beginn eines Workshops. Wie nicht anders zu erwarten, ergreifen verschiedene Wesen, die in der anderen Wirklichkeit beheimatet sind, die Gelegenheit, die neuen Eindringlinge in Augenschein zu nehmen, oft anscheinend mit der Absicht, sich als zukünftige Schutzgeister vorzustellen. Es kann vorkommen, daß ein Geist diese Rolle sogar dringend begehrt, wie das Patty erfahren hat, als der große, blauäugige, weiße Wolf, den sie am Anfang der Wahrsagersitzung zu sehen bekam, im Verlauf des Workshops immer wieder auftauchte. Es gibt Geister, die dabei recht listig vorgehen, da sie wissen, daß die modernen Städter dem Tiergewand seit Jahrhunderten entfremdet worden sind. Man darf ihnen keinen Schrecken einjagen. Jolanda, die Angst vor Spinnen hat, fühlte am Anfang nur einen großen, warmen, pelzigen runden Fleck auf ihrem Bein, und es hat eine Weile gedauert, bis ihr die wahre Gestalt ihrer sanften Freundin offenbar wurde. Eine große weiße Bärin, die Elizabeth R.s Vertraute geworden ist, hat ihre wirkliche Natur nicht vor ihr versteckt, hat ihr aber auf andere Weise Mut gemacht: »Sie hat mich an ihrem Fell riechen lassen und mir ihren Rücken gezeigt. Ich habe gemeint, alle Tiergeister hätten Flügel, aber sie hat keine hinten, nur Energie.«

Die *mallam*-Haltung kann auch bei Entscheidungen behilflich sein. Im Sommer 1984 überlegte sich Jolanda, ob sie wirklich ihre drei Kinder einen Monat lang in der Obhut ihres Mannes und ihrer Verwandten lassen könne, um nach Cuyamungue zu kommen. Ihr Mann hatte es ihr angeboten, aber sie war sich nicht sicher. Sie schrieb mir:

> Ich habe mal gerasselt in der Unsicherheit, was ich tun soll, da hat ein großer Bär mich auf die Arme genommen, einen Berg hinaufgetragen, dann auf der hinteren Seite einen schmalen Pfad entlang hinunter in ein Tal. Da hat er mich vor einem bienenstockähnlichen Gebilde abgesetzt und ist zurückgegangen. Hattest Du nicht erzählt, die Leute dort hätten solche »Backöfen«?

Die Vision hat sie davon überzeugt, daß die Mächtigen der anderen Wirklichkeit mit ihren Reiseplänen einverstanden sind, und der Besuch in Cuyamungue ist ein wichtiges Erlebnis für sie gewesen.

Zum Schluß noch ein Bericht über eine etwas ungewöhnliche Anwendung der *mallam*-Haltung. Ich zitiere ihn hier, weil es sich dabei um eine merkwürdige Mischung aus uraltem Wissen und moderner Technologie handelt, die zeigt, wie wenig wir im

Grunde darüber wissen, welche Wirkung gewisse Rituale und unsere Trance auf unsere Umgebung haben.

Im ersten Workshop, den wir im Buddhistischen Zentrum in Scheibbs veranstaltet haben, haben zwei junge Frauen, Eva D. und U., ein Tonband von meinem Rasseln aufgenommen, um bei sich zu Hause auch Trancesitzungen abhalten zu können.

Einige Monate nach Beendigung des Workshops habe ich den folgenden Brief von U. erhalten

...Eva und ich begannen bald, deine Tonband-Rassel auszuprobieren; es ging uns gut dabei, außer daß wir fanden, daß wir uns in ein bis zwei Räumen schlechter konzentrieren konnten, die wir dann natürlich mieden.

...In den letzten Wochen vor Weihnachten geschah uns ein paarmal, daß das Tonband nicht »funktionierte«, das heißt, daß die Rassel nur bei angestrengtem Hinhören ganz schwach zu hören war. Die ersten Male meinten wir – soll heute nicht sein –, und am nächsten Tag war sie wieder deutlich wie immer zu hören. Bis sie eines Tages, besser gesagt der Ton auf diesem Tonband *und* (Hervorhebung sic!) auf allen übrigen Scheibbser Gesprächsbändern, die wir damals überspielt hatten, ausblieb. Wochenlang. Die Kassetten lagen unter anderen in meiner Wohnung. Die anderen Kassetten »tönten« normal wie immer. Wir probierten dann andere Geräte aus – obwohl wir schon beim ersten »Ausfall« ahnten, daß das mit technischen Gebrechen nichts zu tun haben wird. Aber einfach um das auszuschließen probierten wir halt andere Geräte aus – wie erwartet erfolglos. Ich dachte mir dann, vielleicht in Evas Wohnung legen, aber auch erfolglos. Mein erster Impuls war – »Wir haben das Rasseln zur Methode werden lassen« und – es ist nirgends in unserer Alltagskultur eingebettet. Eva und ich fühlten uns ehrfürchtig und hilflos zugleich. Wir dachten dann daran, eine Zeremonie zu machen, zögerten das aber aus Nicht-wissen-wie-anfangen hinaus. Nach Weihnachten setzten wir uns dann zusammen, und plötzlich war uns klar, was wir machen wollten. Wir setzten uns in der Wahrsagerhaltung gegenüber, zwischen uns die Kassetten und zwei Steine und eine Haselnuß, die ich von unseren Spaziergängen mit Dir aus Scheibbs mitgebracht hatte. Wir machten so »Deine Viertelstunde«. Es stellte sich bei uns beiden sehr intensiv folgendes ein – welche Kraft auch immer uns etwas sagen wollte – sie war kein Gegner; unsere innere Haltung wurde zu einer Gebetshaltung und – es hat nichts mit unserem anderen Kulturhintergrund zu tun.

Wir ließen die Bänder und Steine mit Nuß noch einen halben Tag so liegen, und seither haben die Bänder wieder ihre ursprüngliche Tonkraft. Wir »rasseln« seither weniger und anders darauf bezogen. (11. März 1983)

Der Wahrsager von Tennessee

Die außergewöhnlich schön gearbeitete Sandsteinstatue dieses älteren Mannes (Abbildung 15, Seite 139) wurde in einem Grab im Bezirk Wilson im Staate Tennessee gefunden und ist etwa siebenhundert Jahre alt. Die Indianer pflegten solche Figuren in hölzernen Tempeln auf Erdpyramiden aufzustellen, aber nur wenige sind der Zerstörungswut der weißen Eiferer entgangen. Das zweite Beispiel (Abbildung 16, Seite 139) ist in der gleichen Gegend ausgegraben worden.

Der Mann sitzt auf seinem linken Bein, das er unter sich gezogen hat. Das rechte Bein ist am Knie gebogen und steht im rechten Winkel zum Boden. Beide Hände ruhen auf den Knien, wodurch der Eindruck der Entspannung entsteht. In Wirklichkeit ist die Haltung aber ziemlich anstrengend. Der Kopf ist leicht nach rechts gedreht. Ein schwarzer Strich ist vom Ohrläppchen über die Nase bis zum anderen Ohrläppchen gemalt, und man kann die Zunge zwischen den Lippen sehen. Da der Mann fast nackt ist, fällt es besonders auf, daß er eine absonderlich gestaltete Kappe trägt. Wie schon erwähnt (siehe Kapitel 5, Seite 97), habe ich sie nachgearbeitet, und wenn man sie während der Trance trägt, werden die Bilder schärfer und reichhaltiger.

Daß es sich hier um eine Trancehaltung handelt, war mir von Anfang an klar, besonders wie der Mann die Zunge zwischen den Lippen hat. Wie wir aus einer Reihe von Traditionen wissen, etwa von der amerikanischen Nordwestküste, aber auch aus Asien, vorwiegend aus Tibet, erhält man von den Geistern Kraft über die ausgestreckte Zunge. Es erwies sich jedoch als wesentlich schwieriger, herauszufinden, welches Erlebnis die Haltung vermittelt. Was mochte der gemeinsame Nenner sein, wenn jemand etwa berichtet: »Meine Ohren sind immer größer geworden, bis ich alle eure Gedanken hören konnte. Dann bin ich in ein Insekt geschlüpft und konnte so hören wie ein Insekt.« Und: »Ich bin an einen Zaun im Wald gekommen, da war eine offene Pforte. Ich habe einen Schritt vorwärts gemacht, dann wieder einen rückwärts; ich konnte mich nicht entscheiden, ob ich reingehen sollte oder nicht.« Oder: »Ich war in einem Kessel, der hatte hohe, steile, rötliche Wände. Über dem Rand habe ich eine lila Landschaft gesehen. Ich habe mich gefragt, was mache ich bloß, wenn ich aus dem Kessel nicht raus kann?«

Wir hatten allerdings schon eine Menge Erfahrung mit dem *mallam*, und so gelang es uns schließlich, des Rätsels Lösung zu finden. Was berichtet wurde, waren völlig klare Beschreibungen gewisser Charakterzüge und Probleme, die zwanghafte Neugier im ersten Beispiel, im zweiten die Unfähigkeit, die Gelegenheit zu nutzen, und mangelndes Selbstvertrauen im dritten. Das bedeutet, daß dies ebenfalls eine Wahrsagerhaltung war, nur eben mit dem Unterschied, daß jedweder soziale Bezug fehlte.

Wir entdeckten noch einen anderen höchst bemerkenswerten Unterschied. Der alte Herr von Tennessee stellte sich als markante, sehr wohl erkennbare Persönlichkeit dar, was wir bei dem *mallam* nie erfahren hatten. Manchmal war er tatsächlich etwas ungeduldig, leicht gereizt. Als Christian aus Österreich in Cuyamungue zu Gast war, wollte er gern etwas über eine Körperhaltung wissen, die er während einer Trance gesehen hatte. Welches Bein solle er nach vorn stellen? Die lakonische Antwort war: »Das rechte.« Ich hätte die Sitzung da abbrechen sollen, aber ich hatte keine Ahnung, daß Christians Frage schon beantwortet worden war; ich rasselte weiter. Daraufhin war es offensichtlich, daß der ehrwürdige alte Herr der Ansicht war, er habe Christian doch schon gesagt, was er wissen wollte, eine weitere Diskussion sei überflüssig. Da Christian aber nicht wegging, nahm er ihn in eine tiefe Schlucht mit und gebot ihm, die Bergschafe anzuschauen. »Und dann«, sagte Christian etwas verwirrt, »bin ich in ein Schaf hineingeschmolzen.« Die wenig schmeichelhafte Meinung, die sich unser Wahrsager von dem armen Christian gebildet hatte, war schwer mißzuverstehen. Daß er recht irritiert war, hat sich noch am folgenden Tag gezeigt. Christian machte wieder die gleiche Haltung, allerdings hatte er diesmal ein ganz anderes Problem im Sinn. Das erste, was er zu hören bekam, war die ungeduldige Frage: »Und was willst du nun schon wieder?«

Wenn wir die Haltung des Wahrsagers von Tennessee in einer Gruppe machen, ziehe ich die Ungeduld des alten Herrn immer in Betracht. Ich bitte meinen Geisterfreund, ihn höchst respektvoll einzuladen, und hinterher bedanke ich mich in der gleichen Weise, so wie sich eine Enkelin einem geachteten Großvater gegenüber zu benehmen hat.

Der Mangel an Geduld des alten Wahrsagers ist vielleicht zu verstehen, denn für ihn ist die Beantwortung von persönlichen Fragen eigentlich nur eine Nebenbeschäftigung. Er ist in Wirklichkeit ein Sachverständiger in Dingen Ritual. Wenn ihm Fragen auf diesem Gebiet vorgelegt werden, wird es ihm nie zuviel, alles bis in die kleinsten Einzelheiten zu beantworten. Dabei erlaubt er sogar manchmal, wenn es ihm angebracht erscheint, daß man einen kurzen Blick in die Zukunft wirft. Darum ziehen wir ihn auch immer zu Rate, wenn wir einen Tanz veranstalten (siehe Kapitel 11, Seite 223), und bei Gelegenheit ist er unser erfahrener Führer und geduldiger Freund.

So wollte ich zum Beispiel im Sommer 1986 einen Rat einholen, wo wir die Schwitzhütte für den Maskentanz aufstellen sollten, der für den folgenden Monat geplant war. Ich bat also zwei begabte Freundinnen, Cynthia und Krissie, den Wahrsager von Tennessee für mich zu fragen, während ich rasselte. Was er ihnen mitteilte, hatte in beiden Fällen einen ähnlichen Inhalt. Erst galt es, einige persönliche Dinge aus dem Weg zu schaffen, so als wolle er sagen: »Erst wenn eure Gedanken klar und rein sind, wenn sie nicht von persönlicher Unbill getrübt sind, könnt ihr das Ritual durchführen.« Auf der geistigen Ebene war dies eigentlich das gleiche, wie wenn bei indianischen Stämmen vor Beginn eines wichtigen Rituals Abführ- und Brechmittel eingenommen werden. Dann kamen die Anweisungen über den Ort für die Schwitzhütte und schließlich noch einige andere Bemerkungen, die unser alter Freund in diesem Zusammenhang für wichtig hielt.

Nachdem sie einige private Dinge erledigt hatte, verbrachte Cinthia geraume Zeit, um den richtigen Ort für die Schwitzhütte ausfindig zu machen:

Ich bin erst bei dem Wacholderbusch am Studentengebäude gewesen und habe mir überlegt, ob da die Schwitzhütte aufgebaut werden soll. Aber der hat plötzlich zu brennen angefangen; also habe ich gewußt: das ist die falsche Stelle. Dann bin ich bei der Kiva angelangt, aber es wurde mir zu verstehen gegeben: »Nein, nicht bei der Kiva.« Ich habe angefangen, mich um die eigene Achse zu drehen, aber dadurch bin ich in die Höhe gezogen worden. Ich fliege über eine Schneelandschaft und kann mir beim Runterschauen nicht vorstellen, was ich da zu suchen habe. Dann bin ich in den Schnee hinuntergeschwebt; meine Beine sind sehr kalt geworden, und ich habe Angst bekommen. Also habe ich Felicitas gerufen, sie soll mich wieder zurückbringen. Daraufhin bin ich tatsächlich zurückgekommen, und dann habe ich den Fleck gesehen. Er ist flach und rechts daneben ist ein Hügel. »Ist es das hier?« habe ich gefragt. Aber ich habe schon gewußt, daß es die Stelle ist.

Mit der Entdeckung des richtigen Ortes war Cynthias Vision noch nicht zu Ende. Sie hat viele Geister gesehen, die um den Fleck herumgeschwebt sind, und es ist ihr bedeutet worden, sie würde die Aufgabe haben, diese Geister beim Ritual durch die Schwitzhütte zu begleiten. Sie hat auch Einzelheiten des Kostüms gesehen, das sie beim Tanz zu tragen habe.

Krissie erhielt auch erst Rat zu einigen persönlichen Problemen, dann hat sie Kristalle gesehen, die in einer geraden Linie aufgestellt waren:

Wir waren am Rand eines steilen Abhangs. Die Kristalle haben im Kreis herumgetanzt; Sie haben angefangen, ihre Feuchtigkeit zu verlieren. Ich habe runtergeschaut, und der Boden ist vor mir angeschwollen, und um die Bodenschwellung herum strahlte ein Lichtschein. Dann hat sie sich in einen Frosch verwandelt, und der war still und schön. Schließlich ist er auf seine normale Größe zusammengeschrumpft. Ich habe ihm in die Augen geschaut und habe gesagt: »Großvater Frosch, sag es mir.« Er hat gesagt: »Laß mich teilhaben, laß mich teilhaben!« Dann ist viel Licht gekommen; ein Adler hat getanzt; er hat sich in eine Blume verwandelt. Ich sehe die untergehende Sonne, eine Wolke wie ein Pilz, und es fängt an zu regnen.

Krissie hat also auch den Ort für die Schwitzhütte gesehen, und zwar am Rand eines steilen Abhangs. Das war verwirrend, denn es schien dem zu widersprechen, was Cynthia gesehen hatte. Aber als wir dann später suchen gingen, fanden wir die Stelle, die beiden Bedingungen gerecht wurde: eine tiefe Arroyo begrenzt eine weite Wiese, und in dem Winkel, wo sich die Arroyo wendet, erhebt sich ein Hügel. Als wir in die Arroyo hinunterschauten, sahen wir am Boden, wie zur Bestätigung, daß wir den richtigen Fleck gefunden hatten, unmittelbar an der betreffenden Stelle eine klar umrandete, ovale, flache Vertiefung im Sand, wie eine Schüssel gehäuft voll mit Granitsteinen, vielleicht die Kristalle, die Krissie gesehen hat, in der für die Schwitzhütte benötigten Größe.

Auch Krissie ist, ähnlich wie Cynthia, mehr mitgeteilt worden als nur die Lage der Schwitzhütte. Sie ist Großvater Frosch begegnet, und da er nicht vergessen werden wollte, haben wir die Schwitzhütte nach ihm benannt. Sie bekam auch noch eine kurze Vorschau auf die Zukunft geschenkt, indem sie einen Tanz bei der Schwitzhütte gesehen hat, und wir haben tatsächlich später die Anweisung dafür erhalten. Dies kann sich natürlich einfach aus der Logik der Situation ergeben haben, aber was sie dann gesehen hat, kann nicht so einfach abgetan werden. Es bildete sich eine Wolke während jenes Tanzes, und merkwürdigerweise nur über unserer Schwitzhütte. Wir sind vom Regen durchnäßt worden, und es hat gedonnert und geblitzt. Nachdem sich uns so die Macht des Adlers in seinem »Tanz« offenbart hatte und als wir mit unserem Tanz fertig waren, wurde die weiße Wolke plötzlich leuchtend rosa, und vor unseren verwunderten Augen umgürtete sie ein Regenbogen von einer Kante bis zur anderen. Auf diese Weise hat sich der Adler tatsächlich in eine Blume verwandelt.

Die Wahrsagerin von Cholula

Es gibt zwei kleine Tonstatuen in dieser Haltung aus den Jahren um 1350 nach Christus. Sie stammen aus Cholula, einem der wichtigsten religiösen Zentren in Mittelamerika (Abbildung 17, Seite 139). Ihre Gesichtszüge sind verschieden, ebenso ihre Ohrgehänge, aber beide tragen die gleiche spitze Mütze und einen weiten Kragen mit Troddeln daran. Sie sitzen auf einem Schemel, haben die Augen geschlossen, die Zunge zwischen den Lippen, die rechte Hand umklammert das rechte Knie, die linke Hand liegt etwas höher auf dem linken.

Ob die Dame von Cholula auch in rituellen Dingen Auskunft erteilen kann, haben wir noch nicht erforscht, aber sie ist ebenso tüchtig in bezug auf persönliche Probleme wie ihr Kollege aus Tennessee. Das Offenbarte hat allerdings eine weibliche Note, fast etwas Mütterliches, was bei dem Weisen von Tennessee völlig fehlt. Kürzlich habe ich sie einmal um Rat gefragt, weil ich mir wegen eines ärztlichen Befunds ziemliche Sorgen machte. Es dauerte eine Weile, bis die Verbindung zustande kam, aber dann fühlte ich mich von mehreren freundlichen alten Frauen umgeben, und eine gab mir zu verstehen: »Denk daran, du bist unsere Tochter!« Ich habe mich wunderbar gestärkt gefühlt, und die Ergebnisse des Tests haben sich dann auch als wesentlich harmloser herausgestellt als ich befürchtet hatte. Die gleiche liebevolle Teilnahme haben wir in dieser Haltung im Herbst 1987 auch in Columbus erlebt. Selbst wenig klar formulierte Fragen werden rücksichtsvoll behandelt wie das folgende Beispiel zeigt.

Norma: Ich habe über mich selbst eine Frage gestellt, und die Rassel hat sehr laut geklungen, so als wäre sie in meinem Kopf. Ich habe einen Büffelkopf gesehen und einen Puma im Südwesten. Der Büffel hat viel Staub aufgewirbelt mit seinen Hufen, und als ich meine Frage wiederholt habe, hat er gesagt: »Bleib geerdet.« Dann bin ich in den Wald gegangen und habe den Waldboden unter den Füßen gespürt. Ich bin ans Meeresufer gelangt, eine Schildkröte ist aus dem Wasser aufgestiegen und hat das gleiche wiederholt: »Bleib geerdet, bleib geerdet!«

Die Dame von Cholula kann sehr feinfühlig sein, wie Elizabeth R. es in der gleichen Sitzung erlebt hat, in der sie alte Wunden geheilt hat, um dann Elizabeths Schutzgeist herbeizurufen.

Elizabeth R.: Ich habe zugesehen, wie ein schwarzer Panther einen Mann angegriffen hat, und dann haben sie sich gegenseitig umgebracht. Dann habe ich Szenen aus meinem Leben gesehen, wie mein Wagen auf dem Eis ausgerutscht ist, wie ich einmal fast ertrunken bin oder wie ich bei der Entbindung fast verblutet bin. Dann ist ein Mayatempel aufgetaucht, darin ein Opferaltar, und ich habe mir nur gewünscht, ich möchte mich bequem hinlegen. Aber dann ist mein Schutzgeist gekommen und hat mich geschüttelt. Ob ich denn den Tod wählen wollte, hat er mich gefragt. »Willst du das Leben opfern?« habe ich gefragt. »Nein«, hat er gesagt und hat mich geküßt.

Ratschläge zum Berufsleben kann man fast praktisch nennen.

Barbara: Ich bin an meinem Arbeitsplatz gewesen, und ich habe mich wirklich gereizt gefühlt. Es ist eine Treppe erschienen und ganz oben ein Altar und daneben zwei Türen. »Darf ich da durchgehen?« habe ich gefragt. Nein, wurde mir bedeutet, dazu ist es schon zu spät. Dann habe ich einen Waschbären gesehen, der hat mit dem Fisch gespielt, aber er hat ihn nicht gefressen, er hat ihn freigelassen. Dann ist eine Frau vorbeigeflogen, die hat eine graue Krone getragen und hat gesagt: »Bleib in deinem eigenen Mittelpunkt.«

Nancy hatte mit Schwierigkeiten anderer Art zu kämpfen. Sie arbeitet in einem pflegerischen Beruf in einem großen Verband von fast nur Männern und fühlt sich oft vereinsamt und ohne jede Stütze.

Nancy: Ich habe ein elektrisches Netz gesehen, es hat viele kaputte Verbindungen gehabt. Ich habe angefangen, die zerrissenen Stücke zusammenzufügen, und da sind die Funken gesprüht. Eine weiße Büffelkuh ist erschienen, entweder war sie riesig groß, oder ich bin winzig klein gewesen, denn ich habe mich in das Haar auf ihrem Kopf hineingekuschelt; das Haar ist ganz weich und warm gewesen. Wir sind von Berg zu Berg gegangen, und ich habe auf ihrem Rücken getanzt. Ich habe sie gefragt, was ich mit meiner Tonpfeife tun soll; sie hat gesagt: »Das wirst du schon noch herausfinden.« Dann hat sie mich zurückgebracht, und als ich mich darüber beklagt habe, hat sie gesagt: »Hör auf zu knurren.« Sie hat mich geküßt, hat Menschliches getan, aber sie war eine Büffelkuh.

Belinda und Jan sind beide Psychotherapeuten, und die Dame von Cholula hatte ihnen Wichtiges mitzuteilen, nämlich daß sie sich in ihrem Beruf nicht überanstrengen dürfen.

Belinda: Ich habe eine Frage gestellt über meine Gesundheit und habe daraufhin eine rostige Röhre in meiner Kehle gesehen. Dann habe ich immer wieder gehört wie jemand sagt: »Du tust zu viel, du tust zu viel.« Dann sind Stiere aufgetaucht, die haben ausgesehen wie das entsprechende Zeichen im Tierkreis, Tausende von solchen Stieren in wilder Flucht. Ich habe sie gebeten, sie sollten aufhören zu rasen, und sie haben sich hingelegt, es war alles ganz still, und jemand hat gesagt: »Du mußt die Geschichte ändern.«

Jan: Meine Frage war: »Wie steht es mit den größeren Zusammenhängen?« Ich habe eine lange Karawane gesehen, die ist nur schwer vorwärts gekommen. Der Bär ist erschienen und hat gesagt, die Karawane braucht Energie; wenn sie genug hat, kann sie sich von Land zu Land begeben, aber sie braucht Helfer. Das Heilen sei in anderen Ländern auch möglich, aber daran hätte ich nicht gedacht, und ich sei nicht darauf vorbereitet. Während wir uns unterhalten haben, konnte ich die mangelnde Stabilität der gewöhnlichen Wirklichkeit sehen, und es sind schmerzliche Erinnerungen an Menschen aufgetaucht, die ich berate. Dann habe ich Belinda in ihrem Löwenkostüm gesehen; sie hat ein Rad geschoben, und ihre Hände haben geblutet. Ich wollte ihr helfen, aber ich konnte nichts tun, sie hat das Rad immer weiter geschoben, sie hat geblutet, und ich konnte nicht zu ihr.

Zum Schluß möchte ich hier noch Maxine zitieren. Sie hatte schwer mit ihrer Gesundheit zu kämpfen, und die Dame von Cholula hat sie wohl deshalb mit Geschenken überhäuft, wie eine besorgte Mutter ihr krankes Kind verwöhnt.

Maxine: Alles ist mit großer Geschwindigkeit vor meinen Augen vorbeigerast. Alles war tintenschwarz. Im Mittelpunkt war eine schwarze Öffnung wie eine Röhre. Da sollte ich hineingehen, es war wie ein Tunnel. Ich bin darin runtergerutscht und bin zu einem Platz in der Erde geraten, der war rötlich-gelb beleuchtet. Neben mir ist ein riesiger Habicht aufgetaucht. Der hatte mächtige Beine, und auf dem Rücken hat er einen ledernen Sattel getragen. Es gab eine Anzahl von Zelten, sieben im ganzen, und der Habicht hat mich zu jedem der Reihe nach hingebracht. Das erste ist voller verschiedener Farben gewesen, und ich habe mir Blau ausgesucht. Im nächsten waren Federn, und ich habe mir eine große schwarzweiße genommen. Dann sind wir zu einem Zelt gekommen, da hat eine alte Frau dringesessen, und ich habe mir das Alter ausgesucht. Im nächsten Zelt hat ein großer Topf gestanden, darin ein Fleischgericht; den habe ich mir mitgenommen. Dann sind wir zu einem Zelt gekommen, da waren viele Kinder drin, und ich habe zu dem Habicht gesagt: »Ich will aber keine Kinder!« Aber ich mußte mir doch eins aussuchen, und ich habe mir einen zwölfjährigen Buben ausgesucht. Dann gab es da auch noch ein Zelt, da war das Wetter drin. Ich habe eine herrliche Ebene gesehen und Berge, und da hat es ein Gewitter gegeben, das habe ich mitgenommen. Im letzten Zelt sind eine Unmenge von Augen gewesen, und alle haben mich angeschaut. Ich habe mir ein klares blaues ausgesucht, und dann habe ich alle meine Sachen in einen Sack getan, und dann ist da wieder der Tunnel gewesen, und ich bin hinaufgesogen worden.

Kapitel 8

Die Gabe des Heilens

In Kapitel 2 (Seite 23) habe ich die Körperhaltung des Schamanen beschrieben, der von hinten von einem großen Bärengeist umarmt wird (Abbildung 1, Seite 37). In dieser Haltung wird der Kopf weit nach hinten geneigt, und die eingerollten Hände befinden sich unmittelbar über dem Nabel. Es hat eine Weile gedauert, bis ich erkannt habe, daß das Tranceerlebnis, das diese Haltung vermittelt, das der Heilung, des Geheiltwerdens ist.

Als ich dann nach weiteren Darstellungen dieser Haltung zu suchen begann, entdeckte ich auch Beispiele, wo die Hände auf dem Unterleib scheinbar zu weit auseinander liegen. Anfangs hielt ich das für eine Variante der Bärenhaltung, aber Versuche mit dieser Form der Haltung deuteten darauf hin, daß dieser Schluß falsch ist, und die Beobachtung führte schließlich zur Entdeckung, daß es sich hierbei um eine unabhängige Haltung handelt, nämlich um die *Geburtshaltung*. Obgleich es bei dieser Körperhaltung nicht ums Heilen geht, mag sie geschichtlich gesehen sehr wohl zur Entwicklung der Bärenhaltung geführt haben. Ich werde sie hier behandeln, obgleich das Erlebnis nicht das des Geheiltwerdens ist, sondern das des Fötus bei der Geburt.

In der westlichen Welt werden wir Frauen gewöhnlich gezwungen, bei der Entbindung flach auf dem Rücken zu liegen. Das ist eine höchst unglückselige Entwicklung, die der Gebärenden großen Schaden zufügen kann, wie jetzt schon von vielen Seiten betont wird. Vor einigen Jahrhunderten war das noch anders. In einem Berliner Museum habe ich vor Jahren einen Gebärstuhl gesehen. Er hat ein Loch im Sitz, wo das Neugeborene durchrutschen kann. Ich hatte gerade eine schwere Geburt hinter mir, über dreißig Stunden lang, und daß man bei dem Vorgang die Schwerkraft berücksichtigen sollte, wie das bei diesem Stuhl offensichtlich der Fall ist, schien mir höchst vernünftig. In anderen Kulturen nehmen die Mütter eine viel vernünftigere

Haltung beim Gebären ein, wie Abbildung 18 zeigt. Die Künstlerin – bei vielen Stämmen in Amerika ist es noch heute vorwiegend die Frau, die in Ton arbeitet –, die diesen Tonkrug wahrscheinlich in Bolivien Jahrhunderte vor dem Eindringen der Weißen geschaffen hat, muß derartige Entbindungen oft gesehen haben. Die Mutter sitzt bei der Entbindung, und eine Helferin nimmt das Kind beim Austritt aus der Scheide in Empfang.

Was mich an dieser Darstellung der Geburt besonders fesselt, ist die Frau, die hinter der Kreißenden sitzt. Sie stützt die Mutter und hat auch ihre Hände auf deren Unterleib. Hier war die »nicht ganz stimmende« Heilerhaltung, die mich so beschäftigt hatte! Überall in der Welt tauchen seit Jahrtausenden klar weiblich gekennzeichnete Figuren auf, die diese Haltung einnehmen, einige sitzend, die meisten stehend (Abbildungen 19 bis 22). Manche sind stark stilisiert, wie die europäische Figur aus dem Neolithikum (Abbildung 19), sechs- oder siebentausend Jahre alt, bei der die Augen durch Schlitze angedeutet sind und die Brüste durch Rosetten; ebenso die Figur aus dem Negev im Nahen Osten, die fast gleichaltrig ist (Abbildung 20). Andere sind naturalistischer gestaltet wie die olmekische Figur (Abbildung 21), vor etwa 2500 Jahren geschaffen, oder die fast moderne von südlich der Sahara (Abbildung 22). Es gibt zahlreiche weitere Beispiele aus Südosteuropa (5000 vor Christus), aus Kreta, aus dem heutigen Neuguinea, aus Neuseeland sowie aus Zentral- und Westafrika.

Wir fragen uns, warum die Geburtshaltung wohl so oft dargestellt wurde. Sicherlich ging es nicht darum, den Frauen die richtige Haltung bei der Geburt zu zeigen, die sowieso jede kannte. Der Grund für die Darstellung war bestimmt eher ein ritueller, ein religiöser – immer in Verbindung mit der Ekstase. Ich bin deshalb zu dem Schluß gekommen, daß die häufige Darstellung dieser Haltung etwas damit zu tun hat, daß das Hauptritual der Sammlerinnen und Jäger und der späteren Gartenbaugesellschaften das Geburtsgeschehen feiert, wie ich anderswo ausgeführt habe.[1] Manche der besagten Statuen sind recht groß und haben vielleicht die Stelle angezeigt, wo solche wichtige Zeremonien abgehalten werden.

In derartigen Ritualen ist das Thema nicht die kreißende Mutter, sondern es geht darum, das Neugeborene willkommen zu heißen, zu stärken und zu nähren. Das wissen wir aus der Feldforschung bei Stämmen, die diese Gesellschaftsform noch bewahrt haben, etwa in Australien oder in Südamerika. Das Thema wird gewissermaßen gestützt, einerseits durch die Anrufung der Ahnengeister, deren Leben das Neugeborene fortsetzt, andererseits durch den Hinweis auf die Fortpflanzung. Zu unserer großen Überraschung haben wir bei der Erforschung dieser Haltung genau diese Bezüge entdeckt, daß heißt also, daß sich die Tranceerlebnisse der Teilnehmer mühelos in diese Themen einreihen lassen. Stärker betont als bei den uns bekannten Ritualen sind beim Tranceerlebnis allerdings die Erfahrungen des Fötus im Schoß.

Die Haltung ist recht einfach, wir haben sie im Stehen gemacht mit den Handflächen auf dem Unterleib, etwa wie in Abbildung 20. 1987 haben wir zwei experimentelle Sitzungen damit durchgeführt, eine in Cincinatti Anfang des Jahres (C), die zweite mit einer anderen Gruppe im Herbst in Camp Agape, Ohio (A). Die beiden Serien ergänzen sich, also werde ich sie als eine Folge behandeln.[2]

Bei der nachfolgenden Analyse verwende ich als Richtlinie die Struktur der uralten Jägerzeremonien. Zu Beginn eines solchen Rituals werden die Ahnengeister zur Teilnahme eingeladen, und in unseren Visionen sind sie tatsächlich auch angekommen. Eine der Teilnehmerinnen berichtet (A): »Mir sind die Gesichter von alten Männern erschienen, sie haben lila Bärte gehabt und weiße Augenbrauen.«

Libet (A): ... Es ergab sich ein Strudel aus blauem Licht; der ist mir in den Schoß eingetreten, und damit waren die Laute und das Licht gedämpft. Die Szene ändert sich, und ich bin in einer Höhle, es sind sieben oder acht Frauen um mich herum, sie tragen dunkle Gewänder und sind beim Heilen. Dann werden sie sichtlich älter, sie verrunzeln und verwandeln sich in Totenköpfe, aber das ist nicht beängstigend. Dann gab es viel Bewegung; sie sind verschwunden, aber ihre Geister waren noch um mich herum.

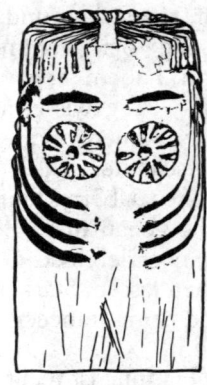

Abb. 18: Tongefäße, wahrscheinlich aus Bolivien, präkolumbianisch

Abb. 19: Alabaster, Almeria, Estramadura, Spanien, 4500 bis 2000 v. Chr.

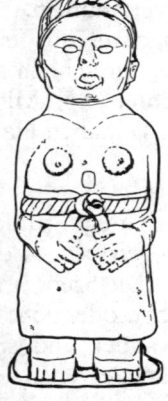
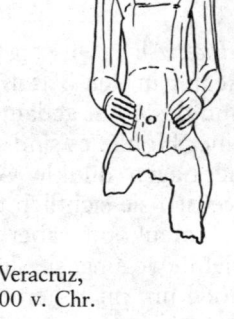

Abb. 21: Stein, olmekisch, aus der Nähe von Veracruz, Mexiko, 800 bis 400 v. Chr.

Abb. 20: Elfenbein, Beersheba, südlicher Negev, 4000 v. Chr.

Abb. 22: Stein, nordöstliches Liberien, Afrika

Inzwischen träumt der Fötus in der Gebärmutter – in der »engen Schlucht mit dem verschlungenen Fluß«, der Nabelschnur – von der Welt, in die er bald eintreten wird und die im Nebel aufsteigt.

Terry (C): Ich war in einer langen, engen Schlucht mit einem verschlungenen Fluß, von dem erhob sich ein dichter Nebel. Ich habe viele Wolken gesehen, die waren hellgrau. Es gab auch Bäume und Wasser, aber all das hat auf dem Kopf gestanden. Die Wände der Schlucht bestanden aus steilen Felsen; auf der Kante haben Antilopen gegrast. Die Augen einer Raubkatze, vielleicht war es ein Löwe, sind in einem lila und schwarzen Wirbel aufgetaucht. Seen und Bäume sind erschienen, dann noch mehr Augen und wieder das Lila. Ein Schwan ist den Fluß herabgeschwommen, und als ich dem zugeschaut habe, ist er lila geworden. Ein Bär hat am Fluß getrunken. Der Schwan hat Streifen bekommen und hat sonderbar metallisch geschillert. Dann hat sich der Schwan in einen Adler verwandelt und hat mit den Flügeln geschlagen. Der Adler hat tiefschwarze Augen gehabt und überhaupt keine Pupillen und einen weißen Streifen den Rücken entlang. Er will, daß ich mitkomme, aber ich kann das nicht. Ich habe das Gefühl, mein Kopf wird zerplatzen, und dann ist wieder der lila und schwarze Wirbel dagewesen, und das war ich.

Vorläufig steht aber die Geburt noch nicht unmittelbar bevor, und der kleine zukünftige Mensch ist froh und zufrieden im Schoß.

Barbara (A): ... Ich habe mich ganz bequem gefühlt, ganz verschwommen habe ich einen Lichtkreis gesehen wie einen Kegel, und ich habe Strahlen gesehen. Ich habe das Schwanzende von einer Seekuh gesehen, wir sind mit ihnen geschwommen; wir waren Seekühe unter Wasser. Es hat Höhlen gegeben mit doppelter Tür. Dann hat mir jemand ein Halsband umgelegt.

Bald jedoch ist dieses Leben im Wasser zu Ende, und der Fötus wird ungeduldig.

Nancy (A): ... Ich habe das Gefühl gehabt, daß ich von einer Energie an den Knien und bis rauf zur Hüfte geschoben werde. Ich schaukle hin und her und denke dabei: »Ich bin soweit.« Aber es kommt die Antwort: »Sei geduldig.«

Das kleine Wesen ist noch ans Nest gebunden wie ein Vögelchen, aber bald wird es sich befreien.

Anita (A): ... Es ist ein Bild erschienen von einem riesigen Vogel in einem ebenso großen Nest. Links habe ich starke Wärme wahrgenommen, und das ist so geblieben. Dann ist die Trance tiefer geworden, und ich bin steif geworden wie eine dunkle Säule aus Energie. Ich war festgewurzelt, aber ich wollte auch singen. Irgend etwas hat mich nach rechts geschoben; und gleichzeitig habe ich ein Licht bemerkt, das von oben heruntergeströmt ist.

Geboren werden ist schwer und ermüdend für das kleine Lebewesen in der Tiefe des Mutterschoßes, der nun zu eng geworden ist.

Elizabeth M. (C): ...Ich war in einer engen Schlucht und bin immer weiter gegangen und bin immer müder geworden. Es sind Farben heruntergekommen, Schwarz, Blau, Lila. Ein Arm hat sich mir auf die Schultern gelegt, jemand ist mit mir gegangen. Ich werde noch müder, und die Farben kommen immer noch runter. Sie wandeln sich, und alles wird gelb, und daraus löst sich ein Menschenauge. Ich bin so müde gewesen, ich habe mich gefreut, als das Rasseln aufhörte.

Endlich findet die Geburt statt. Kurz bevor er austritt, erscheint der Fötus als eine blaue Knospe, dann zwängt er sich durch die Scheide hinaus.

Marianne (C): Ich war unten in einer Schlucht, alles war in Lila getaucht. Dann ist das Lila schwarz geworden und hat angefangen herumzuwirbeln. Dann war es, als ob ich auf einer Brücke stehe, ich sehe, wie eine blaue Knospe sich aus der Schlucht erhebt. Ich sehe ein Adlerauge, dann erscheint ein

Schlitz in der Pupille. Ich habe gedacht, daß der Schlitz wie eine Vagina aussieht, aber dann habe ich den Gedanken abgewiesen. In dem Schlitz gab es weiße Gestalten. Dann ist mir plötzlich kalt geworden, ich habe gefühlt, wie kalte Luft um mich herumgewirbelt ist, und dann habe ich noch einmal etwas Lila gesehen.

Jeannie (C): ... Alles ist in einer Schachtel gewesen, lila und schwarz, und es hat sich ständig gewandelt. Ich habe eine Öffnung gesehen, wie ein V, die hat sich geschlossen und ist ein Auge geworden. Ich bin herumgewirbelt worden; Lila ist erschienen; das ist nähergekommen, dann ist es wieder weggegangen. Ich habe keine Hände gehabt, ich wollte nachsehen, ob das stimmt, aber dann hat die Rassel aufgehört.

Lauren (C): Es hat lila und dunkelrote Kreise verschiedener Größe gegeben, die haben sich im Takt zur Rassel bewegt. Am Rande der Farben haben sich Wesenheiten bewegt; ich habe mich geängstigt und habe mich unsicher gefühlt. Ich habe vor einer Steinsäule gestanden, die war aus rauhem Material. Schleier haben sich gelüftet, so als würden Schichten rauf- und zurückgezogen. Ich habe eine Maske berührt, das war eine weiße gemalte Katze mit Barthaaren. Ich hatte wieder Angst, mein Körper hat gezittert, aber die Maske hat mir Bescheid gegeben, ich dürfte weitergehen. Ich bin hinter die Katzenmaske gegangen, aber da war niemand. Dann bin ich in der Maske drin gewesen; ich habe nicht gewußt, was eigentlich los ist. Mein Körper ist herumgewirbelt; ich wollte nicht hinfallen, ich wollte in die Schlucht zurück; ich hatte nur einen dünnen Faden als Verbindung, ich habe nicht zurück gekonnt, und es hat keine Antwort gegeben. Dann habe ich die Silhouette einer schlafenden Gestalt gesehen, aber ob das ein Mann war oder eine Frau oder ein Kind, das habe ich nicht entscheiden können, aber sie hat mich nicht wahrgenommen.

Nun kommen die Gäste an, sie versammeln sich um das Neugeborene. Sie erscheinen als Krafttiere:»Ich habe das Gesicht von meinem weißen, haarigen Bären gesehen und auch die Nase und ein Auge von einer Raubkatze oder einem Löwen«, erzählt eine

Teilnehmerin (C). Und sie beschenken es mit der Wärme der Kraft.

Villie (C): ...Ich habe einen Druck gespürt auf den Schultern und im Nacken. Ich bin runtergegangen in einen schwarzweißen, wirbelnden Tunnel, immer weiter runter. Ich habe das Gesicht eines Tigers gesehen; der war von hinten beleuchtet. Der Tiger hat auf etwas gewartet. Dann ist alles wieder schwarz geworden; es ist ein Lichtpunkt aufgetaucht, und ich habe mich warm gefühlt. Vielleicht war das von der Sonne. Dann habe ich den Tiger ganz gesehen.

Jetzt wird das Neugeborene an die Mutterbrust gelegt, und rundum erscheinen die lila Kreise der Brüste, des Nährens.

Maxine (A): ... Ich sitze am Feuer. Ich bin in einer Höhle, das Licht kommt von oben, und der Rauch zieht nach oben ab. Hinten ist mir kalt, und der Rücken tut mir weh. Ich bin von Lila umgeben; es ist eine dichte Farbe, die am Rand in Schwarz übergeht. Das Lila erscheint in der Form von Kreisen, darin sind mehrere kleinere Kreise. Sie umgeben mich von allen Seiten, sie sind bei dem Feuer, über mir und auf meinen Füßen. Ein Kreis von Frauen sitzt um das Feuer herum. Außerhalb der Höhle sind auch lila Kreise.

Jetzt, wo das Neugeborene sicher untergebracht ist bei den Frauen inmitten der nährenden lila Kreise, wendet sich das Ritual schließlich dem letzten Akt zu, nämlich der Darstellung der Fortpflanzung. Das Ei tritt in den Körper der Frau ein, während die kleinen Feen, die Seelen der Ungeborenen, im »alten Wald« spielen.

Belinda (A): Ich habe ein hell beleuchtetes Loch gesehen mit Geweih am oberen Rand. Ich habe mir gedacht, das könnte der Geburtsweg sein; aber dann habe ich den Gedanken zurückgewiesen. Mein Körper war von Druck umgeben. Ich habe einen Emu gesehen, der hat ein Ei verschluckt; ich habe gesehen, wie das in seiner Speiseröhre hintergerutscht ist und in seinem Bauch in einem Nest gelandet ist. Aus dem Ei ist eine kleine Fee ausgeschlüpft und hat auf einer Schaukel gesessen. Dann habe ich auch ein Ei verschluckt. Daraus ist erst eine grüne Schlange ausgeschlüpft, die ist aus meinem Mund herausgekommen, dann ist sie wieder zurück geschlüpft, und ich habe das Ei gelegt, so als würde ich gebären; ich habe das Ei durch meine Scheide gelegt. Ich konnte fühlen, daß ich meine Hände auf meinen Eierstöcken hatte in dieser Haltung, das heißt also auf meinen Eiern. »Was gibt es denn da zu lernen?« habe ich gefragt. Mir wurde bedeutet, daß es nicht meine Aufgabe sei, Kinder zu gebären, ich solle mir darüber keine Gedanken machen. Ich habe mich nach rechts gedreht, und da war ein alter grüner Wald. Ich habe den Wald gesehen und die Nacht und eine Menge Feen. Die haben mich auch bemerkt, weil ich anders ausgesehen habe. Sie haben mich willkommen geheißen, aber die Rassel hat aufgehört, und ich wußte, daß meine Trance zu Ende sein würde, und darum habe ich gefragt, ob ich wiederkommen dürfte. Aber ich wußte nicht, wie ich den Weg zurück finden könnte, denn da hatte ich den Kontakt mit den Feen schon verloren.

Aber die kleinen Feen, die »kleinen silbernen Wesen, die die Erinnerungen der gesamten Art besitzen«, wie Elizabeth R. (A) sie erlebt hat, haben auch noch etwas anderes im Sinn, nicht nur das Spiel in ihrem geheimen Versteck. Sie hoffen, in einem Schoß Eingang zu finden, in ein Gemach mit einem eisernen Gitter davor.

Jan (A): ... Ich reite auf der Energie eines sterbenden Sterns. Wenn die Energie des Sterns zu einem ununterbrochenen Fluß wird, kann sie Gestalt annehmen. Ich reise in einem Stern wie in einem Raumschiff. Dann laufe ich, ich renne, meine Flügel flattern, damit ich durch das Gitter durch kann.

Alle oben zitierten Teilnehmer an dieser ersten Sitzung in der Geburtshaltung waren Frauen, aber es gab auch drei Männer in der Gruppe in Cincinnati. Obgleich ihre Erlebnisse weniger ins Detail gehen, stimmen sie in großen Zügen ohne weiteres mit denen der Frauen überein. Es gab Berichte wie etwa: »Das

Schwarz hat sich in Lila verwandelt, ich habe das Gefühl gehabt ich schwebe, wie ein Embryo. Ich habe nach oben geschaut, durch etwas hindurch und dann raus.« Oder: »Es gab ein zartes Urlicht und das Gefühl, als würde sich etwas öffnen. Eine Raubkatze ist erschienen, sie schien schüchtern, recht weiblich, sie hat sich das Gesicht mit dem Schwanz gestreichelt.« Daß die Gebärhaltung als rituelle Trancehaltung auch von Männern eingenommen werden kann, belegt eine Darstellung aus Zentralafrika, wo Mann und Frau in dieser Haltung nebeneinander stehen (Abbildung 23).

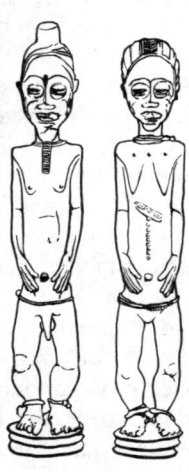

Abb. 23: Holz, Stamm der Bijogo (Bidyugo), ehemaliges Portugiesisch-Guinea, Westafrika

Eine Entbindung bedeutet im Grunde natürlich Heilung. Man kann sich also gut vorstellen, daß irgendwann einmal in einer Trance der Sprung von dieser Haltung zur Heilehaltung gemacht wurde. Die beiden Haltungen ähneln einander, und es geschieht öfter einmal, daß ein Erlebnis in der Heilehaltung an eines in der Geburtshaltung erinnert. Die nährende lila Farbe erscheint regelmäßig auch in der Heilehaltung. Weiter geht die Übereinstimmung allerdings nicht, und die Herrschaft des Bärengeistes kennzeichnet letztere als eine eigene, von der Geburtshaltung klar unterschiedene Haltung.

Die Heilehaltung oder *Bärenhaltung* (Abbildung 1, Seite 37) wird gewöhnlich stehend eingenommen, obgleich auch einige Darstellungen bekannt sind, wo der Betreffende sitzt oder sogar kniet (Abbildung 29, Seite 168). Die eingerollten Hände liegen über dem Nabel in der Weise, daß die ersten Knöchel der Zeigefinger sich berühren. Die Knie sind leicht gebeugt, und die Füße stehen parallel zueinander, etwa fünfzehn Zentimeter voneinander entfernt.

Abb. 24: Stein, Lepenski Vir, am Eisernen Tor (Donau), 5350 bis 4700 v. Chr.

Reiche archäologische Funde weisen darauf hin, daß die Bärenhaltung sehr alt ist. Von allen Haltungen, die wir kennen, ist sie die verbreitetste (siehe Landkarte Seite 166/167 und Abbildungen 22 bis 28). In der europäischen Vorzeit scheint sie etwas jünger zu sein als die Geburtshaltung, aber dieser Eindruck kann täuschen, da die Anzahl der Funde im ganzen nicht sehr groß ist. Sehr frühe Figuren stellen ausschließlich Frauen dar. Meine besondere Liebe gilt einer Frauengestalt aus der kurzen Blütezeit der Gartenbaukultur um 4700 vor Christus an der Donau bei Lepenski Vir (Abbildung 24). In einen fast eiförmigen Stein eingemeißelt, erscheint ein wunderbar abstraktes, ekstatisches Frauenantlitz. Der Kopf ist leicht zurückgelehnt, die Hände deuten die Haltung des Bären an, und die Scheide liegt wie ein

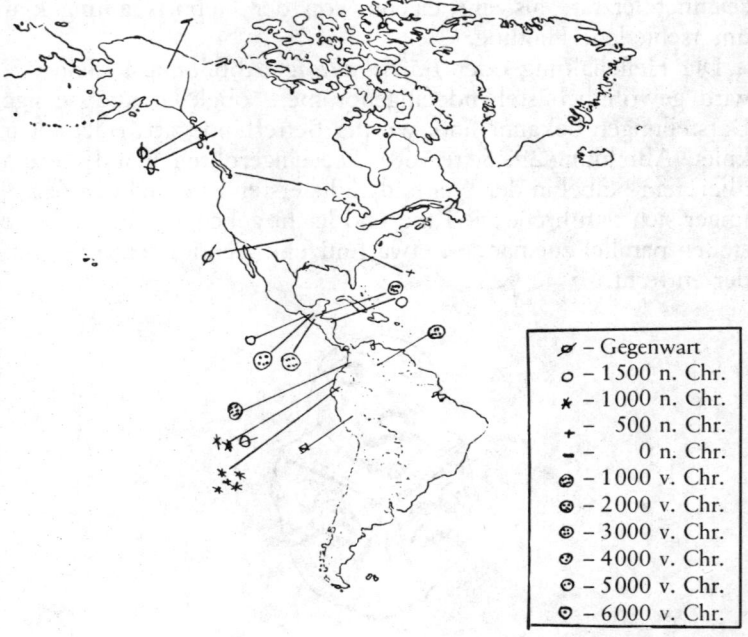

Darstellungen der Haltung des Bärengeistes gibt es auf der ganzen Welt. Von allen Haltungen ist sie die bekannteste. Auf den Kykladen allein hat man 34 solche Figuren gefunden. Ausgrabungen liefern laufend weitere Beispiele. Diese Karte vermittelt einen vorläufigen Überblick.

ornamentales Muster auf dem Unterleib. Im dritten vorchristlichen Jahrtausend jedoch gibt es Andeutungen, daß zumindest in Griechenland die rituelle Vorherrschaft der Frau im Abklingen ist. Man findet Figuren, wo die Frau noch in der Bärenhaltung steht, aber anstelle von Gesicht und Hals ist ihr ein Phallus aufgesetzt.

Wie schon früher erwähnt, war die Haltung des Schamanen mit dem Bärengeist (Abbildung 1) eine der ersten, die wir erforscht haben. Aber obgleich ich sehr wohl wußte, daß der Bärengeist vielerorts als mächtiger Heiler gilt, kam ich überhaupt nicht auf den Gedanken, es könne ein Zusammenhang bestehen zwischen den aus der Völkerkunde bekannten Traditionen und dem, was

meine Mitarbeiter in einer bestimmten Haltung erlebten. Ich überlegte mir sogar, daß die Bärenhaltung vielleicht eine frühe Form der Besessenheit vermittelt, weil so oft berichtet wurde, daß man sich in der Haltung »öffnet«. Schließlich kam ich aber aufgrund von Beobachtungen und Beschreibungen echter Besessenheit zu dem Schluß, daß bei letzteren immer ganz andere Induktionsmethoden angewandt werden und daß die Körperhaltung keine Rolle spielt. Stattdessen wurde mir klar, daß das »Sich-öffnen« dazu dient, die heilende Kraft eintreten zu lassen, und ich fing an, die Bärenhaltung als die Haltung des Heilens zu betrachten. Zweifel, die ich in dieser Hinsicht unter Umständen noch hegte, schwanden dahin, als ich selbst mehrmals vom mächtigen »Großvater Bär« geheilt wurde.

Bei einer dieser Heilungen handelte es sich um eine schmerzhafte Schulter. Viele Jahre lang hatte ich die Gewohnheit, bei zahlreichen Feldforschungsreisen eine schwere Schultertasche zu

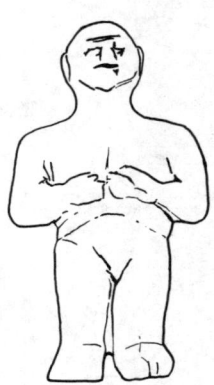

Abb. 25: Kreta,
5000 bis 4000 v. Chr.

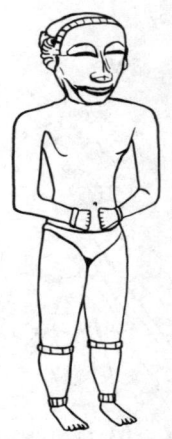

Abb. 26: Kalkgefäße, gegossenes
Tumbaya, Stamm der Quimbaya,
Kolumbien präkolumbianisch

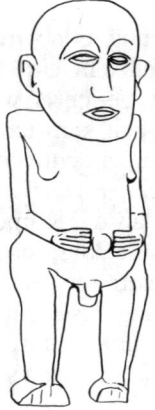

Abb. 27:
Insel im Stillen Ozean
(sonst keine Angaben)

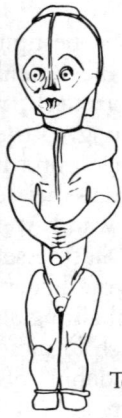

Abb. 28:
Holz, Pangwe (Fang),
Gabon und Kamerun, Afrika

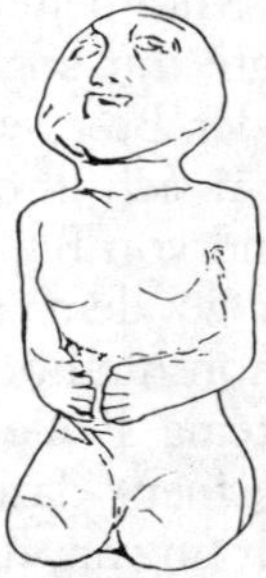

Abb. 29: Stein, Rhea County,
Tennessee, 1300 bis 1700 n. Chr.

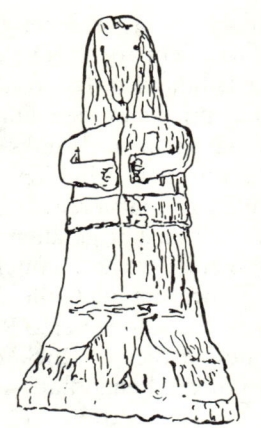

Abb. 30a: Holz, von den Gilyaken an der Mündung des Amur, Sibirien, zeitgenössisch

Abb. 30b: Menhir, Saint-Germain-sur-Rance, Frankreich, 2000 v. Chr.

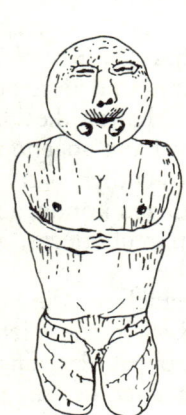

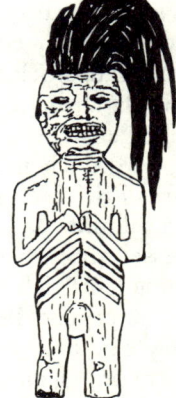

Abb. 30d: Sitka Puppe, Holz, amerikanische Nordwestküste

Abb. 30c: Walroßzahn, Eskimo, Banks Island, Northwest Territory, Kanada, 1800 bis 1850 n. Chr.

Abb. 30e: *Uschebti*, ein dienendes Wesen im Totenreich; blaue Fayance, Ägypten, Spätzeit

tragen, die mir ein Schuster in Yucatán aus Hirschleder gearbeitet hatte. Schließlich wollte die Schulter nicht mehr. Die geringste Belastung verursachte unerträgliche Schmerzen. Ich konnte nicht mehr auf der linken Seite schlafen, mich auf den linken Arm lehnen, ich konnte mich nicht einmal mehr nach links wenden. In dem betreffenden Sommer bemerkte dann eine Teilnehmerin meine Behinderung und begann, mich zu massieren. Beim ersten Mal bin ich vor Schmerzen fast in Ohnmacht gefallen, aber sie war höchst sachverständig, und nach einer Reihe von Behandlungen ging es mir tatsächlich besser. Sie warnte mich allerdings, ich sei keinesfalls geheilt, es gäbe in meinem Rücken eine Reihe von harten Muskelknoten, und ich solle bei meiner Rückkehr nach Columbus eine Masseuse suchen, um die Behandlung fortzusetzen.

Die Masseuse bei meinem Hausarzt fand dann auch sofort die erwähnten sehr schmerzhaften Muskelknoten und meinte, ich müsse wenigstens noch sechsmal kommen, damit sie diese Knoten lockern und auflösen könne. Da die Schmerzen mittlerweile erträglich geworden waren, trug ich törichterweise einen schweren Koffer auf der Reise nach Cincinnati, wo ich einen Workshop angesagt hatte. Wie zu erwarten war, hatte ich nach einer Viertelstunde Rasseln das Gefühl, ein gehässiger Kobold habe meine Schulter in einen Schraubstock gespannt und zerre nun mit wachsender Begeisterung daran herum. Wir hatten die Haltung des singenden Schamanen gemacht, und ich hatte angenommen, daß die leichte Trance, in die ich mich absichtlich hatte fallen lassen, mir vielleicht etwas Erleichterung bringen könne; aber die Schmerzen wurden so schlimm, daß ich mir überlegte, ob ich den Workshop nicht besser abbrechen sollte.

Bei der nächsten Sitzung lehrte ich die Teilnehmer die Haltung des Schamanen mit dem Bärengeist. Beim Rasseln nahm ich dann selbst auch die Haltung ein, linksseitig, soweit das ging, und flehte dabei Großvater Bär an, er möge mir doch helfen. Sachte, so als entferne er sich auf Zehenspitzen, nahm der Schmerz ab, und dann war er weg. Er ist dann auch während des ganzen Workshops nicht wieder aufgetaucht.

Am folgenden Dienstag ging ich wieder zur Massage. Die Masseuse gab sich die größte Mühe, die sechs oder sieben harten Muskelknoten wiederzufinden, die sie hatte behandeln wollen.

»Ich verstehe das nicht«, sagte sie kopfschüttelnd, während sie weit über die übliche halbe Stunde hinaus weitermassierte. »Offensichtlich brauchen Sie mich nicht mehr. Was haben Sie gemacht seit dem letzten Mal?« Ihr von Großvater Bär zu erzählen, wäre etwas zu umständlich gewesen, also habe ich ein wenig gemogelt und sie für ihre sachverständige Arbeit gelobt, während ich insgeheim meinem Wohltäter ein inniges Dankgebet sandte. Das ist jetzt über drei Jahre her, und von den Schmerzen gibt es weiterhin keine Spur mehr.

1986 geschah etwas noch viel Dramatischeres. Auf meiner Frühlingsreise durch Europa trug ich damals gefütterte Wollhosen gegen die Kälte. In Österreich schlug das Wetter plötzlich um, und ich fing an zu schwitzen. Anscheinend hat der Schweiß das im Futter enthaltene Formaldehyd aufgelöst, gegen das ich allergisch bin. Ich bekam einen brennenden, juckenden Ausschlag am Gesäß, der bald in eine Hautentzündung überging, und es ging mir ziemlich dreckig. Verzweifelt wandte ich mich an den Bärengeist. Soweit ich sehen konnte, scheiterte der Versuch. Ich habe seine Maske gesehen, aber das war alles. In der folgenden Nacht jedoch hörte ich eine widerhallende Stimme: »Essigwasser! Essigwasser!« Die Sache war mir rätselhaft. Was sollte ich mit diesem Ratschlag anfangen? Kam er überhaupt vom Bären? Da es schwierig gewesen wäre, auf einer Reise Essigwasser zu beschaffen, versuchte ich es erst gar nicht. Ich verschenkte stattdessen die Hose. Eine befreundete Ärztin gab mir eine Antihistaminsalbe, und nach etwa vier Wochen war der Ausschlag schließlich geheilt.

Im Frühsommer desselben Jahres half ich in Cuyamungue dabei, einige Blumenstöcke umzupflanzen. Es herrschte eine schlimme Hitze, ich fing an zu schwitzen. Zu meinem Pech trug ich eine mexikanische Bluse, deren Baumwollstoff anscheinend ebenfalls mit Formaldehyd behandelt worden war. Innerhalb von wenigen Minuten entstand wiederum der gleiche Ausschlag, erst nur dort, wo die Bluse meine feuchte Haut berührt hatte, aber innerhalb von kürzester Zeit breitete er sich vom Hals bis zu den Fußspitzen aus. Ich versuchte Waschungen mit verschiedenen lindernden Tees, aber ohne jeden Erfolg. Am Abend wußte ich, wie es sich anfühlen muß, wenn man in der Hölle brennt. Die Nacht war ungewöhnlich warm, was die Sache noch verschlimmerte. Ich war überzeugt, daß ich den Morgen nicht erleben würde. Plötzlich ist mir dann die widerhallende Stimme und der rätselhafte Rat vom Frühling eingefallen. Mitten in der Nacht ging ich zum Studentengebäude, machte eine Mischung aus Essig und lauwarmem Wasser und wusch mich damit ab. Linderung stellte sich sofort ein, und innerhalb von zwei Tagen war der Ausschlag verschwunden.

Außer in solch bemerkenswerten Fällen ist es gewöhnlich schwer, die Heilungen durch den Bärengeist näher zu beschreiben. Wie bei jeder Art von Geistheilung geht es meist nicht darum, irgendein Leiden zu beheben, sondern die körperliche wie seelische Harmonie, das Gleichgewicht, zu stärken oder wiederherzustellen. Die Behandlung ist gewöhnlich hintergründig, dem einzelnen angepaßt, und bezieht sich oft auf Schwierigkeiten, die dem Betreffenden nur andeutungsweise und seiner Umgebung überhaupt nicht bewußt sind.

Im allgemeinen erlebt oft sogar der Anfänger, daß sein Blickfeld von einer leuchtend lila Farbe durchtränkt wird. Man kann sich gestützt fühlen, man wird vielleicht geschüttelt oder von hinten geschoben, zart oder auch recht rauh, man befindet sich in einer kreisförmigen Bewegung oder meint, das Gleichgewicht zu verlieren. Die Hitze steigt vom Unterleib auf oder den Rücken entlang, oder ein schweres Gewicht lastet auf der Schulter. Man schrumpft zusammen, oder man öffnet sich, um eine heilende Flüssigkeit zu empfangen, wie Judy Ch. erwähnt (Columbus, 1985): »Ich war durstig, und mir wurde gesagt: ›Lehn deinen Kopf zurück!‹ Dann habe ich gefühlt, wie eine honigsüße Flüssigkeit in mich hineintröpfelte.« Oder wie Belinda in demselben Workshop berichtete: »Ich habe ein rundes Loch gesehen und bin da runtergegangen. Am Ende hat ein riesiges Glas gestanden, angefüllt mit Eis und einer sprudelnden Flüssigkeit; und die wurde mir in den Kopf geschüttet.« Bei anderen ging es etwas handfester zu, wie bei Jan, der ein gerütteltes Maß an Würmern verabreicht wurde mit der Bemerkung, das würde ihr gut tun.

Ohne daß es den Teilnehmern vorhergesagt wird, erscheint ihnen der Bärengeist höchst bereitwillig, wird teilweise oder in seiner vollen Maske sichtbar, eine haarige Kraft, die sie von hinten umarmt oder erwärmt oder ihre Patienten sachkundig untersucht. So wurde Jan von ihrem Führer zu einem Stern im

Großen Bären (Wagen) gebracht (im Englischen heißt dieses Sternbild wörtlich übersetzt der Große Schöpflöffel!), »und dort hat der Bär meinen Körper und mein Energiemuster untersucht.« Man schaut auch hie und da einmal zu, wie der Bärengeist einen anderen heilt. Elizabeth R. beobachtete eine rührende Szene, wo der Bär die Augen einer Frau einritzte, »damit sie weinen kann wie andere auch.« (Columbus, 1985)

Im folgenden werde ich einige Einzelberichte anführen. Im ersten sehen wir, wie sich körperliche Wahrnehmungen mit Erlebnissen vermengen, die nur in der anderen Wirklichkeit möglich sind.

Kristina (Cuyamungue, August 1984): Ich bin in den Bären hineingenommen worden, aber ich habe ihn auch gesehen. Zusammen sind wir ganz langsam geflogen, ich habe gefühlt, wie sich meine Füße und auch mein Rückgrat kreisförmig bewegt haben. Es hat bläuliche und auch lila Blumen gegeben, die waren innen gelb. Der Bär hat mich hin- und hergeschoben; davon sind in meinem ganzen Körper feine Bewegungen entstanden. Ich habe das Gefühl gehabt, daß ich immer tiefer in meinen eigenen Körper hineinsinke, während ich mich gleichzeitig in Nichts auflöse. Dann bin ich mir meines eigenen Körpers wieder bewußt geworden und habe mich rundum wohlgefühlt.

Bei Pij (Salzburg, 1987) beginnt sich der durch eine schlimme Kindheit verursachte Schmerz zu lösen:

... Die Rassel war wunderschön, es ist eine Kindheitserinnerung aufgetaucht, wo ich in einem Waschbecken Murmeln herumgerollt habe. Ich habe gesehen, wie sie herumgerollt sind und war traurig, daß das Bild nur sehr kurz war. Ich krabble wie durch einen Tunnel, und alles ist weg, meine Trauer, mein Schmerz. Ich komme zu einer Bärenfamilie, es sind dreizehn kleine Bären, und weit weg ist die Mutterbärin. Ich wollte nicht weg, aber die Rassel hat gesagt: »Rüben raspeln, Rüben raspeln!« Dann habe ich gesagt: »Ich kann es!« und bin weg von den Bären und fühle mich sehr stark. Links von mir ist ein weißes Licht, und rechts war es schwarz. Ich fühlte, ich könnte mich anlehnen, ich fühlte mich geschaukelt, geborgen und warm. Vor meinem rechten Auge ist ein grüner Fleck erschienen, ein grünes Auge, ich dachte, es ist vielleicht nicht wahr, aber es geht nicht weg, es war so realistisch; ich habe etwas Angst bekommen. Hinter mir war ein schwarzes Gefühl, und zwei schwere Pranken haben mich umarmt. Ich mußte Vögel füttern, dafür bekam ich ein weißes Bärenfell geschenkt. Die dreizehn Bärchen sind auf mir herumgekrabbelt, und ich habe mich in einen Bären verwandelt.

Linda (San Diego, 1985) lernte, den Konflikt zu meistern, der aus ihrer Unsicherheit in bezug auf ihre sexuelle Identität entstanden ist:

Mein Körper hat sich mit sexueller Energie gefüllt. Es hat sich ein schneller Szenenwechsel ergeben, es sind Wälder aufgetaucht wie zu Hause in Connecticut. Ich bin ein junger Mann. Ein Bär ist aufgetaucht, und wir haben zusammen getanzt. Plötzlich ist mir meine Seele durch mein Gesicht hinausgeschossen, und ich habe viele lockere Wolken um mich herum gesehen; sie waren wie riesengroße Kachinas (Hilfsgeister der Puebloindianer), wohlwollend und mächtig. Ihre Kraft hat sich wohlwollend angefühlt; sie haben mich wissen lassen, daß alles in Ordnung sei. Dann bin ich in einer Lichtung gewesen. Ich war nun eine Frau, und der Bär hat mir gezeigt, wie man tanzt; das hat sich angefühlt wie ein Fruchtbarkeitsritual. Ich gebäre, aber nicht Menschen, sondern viele Bären. Der Bär hat sich in eine Bärin verwandelt, die hat mir beim Säugen der Bärenjungen geholfen.

Eva D., (Wien, 1985) spricht von der Überwindung der Furcht:

Mir ist am Rücken heiß geworden, und ein Bild vom Fell des Bären ist aufgetaucht. Plötzlich hat der Bär das Fell über mich getan, ich habe Angst, daß er mir etwas tut. Ich bin auf seinen Füßen gegangen, ich bin gestolpert und gefallen; aber aus dem Fell ist Kraft in mich geströmt. Ein Feuer entstand vor mir, ich bin hineingegangen, dann war ich das Feuer; zwei Feuertunnels haben sich geöffnet, und ich war in beiden und bin hineingeschossen; die zwei haben sich vereinigt. Ich habe ins Feuer geschaut und habe alles verstanden. Kobolde mit Fratzen sind vorbeigeschossen; sie waren wild, aber ich war ohne Furcht.

Wieder andere erleben, wie sich Teile ihres Körpers von ihnen lösen oder daß sie auseinandergerissen werden. Ich fand diese Berichte äußerst erstaunlich, denn hier erlebten moderne westliche Menschen spontan und ohne jede Vorbereitung die Zerstükkelung, eine wichtige Phase der Initiation der sibirischen Schamanen in Vorbereitung auf ihr Amt als Heiler.[3] Der Bärengeist sucht sich hierfür oft gerade die Teilnehmer aus, die in irgendeiner Weise als Heiler tätig sind, so daß sich hier eine tatsächliche Verbindung mit dem sibirischen Kulturkomplex ergibt. Diese Übereinstimmung fiel mir schon in einem meiner ganz frühen Workshops in Europa auf, als Lukas, ein junger, an der Universität Wien ausgebildeter Arzt, berichtete, der Bärengeist habe ihn ergriffen, habe ihn in einen Kessel geworfen und habe die kochende Flüssigkeit mit ihm als Löffel umgerührt. Dabei löste sich Lukas' Körper auf, bis nur noch sein Kopf und seine Lungen übrig waren, die mit einer Schnur verbunden blieben. Plötzlich war er wieder ganz. Während das Erlebnis der Zerstückelung den sibirischen Schamanen schweres Leiden mit sich bringt, ist dies bei meinen Teilnehmern nicht der Fall. Christian St. (Wien, 1985) hatte beispielsweise Spaß daran, von einem mächtigen Geist zerrissen zu werden:

Der Bär ist von hinten gekommen und hat seine Arme um mich gelegt, und ich habe mich in mütterlicher Geborgenheit gefühlt. Dann hat er mich mit seinen Tatzen bestrichen, hat mir den Kopf abgerissen, hat mir die Eingeweide aus dem Bauch gerissen, und ich habe seine heilenden Tatzen erlebt. Er hat mich ernst angeschaut, hat mir die Brust aufgerissen und drei Masken mit Fäden hineingetan. Ich habe einen langen schwarzen Penis gehabt und bin bei einem schwarzen See gewesen; entweder bin ich da hineingegangen oder ich bin hineingefallen, das weiß ich nicht mehr. Dann habe ich euch alle hier im Raum gesehen. Ich wollte tanzen; der Bär war im Kreis, er hat Eva angepinkelt, dann hat er der Felicitas ein

Bussi auf die Nase gegeben und wollte mir wieder den Kopf abreißen, als die Rassel aufgehört hat.

Zu dieser Zeit studierte Christian noch Geschichte, und ich dachte, ich hätte mich geirrt, als ich meinte, solche Initiationserlebnisse seien den Heilern vorbehalten. Kaum zwei Jahre später hat Christian aber angefangen, an verschiedenen Therapiekursen teilzunehmen, wodurch sich seine Zukunftspläne in die vom Bärengeist vorausgesehene Richtung änderten.

Es gibt auch Fälle, in denen sich dem Bärengeist Helfer zugesellen, Schlangen etwa, aber auch Raubvögel und Aasgeier, was auch aus den Mythen der Puebloindianer bekannt ist. »Eine Schlange ist erschienen und hat dreimal an meine Stirn geklopft«, berichtete eine Teilnehmerin. Oder: »Ein Adler ist über meine Stirn in meinen Körper geschlüpft. Er hat ihn aufgeschlitzt.« Sharron erzählt (Columbus, 1985): »Ich habe Angst bekommen. Meine Schultern, mein Kopf und der Rücken waren schwarz gepanzert. Dann hat mich ein Vogel angeschaut und hat angefangen, auf mich loszupicken und mit dem Schnabel Stücke aus dem Panzer zu reißen.« Das folgende ist ein ähnlicher Bericht aus der Schweiz.

Ursula St. (Sommerau, 1985): Ich bin in einem Berg drin, und mir tun der Hals und die Schultern weh. Ich lehne mich nach hinten und werde gehalten, nicht nur von da, sondern auch rechts. Ich habe einen warmen Bauch. Dunkle Gestalten erscheinen vor mir; ich höre rechts ein Flügelschlagen. Ich werde geteilt, aus dem Bauch kommen Fetzen, Bänder, Farben, die Schalen fallen weg; ich fühle mich leicht, es ist ein schönes Gefühl. Die Vögel fliegen weg, über mir erscheint ein Auge, und oben in der Helligkeit schweben viele Embryos. Eins davon ist in die Öffnung in meinem Leib gefallen und hat sich gedreht. Ich wollte es drin behalten.

Die Bärenhaltung kann auch eingenommen werden, wenn die Heilung einem anderen zugedacht ist. Während des Workshops in Cincinnati im Herbst 1987 klagte Dean über Ischias und über schwere Schmerzen, die ins rechte Bein ausstrahlten. Um ihr Erleichterung zu verschaffen, habe ich die Gruppe gebeten, mit

Dean zusammen die Bärenhaltung einzunehmen. Nach den obligaten fünfzehn Minuten stellten sich dann alle um Dean herum, und ich habe noch einmal drei Minuten lang weitergerasselt, um die Trance in Gang zu halten. Derartige Rituale sind um die ganze Welt verbreitet. Daß die Trance heilend wirkt, muß seit uralten Zeiten bekannt sein, denn auch die Sammlerinnen und Jäger unseres Jahrhunderts, wie etwa die Buschmänner, die Hüter der ältesten Kulturtraditionen, wenden die religiöse Trance an, damit alle Mitglieder der Horde gesund bleiben, und auch um zu heilen. Ethnologen berichten, wie Medizinmänner durch Singen und Tanzen die Trance in sich selbst induzieren und wie sie dann alle in der Gruppe heilend berühren. Im Christentum hat sich das Tranceheilen im »Handauflegen« erhalten.

Nach unserem Ritual berichtete Bernie, er habe einen Widerstand gefühlt, als er Dean die Hand auflegte, so als habe er »all die Arbeit« tun müssen. Es sei so anstrengend gewesen, er habe gemeint, er würde zusammenbrechen. Aber dann ist seine Kraft zurückgekehrt, und er hat sich wieder im Gleichgewicht gefühlt. Eine Teilnehmerin erzählte, sie habe nicht gesehen, sondern gefühlt, wie ein hellgelbes Licht durch ihren Arm hindurch in Dean hineingeströmt sei. Einem anderen Bericht zufolge ist eine große Hand erschienen: »In den Fingerspitzen hat sie eine blaue Murmel gehalten, die weiß geworden ist; und dann ist sie in Dean eingedrungen wie ein Geschenk.« Oder: »Aus meinem Arm sind Nadeln herausgekommen, sie sind richtig herausgeschossen, ich habe gemeint, ich würde ihr einen elektrischen Schock versetzen.« (Dean hat später von einer Linderung der Schmerzen berichtet)

Ich möchte hier noch ein weiteres Beispiel hinzufügen, das die mächtige Kraft des Bärengeistes zeigt. In diesem Fall wandte sich Belinda an ihn, als man bei ihrer Mutter Gebärmutterkrebs festgestellt hatte. Aufgrund seiner Untersuchungen war der behandelnde Arzt überzeugt, daß die Geschwulst schon ziemlich groß sei, und befürchtete, sie könne sich weiter ausbreiten. Belinda war sehr besorgt. Sie und ihre Freundinnen beschlossen, der Patientin ein Heilungsritual vorzuschlagen, obgleich sie keine klare Vorstellung von der Sache hatte. Belinda und ihre Helferinnen ließen die Kranke die Bärenhaltung im Bett liegend einnehmen, und zwar so, daß sich ihre Hände über der Gebärmutter befanden; dann nahmen auch sie die betreffende Haltung ein. Die Kranke berichtete, sie habe während des Rasselns fühlen können, wie die Gebärmutter ganz heiß geworden sei. Sie habe zugesehen, wie viele kleine weiße Mäuse in ihrem Körper herumgelaufen seien und immer noch mehr Mäuse hervorgebracht hätten. Eifrig seien sie dabei gewesen, an der Wand der Gebärmutter zu knabbern, so als wollten sie sie verzehren. Nach Abschluß dieses Rituals gab eine der Teilnehmerinnen der Patientin einen großen Bergkristall mit der Anweisung, ihn auf den Unterleib über die Gebärmutter zu legen. Der Bergkristall war vor Beginn des Rituals völlig klar gewesen, hinterher hatte er graue Streifen und mußte durch Begraben erst wieder gereinigt werden. Dann machte die Gruppe die Trance noch einmal und konzentrierte sich darauf, die »Mäuse« in eine bereitgestellte Schale mit Wasser zu geleiten. Der Vorgang ähnelte dem, was viele australische Medizinmänner machen, die in einem Ritual, das der australische Psychiater John Cawte[4] einem Sakrament gleichsetzt, die Krankheit sichtbar machen, indem sie einen kleinen Gegenstand, einen Kieselstein oder eine Glasscherbe aus dem Patienten »aussaugen« und damit eine Heilung herbeiführen.

Bei dem chirurgischen Eingriff stellte sich heraus, daß der Arzt zu pessimistisch gewesen war. Es handelte sich um eine verhältnismäßig kleine Geschwulst innerhalb eines gutartigen faserigen Tumors. »Wir hätten noch eine Woche dransetzen sollen!« meinte eine der Teilnehmerinnen scherzend. Jedenfalls hat sich bei dieser Kranken die Trancebehandlung als wertvoller Zusatz zur ärztlichen Behandlung erwiesen.

Die Bärenhaltung ist so mächtig, daß man bei manchen Stämmen der Überzeugung ist, sie sei auch wirksam, wenn der Kranke zu schwach oder leidend ist, um sie selbst einzunehmen. Im heutigen Sibirien wird zum Beispiel chronisch Kranken eine Holzschnitzerei auf die Brust gelegt, die den Bären in dieser Haltung darstellt (Abbildung 30a). Solche Figuren sind keine »Idole«, sie werden auch nicht verehrt, und man hat nach Gebrauch Kinder mit ihnen spielen sehen. Wenn die Gruppe wegzieht, werden sie oft achtlos fortgeworfen.

Diese eine Haltung scheint sich sehr lange gehalten zu haben. Wir finden sie im klassischen Ägypten (Abbildung 30e) sowie im Reich der Azteken. Die aztekische Göttin Tlaelquan wird gewöhnlich in der Bärenhaltung dargestellt. Sie wird als die »Verzehrerin des Unreinen« bezeichnet *(comedora de cosas sucias)*, weil sie sich von den Vergehen der Menschen ernährt, die ihr gebeichtet werden. Auf diese Weise befreit sie sie von ihren Sünden. Das bedeutet, daß hier noch eine Erinnerung an die Wiederherstellung der Harmonie geblieben ist, an den psychologischen Heilungsprozeß, den die Haltung vermittelt.

In anderen Gegenden der Welt hat die Haltung wegen der Verbindung zum Heilen die Bedeutung eines guten Wunsches übernommen, etwa: »Ich wünsche dir gute Gesundheit.« Das scheint jedenfalls bei den goldenen Gefäßen aus Kolumbien der Fall zu sein, die Quimbaya und Chibcha, Goldschmiede in der Zeit vor der Inkaherrschaft, geschaffen haben (Abbildung 26). Sie sind mit männlichen und weiblichen Figuren in der Bärenhaltung verziert. In solchen Behältern wurde Kalk aufbewahrt, der in vielen Gebirgsgegenden Südamerikas zusammen mit Kokablättern gekaut wird. In über viertausend Metern Höhe kann man die Stärke in der Nahrung nämlich kaum ohne Hilfe der aktiven Bestandteile von Kokablättern verdauen.

Kapitel 9

Weibliche Kräfte des Heilens

Einundvierzig weibliche Ritter

Obgleich der Bärengeist hier und da auch weibliche Gestalt annimmt, gewinnt man doch den Eindruck, daß seine Kraft vorwiegend männlich ist. Es gibt jedoch eine andere Haltung, die ausgesprochen weibliche Kräfte heraufbeschwört.[1] Ich bin Anfang 1985 zum ersten Mal in einer Veröffentlichung über archäologische Funde im Staate Tennessee (USA) auf sie aufmerksam geworden.[2] Das steinerne Bildwerk aus den Jahren um 700 nach Christus stellt eine Frau dar, die ihre Arme so auf der Brust hält, daß der rechte über dem linken liegt (Abbildung 32). Später habe ich die gleiche Haltung auch in einem Werk von Marija

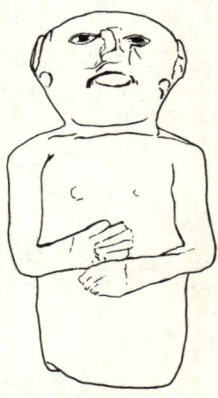

Abb. 32: Stein, gefunden in der Nähe von Lebanon, Tennessee, um 700 n. Chr.

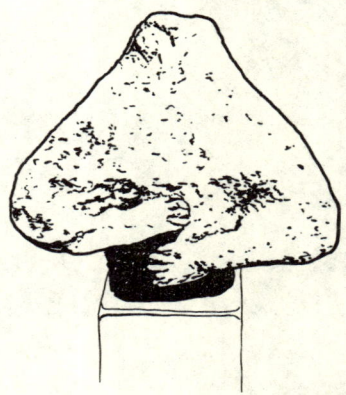

Abb. 31: Stein, Pianul de Jos, Siebenbürgen, Rumänien, 4500 v. Ch¨

Gimbutas über das alte Europa entdeckt.[3] Dieses Terracotta-Bildwerk ist wesentlich älter (4500 v. Chr., Abbildung 31), aber die Stellung der Arme ist unverkennbar. Ich wollte die Haltung erforschen, aber weder in dem einen noch in dem anderen Fall war die Haltung der Beine zu sehen, und ich war mir nicht im klaren, wie ich vorgehen sollte.

Meine Notizen über diese neue Haltung nahm ich dann auf meine Frühlingsreise nach Europa mit, um sie von einigen erfahrenen Leuten in Österreich ausprobieren zu lassen. Da es viele Haltungen gibt, die man im Stehen einnimmt, schlug ich vor, es in dieser Weise zu versuchen. Christian St. hat sich bei dem Versuch, von Kletterpflanzen umgeben, erlebt, die sonderbare Früchte trugen und anfingen, ihn wild zu umzingeln. Es ist eine Frau erschienen, die ihm aufs Herz gehaucht hat. Dieses Erlebnis ließ auf eine Heilhaltung schließen, aber der Bericht von Eva D. bestätigte das nicht. Im Gegenteil, es war ihr etwas übel geworden, und die Beine taten ihr weh. Irgendwie war das Stehen in dieser Haltung wohl falsch.

Meine nächste Station war Budapest. Mein Gastgeber, der ungarische Folklorist Mihály Hoppál, zeigte mir ein neues von ihm herausgegebenes Werk über den eurasischen Schamanismus.[4] Ich hatte keine Zeit, es zu lesen, schaute mir aber die Fotografien an. Zu meiner Überraschung und Freude zeigte eine davon eine Schamanin aus Innerasien, die während eines Rituals die Haltung einnimmt, mit der wir uns in Österreich beschäftigt hatten. Ihre Arme waren in der gleichen Weise auf die Brust gelegt wie in den alten Kunstwerken; sie saß im Schneidersitz. Hier hatte ich die Antwort auf meine Frage.

Von Columbus aus habe ich später Hoppáls Werk bestellt, und im Herbst war es endlich da. Ich hatte sowieso eine Arbeitssitzung geplant und beschloß, bei der Gelegenheit auch diese Haltung noch einmal auszuprobieren. Am Mittag des fraglichen Tages legte ich mich schlafen, wachte aber sehr bald wieder auf mit dem sonderbaren Gefühl, nicht allein zu sein. Das ganze Zimmer schien gedrängt voll von erregten Wesenheiten. Ich dachte mir: »Nun ja, irgendwelche Geister wissen halt, daß wir sie heute Abend rufen wollen, und sie sind schon angekommen und freuen sich darauf.«

Kurz vor Ankunft der Gruppe nahm ich dann Hoppáls Buch

zur Hand, um etwas über die Schamaninnen nachzulesen, die ich auf den Fotografien gesehen hatte. Zu meinem Ärger konnte ich aber nicht so schnell feststellen, welcher Artikel zu den Bildern gehörte. Ich ließ es also bleiben, und am Abend machten wir dann die Haltung, ohne daß ich mehr davon wußte, als wie wir die Beine zu halten hatten. Wir benutzten ein Tonband, damit ich auch mitmachen konnte, und so waren wir zu fünft. Aus Gründen, die ich später nennen werde, will ich hier nur drei der fünf Berichte zitieren.

Judy M.: Bei der Atemübung habe ich meinen Körper verlassen und bin ins Freie gegangen. Dann befand ich mich hoch oben und habe in das Zimmer hier hineingeschaut, aber es war leer. Mein Hirschgeist ist gekommen und hat mich durch einen Tunnel geführt. Auf der anderen Seite mündete der in eine hochgewölbte Höhle, wo einige Gestalten um ein Feuer saßen. Ich trete in das Feuer hinein und tanze. Dann gehe ich raus aus der Höhle; draußen regnet es, und ich bin ein Regentropfen, ich rieche die Erde, es war herrlich. Leider mußte ich dann wieder in meinen Körper zurück, das wollte ich gar nicht.

Jan: Ich konnte fühlen, wie sich der Raum von Anfang an mit Energie anfüllte. Ich hatte die Energie zwischen den Händen, sie ist so stark, sie tut mir weh. Dann ist sie ein Maiskolben, der platzt; die Körner tanzen im Kreis. Ich sehe jede von uns im Leben, dann im Sterben, jede an einer anderen Stelle. Dann sind wir wieder hier im Zimmer, wir haben alle etwas mitgebracht, wir sind ein Kaleidoskop. Dann tauche ich unter und bin in einer Höhle von Kristall in strahlender Farbenpracht, bin im Wasser, fahre hinauf in die Luft, bis zu den Sternen, es ist immer noch die Energie da, so stark, daß ich meine, mein Körper kann sie nicht ertragen.

Felicitas: Ich fliege durch eine dunkelblau leuchtende Welt, der Hintergrund ist nachtdunkel. Zu meiner Linken tauchen flache Bilder auf, wie das Bild der Erde von einem Raumschiff aus. Ich bremse, will die Erde nicht verlassen; dann bin ich traurig, daß ich nicht mehr fliege. Damit versinkt alles, nur die namenlose Energie wiegt mich hin und her und läßt mich nicht los.

Es fiel uns auf, daß wir alle drei eine Fahrt zu einem entfernten, kalten und regnerischen Ort unternommen hatten. Die anderen beiden, Belinda und Elizabeth R., berichteten von ähnlichen Eindrücken und auch von bewegtem Tanzen, aber ihre Erzählung enthielt auch noch andere sonderbare Einzelheiten von einem Totempfahl und von einer weißen Bärin und den Hörnern einer Bergziege, was nicht zu den übrigen Berichten zu passen schien. Ich war überzeugt, daß ich all das eines Tages ebenfalls verstehen würde und ließ die Sache auf sich beruhen. Als es mir dann viel später plötzlich verständlich wurde, war es eine der ganz großen Überraschungen, die wir auf unseren gemeinsamen Entdeckungsreisen ins Unbekannte erlebt haben (siehe »Das Märchen von Kats und seiner Bärenfrau«, Seite 294). In unserer anschließenden Besprechung konzentrierten wir uns statt dessen auf die vielfältige, tanzende Energie, die von uns allen Besitz ergriffen hatte, und überlegten uns, was es damit wohl für eine Bewandtnis habe.

In der folgenden Nacht, kurz vorm Morgengrauen, hatte ich eine Vision. Vor einem leicht geröteten Hintergrund erschien eine Reihe von sonderbar geformten Masken. Sie waren weiß und rund, zart wie Papierballons, sahen aber aus wie Katzenköpfe mit spitzen Ohren. Die Augen waren ausgeschnitten, und innen konnte man etwas wie dunkelgraue, haarige Bälle sehen, die keinen Augenblick stillstanden. Sehr nachdrücklich gaben sie mir mehrfach zu verstehen: »Wir lecken Blut, wir lecken Blut!«

Am nächsten Morgen schrieb ich das Erlebnis auf, aber außer der rastlosen Bewegung der grauen Bälle in den Papierlaternen schien es kaum etwas mit unseren Erlebnissen des Vortages zu tun zu haben. Am Nachmittag jedoch fand ich endlich in Hoppáls Buch den zu den Fotografien gehörenden Artikel[6] und begriff, daß diese Folgerung falsch war. Der Verfasser des Artikels berichtet nämlich, daß sich die Schamaninnen Innerasiens, in den Tälern von Uzbekistan, beim Heilen an eine Gruppe von Geistern wenden, die Tschiltangeister genannt werden. Man behauptet, es handle sich um einundvierzig junge weibliche Ritter oder junge Mädchen. Kein Wunder, daß mein Zimmer am

Vortag so voll gewesen war! Weiß ist ihre Lieblingsfarbe, und wie mir in meiner Vision mitgeteilt worden war, schmieren die Schamaninnen das Blut des Opfertieres auf ihr Tamburin, weil die Tschiltangeister gern Blut lecken.

Deshalb hatten wir also von Anfang an die Gegenwart einer mehrfachen, mächtigen Energie erlebt, Christian St. beispielsweise in Form der heftig wachsenden Schlingpflanzen mit den sonderbaren Früchten. Bei den Usbeken wird diese Kraft zum Heilen heraufbeschworen, wie Christian es erlebt hat, als die Frau ihm auf die Brust hauchte.

Darstellungen dieser *Tschiltanhaltung*, wie wir sie jetzt nennen, sind an der Nordwestküste Nordamerikas gefunden worden, auch in Arizona, bei den Olmeken in Mittelamerika und in Westafrika. Ein Bildwerk aus Kolumbien erklärt zudem, warum ich in meiner Vision Katzenohren gesehen habe. Auf einer etwa dreitausend Jahre alten Steinsäule ist eine bärtige Männergestalt in der Tschiltanhaltung eingemeißelt (Abbildung 33). Zu seinen Füßen sehen wir zwei spitzohrige Jaguare, die Krafttiere der indianischen Stämme Mittel- und Südamerikas. Der Kontext des Heilens ist durch die seitlich abgebildete Schlange angedeutet.

Abb. 33: Menhir, Kolumbien

Mein Schluß, daß man bei dieser Haltung immer im Schneidersitz sitzen müsse, wird von den archäologischen Funden übrigens nicht bestätigt. Es gibt eine Reihe von männlichen Figuren, die statt dessen stehen. In unseren Workshops lasse ich deshalb die Männer stehen, wie üblich mit den Füßen etwas auseinander und leicht gebeugten Knien, während die Frauen sich weiterhin in den Schneidersitz setzen, mit dem rechten Bein nach vorn.

Wir wissen mittlerweile aus Erfahrung, daß die Tschiltangeister eine stark aufwallende Energie vermitteln. Im Sommer 1986 habe ich zum Beispiel diese Haltung einnehmen lassen, als sich die Gruppe bei der Vorbereitung zum Maskentanz in der Hitze etwas überanstrengt hatte. Die Erholung, die ich mir für die Teilnehmer erhofft hatte, ist auch eingetreten, und außerdem war ich wieder einmal überrascht, wie folgerichtig die Tschiltangeister sich offenbaren. Wie beim ersten Mal gab es wieder den Aufbruch zur Seelenfahrt: »Ich bin aus meinem Brustkasten herausgestoßen« oder: »Ich bin geschwind durch den Wald geritten« und: »Eine große Frau hat an der Kivatür gestanden und hat mir gewinkt, ich soll mitkommen. Dann sind wir über das Land geflogen.« Immer wieder wird von der auftretenden Energie berichtet, wie etwa: »Die Energie ist in Wellen angekommen«, oder: »Energiestöße haben mich hochgehoben«, oder: »Wirbelwinde haben mich in eine Höhle getragen« und: »Eine Menge Energie ist mir durch den Körper geströmt und hat mich schwindelig gemacht; ich hatte das Gefühl, daß das eine weibliche Energie ist.« Und ähnlich wie Jan beim ersten Versuch mit dieser Haltung berichtet hatte: »Ich habe mich in eine grüne Paprikaschote verwandelt und bin explodiert.« Selbst das Feuer taucht immer wieder auf: »Wir sind durch ein Feuer geschritten.« oder: »Ich habe in den Flammen gesessen, und das war heilend.«

Was mir besonders auffiel, war die wiederholte Erwähnung von Erlebnissen, die mich an das Blutopfer erinnerten, das ich in meiner eigenen Vision gesehen hatte: »Ich habe eine Schlucht gesehen, darin ist ein Fluß von Blut gewesen und eine riesige Sonne,« oder: »Ich war ein Leopard, ein afrikanischer Krieger hat seinen Speer geworfen, er hat mich getötet und mein Blut geleckt.« Und sogar: »Ich bin von einem süßen, klebrigen Blutopfer übergossen, und das haben die Geister mir abgeleckt.« Schließlich hören wir auch etwas über die kriegerische und sogar gefährliche Seite der jungen Ritterinnen: »Wir waren alle Geister in den Wolken und waren wie ein Heer aufgestellt.«

Im folgenden einige Beispiele aus anderen Workshops. In zahlreichen Varianten erscheinen immer wieder die gleichen Motive dieser Haltung, wie etwa, daß man von der Energie dieser Geister geschaukelt wird:

Ella (Cuyamungue, Sommer 1987): Ich habe Bilder gesehen wie aus Papier mit einem erdfarbenen Marmormuster. Ich bin geschwebt, es hat einen Vulkanausbruch gegeben, der ist rot gewesen wie Feuer, aber auch wie eine Blume und ein Fluß. Ich habe eine Hin- und Herbewegung gefühlt, als ob man mich schaukelt, oder vielleicht reite ich, aber ich weiß nicht auf was. Ist es ein Tier? Ich kann es nicht sehen. Plötzlich fliege ich über eine Schlucht, aber ich kann nur die eine Seite sehen, und dann komme ich zu einem flachen Berg. Ich reite wieder und werde geschaukelt. Dann sehe ich unklare Gestalten und ein Dreieck mit einem verwickelten Muster.

Ein weiteres Motiv dieser Haltung ist, wie erwähnt, das der mehrfachen Energieform. Es erscheint auf verschiedene Weise, etwa, daß viele Menschen tanzen, oder als ein Kreis von Frauen, die alle gleich aussehen, oder als ein farbenprächtiges Bild aus vielen bunten Schlangen und Bällen.

Krischta (Sommerau, Schweiz, Frühjahr 1987): Ich fühle Wärme auf dem Bauch und eine kreisende Bewegung. Ich muß was anziehen, und die Rassel ist mein Gewand. Plötzlich bin ich in einem dunklen Wald, und der Wald hat gerasselt. Ich bin wieder draußen; und von vorn sehe ich einen Riesenschnabel, aus dem Schnabel entwickelt sich langsam ein Adler und verschwindet im Boden. Es ist eine Öffnung nach oben da, die ist ganz licht; die Ebenen bewegen sich ineinander. Ich kann das fühlen, aber ich kann es nicht sehen. Viele Leute erscheinen, sie tanzen im Takt der Rassel, sie nehmen ganz schnell etwas mit, aber was, das kann ich nicht sehen. Dann ist der Rhythmus der Rassel ein Pferd, aber ich kann es nicht fangen. Ein Riesenwasserfall ist um mich herum, das Geräusch ist sehr intensiv, und es ist viel Bewegung da. Ich verwandle mich in einen Storch und fliege davon, bis ich nur noch ein schwarzer Punkt bin.

Kristina (Cuyamungue, Sommer 1987): Im Raum gibt es ein lautes Gespräch, und ich überlege mir, was wohl los ist. Ich spüre die Gegenwart einer schweren Energie. Ich schaue mir die Sache von oben an und sehe, daß der Raum voller Frauen ist, sie sehen alle gleich aus und sind um ein Feuer geschart. Das Licht flackert, es wird kleiner, und dann wieder größer. Ich breche zusammen, falle auf den Boden und verschwinde. Ich sehe eine Wegschnecke oder eine kleine Schlange, die sich zusammenringelt, und ich überlege mir, ob ich mich in eine Schlange verwandeln werde. Plötzlich fühle ich eine Menge Energie, mein Rückgrat und mein Kopf schmelzen zusammen, und rund um mich herum sind Pfauenfedern.

Vrenie (Sommerau, Frühjahr 1987): Von links kamen viele bunte Schlangen. Ich bin auf einer Rutschbahn gelandet, ich war sehr klein und habe mich in eine Schlange verwandelt, dann in eine Ameise, eine fliegende Ameise, und bin über einen See geflogen. Die Sonne hatte orangefarbige Strahlen, wie ein Blumenbeet. Da bin ich draufgekrochen, das war mit sechs Beinen im Takt sehr schwierig. Von allen Seiten kamen viele Bälle, die waren farbig und grün und haben sich wild bewegt, hinauf und hinunter. Ich fiel in einen Spalt, in eine Höhle, es kamen viele Tiere, Leoparden, Hirsche, Schlangen, eine Menge Tiere.

Die Tschiltangeister spenden nicht nur eine Menge Energie, sie sind auch Heiler. Sie verstreuen ihre Heilkraft als Goldstaub, Bienen tragen sie als Honig, oder sie ist ein reinigendes Feuer.

Jacques (Cuyamnungue, Sommer 1987): Von allen Seiten sind eine Menge Tiere gekommen, auch Vögel aus großer Entfernung, darunter viele schwarze Raben. Sie haben sich niedergelassen und waren sehr stark. Es ist ein Regenbogen erschienen, die Vögel haben Goldstaub genommen und einen Fächer und haben den Goldstaub über uns alle verstreut.

Norma (Cuyamungue, Sommer 1987): Ich habe mich in einen Garten verwandelt, die Erde war feucht, es waren Vögel da und Bienen, und eine Schildkröte hat auf meinem Bauch gesessen. Insekten waren auf mir, das war angenehm, und Bienen haben Honig in meinen Mund geträufelt, um mir Kraft zu geben. Dann ist das Sonnenlicht matter geworden, es war Abend, alles ist eingeschlafen, die Insekten, die Vögel, sogar die Schildkröte. Alle waren zufrieden.

Kathrin (Sommerau, Frühjahr 1987): Eine Zeitlang war alles seitenverkehrt, ich bin gelegen statt zu stehen, die Bilder sind auf mich zugekommen, frontal, ein Hirsch, ein Fuchs, ein Vogel, viele Tiere, aber nur ihre Köpfe. Ich war ein schwarzer Käfer und konnte meine Flügel hinten fühlen wie einen Panzer. Dann war ich ein Löwe. Ein weißer Vogel ist erschienen, und aus den Schatten haben sich noch mehr Vögel gelöst, und ihre Bewegungen haben sich vervielfältigt. Zum Schluß ist von links eine Dusche von Feuer auf mich niedergeströmt.

Regula (Cuyamungue, Sommer 1987): Ich habe gesehen, wie sich ein Rad gedreht hat. Ich bin hinuntergesunken in einen Strudel, und von allen Seiten sind Masken auf mich zugekommen und haben sich um mich gedrängt. Ich habe Trommeln gehört, und die Masken sind um das Feuer getanzt und ich mit ihnen, und die Hände und Füße sind mir warm geworden. Über uns hat ein großer Adler seine Schwingen ausgebreitet, als ob er in der Luft stehen würde. Kurz bevor die Rassel aufgehört hat, ist ein großes Feuer erschienen und hat angefangen mich zu verbrennen.

Schließlich können die Tschiltangeister einen Neuling auch initiieren, wie das in Sibirien geschieht, wenn sie einem Heiler begegnen, der ihre Aufmerksamkeit erregt. Das hat eine Krankenschwester namens Hanna im Sommer 1987 in Cuyamungue erlebt:

Ich habe in der Wüste gestanden. Ich habe an mir heruntergeschaut und habe plötzlich gesehen, wie eine Hand mit einem Messer in meine Haut geschnitten hat. Ich habe angefangen, mich dagegen zu wehren, ich wollte meine inneren Teile nicht verlieren. Aber das hat mir nichts genützt. Die Hand hat mir das Herz herausgenommen, meine Leber, alles. Mir ist nur die Haut geblieben, und ich habe angefangen zu tanzen. Ich hatte Angst, die Hand würde mir auch den Kopf abschneiden. Ich habe gesagt: »Tu das nicht!« Aber es ist trotzdem passiert. Ich habe mich ohne Kopf gesehen. Die Hand hat meinen Kopf in einen großen Topf getan, um ihn zu kochen, und hat ihn dann ausgekratzt, so daß er ganz leer war. Dann hat die Hand einen Totempfahl genommen und hat ihn durch meinen Körper gestoßen. Der ist immer größer geworden und hat sich in einen Medizinmann verwandelt. Der Medizinmann hat angefangen, mich in den Boden zu stampfen, bis ich nur noch Stein und Sand war. Der Medizinmann war ein ekstatischer Tänzer, er hat angefangen, auf mir zu tanzen, und ich war nichts als Sand. Mit jedem Schritt, den er gemacht hat, hat er mich völlig neu geschaffen, es war wie eine Wiedergeburt. Meine Haut ist wieder aufgetaucht, aber ich war innen immer noch leer, als die Rassel aufgehört hat.

Das Paar von Cernavodă

In archäologischen Fundstellen in Europa, die zwischen fünf- bis siebentausend Jahre alt sind, aber auch in solchen viel jüngeren Datums findet man öfter eine sitzende männliche Figur, manchmal auf einem niedrigen, vierbeinigen Schemel. Der Mann hat die Ellbogen auf die Knie gestützt und schiebt die Wangen mit den Fäusten nach oben. Man hat ihn den traurigen oder auch den nachdenklichen Gott genannt. An einem Ausgrabungsort bei Cernavodă im Donaudelta im heutigen Rumänien ist er in einem siebentausend Jahre alten Grab zusammen mit einer weiblichen Figur gefunden worden. Beide sind aus Ton gearbeitet und mit einer braunen, geschlemmten Tonmasse überzogen. Ich habe diese männliche Figur zusammen mit der weiblichen gesehen (Abbildung 34). Die Frau sitzt auf der Erde. Ihr linkes Bein ist ausgestreckt, das rechte Knie hochgestellt. Beide Hände sind leicht auf das rechte Knie gestützt in der Weise, daß die rechte etwas gestreckt erscheint, während die linke ein wenig angehoben ist, so daß fast der Eindruck einer Pfote entsteht.

Was ein Mann in dieser Haltung allein erleben mag, haben wir noch nicht untersucht, aber wenn beide zusammen eine Trancereise machen, geschehen bemerkenswerte Dinge, nämlich, daß der weibliche Partner eine schamanistische Tätigkeit ausführt, während das Erlebnis des Mannes minimal bleibt. Dennoch ist er am Schluß völlig erschöpft. Der Grund dafür scheint zu sein, daß der Mann der Frau die Kraft verschafft. »Er ist die Batterie«, bemerkte eine Teilnehmerin.

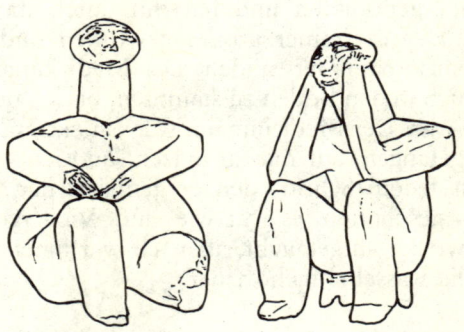

Abb. 34: Tonfiguren, Cernavoda, Rumänien,
beide aus demselben Grab, 5000 bis 3000 v. Chr.

Zum ersten Mal haben wir diese Doppelhaltung im Frühjahr 1986 in der Schweiz ausprobiert. Wir hatten neun Frauen in der Gruppe, aber nur drei Männer, und sobald ich den Bericht des ersten Mannes gehört hatte, ahnte ich, was los war. Er klagte, er habe Herzstiche gehabt, und als die Rassel aufgehört habe, habe er das unwiderstehliche Bedürfnis gehabt einzuschlafen. Der nächste berichtete, er habe Energie in Richtung der Frauen ausgestrahlt, was dazu geführt habe, daß er sich auflöste, und obgleich er sich schon während der Trance erholt hatte, war er hinterher schrecklich müde: »Erst ist mir schlecht geworden«, erzählte er, »und aus meiner Brust sind Strahlen herausgeströmt; ich habe mich kurz aufgelöst. Dann bin ich riesengroß geworden, und in meinem Kopf hat es sehr viel Licht gegeben.« Der Arzt Urs R., der sehr wohl die wichtige Rolle der Schamanin erlebt, als er sie als dunkle Masse herannahen sieht, aus dem sich das Dreieck und der Nabel der Welt entwickeln, hat nicht genug Kraft, um ihr die Energie zu vermitteln, die sie für ihre Arbeit braucht. Deshalb sieht er den Omphalos in einer gläsernen Kugel.

... Ich hatte das Gefühl, daß sich die Rassel konkretisiert und sich Teile davon in meinem Kleinhirn angesammelt haben. Ich muß das rauslassen ins Rückenmark, es will aus dem Steißbein raus, da wollte ich es rauslassen, aber das konnte ich nicht. Von links nach rechts hat es zwei Flächen gegeben, links eine schwarze, rechts eine weiße; beide Flächen haben Tore, ich bin durch beide gleichzeitig durchgetreten und komme in Nebel. Anfänglich war nichts da, schließlich hat sich weit hinten eine Masse entwickelt, die wandelt sich in ein Dreieck, dann in den Omphalos. Darüber ist eine gläserne Kugel. Da will ich hineintreten, aber dann ist wieder nichts mehr da.

Obgleich die Sache sie so ermüdet hatte, waren die Männer am Schluß doch froh, daß sie den Frauen etwas von ihrer Kraft abgegeben hatten, denn als wir dann die Berichte der Frauen bekamen, wurde uns klar, daß wir mit dieser Übung gewissermaßen psychologische Archäologie betrieben hatten. Es wurde uns ein Einblick gewährt in eine versunkene Welt voller Wunder und Geheimnisse, Stücke eines schillernden Puzzlespiels. Andererseits habe ich aber doch eingesehen, daß die Sache für die wenigen Männer zu anstrengend war, und habe beschlossen, die Haltung nur dann zu wiederholen, wenn die Anzahl der Männer und der Frauen etwas mehr im Gleichgewicht war.

Während die Frauen gewissermaßen auf der Kraft der Männer reiten, kann eine Schamanin etwa eine Fahrt in die Welt der Märchen tun.

Dorothea: Ich bin auf einem Schifflein, und etwas zieht mich nach links. Der Wind kommt von rechts, ich kämpfe um mein Gleichgewicht. Endlich kann ich anhalten. Plötzlich ist der Wind weg, eine Seeschlange kommt, sie ist grün und lang wie ein Seeungeheuer. Sie bekommt grüne Augen und eine rote Zunge, dann spaltet sich die Zunge in drei Zungen, und sie hat drei Köpfe. Sie bedroht mich. Ich brauche viel Kraft.

Wichtiger erscheint, daß die Schamanin dieser Urzeit Hebamme und Heilerin ist. Ihre Rasseln führen eine junge Frau in die Trance, die die Wehen mildert, und dann ruft sie die Vögel, damit diese ihr bei der Entbindung helfen.

Regina: Ich höre viele Rasseln und kann gut durchatmen. Von rechts kommt ein schwarzer Vogel, von links ein weißer, sie fliegen über das Tal, dann kommen sie zurück, und, einer trägt ein kleines Kind im Schnabel, wie ein Storch. Er fragt mich: »Willst du das?« Und der weiße Vogel sagt: »Wenn du es willst, kannst du es haben.« Und ich sage: »Gut, ich nehme es.« Das Bündel bleibt, und die Vögel zwinkern mir wohlwollend zu beim Wegfliegen.

Manchmal ist eine Schwangere schwer krank, und die Schamanin muß ihre ganze Kunst aufwenden, um sie zu retten. Dazu reichen die Rasseln nicht aus; sie flößt ihr auch Wundergetränke ein, die das Leiden lindern. In dem Fall, den uns Kathrin schildert, scheint es mir, daß man die Schamanin zu einer Frau gerufen hat, die krank ist und Zwillinge trägt. Die Schamanin erhebt die Arme, um die Hilfsgeister heraufzubeschwören, und wie wir das aus sehr alten Traditionen kennen, übermittelt sie der Leidenden die Kraft der Geister über ihre Zunge. Sie flößt ihr ein heilendes Getränk ein, und damit sinkt die Kranke in einen lindernden Traum, wo die Schamanin ihr als Gottesanbeterin erscheint und als Nashornkäfer. Sie gewinnt an Kraft, sieht den tanzenden Monden zu, und völlig geheilt wacht sie auf in der heimatlichen Höhle und sieht draußen die Felswände.

Kathrin: Ich sehe einen Mund, der streckt mir die Zunge raus. Daraus kommt ein Band und fließt in mich hinein. Es folgen einzelne Sequenzen, es erscheint eine Gottesanbeterin und dann ein Nashornkäfer, der sich in ein Nashorn verwandelt. Ich bin in einem Wasserfall, am Himmel stehen zwei Mondsicheln, die tanzen miteinander. Es erscheint ein Wildenterich, ich laufe hinterher und komme an ein Wasser, in dem ist ein Kind. Der Enterich geht durch mich durch, ich bin ein goldener Ring, in dem sind zwei Embryos. Eine große Röhre taucht auf mit Öffnungen, aus den Öffnungen fließt Milch in mich hinein. Dann bin ich in einer Höhle mit Kerzen. Ich lege mich hin; und es fallen rot-braune Tropfen auf mich. Plötzlich bin ich oberhalb der Schlucht und habe das Gefühl, ich bin ein Teil des Felsens.

Eine der wichtigsten Aufgaben der Schamanin ist es, die Seelen der Toten in einem Boot zur Unterwelt zu bringen, zum Reich der Totengeister. Unmittelbar nach dem Tod ist die Seele noch schwer beladen mit irdischen Belangen, und darum scheint es Pij in ihrer Rolle als Schamanin, daß das Rudern des Bootes äußerst anstrengend ist. Sie muß flußaufwärts rudern, und es geht ihr schließlich die Kraft aus. Die Seele, die sich noch nicht damit abgefunden hat, daß sie auf immer von den Lebenden getrennt ist, macht sich die schwindende Kraft der Schamanin zunutze, verwandelt sich in Gräten und versucht zu entfliehen. Das darf nicht geschehen, denn die Seelen der kürzlich Verstorbenen bringen den Lebenden Krankheit und Unheil. Um sich neue Kraft zu holen, versinkt die Schamanin in die Tiefe, in die Schlucht ihrer Kindheit. Die erholsame Reise dauert lange, aber endlich taucht sie wieder aus der Schlucht auf und fängt an, auf der Straße zu tanzen. Ihr Zaubervorhaben gelingt, die Straße verwandelt sich in den Fluß, und sie hat ihre Aufgabe erfolgreich gelöst, denn die Leute, die sie im Boot mitgenommen hatte, kehren ohne die Larve zurück. Dann feiern alle, denn der Tote ist nun gut aufgehoben im Totenreich. Die Schamanin aber ist auch dort gewesen und muß nun das Ritual des Sterbens und der Wiedergeburt durchstehen, bevor sie in die Welt der Lebenden zurückkehren darf.

Pij: Die Rassel spaltet sich gleich in viele Töne, die sich wild um mich bewegen als Wellen oder Schlangen in vielen Farben. Die Rassel wird zum Wasserfall, von links und rechts prasselt das Wasser auf mich herab. Ich bin in einem Kanu und rudere, kann aber nicht nach hinten schauen. Wahrscheinlich sitzen Leute hinter mir, oder es ist eine Last, aber ich muß rudern. Ich weiß, hinter mir liegt jemand, wie eine Larve, und es sind sechs oder acht Personen bei ihm. »Wohin?« frage ich. »In den Wasserfluß aufwärts«, kommt die Antwort. Ich finde das sehr mühsam, das Rudern ist schmerzhaft; ich bin stolz, aber am

Ende meiner Kraft. Unerwartet verwandelt sich der Eingehüllte in Gräten und will raus aus dem Kanu. Plötzlich bin ich bei Kindheitserinnerungen. Ich bin eine hohe Mauer runtergestürzt in eine Schlucht, ich habe auf etwas gewartet; die Rassel klingt ganz langsam. Dann stehe ich auf der Straße, ich habe sechs oder acht Beine; ich muß wild tanzen, immer wieder, alles dauert viel zu lange. Die Straße verwandelt sich in den Fluß, die Kanuleute kommen zurück, und die Larve ist nicht mehr da. In Luzern tanzen die Leute froh auf der Straße. Sie legen mich auf die Mauer. Ich habe das Gefühl, das ist richtig, aber auch wieder, es ist es nicht. Ich muß lange liegen. Aus meiner Vagina kommen viele Indianer, Ameisen, auch Pferde. Ich werde sehr alt, das Fleisch fällt mir vom Leib, ich werde zu Gräten oder zu einem Gerippe. Ich habe das Gefühl, es ist alles richtig, es hat sich gelohnt.

Im Frühjahr 1987 haben wir die Haltung des Paares von Cernavodă in Wien wiederholt. Diesmal waren fast so viele Männer da wie Frauen, also hoffte ich, daß es für die Männer nicht so anstrengend sein würde wie im Vorjahr in der Schweiz. Wir waren in einem langen, rechteckigen Saal untergebracht. Also ließ ich die Männer in der Mitte sitzen und die Frauen rundherum. Nachher erzählten mehrere Frauen, sie hätten gefühlt, wie die Männer auf sie »ausgestrahlt« hätten.

Wie schon in der Schweiz waren die Erlebnisse der Männer recht dürftig, obgleich sie längst nicht so erschöpft waren wie die Schweizer. »Die Trance schien sehr kurz«, bemerkte einer, »ich habe eine Affenschnauze gesehen, aber es war alles ziemlich unklar.« Ein anderer erzählte: »Ich habe ein Auge gesehen und bin drauf zugerast. Es hat eine riesige Pupille gehabt, da bin ich hineingefallen und habe mich in meine Bestandteile aufgelöst.«

Bei Othmar deutet sich die den Frauen in dieser Haltung zufallende Rolle an, als er sieht, wie die Schamanin sich anschickt, ihrem Patienten über die Zunge Energie zu übermitteln: »Es gab nicht viel. Ich war schläfrig und habe nur einzelne Bilder gesehen. Es war eine Hexe da, mit einem roten Streifen aus dem Mund, und dann kam auch ein Vogel.« Wittigo und Wolfgang erlebten, daß sie Kraft zu verteilen hatten, wobei sich Wolfgang bezeichnenderweise als hohles Gefäß erlebte.

Wittigo: Ich habe mich aufgelöst; dann bin ich ein halluzinogener Pilz gewesen. Ich bin raufgefahren wie in einem Ballon; ich bin Beherrscher des Regens und lasse Regentropfen auf die Erde fallen. Ich habe kleine Pilze hervorgebracht; ich zerschneide sie und lege die Stücke auf die Erde.

Wolfgang: Ich habe Violett, Blau und Grün gesehen, das hat sich hin- und herbewegt. Ich habe Lichtkreise ausgesandt, die waren hell und warm. Und ich war ein hohles Gefäß.

Obgleich ich nach einem Jahr die Einzelheiten der Schweizer Berichte nicht mehr deutlich in Erinnerung hatte und niemand in der ziemlich großen Wiener Gruppe mit den Schweizern in Verbindung stand, ergab sich dennoch eine offenkundige Übereinstimmung der Themen, die in den Berichten der Frauen auftraten. Wir hören von Fahrten in die Märchenwelt.

Rosmarie: Ich bin zu einem eisernen Zaun gekommen und bin durch das Tor gegangen. Hinter dem Tor schauten viele Zwerge hinter den Bäumen hervor. Ich bin bei einem runden See angelangt; da ruderten Zwerge in Bötchen auf einen Kanal zu. Sie sind ausgestiegen; sie sahen wie weiße Geister aus und haben sich wie Marionetten bewegt und am Strand Kugeln gerollt. Dann sind Wale gekommen und haben die Kugeln abgeholt; sie haben sie verschluckt und weggetragen. Das Meer war hellblau, alles war wie Seide, und daraus sind weiße Möwen aufgestiegen. Ich saß als alter Mann bei einer Hütte, sammelte den Kot der Möwen und fütterte die Wale.

Auch wenn die Schamanin als Hebamme nicht sichtbar auftritt, ist das Thema der Geburt trotzdem wieder gegenwärtig, nur wird sie, außer bei der Verkrampfung im Unterleib, vom Standpunkt des Fötus aus erlebt.

Charlotte: Ich habe eine Beklemmung im Bauch gefühlt, und die Erlebnisse waren unklar, eine sehr blasse Landschaft, aber das Wasserrauschen war sehr konkret. Es ist ein schwarzer Fleck aufgetaucht; ich habe die Sonne gesehen und im Hintergrund einen kleinen Vogel. Ich war in einer Erbsenschote, ich habe sie von innen gesehen, und dann war ich weg.

Bei der zweiten Entbindung bekommen wir den Eindruck, daß die Mutter stirbt, während das Kind am Leben bleibt und laufen und spielen darf.

Claudia: Ich habe gespürt, wie das Blut aus mir herausgeströmt ist, und jemand sagt: »Leg dich hin!« Ich habe mich geweigert. Eine Frau hat das gesagt. Ich sage wieder nein. Ich habe einen Haß auf sie gehabt. Aber dann hat sie mir den Bauch aufgeschlitzt und nachgesehen, wie die Gebärmutter aussieht. Dann war mir leichter. Ich habe die Rassel nicht mehr gehört, ein kleines Wesen rennt herum; es gibt Tanzen und Schwingen.

Vor allem aber ist die Schamanin die Heilerin. Sie wird bei verschiedenen Leiden zu Rate gezogen, wie wir von Irmgard hören.

Irmgard: Ich habe Schmerzen gehabt im Oberkiefer, die Leiste tat mir weh, die Arme waren schwer und haben gezittert, und mein Kopf störte mich. Ein Schattenmann ist erschienen, seine Haare haben geglüht wie elektrisches Licht. Aus den Schatten sind Tierköpfe aufgetaucht, ein Stier hat sich in einen Hirsch verwandelt und dann in eine Eule. Ich habe gefühlt, wie mir Wasser aufs Gesicht gegossen wird. Es wird hell, und ich esse rohe Pilze.

Die Schamanin kann sogar die Alten und Siechen wieder jung machen, wie wir aus Isis abschließendem Erlebnisbericht erfahren. Die Zauberkraft der Schamanin wird offenkundig und ihre Verbindung mit dem Krafttier, als ihr nach dem Heilen spitze Ohren durch die Kappe wachsen.

Isi: Es war so viel Kraft da, aber die Haltung war trotzdem anstrengend. Es lag Schnee, und es ist eine Frau auf einem Schlitten gekommen, die hat einen weißen Pelz angehabt, und ich bin mit ihr gefahren. Wir sind sehr schnell gefahren, denn wir mußten jemandem das Leben retten. Wir sind zu einem Haus gekommen und sind reingegangen. Da war ein altes Ehepaar, die Frau lag im Sterben; die ist jünger und jünger geworden; und der weiße Pelz der Frau bekommt spitze Ohren. Plötzlich war ich draußen, es war hell, der Schnee war geschmolzen. Als die Rassel aufgehört hat, habe ich Schmerzen im Rücken gehabt.

Im Sommer 1987 kam Thomas, ein Psychologiestudent, der mit Isi befreundet ist, und bat sie um Hilfe. Bei einer Waldwanderung hatte er Zecken abbekommen, und da es für eine Impfung gegen Hirnhautentzündung, die durch Zecken übertragen wird, schon zu spät war, war er ziemlich verzweifelt. Er bat Isi, für ihn zu rasseln.

... Ich habe mir gedacht, daß ihm das Rasseln sicher wieder etwas Mut und Lebensfreude bringen wird – und Zuversicht. So war es dann auch. Das Rasseln war so intensiv. Ich war ganz überwältigt. Es ist nämlich passiert, daß die Frau mit dem weißen Pelz, die ich in der (Cernavodă) Haltung kennengelernt hatte, wiedergekommen ist – auf einem Glöckchen-Schlitten. Sie war ganz im Raum und hat mit den Pelzenden dem Thomas so etwas wie eine Auramassage verpaßt, und sie hat mir genau gezeigt, wo in seinem Körper Energieblockaden sind, vor allem am Herzen. Und das Arge war, daß Thomas dann erzählt hat, etwas wie weiße Federn hätten um ihn gefächelt und dann sich wärmend und schützend auf das Herz gelegt. Ich habe zuerst eine sehr hohe Huichol-Rassel verwendet, während Thomas etwa fünfzehn Minuten die Bärenhaltung einnahm. Dann nahm ich unsere Rassel, und Thomas lag am Boden, und dann machte ich noch eine Trommelreise für ihn. Ich habe plötzlich gewußt, daß er überhaupt nicht gefährdet ist, und hab ihm empfohlen, sich um sein Krafttier zu kümmern. Es war ein wunderbares Geschenk, daß es ihm danach so gut ging. Er war total gelöst und hoffnungsvoll ... Und bei alldem warst du ganz spürbar dabei und hast gesagt: »Tu nur.« (1. Juli. 1987)

Kapitel 10

Das schillernde Spiel der Verwandlung

Eine Sage der indianischen Fischer der Nordwestküste[1] erzählt, wie der Rabe sich in einen Fischer verwandelt, um sich mit dessen Frau zu vergnügen. Unerwartet kehrt der Fischer zurück und prügelt den Eindringling windelweich, was den Raben zwingt, seine ursprüngliche Gestalt wieder anzunehmen. Der erboste Ehemann fesselt ihn und wirft ihn in die Latrinengrube. Der Rabe aber ist unsterblich, er ertrinkt nicht; und es gelingt ihm, sich der Fesseln zu entledigen. Er kann also weiterhin ähnliche Abenteuer erleben.

Spuren derartig weicher *(soft)* Grenzen zwischen Mensch und Tier, wie das ein Anthropologe bezeichnet hat[2], kann man überall finden. Ägyptische, keltische und indische Gottheiten tragen Tierköpfe oder haben sogar Tierkörper. In der ganzen Welt gibt es Mythen darüber, bei den australischen Eingeborenen ebenso wie in den Märchen der Gebrüder Grimm, und natürlich auch bei den Indianern. Die oben erwähnten Fischer erzählen, ein Jäger habe einst Gelächter aus einer Höhle gehört. Als er zum Eingang schlich und hineinschaute, sah er Tiere, die sich einen Riesenspaß daraus machten, sich in Menschen zu verwandeln. Die Haida-Indianer der gleichen Gegend sind der Ansicht, daß die Tiere der Urzeit sowohl tierische als auch menschliche Gestalt gehabt hätten. Die Navajo-Sänger sagen:

> Zu jener Zeit waren alle Tiere wie Menschen. Die Vierfüßler, die fliegenden Vögel, die sich ringelnde Schlange und die kriechenden Insekten haben sich alle so benommen, wie es die Leute der Erdoberfläche tun, die die Welt heutzutage bewohnen. (Zolbrot 1984, Seite 98)

Es ist zu erwarten, daß die Menschen ebenfalls die Fähigkeit haben, die Grenzen ihrer Art zu überschreiten. Es gibt bei den heute noch bestehenden Jägerstämmen heilige Tänze, in denen Menschen sich in jene Tiere verwandeln, zu denen sie eine besondere Beziehung haben. Moderne Beobachter des religiösen Lebens in Australien[3] beschreiben Tänze, in denen die Bewegungen der betreffenden Tiere so lange sachkundig nachgeahmt werden, bis sich die Tänzer in der religiösen Trance in die dargestellten Wesen verwandeln. Ähnliche Tänze werden auch von afrikanischen Jägervölkern berichtet. Auf einer alten Felszeichnung wird dargestellt (Abbildung 35, Seite 200), wie die Buschmänner die Bewegungen der Antilope nachahmen, während ihre Frauen rhythmisch dazu klatschen. Einer der Männer ist in der Metamorphose begriffen und hat sich bereits bis zur Hüfte in eine Antilope verwandelt.

In unseren Workshops tanzen wir oft solche Tiertänze, wenn möglich zu einer Trommel, und das Ritual ist auch ein Teil unseres Maskentanzes (siehe Kapitel 11, Seite 220). Die Teilnehmer machen eine Atemübung, dann werden sie angewiesen, sich rhythmisch zu bewegen und gleichzeitig die Bewegung und das Verhalten des Tieres nachzuahmen, das ihnen in ihren Visionen erschienen ist. Als ich zum ersten Mal an einem solchen Tanz teilgenommen habe und mich beim Nachahmen des Büffels nach vorn beugte, konnte ich ganz klar fühlen, daß ich Hörner hatte, große braune Augen und einen Büffelkopf. Was mich erstaunte, war die Beobachtung, daß meine Verwandlung sich nur im Oberkörper vollzog, ähnlich wie ich das Jahre später in der Buschmannzeichnung sah.

Das Erlebnis vermittelt ein erstaunliches Einfühlungsvermögen in das betreffende Tier. Eine Teilnehmerin, die eine Schlange getanzt hatte, erzählte, daß sie nicht nur die Erde ganz anders wahrgenommen habe, sondern daß ihr auch der Unterschied in der Körperstruktur bewußt wurde, und was für eine Angst sie hatte, keine Gliedmaßen zu haben. Sie fühlte sich aber auch stark und geschmeidig, und besonders fiel ihr auf, daß sie »völlig stumm« war. Bei demselben Tanz nahm ein anderer Tänzer wahr, wie sein Freund, der Bär, in ihn eingetreten ist: »Und meine Muskeln sind sehr stark geworden, aber nicht körperlich stark.« In einem Workshop in Deutschland bemerkte ein Psychologieprofessor, der sich in einen Elefanten verwandelt hatte, beim Abreißen von Blättern, wie empfindlich sein Rüssel war. Und

Abb. 35: Felszeichnung eines Buschmanntanzes,
Dancor's Cave Nocosasana Valley, Drakenberg, Südafrika

eine ältere Frau in Amsterdam erwähnte, sie hätte nicht gewußt, wie frisch und grün sich eine Schildkröte »von innen« anfühle.

Man könnte derartige Erlebnisse vielleicht wegerklären, indem man von Identifikation spricht, aber es gibt Erlebnisse, die einer Metamorphose folgen, und dort nützen solche rationalistischen Erklärungsversuche wenig. Es scheint nämlich, daß durch die Verwandlung in ein gewisses Tier eine Bindung zwischen dem Tänzer und der dargestellten Tierart entsteht. Man könnte auch annehmen, daß jemand, der in der Trance eine andere Art erlebt, in ein Kraftfeld eintritt, das allen Lebewesen gemein ist und wo die im Laufe der Entwicklungsgeschichte entstandenen Schranken fallen. Kristina verwandelte sich in Cuyamungue in einen Delphin. Als sie dann in Kalifornien ein Aquarium besuchte, drängten sich alle Delphine unerwarteterweise an der Stelle zusammen, wo sie stand. Und Walter, der an mehreren Workshops in Holland teilgenommen hat, schreibt:

(Während des Metamorphosetanzes) habe ich mich intensiv darauf konzentriert, ein Reiher zu sein. Ich bin geflogen, bin rauf- und runtergekreist, habe in einer flachen Pfütze gefischt und habe mich auf ein Nest niedergelassen und so weiter.
Am nächsten Morgen haben meine Frau und ich in unserem kleinen Garten in Amsterdam gesessen. Innerhalb von wenigen Minuten erfüllte sich die Luft mit den schweren Flügelschlägen eines Reihers, und mehrere Minuten lang kreiste der Reiher über unseren Köpfen. Wie wohnen schon seit fünfzehn Jahren hier in der Stadt, und so etwas ist uns überhaupt noch nicht begegnet. (September 1984)

Die Tradition der Tiertänze hat sich in den Gartenbaugesellschaften fortgesetzt, und es gibt Reste davon noch heute in den Hirsch-, Büffel- und Schmetterlingstänzen der Puebloindianer. Während jedoch bei den Jägerstämmen der Tanz dazu dient, die Verwandtschaft zwischen Mensch und Tier zu betonen, haben sich diese Tänze bei den Gartenbauern in einer ganz anderen Richtung entwickelt. Bei diesen Stämmen waren es die Frauen, die den Samen der Erde anvertrauten und erlebten, wie aus dem Samen die Pflanze wuchs, die wiederum Samen spendet. Es ist durchaus verständlich, daß der zentrale Kulturgedanke bei den Gartenbaustämmen der des Wandels ist, der Metamorphose. Der Gartenbauschamane mit seiner Fähigkeit, neue Haltungen zu entdecken, um gewisse wichtige Erlebnisse zu vermitteln, mag sehr wohl auch neue Haltungen für das Erlebnis der Verwandlung vorgeschlagen haben. Ebensogut kann es sein, daß sowohl das Erlebnis der Verwandlung als auch die entsprechenden Haltungen zuerst in der anderen Wirklichkeit aufgetaucht sind. Wie dem auch sei, wir wissen, daß es derartige Haltungen tatsächlich gibt, denn es ist uns gelungen, mehrere zu entdecken, die eigens dazu dienen, das Erlebnis der Metamorphose zu vermitteln, das heißt, den Übergang von der menschlichen in die nicht-menschliche Form zu ermöglichen. Diese Entdeckungen lagen schon deshalb auf der Hand, weil wir die mangelnde Stabilität der menschlichen Form von Anfang an erlebt hatten. Die in diesem Buch zitierten Abenteuer der Teilnehmer illustrieren das immer wieder. Die ohne jede Hemmung übernommenen Gestalten stammen aus der gesamten belebten und auch nicht belebten

Welt, angefangen mit den Vögeln, den Säugetieren, den Insekten, bis hin zu den Wolken, den Bergen und dem Sand. In den Verwandlungshaltungen findet der gleiche Vorgang statt, nur eben nicht wie bei anderen Haltungen zufällig, sondern verläßlich, gezielt. Was uns allerdings immer wieder erstaunt, ist, wie das Selbst, die erlebende Persönlichkeit, trotz aller Verwandlungen unverändert gleich bleibt, es hat sich nie eine Störung des Ichbewußtseins ergeben, was die Schulpsychiatrie bei der Betrachtung von veränderten Bewußtseinszuständen immer als gegeben voraussetzt.

In der prähistorischen Kunst haben wir bisher vier Verwandlungshaltungen entdeckt. Die älteste davon, die einer maskierten Frau aus grauer Vorzeit mit wahrhaft zauberhaften Kräften, soll erst im dritten Teil besprochen werden. Die anderen drei stammen aus den klassischen indianischen Kulturen Mittelamerikas. Die Haltung des *Prinzen* und des *tätowierten Jaguars* sind ein Geschenk der Olmeken; die *Maisgöttin* ist ein aztekisches Erbstück.

Der olmekische Prinz

Die Archäologen nennen diese kleine Statue den Prinzen, weil der junge Mann eine ungewöhnliche und reich verzierte Kopfbedeckung trägt (Abbildung 36). Das Werk entstand zwischen 1100 und 600 vor Christus in Tabasco (Mexico). Der Mann sitzt im Schneidersitz, er lehnt sich leicht nach vorn und stützt sich auf die steifen Arme, die am Handgelenk etwas abgeknickt sind. Die Hände sind zur Faust geballt und liegen ziemlich nah beieinander auf dem Boden. Er hat die Zunge zwischen den Zähnen, die Augen sind verdreht, sichere Zeichen einer tiefen Trance.

Wir versuchten diese Haltung im Sommer 1984 in Cuyamungue zum ersten Mal. In diesem Fall hilft der ikonische Inhalt der Haltung dabei, die Verwandlung einzuleiten. Es ist leicht, sich als Vierfüßler zu fühlen, wenn man die Arme in dieser Weise vor den gekreuzten Beinen aufstützt. Das war möglicherweise Absicht, denn in der olmekischen Kultur ist der Jaguar das wichtigste Krafttier. Es gibt übrigens noch eine ähnliche olmekische Statue in der gleichen Haltung, nur daß der Mann in diesem Fall den Kopf zurückwirft und statt des menschlichen Gesichts eine eindrucksvoll übertriebene Jaguarmaske erscheint (Abbildung 37). Belinda, die an dieser Kultur keinen Anteil hat, wagt es nicht, den in der Haltung vorgeschlagenen Inhalt anzunehmen und weist das Jaguarerlebnis zurück.

Abb. 36: Basalt, Necaxa, Puebla, Mexiko, olmekisch, 1100 bis 600 v. Chr.

Abb. 37: Basalt, Huimanguillo, La Venta, Tabasco, Mexiko, olmekisch, 1100 bis 600 n. Chr.

Belinda: Das Gesicht eines Leoparden oder eines Jaguars ist vor mir erschienen und hat mich an die goldene Maske in der Sammlung von Tutanchamon erinnert. Aber ich habe mich sowieso so sehr als Katze gefühlt in dieser Haltung, daß ich den Gedanken zurückgewiesen habe, weil das gewissermaßen von der Haltung vorgegeben war.

Selbst bei diesem frühen Versuch treten einige bezeichnende Züge der Haltung zutage. Wir erfahren zum Beispiel im folgenden von Belinda, daß die Verwandlung einen beträchtlichen Kraftaufwand erfordert, was sie so erlebt, als ob ihre Moleküle wie Sterne auseinanderstieben. Trotz der großen Anstrengung ist es schwierig, die neue Gestalt beizubehalten. Belinda ist kaum zum Büffel geworden, da ist sie auch schon eine Eule; auch dabei kann sie nicht bleiben, sie wechselt hin und her, bis sie schließlich als Riesenbiene erscheint. Ihr letztes bedeutungsvolles Bild kennzeichnet den Sinn der Verwandlung: In der Metamorphose steht der Mensch der lebenspendenden Kraft der ewigen Sonne gegenüber und nähert sich jener Stelle der Welt, wo sich in der Unendlichkeit die gewöhnliche und die heilige andere Wirklichkeit berühren.

Das Bild der Galaxis ist aufgetaucht, Milliarden von Sternen, und es ist mir klar geworden, daß meine Moleküle auseinandergerissen wurden, um neu zusammengefügt zu werden. Dann ist eine Reihe von Bildern aufgetaucht, hin- und her. Erst ist es ein Büffel gewesen, der stand in der Ebene im Sonnenschein. Es war wichtig, daß er Teil einer Herde ist. Dann ist eine Eule erschienen, sie fliegt durch die Nacht und ist einsam und allein. Es war alles immerzu hin- und her, Nacht und Tag, oben und unten, fliegen im Himmel und auf der Erde stehen, allein zu sein und dann wieder Teil einer Herde, und das hat lange gedauert. Dann hat es noch ein abschließendes Bild gegeben; das war eine Riesenbiene, sie war goldfarben und ist zwischen zwei Bergen auf eine riesige aufgehende Sonne zugeflogen. Ich hatte das Gefühl, daß die Biene unterwegs war zu einem Ort zwischen den zwei Welten.

Andere in Belindas Gruppe und auch die Teilnehmer eines zweiten Workshops im gleichen Sommer berichteten ähnliche Eindrücke. Es gab die Wahrnehmung des fortschreitenden Wandels (»Ich habe Schichten gesehen, die haben sich ineinander geschoben«) und der ungestümen Bewegung (»Ich habe viele Bilder gesehen, halb in und halb raus aus der Erde«). Christian St. erzählte:

> ... Mir gegenüber hat ein Jaguar gesessen, und dann sind viele bunte Tiere gekommen, die sich ineinander verwandelt haben, aus einer Schlange ist ein Vogel geworden, der Vogel hat sich in eine Schildkröte verwandelt, daraus ist ein Luchs geworden und dann ein Puma.

Morgan berichtet eine etwas ausführlichere Folge. Erst reagiert sie auf den bildhaften Inhalt der Haltung; sie erlebt die Hitze, die den starken Energieaufwand begleitet, sie verwandelt sich in einen Berglöwen, kann die neue Gestalt nicht aufrechterhalten und wird statt dessen eine Figur aus Stein.

Morgan: Die Haltung hat mich an eine Katze erinnert. Ich habe mich in einen Berglöwen verwandelt. Es ist schrecklich heiß geworden, und das Sonnenlicht war so hell; es hat weh getan. Ich bin einen Berg raufgeklettert und bin gelaufen. Dann habe ich eine Schlange gesehen, und unsere Bewegungen sind zu einem Tanz geworden. Ich bin auf einer Hochebene gewesen, Indianer sind vorbeigeritten, Büffel sind gelaufen. Plötzlich war ich ein Heiligtum wie das der Berglöwen im Bandelier Park, aber ich weiß nicht, ob ich aus Stein gewesen bin oder nicht. Ich bin wieder gelaufen, dann war ich wieder das Heiligtum; dann habe ich etwas gejagt. Die Beine haben mir weh getan, und ich habe Angst bekommen. Ich wollte schreien, aber im gleichen Augenblick bin ich wieder der Berglöwe gewesen; das Unwohlsein ist verschwunden, und ich habe in einem Strom Fische gefangen.

Im folgenden Jahr gab es in Österreich ähnliche Berichte, etwa die Reaktion auf die Haltung selbst.

Margit (Scheibbs, 1985): Ich habe mich sehr tierisch gefühlt. Ich war in einem schemenhaften, dichten Wald und habe einen Fuchs von vorn gesehen, seine tierischen Augen und dann von der Seite das Maul mit spitzen Zähnen;

oder die Reaktion auf die plötzliche Verwandlung und auf die Unfähigkeit, sie beizubehalten.

Sari (Scheibbs, 1985): Ich habe mich erdig gefühlt, ich bin in einem Erdloch und habe mich sehr wohlgefühlt. Ich halte meinen Winterschlaf. Plötzlich ist eine Leiter erschienen, und ich klettere rauf. Draußen sind Menschen in Masken; ich trage auch eine, erst die von einer Unke, dann die von einem Raubtier; meine Zunge tropft, mein Körper ist mit einem Panzer bedeckt, der hat sich fellig angefühlt. In der Maske mache ich einen Fruchtbarkeitstanz.

Im August 1987 geht es Hanna in Cuyamungue ähnlich. Es gelingt ihr, ein Frosch zu bleiben, aber sie erlebt die mangelnde Standfestigkeit trotzdem, weil sich die Örtlichkeit mehrmals ändert, bis sie als Frosch endlich doch unterliegt und zerrissen wird.

Hanna (Cuyamungue, August 1987): Ich bin eine Katze gewesen; dann konnte ich mich nicht entscheiden, ob ich ein Löwe sein wollte oder ein Frosch. Dann habe ich beschlossen, ein Frosch zu sein. Ich habe meinen eigenen Teich gehabt, rundherum mit Blumen, ich habe Fliegen gefangen, und es ist mir gut gegangen. Dann bin ich auf die Idee gekommen, ich will auf Reisen gehen. Ich bin zu einer Ebene gekommen, und da habe ich einen Elefanten kennengelernt. Wir haben uns schön unterhalten, dann hat er mich mitgenommen, wieder zu meinem Teich. Dann bin ich in einem kleinen Fluß gewesen, in dem bin ich bis zum Meer geschwommen, das ist auch herrlich gewesen. Aber dann ist das Meer ausgetrocknet, und ich habe Angst bekommen. Aber eine Welle hat mich wieder zu meinem Teich gebracht, obgleich es schwer gewesen ist, gegen die Strömung zu schwimmen. Alles war wieder gut. Plötzlich ist ein Adler aufgetaucht, der hat mich zerrissen und hat mich seinen Jungen gefüttert. Dann habe ich eine plötzliche Umschaltung der Wahrnehmung erlebt; ich bin wieder als Frosch in meinem Teich gesessen, und alles war gut.

Der tätowierte Jaguar

Die beiden Figuren in Abbildung 38 sind auch im Siedlungsgebiet der Olmeken ausgegraben worden und stammen aus derselben Zeit. Im Gegensatz zu der Haltung des olmekischen Prinzen hat die des tätowierten Jaguars keinen bildhaften Inhalt, das heißt, es wird keine Andeutung der Tierhaftigkeit angeboten. Der dargestellte Mann kniet, die Knie sind etwas auseinander, und er sitzt auf seinen Fesseln. Er hat die Hände auf den Knien, die

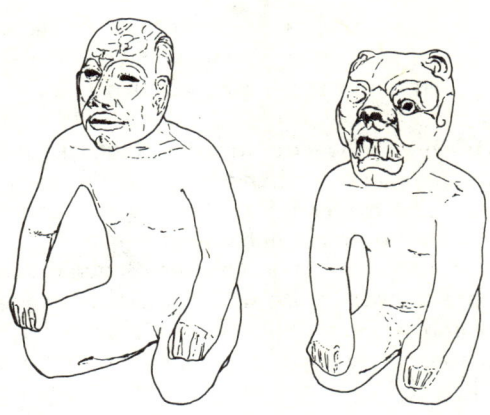

Abb. 38: La Vente,
olmekisch, 800 bis 600 v. Chr.

rechte etwas höher als die linke, wodurch der Arm leicht gebeugt ist, die linke liegt flacher und ein klein wenig weiter oben auf dem linken Oberschenkel. Die beiden Figuren gehören zwei verschiedenen Museen, und in dem Buch über indianische Kunst, in dem sie einem meiner Teilnehmer auffielen, sind sie auf zwei verschiedenen Seiten abgebildet. Mir scheint jedoch, daß sie zusammengehören. Es ist offensichtlich, daß sie derselbe Künstler nach dem gleichen Modell geschaffen hat. Der Kopf des Mannes und die Jaguarmaske sind tätowiert, und beide Figuren knien in der gleichen Haltung. Beide sagen das gleiche aus wie die beiden Darstellungen des Prinzen: «Wenn du in dieser Haltung eine Trance erlebst, verwandelst du dich in einen Jaguar und wirst auf diese Weise an seiner Kraft Anteil haben.» Bemerkenswert ist übrigens, daß der Künstler so genau wußte, was während der Trance geschieht, daß er darauf achtet, wie sein Modell die rechte Hand hält. Auch ich habe das oft beobachtet: Nachdem die Metamorphose eingetreten ist, entspannen sich Hand und Arm.

Obwohl nichts in der Haltung auf eine Verwandlung hinweist, vermittelt sie dieses Erlebnis dennoch zuverlässig. Da der Jaguargeist bei uns, anders als im olmekischen Ritual, nicht ohne weiteres präsent ist, verwandeln sich die Teilnehmer nicht immer in ihn, obgleich das öfter passiert, besonders wenn der Betreffende die beiden Figuren schon zusammen gesehen hat.

Gerhard (Wien), 1986): Der Ton der Rassel ist mir wie ein Schauer runtergerannt. Er drängt sich von vorn rein und zieht mich hoch, dann hat er mich blitzartig zurückgehauen und runtergeworfen. Von ferne habe ich den Jaguar gesehen, dann war er wieder weg. Ich bin durch einen Bogen durchgegangen, dabei habe ich etwas abgestreift und habe mich in einen Jaguar verwandelt. Hinter mir erscheint eine riesige Gestalt mit einem Jaguarkopf wie im Bild. Er nimmt mich wie ein Junges beim Nacken, ist mit mir weggelaufen. Dann hat er mich hingesetzt und ist eingeschlafen. Ich bin weggelaufen. Zum Schluß bin ich noch als Jaguar hier im Hof gewesen, ich bin unter dem Bogen durchgegangen auf den Garten zu, und dann war alles weg, wie im Nebel.

Im folgenden ein Beispiel von einer klaren Verwandlung in einen Wolf, dem mächtigen Krafttier der europäischen Urzeit.

Ursula St. (Sommerau, Schweiz, 1985): Ich habe einen starken Puls um mich herum und in mir gefühlt und habe meine Füße vergessen. Ich sitze auf roter Erde und werde ganz lang. In der Erde ist ein Loch, es ist Wasser drin, und etwas fällt in das Wasser hinein. Damit entstehen Ringe, die werden zu einem großen Strudel; in den werde ich hineingesogen und werde herumgewirbelt, bis ich mich selbst in einen Wirbel verwandle. Plötzlich werden meine Füße, die Schenkel, der Bauch heiß, und jemand gibt mir ein Wolfsfell. Mein Gesicht bekommt eine Hundeschnauze, ich schlüpfe mit den Armen in das Wolfsfell, und so habe ich es angezogen und habe mich wohl gefühlt. Ich hocke wie in dieser Stellung, ich war dick und habe dicke Schenkel, und neben mir habe ich ein mir gleiches Wesen gesehen, nur viel größer, und zu dem sage ich »Mutter«. Sie legt sich hin, und ich schlüpfe ihr in den Bauch. Der Strudel war wie ein Weg, ich war aufgelöst, und das Wasser war warm. Im Bauch bin ich nur Bauch und Schenkel. Ich sehe kleine Wölfe neben mir. Dann bin ich in einem Gang, es hat sich angefühlt wie Geborenwerden, ich habe gezittert, und ich sollte helfen. Ich bin aus dem Gang raus, als die Rassel aufgehört hat, mit dem Gefühl, jetzt ist alles gut.

Ich selbst habe mich in ein großes Raubtier verwandelt, aber es ist mir nie klar geworden, welches Tier genau ich war:

(Cuyamungue, Juli 1985): Sobald das Rasseln angefangen hat, sind meine Fingerspitzen heiß geworden und haben sich in Krallen verwandelt, mein Gesicht hat sich nach vorn ausgewölbt, und ich hatte runde Ohren. Das war eine sehr klare körperliche Wahrnehmung. Ich konnte fühlen, wie sich meine Oberschenkel in muskulöse Tierschenkel verwandelten; und aus dem Ende meines Rückgrats fing ein Schwanz an zu wachsen. Das hat mich etwas ängstlich gemacht, denn was sollte ich später mit einem Schwanz anfangen? Ich habe Bilder gesehen, die aufgetaucht und wieder verschwunden sind. Alles war in ein gelblich-rotes Licht getaucht; zum Beispiel ein Jaguar, der einen Vogel gefangen und dann gefressen hat. Ich habe einen gelblich-roten Himmel gesehen und unten einen grünen Wald und irgendwelche weiße Formen, die ich anfänglich nicht richtig erkennen konnte. Dann ist mir klar geworden, daß das Pyramiden sind, denn ich habe den charakteristischen Geruch von Mayaruinen erkannt. Es ist ein Mayapriester erschienen, der war wie aus Pappe ausgeschnitten; und wie ich noch zuschaue, hat er sich in einen Wetterhahn verwandelt. Wie ich noch überlege, wie sonderbar das ist, hat mein Gesicht angefangen, wieder flach zu werden, und das war das sonderbarste Erlebnis bei dieser Haltung. Mein Gesicht ist einfach flach geworden, alles war vorbei, obgleich das Rasseln noch nicht aufgehört hatte.

Anscheinend hatte ich mich kurz auch in einen Vogel verwandelt, deshalb habe ich wohl die Pyramiden von oben gesehen. Für Pij hingegen war die Verwandlung in einen Vogel das Wichtigste.

Pij (Sommerau, 1985): Von unten ist ein Strahl gekommen, sobald die Rassel angefangen hat, und ist durch mich durchgegangen; dadurch sind Kreise und Spiralen in mir und außen entstanden. Ich tanze, ich war so leicht, vom unteren Stockwerk zum oberen Stockwerk, schwerelos. Die Melodie von der »Schöpfung« ist mir eingefallen, wo es heißt »auf starken Flügeln«, und ich mußte lachen. Ich war von Weiß eingehüllt beim Tanzen. Dann hat es eine Bewegung gegeben von rechts, von oben und von unten; es war windig, es war eine Anwesenheit, ich habe nicht gewußt was, aber es war viel größer als ich. Ich wollte etwas werden, ich habe in den Schultern vibriert und im rechten Arm, ich wollte mich verwandeln. Ich habe einen schmalen Kopf bekommen. Ich werde mitgenommen, ich segle, dann fliege ich, ich wollte hochschauen, aber das ging nicht. Dann mußte ich runterschauen, und da war die Festung von Salzburg.

Es geschieht öfter, daß wir aus Sagen, die sich an gewisse Haltungen knüpfen, eine überraschende Bestätigung unserer Erlebnisse erhalten. Ein Beispiel dieser Art ist die Übereinstimmung zwischen unseren Fahrten in die obere Welt, die wir erleben, wenn wir die Haltung des Schamanen von Lascaux einnehmen, und der Überlieferung, daß Osiris im gleichen Winkel zu den Göttern im Himmel aufsteigt. Man denke auch an die vielen Beispiele von Heilungen durch den Bärengeist nach Einnahme der Haltung, die wir als die Bärenhaltung kennen. Ähnliches hat sich auch in Verbindung mit einer Metamorphosehaltung ergeben. Nach aztekischer Tradition wird Chalchihuitlicue, die Göttin des Wassers und Gemahlin des Regengottes, »die im Rock der grünen Edelsteine«, gewöhnlich in der Haltung des tätowierten Jaguars dargestellt, wenngleich im Schneidersitz (Abbildung 39). Diese Variante kennen wir auch von einer Figur aus dem siebten Jahrhundert aus Tennessee (Abbildungen 40 und 41). Die dadurch vermittelten Erlebnisse sind die gleichen wie die des tätowierten Jaguars. Von dieser Göttin wird erzählt, sie habe eine Flut zur Erde gesandt und die Menschen in Fische verwandelt, damit sie sich im Wasser bewegen können. Es ist darum spannend festzustellen, wie oft sich unsere Teilnehmer bei dieser Haltung in Fische verwandeln.

Abb. 39: Stein, Chalchihuitlicue,
aztekische Göttin des Wassers und der Fruchtbarkeit

 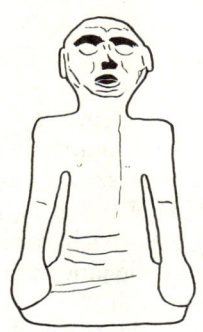

Abb. 40: Stein, Raccoon Creek, Abb. 41: Stein, Raccoon Creek,
Bartow County, Georgia, USA   Bartow County, Georgia, USA

Kathrin (Sommerau, 1985): Um mich herum ist rotes, warmes Licht. Es kommt von zwei Halbkreisen. Die teilen sich, und ihr Zentrum wird die Sonne. In der Mitte ist ein Punkt, der wird immer größer, und ich gehe durch. Der Punkt ist aus Feuer, ich werde auch zu Feuer, ich habe gebrannt, die Spitzen vom Feuer haben um mich getanzt. Dann kommt eine Verwandlung, ich spüre den Regenbogen, und ein Mann und eine

Frau haben mir die Hand gereicht. Ich sinke in einen weißen Strudel und verwandle mich in einen Fisch. Ich schwimme durch ein Rohr, durch Kanäle, und es begegnen mir Äste. Ich drehe mich und frage, wo komme ich her?

Vrenie (Sommerau, 1985): Mein Kopf öffnet sich, und etwas kommt heraus. Ich werde umgedreht wie ein Handschuh. Es kommt ein Wind und wirbelt mich. Davon gehe ich wieder zu und werde ein Vogel. Ich fliege in ein helles Blau, das wird ein helles Grün. Ich gleite dahin und sehe die Sonne, die ist hellgelb. Ich fliege in die Sonne hinein, ich steckte darin und konnte nicht zurück. Die Sonnenstrahlen halten mich, ich kämpfe dagegen. Plötzlich werde ich losgelassen und falle wie ein Kreisel hinunter, ich rollte im Kreis bis auf den Meeresgrund und war ein Fisch. Gestalten in grünen Tüchern gleiten vorbei; das Meer ist eine Abteilung der Unterwelt.

Die Maisgöttin

Die Azteken stellten die Maisgottheit als eine junge Frau dar (Abbildung 42a), immer in der gleichen anmutigen Haltung. Sie sitzt auf ihren Fersen, wie das japanische Frauen tun. Ihre ausgestreckten Hände ruhen nahe am Unterleib auf den Oberschenkeln und weisen nach vorn. Von den drei Verwandlungshaltungen scheint sie die jüngste zu sein. Sie stammt aus der Zeit, als die Azteken sich voll dem Ackerbau zuwandten. Darum ist dies vielleicht auch die schwächste der drei Haltungen. Auch sie vermittelt eine Metamorphose, aber die Wandlung ist unbeständig. »Jedesmal wenn ich etwas gesehen habe«, sagte eine Teilnehmerin, »ist es verschwunden.« Einige Teilnehmer erleben nur die strudelnde Bewegung, die zu der Verwandlung führt, wie im nächsten Beispiel, wo Ann B. sogar vom Bärengeist Hilfe angeboten bekommt, der gern eine derartige Unterstützung gewährt. Die Verwandlung gelingt ihr trotzdem nur für kurze Zeit. Er und seine Begleiter verschwinden; sie sieht wieder das Feuer, um das nur Menschen tanzen.

Ann B. (Cuyamunge, August 1985): Ich war in einer Lichtung im Wald und habe um ein Feuer getanzt; es war ein wilder,

Abb. 42a: Aztekische Maisgöttin, Lava, Zentralmexico

Abb. 42b: Katzenfigur von Key Marco, Florida, präkolumbianisch; Smithsonian Institution Photo No. 77-7430

ekstatischer Tanz. Ich bin immerzu im Kreis herumgegangen und bin mit den anderen über das Feuer gesprungen. Dann bin ich rückwärts getanzt; eine Menge Eulen haben mir zugeschaut und auch ein Kreis von Tieren. Dann haben sich die Tiere unserem Tanz angeschlossen, besonders viele freundliche Bären. Ich bin einer von den Bären geworden. Ein besonders großer Bär, ich habe mir vorgestellt, er sei der Häuptling oder ein Gott, hat mich herumgewirbelt. Der Bär hat das Feuer ersetzt, oder er hat sich in Feuer verwandelt, Wir sind wieder rückwärts getanzt; ich habe mich zurückverwandelt in einen Menschen, und wir Menschen haben mit den Tieren getanzt. Plötzlich ist das Feuer wieder dagewesen, die Tiere und die Eulen waren weg, und nur wir Menschen haben getanzt.

Einigen Teilnehmern gelingt die Verwandlung besser, aber es bleibt eine gewisse Unsicherheit. Wir hören Berichte von Verwandlungen in Elefanten, Wölfe, Panther, Jaguare, Vögel oder sogar Schlangen.

Elisabeth M. (Cuyamungue, August 1986): Ich war eine ganz große Raubkatze, ich habe Tiere gejagt und meine Kraft gespürt, und ich konnte den Wind im Gesicht fühlen. Dann bin ich ein Wolf gewesen und bin hinter einem Hasen her gewesen. Eine große Schlange ist mir begegnet, und ich bin die Schlange geworden und habe gespürt, wie anders sich mein Rückgrat angefühlt hat. Dann ist mein Schutzgeist erschienen. Er hat mir angeboten, er würde mich lehren, wie man als Schlange fliegt. Und dann hat er mir gezeigt, wo die Federn sind an meinem Körper.

Cindy (Cuyamungue, August 1986): Ich bin ein grauer Wolf gewesen, und mein Körper ist hinuntergesunken, und der Gestank war intensiv. Mir knurrte der Magen, und ich habe beschlossen, jagen zu gehen. Ich habe die Brust geweitet und bin in großen Sätzen davongesprungen. Das hat sich herrlich angefühlt, so zu laufen wie ein Wolf, aber dann hatte ich genug davon. Ich habe Elisabeth gesehen und habe sie gefragt: »Bist du ein Wolf?« Da war sie weg, und mir wurde bedeutet: »Du mußt das Leben als Wolf meistern, damit du ein Mensch sein kannst.«

Nydia (Cuyamungue, August 1986): Ich war in einem blauen Tunnel, der ist weiter unten grün gewesen. Vor mir ist ein Jaguar gewesen; wir sind zusammen weitergegangen, ich habe mich an seinem Schwanz festgehalten. Wir sind zu einem gewundenen Fluß gekommen, das Wasser hat frisch gerochen. Der Jaguar hat sich in eine Eidechse verwandelt, vielleicht war es auch ein Salamander, dann war er wieder ein Jaguar. Dann hat sich der Jaguar in einen Wolf verwandelt; er hat goldene Augen gehabt und sein Pelz hat sich weich angefühlt. Ich war das Junge, er hat mich aufgehoben, und wir sind durch den Schnee gestampft. Der Wolf hat eine Antilope getötet, wir haben das Blut geleckt und haben sie gefressen.

Gabi (Cuyamungue, August 1986): Irgend etwas hat mich nach hinten gezogen, und in dem Augenblick ist mein Mund zu der Schnauze von einem schwarzen Jaguar geworden. Ich war sehr hungrig, aber ich habe nichts zum Jagen gefunden.

Außerdem haben mir meine Füße weh getan. Dann bin ich eingeschlafen. Es ist ein schwarzer Tiger vorbeigekommen, der hat seine Pratzen auf meine Schultern gelegt; das hat sich gut angefühlt, aber es war doch sehr unbequem.

Statt der Tiergestalten erscheinen öfter Vertreter der Pflanzenwelt und Insekten, wie das bei einer Wesenheit wie der Maisgöttin eigentlich auch zu erwarten ist. Im Frühjahr 1986 wurde mir in Utrecht erzählt: »Ich bin im Dunkel, wir sind alle zusammen Wurzeln.« Statt der Wurzeln können auch die Keimblätter auftauchen.

Peti (Utrecht, 1986): Ich konnte fühlen, wie sich die Energie zu stauen begann. Ich habe nichts gesehen, aber ich habe die Farben gespürt, die waren rot und braun und sind herumgewirbelt. Ich bestand aus zwei Hälften, die haben die Energie aufgesogen. Die Zellen und die Muster haben sich gespalten, dann sind noch mehr Farben gekommen. Ich bin aus meiner Form herausgewachsen.

Daß man durch die Erde stößt und weiterwächst, ist ebenfalls eine Abart dieses Erlebnisses.

Isi (Cuyamungue, August 1986): Ich bin von Erde und Sand umgeben, das fühlt sich bequem an, aber ich habe versucht, ein Loch zu machen, und ich habe nicht gewußt warum. Dann habe ich eine Stimme gehört, die hat gesagt: »Du bist ein Samen, du suchst das Licht, die Sonne!« Also habe ich angefangen, Wurzeln hervorzubringen und habe gefühlt, daß ich wirklich ein Samen bin. Ich bin durch die Oberfläche gestoßen und habe die Sonne gesehen, und das war wunderbar. Ich bin immer weiter gewachsen und war schließlich ein Getreidefeld. Ich bin noch weiter gewachsen, und schließlich bin ich bis zum Himmel gewachsen; das ist ein schöner Unterschied gewesen, erst war ich in der Erde, nun war ich im Himmel, und es gab nichts weiter als nur den Wind. Plötzlich habe ich auf einem Zweig gesessen, ich war ein großer Vogel, aber der Zweig war klein, und ich habe Angst bekommen. Dann habe ich angefangen, mit dem Wind zu spielen, ich habe mich nicht mehr gefürchtet und bin dann mit dem Wind im Kreis herumgeflogen.

Obgleich Belinda weder Namen noch Herkunft der Haltung vorher kannte, verwandelte sie sich schon beim ersten Mal in eine Maispflanze. Etwa von der Mitte der Übungen an hatte sie allerdings keine Energie mehr, wie das bei Metamorphosehaltungen leicht geschieht, und konnte keine Pflanze mehr bleiben.

Belinda (Cuyamungue, August 1985): Am Anfang habe ich überhaupt nichts gefühlt. Ich bin in der Erde und sehe gar nichts. Dann habe ich angefangen, mich hinauszubewegen, und dabei habe ich dann gemerkt, daß ich eine Maispflanze bin und so hoch hinaufwachse wie ein Berg. Ein brauner Bär ist aufgetaucht, der hat mir die rechte Brust abgerissen; aber das war ein Maiskolben, und er hat den aufgefressen. Da war ich also im Magen des Bären, und rundherum war ein wirklich übler Gestank. Der Bär war eine Bärin, die ihr Junges gesäugt hat, und ich bin aus ihrer Brust herausgekommen und war die Milch. Plötzlich habe ich einen intensiven Schmerz gefühlt, ich bin geflogen und bin in einem runden Nest gelandet. Ich habe mich umgeschaut, um zu sehen, was da drin ist, und habe zugesehen, wie sich eine schwarze Statue aus dem Loch emporgehoben hat; die war in dieser Haltung und hat sich in weißen Marmor verwandelt. Ich konnte den Schmerz in meinen Füßen fühlen und habe mich gefreut, daß gerade in dem Augenblick meine Löwin aufgetaucht ist. Wir haben uns beide gefreut. Sie hat mir erlaubt, daß ich ein Teil ihres Körpers werde, und wir haben uns so hin- und herverwandelt, bis die Rassel aufgehört hat.

Im nächsten Sommer hat sich Belinda aber in einen Schmetterling verwandelt, obgleich sie im Vorjahr eine Maispflanze gewesen war.

Belinda (Cuyamungue, August 1986): Ich hatte sofort das Gefühl des Strudelns. Ich war in einer Blume drin, ich habe den Stempel gesehen, der war wie ein dickes Tau. Daran habe ich mich festgehalten und habe angefangen, aus der Blume rauszuklettern und dann runter auf die Erde. Dann habe ich unten am Stamm der Pflanze gesessen und habe mir überlegt, was ich nun tun soll. Ich bin zu einer anderen Blüte gelangt; das war eine Schwertlilie, das habe ich sehen können, und sie war sehr schön. Dann gab es eine Wahrnehmung wie von Surren und schnell atmen. Neben der Pflanze habe ich eine Schlange gesehen, darüber habe ich mich aufgeregt und bin schnell wieder in die Pflanze zurück. Ich habe angefangen, ganz schwer zu atmen; plötzlich bin ich auseinandergebrochen; und ich war ein gelber Schmetterling auf einem Blumenfeld. Ich habe angefangen, Honig zu naschen, dann bin ich hinaufgeflogen in die Berge. Ich habe mich in den Zweigen versteckt und habe die Landschaft gesehen und habe mich in den Zweigen beschützt gefühlt. Ich habe ein starkes Licht gesehen; als ich mich dem zugewandt habe, habe ich mich in eine Kobra verwandelt.

Belindas Erlebnis ist ähnlich wie das, das im darauf folgenden Jahr in der Schweiz berichtet wurde. In diesem Fall ergab sich eine sonderbare Überkreuzung. Die Männer nahmen die Haltung des tätowierten Jaguars ein, die Frauen die der Maisgöttin. Urs jedoch erlebte in männlicher Abwandlung das, was gewöhnlich in der Haltung der Maisgöttin geschieht.

Urs R. (Sommerau, 1987): Etwas hat mich an den Händen genommen, und dann bin ich raus wie mit einem Katapult und habe mich um die eigene Achse gedreht. Mir waren die Füße kalt. Plötzlich bin ich auf einer Riesenanemone gelandet. Die Sonne hat geschienen, und es war warm. Eine Hummel ist neben mir gelandet und hat mich gefragt: »Sammelst du auch Honig?« Ich habe nein gesagt, aber ich würde es versuchen. Die Anemone hat sich in eine Margerite verwandelt; es ist ein Riesenschmetterling aufgetaucht, der hatte einen roten Leib und weiße Flügel mit gelben Tupfen. Der sagt: »Du gefällst mir, kommst du mit?« Aber ich war zu langsam, ich bin ausgestiegen, und ich fliege, bin aber in einem Füllhorn gelandet mit goldgelb-orange durchsichtigen Wänden, und ich mußte immer weiter hinein. Plötzlich gab es ein grelles Licht;

eine weiße Figur ist aufgetaucht, die hat die Arme ausgebreitet, und eine Stimme sagt: »Hinter der Frau kannst du abstürzen.« Und eine andere Stimme sagt: »Du mußt durch die Frau durch, um zu deinem Ziel zu kommen.« Ich bin durch sie durch und bin nicht in den Abgrund gestürzt, sondern war in einem griechischen Tempel. Da waren halbmondförmig neun Statuen aufgestellt; in der Mitte stand ein schwarzer Stier mit riesigen Hörnern. Die Statuen wechseln das Gesicht, sie erscheinen als Füchse, als Libellen und noch mehr. Ich frage: »Was soll ich hier tun?« Aber dann war die Rassel aus.

Kapitel 11

Wie man Feste feiert

Unser Freund Franz teilte uns mit, daß wir während des Workshops im Buddhistischen Zentrum in Scheibbs im Frühjahr 1985 einen Maskentanz aufführen würden.

»Lieber Freund, liebe Freundin«, schrieb er in seiner Einladung, »du hast mit Felicitas Goodman schon den Basiskurs für Trance und religiöse Ausnahmezustände absolviert. Wir planen nun für dieses Jahr eine tiefere, weitergehende Arbeit mit Felicitas, um unser Wissen über Trance und Ekstase zu vertiefen und uns darin zu üben, sie in unser Leben zu integrieren. Das alles soll aber nicht so furchtbar ernst sein, wie es hier steht, sondern auf jene Art geschehen, wie es in den alten Kulturen stattfand – als Spiel zwischen den Dimensionen der Welt, als kultischer Akt der Freundschaft und Verbindung mit allem, was uns umschließt...«

Ich kam am ersten Tag spät von einer anderen Veranstaltung an und hatte die Einladung noch nicht gesehen. Wir hatten die Sache nur in groben Zügen besprochen. Ich wußte eigentlich nur, daß Franz seinen Freund Rudl, einen Wiener Maskenbildner, gebeten hatte, uns zu zeigen, wie man Masken macht. Wir versammelten uns im oberen Meditationssaal, und Franz begrüßte die vierzehn Teilnehmer. Dann wandte er sich mit einem zuversichtlichen Lächeln an mich und sagte, »So, Felicitas, nun beschreib uns mal so ein Ritual, und dann können wir ja anfangen.«

Mir war wie einem Zauberer, den man mit leerem Hut ertappt hat. Womit sollte ich denn hier aufwarten? Um Zeit zum Nachdenken zu gewinnen, begann ich zu erklären, daß außereuropäische Rituale uns wohl als Vorbild dienen können, daß sie aber in einen gesellschaftlichen Zusammenhang eingebettet sind, den wir niemals künstlich schaffen können. Wir müßten deshalb etwas ganz anderes tun, etwas, das uns ganz allein gehören würde. Während ich noch sprach merkte ich, wie eine Idee langsam Gestalt annahm. »Wir wollen einen Maskentanz machen«, führte ich aus, »also müssen wir uns vor allem erst einmal überlegen, was für eine Maske wir machen wollen. Statt mit dem Ritual anzufangen, laßt uns doch andersherum anfangen und uns zuerst mit der Maske befassen«, schlug ich vor. Und da unsere Freunde »auf der anderen Seite« ja immer bereitstehen und helfen wollen, fügte ich hinzu: »Wir könnten doch in die Unterwelt gehen. Vielleicht sehen wir dort irgendeinen Geist, der uns als Vorbild für die Maske dienen kann.«

Statt rational vorzugehen, was bei uns im Westen übliche Methode ist, hatte ich demnach die Eingebung, ich müsse die Gruppe auf die andere Wirklichkeit hinweisen. Das war neu, aber diesen Freunden war das ekstatische Erleben ja bereits geläufig. Der Maskentanz sollte schließlich ein religiöses Erlebnis sein, also war es logisch, daß wir seine Gestaltung den Kräften anvertrauen, denen diese Aufgabe rechtmäßig zusteht. In die Unterwelt zu gehen, wo wir alle schon gewesen waren, war ein einleuchtender erster Schritt. Meine Teilnehmer waren der gleichen Meinung.

Unsere Geisterfreunde waren anscheinend ebenfalls einverstanden. Das konnte man schon dem entnehmen, was Jolanda, die als erste berichtete, nach der Fahrt in die Unterwelt zu erzählen hatte. Das passiert mir übrigens öfter: Wenn ich bei einem neuen Unterfangen in Zweifel bin, ist der Bote der Geister meist der erste, den ich anrufe. Die Wahl scheint willkürlich, wird aber in Wirklichkeit vorgesagt, zart wie ein Windhauch und dennoch klar vernehmlich. In diesem Fall hätte der Bescheid kaum besser formuliert werden können. In der Höhle, in die Jolanda gelangte, setzte der Indianer ihr seine eigene Maske auf.

Jolanda: Um mich herum war Nacht, ich fliege hoch zu den Sternen und habe mit den Sternen getanzt. Dann bin ich zwischen Steinen, und Wasser kommt heraus. Dann war ich in der Erde; ich habe mich gefürchtet, es war unheimlich. Ich suche einen Weg aus dem Dunkel, und die Rassel klingt wie Muscheln, die aneinanderschlagen. Ich verwandle mich in einen Vogel und fliege mit einem Raben weg, der setzt mich ab vor einer Höhle. In der Höhle will ich mich ausruhen; aber in der Höhle ist ein Indianer, der trägt eine schwarze Löwenmaske, die hat er mir aufgesetzt. Dann war Rauch vor mir, und der Indianer war weit weg.

Die anderen Teilnehmer berichteten vor allem von Verwandlungserlebnissen. Das heißt, daß das Zusammentreffen mit den maskierten Geistern bei den Besuchern in der Unterwelt eine Verwandlung hervorgerufen hat. Das hat mich überrascht, denn wie wir wissen, ist ein Besuch in der Unterwelt gewöhnlich eine Fahrt, eine abwechslungsreiche Reise, und eine Verwandlung kommt normalerweise nicht vor. Ich habe mich natürlich gefreut, denn wir waren offensichtlich richtig vorgegangen. Die Verwandlung wird oft von Stämmen berichtet, in denen Masken rituell gebraucht werden. Der Maskierte verwandelt sich in das dargestellte Wesen. Meine Teilnehmer berichteten, daß sie sich schnell verwandelt hätten, in einen Bären zum Beispiel oder in eine Eule, in eine Krähe oder eine Wildkatze mit schwarzen Flecken, in einen Tiger, in einen Löwen, in einen Hirsch, in eine Schlange oder in eine Ziege. Gerhard ist ein Panther geworden.

Gerhard: Ich klappe nach hinten, und wie auf Rollschuhen bin ich in einen Raum gerutscht und auf dem Rücken gelandet. Etwas oder jemand hat mich runtergeworfen und ist um mich getanzt. Der Panther erscheint und ist in mich hineingeschlüpft, ich habe genau gespürt, wie mich das verändert. Ich laufe den Berg rauf, und ein Typ mit Hut, aber ohne Gesicht, und ein Vogel sind mit mir gelaufen. Hinter dem Berg war nichts, es waren nur Formen, und wir drei sind reingesprungen. Ich schwebe, ich werde getragen; sie legen mich in eine goldene Flüssigkeit, dadurch verwandle ich mich in einen goldenen Panther. Dann verwandle ich mich in ein Pferd, ich schlüpfe aus dem Pferd raus und sitze als Panther auf dem Pferd. Dann haben wir uns aufgelöst, intensiv aufgelöst, ich bin nicht da. Der Typ mit dem Hut trägt mich auf der Schulter über den Berg, dann tut er mich runter von der Schulter. Ich fahre durch ihn durch, dann bin ich wieder da.

Ewald lernt einen Drachen kennen.

Ewald: Ich gleiche mich dem Boden an, ohne Luft dazwischen. Dann bin ich bei einem Lagerfeuer, es sind Leute ums Feuer. Ich habe mich umgeschaut, aber es kommt nichts. Dann ist er da, rechts neben mir ein Drache, schemenhaft. Er geht weg, er wird immer größer. Meine rechte Seite ist gespannt und tut weh. Ich frage ihn um Hilfe; und der Drache hat alles weggekratzt, es ist nichts mehr da, aber es tut wohl. Sogar das Auge hat er weggekratzt. Ich nehme seine Gestalt an, das Gefühl ist körperlich. Dann komme ich in Wasser hinein, und die Rassel ist aus.

Fritz findet eine Schnee-Eule.

Fritz: Ich sehe den weißen Kopf einer Eule. Es ist alles schemenhaft; sie winkt mir zu. Alles andere ist schwarz. Ich bin in einer finsteren Schlucht, brennendes Wasser fließt durch die Schlucht; ich verwandle mich in die Eule.

Wir hatten bei dieser Übung ein Tonband benutzt, damit ich auch mitmachen konnte, aber ich war enttäuscht von meiner Fahrt. Eine ganze Weile geschah überhaupt nichts, dann habe ich einen kühlen, zarten Windhauch gespürt. Einige Lichtstreifen sind vorbeigehuscht wie Sternschnuppen; dann sind hellgrüne Weidenzweige aufgetaucht mit gelben Flecken von Sonnenlicht. Hinter den Zweigen versteckt konnte ich hellbraunes Fell sehen, aber ich konnte nicht unterscheiden, was das war. Das Rasseln war viel zu kurz. Gegen Ende habe ich nur noch den leichten Wind gefühlt, der mich umwehte. Statt der gewohnten Begeisterung hinterließ das Erlebnis ein unbestimmtes Angstgefühl, für das ich keine Erklärung hatte. Was wurde mir da mitgeteilt?

Erst am nächsten Tag habe ich die Antwort erhalten. Zum ersten Mal, so schien es mir, waren wir nicht nur Wanderer in der Unterwelt gewesen, sondern hatten dort Kräfte aufgerührt, von denen wir im Grund gar nichts wußten. Daher kam vielleicht meine Furcht. Ich hatte das Gefühl, daß wir nun ein Ritual machen mußten, um zu erfahren, wie wir mit diesen Kräften umzugehen hatten, um sie gewissermaßen zu gestalten. In der

Vorstellung der Puebloindianer sind die Wesen jenseits der gewohnten Wirklichkeit »roh«. Um mit ihnen umgehen zu können, müssen wir sie in etwas dem Menschlichen Verwandteres übertragen. Das ist es, was schon seit eh und je Aufgabe des Rituals war. Wo allerdings sollten wir das geeignete Ritual hernehmen? Ich schlug vor, daß wir uns mit dieser Frage an unseren weisen alten Ratgeber, den Wahrsager von Tennessee, wenden sollten.

Diesmal machte ich allerdings nicht mit, sondern schrieb nur alles auf. Vor mir liegen die Notizen, die ich damals so eilig zu Papier gebracht habe. Sie erinnern mich erneut daran, wie freudig erregt ich war, als ich das ganze Tanzritual völlig unerwartet vor mir auftauchen sah. In der lichten Trance, die mich beim Rasseln oft überfällt, sah ich eine ekstatische, glanzvolle Frühlingsfeier vor mir. »Ich lebe ein Märchen«, habe ich später geschrieben als ich anfing, die Einzelheiten des Tanzes auszuarbeiten. Auf unsere bescheidene Bitte hin war uns die gesamte Zeremonie in allen Einzelheiten offenbart worden. Später haben wir dann die Haltung noch einige Male wiederholt und erhielten zusätzliche Anweisungen über die Kulisse und selbst an sich nicht so wichtige Winke, wie daß wir vor dem Tanz fasten sollen. So haben wir jedenfalls ein Erlebnis gedeutet, das Ewald mit seinem Drachen gehabt hat. Ewald hat einen Tisch gesehen, reich gedeckt mit einem lukullischen Mahl, aber der Drache hat ihm gesagt, er dürfe nichts davon essen. Ewald hat getrotzt, woraufhin der Drache den Tische an einer Ecke anfaßte und ihn umkippte, so daß all die schmackhaften Speisen auf die Erde fielen. Wir wurden auch angewiesen, unser Singen in der Haltung des singenden Schamanen in den Tanz einzubauen. Die Abbildungen 43 bis 46 zeigen, daß diese Feierhaltung vielerorts bekannt und beliebt ist, in Melanesien und Neuguinea, auf den Kykladen schon vor fünftausend Jahren und sicher ebenso lange auch in Amerika, vom Nordpol bis nach Mittelamerika.

Ohne den schwarzen Strich abzuwaschen, den sie sich für die Wahrsagerhaltung angemalt hatten, gingen die Teilnehmer nach der Sitzung in den großen Raum im Erdgeschoß, wo das Material für die Masken schon bereitlag. Sie nahmen sich kaum Zeit zum Mittagessen und bemerkten erst hinterher, daß sie gut neun Stunden an den Arbeitstischen gestanden, Lehm geformt, die Gebilde mit Folie überzogen und Lagen von Papier und Stoff

 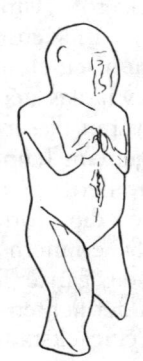 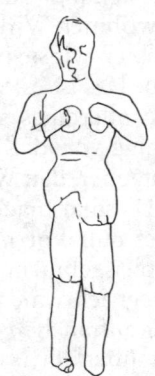

Abb. 43: Singender Schamane, Holz, amerikanische Nordwestküste, 19. Jahrhundert

Abb. 44: Walroßzahn, Eskimo, Bering-See, 100–300 n. Chr.

Abb. 45: Kreta, 5000–4000 v. Chr.

  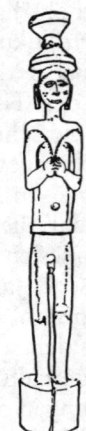

Abb. 46a: Tonfigur, Cochiti Pueblo, Neumexiko, zeitgenössisch

Abb. 46b: Kalkstein, Neuguinea

Abb. 46c: Holz, Pitiliu, Admiralty Islands, Melanesien

draufgeklebt hatten. Alle warteten ungeduldig, bis ihr Werk trokken war und sie die Masken anmalen konnten, damit ihre Visionen sichtbar wurden.

Eigentlich hatte ich vorgehabt, mich in mein Zimmer zurückzuziehen und den Tanz zu schreiben. Schließlich hatte ich keine klare Vision gehabt, außer einem flüchtigen Eindruck von braunem Pelz hinter Weidenzweigen. Ich hatte keine Ahnung, was sich dahinter versteckt hatte. Dann konnte ich der Versuchung aber doch nicht widerstehen und beschloß, das Maskenbilden auch einmal zu versuchen. Da ich meinen rechten Arm schonen mußte, um gut rasseln zu können, fing ich an, den Lehm mit der linken Hand zu gestalten. Kaum hatte ich jedoch die Finger im Lehm, begann sich ohne jede bewußte Absicht eine Wesenheit aus der formlose Masse herauszulösen. Je mehr ich arbeitete, desto klarer wurde das Bild. Scheinbar ohne mein Dazutun wurde es immer deutlicher das Gesicht eines Büffeltänzers, halb Mensch, halb Tiermaske, schlicht und kraftvoll. »Guck mal«, sagte ich zu denen, die um mich herum arbeiteten, »das ist das Geheimnis, so tritt es zutage!« Aber das hat niemanden interessiert. Sie waren alle zu sehr mit ihrem eigenen Geheimnis beschäftigt.

Rudl, unser Maskenbildner, ging mittlerweile von einem zum anderen und schüttelte den Kopf. Er brauchte keinem in irgendeiner Weise zu helfen, außer mit handwerklichen Anweisungen. Kaum einer von uns hatte je eine Maske gemacht, und dennoch erblühte unter unseren ungeübten Fingern eine Schönheit, die er in den Kursen, die er bisher gegeben hatte, überhaupt noch nicht zu sehen bekommen hatte. »Was ich gewöhnlich bekomme«, sagte er, »sind gequälte, zerknautschte Gesichter, denen man den Konflikt und die Zerstörung sofort ansieht.«

Der nächste Tag war ausgefüllt mit der Fertigstellung der Masken und mit der Anfertigung von Kostümen und Kulissen. Wir haben auch Trancesitzungen gemacht, was die Spannung in Gang hielt und dafür sorgte, daß die wunderbare Energie nicht zum Versiegen kam. Überraschenderweise hat das auch denen geholfen, die sich über gewisse Einzelheiten ihrer Maske noch nicht völlig im klaren waren und auf diese Weise zusätzliche Anweisungen erhielten. Franz wurde gezeigt, wie er seine Bärenmaske halb schwarz, halb weiß anmalen solle. Zum ersten Mal bekam

Rudl seinen rot-schwarzen Tiger genau zu Gesicht. Statt eines Heilungserlebnisses in der Bärenhaltung, das allen anderen zuteil wurde, bekam Christian St., der bei der Fahrt in die Unterwelt nicht dabei gewesen war, eine kurz gefaßte Anleitung, was die Geister beim Tanz von ihm erwarteten.

> *Christian:* Ich war in einer Landschaft voll von Wildschweinen. Eins war dabei, ich habe nur seinen Kopf gesehen, das schaute mich an, und ich habe das Gefühl von ungeheurer Kraft gehabt, die da durchbricht. Eine hagere Gestalt mit einer Wildschweinmaske steht neben mir zur Linken oder vielleicht zur Rechten, das weiß ich nicht mehr, und legt mir ein borstiges Fell über meine Schultern. Ich tanze mit der Wildschweinmaske, und wie ich hinunterschaue, sehe ich von unten, daß meine Füße sich in Wildschweinpfoten verwandelt haben. Ein Rudel von sieben oder acht Wildschweinen rennt vorbei zum Wasser, sie schwimmen. Ein riesengroßer Keiler hat mir einen Schubs auf die Brust gegeben. Ich liege am Boden, ich nuckle an der Zitze von einer Wildsau, und dann fressen mich die Wildschweine; meine Gedärme liegen auf der schwarzen Erde. Dann hat unsere ganze Gruppe getanzt, und der Wildschweinmann tanzte mit uns.

Am Morgen vor dem Tanz haben wir dann die fertigen Masken in feierlichen Prozessionen in den oberen Saal gebracht und sie rundum an der Wand aufgestellt. Ich hatte das Gefühl, daß sie bis zu diesem Zeitpunkt nur Gebilde waren, unbeseelte Körper. Ich überlegte mir, wie ich wohl die Geister einladen könnte, von diesen Hüllen Besitz zu ergreifen, die wir für sie geschaffen hatten. Es gibt eine Haltung, die wir das Rufen der Geister nennen und über die ich im dritten Teil etwas erzählen werde. Bei dieser Haltung werden die Knie leicht gekrümmt, der Kopf ist zurückgelehnt, der Mund ist offen, und die Hände werden mit gespreizten Fingern in die Leistengegend gelegt (Abbildung 47). Soweit ich wußte, vermittelt diese Haltung ein Erlebnis, bei dem man sich in den Lebensbaum verwandelt, und die Geister versammeln sich rundherum. Ich war mir nicht sicher, ob sich diese Haltung auch für den mir vorschwebenden Zweck eignet, aber ich hatte keine Wahl.

Abb. 47: Stein, La Venta,
olmekisch, 800 bis 400 v. Chr.

Ich bat also die Teilnehmer, diese Haltung einzunehmen, und mit einem wortlosen Gebet und geschlossenen Augen begann ich zu rasseln. Sie kamen an wie Schatten, die im Wind wehen, eine Prozession von Geistern, die lautlos in die Masken schlüpften. Ähnliches haben auch die anderen wahrgenommen; keiner hat sich in einen Baum verwandelt, und wie die im folgenden zitierten Beispiele zeigen, erlebten alle eine sehr klare Begegnung mit ihrer Maske und deren Geist.

Christian St. (Wildschwein): Ich stehe an einem Baum über einem Abgrund. Ich trage die Maske, und die Maske knabbert mich an und sog mich aus. Wir alle tanzen mit den aufgesetzten Masken, die Masken verschmelzen miteinander; es ist wie ein riesiger Polyp, seine Arme berühren uns alle. Mein Körper ist die Maske.

Gerhard (Panther): Die Rassel tritt in mich ein, und ich rutsche in ein Loch rein. Wir sind alle in dem Loch, die Geister begrüßen uns, und sie führen uns in einer Schlangenlinie weg. Ich habe meine Maske auf, von hinten fühle ich eine starke Kraft; sie kommt zu mir, es ist überwältigend. Ich knurre, ich bin nun der Panther; ich laufe, trinke klares Wasser, dann schlüpfe ich in einen Baum, da ist Ruhe drin. Ich sitze oben auf dem Baum mit den witzigen Figuren, der Mann mit dem Hut ist da und der Vogel, und wir tanzen.

Ewald (Drache): Die Geister versammeln sich in diesem Raum, und der Drache nimmt seine Maske an. Ich verwandle mich in einen Drachen, und der Drache und ich kämpfen miteinander. Davon bekomme ich viel Energie. Wir gehen zusammen durch den Nebel, und dahinter ist eine andere maskierte Gestalt. Ich habe den Drachen gefragt, was das ist, aber er hat nicht geantwortet. Statt dessen nimmt er mich über eine Wiese, und es wird dunkel. Wir treffen eine schwarze Katze, die ist sehr aggressiv, und eine maskierte Gestalt mit einer Schlange. Die wollen mich angreifen, aber mit meinem Feueratem jage ich sie weg.

Fritz (Schnee-Eule): Ich sehe wie Schamanen wild im Kreis tanzen, und wir in unseren Masken formen einen zweiten Kreis um sie herum. Ich sehe mich selbst, und eine schwarze Gestalt kommt auf mich zu, daneben sind einige helle Gestalten. Die Hellen schlüpfen in mich hinein; ich bin weiß und werde zur Eule, zur Jägerin der Nacht. Ich sehe die Zeit, ich stehe steif und starr und wandle mich in die Jahreszeiten.

Ilse (Ziege und Schlange): Meine Ziege springt von links heran und setzt sich menschlich hin, mit gekreuzten Beinen, und sagt, ihre Ohren wären zu klein. Wir haben ein angeregtes Gespräch, bis von unten Energie hochkommt und ich mich in eine Schlange verwandle. Fünf Zicklein erscheinen, die kondensieren sich in die Ziege. Hinter ihnen sind viele Maskentiere; sie sind in Rauch gehüllt, der sich nach oben ringelt. ...Zum Schluß verwandle ich mich in die Zunge der Ziege, die auch die Schlange ist.

Susie (Paradiesvogel): Der Adler erscheint vor mir und setzt sich die Maske auf. Ich höre Musik; und der Adler lädt mich ein mitzukommen. Wir kommen zu einem Baumstumpf; darin ist eine goldene Tür, und wir treten ein, setzen uns und essen. Alle Tiere waren da, sogar die Ziege mit gekreuzten Beinen. Sie fangen an zu tanzen, und der Adler und ich fliegen weg.

Jolanda (Berglöwe): Der Berglöwe steht hinter mir, er ist ganz naturalistisch. Er tut seine Tatzen auf meine Schultern, bis ich mich hinlege. Er tut Erde und Laub auf mich. Rundum hat er dann Trichter gesetzt und da hinein Lichter. Dann geht er den Berg rauf, und kleine Löwen versammeln sich um mich. Dann stehe ich vor ihm, er schlägt auf meinen Kopf, dann kratzt er auf meiner linken Brust, zieht mir die Haut ab und hat mich in einem Kessel gesotten. Die kleinen Löwen schütten den Kessel aus, er nimmt mich an den Händen in eine Höhle, gräbt eine Kuhle und tut Feuer rein. Der Wind säuselt um mich herum, und es kommen Glühwürmchen.

Da der Tanz, der Wahrsagung entsprechend dem Frühling feiern sollte, habe ich am Abend davor als abschließende Haltung die der gefiederten Schlange gewählt, die das Erlebnis des Sterbens und des Wiederauferstehens vermittelt. Ich werde sie in Kapitel 13 auf Seite 259 besprechen. Diese Haltung vermittelte einen so befriedigenden Abschluß, daß wir sie auch in mehreren nachfolgenden Tanzworkshops zu diesem Zweck eingesetzt haben.

Während dieses Workshops war so viel geschehen, daß wir das Gefühl hatten, eine Ewigkeit zusammen gewesen zu sein, als der Tag des Tanzes endlich heraufdämmerte. Geprobt hatten wir den Tanz nur einmal. Es war einfach, sich die einzelnen Szenen zu merken, weil die Hauptrolle in jedem Fall dem zugeteilt worden war, der sie ursprünglich erlebt hatte. Franz hatte die Verantwortung für die Tonaufnahme übernommen, und es war meine Aufgabe, für die Szenenfolge zu sorgen. Wie es der Drache angeordnet hatte, aßen wir kein Frühstück und versammelten uns am frühen Morgen in vollem Kostüm im oberen Meditationssaal, um die Masken ins Erdgeschoß zu bringen. Ich will versuchen, den Tanz so zu beschreiben, wie ihn vielleicht ein Zuschauer hätte erleben können.

Man stelle sich einen schlichten, weißen Raum mit niedriger Decke und kleinen Fenstern hinter dicken, mittelalterlichen Mauern vor. Das Morgengrauen ist kaum zu ahnen. Es ist nichts weiter zu sehen als ein kleiner Tisch mit einer Schale und eine große gelbe Scheibe, die in der Mitte des Raumes von der Decke hängt. Eine Schlange umrandet die Scheibe, sie erscheint in dem blassen Licht als grauer Strich.

Im dunklen Hintergrund hinter den Säulen öffnet sich eine Tür, und ein Aufzug von vermummten Gestalten tritt auf leisen Sohlen in den Saal, jede mit einer Maske in der Hand, die kaum als Umriß zu sehen ist. Sie versammeln sich in einem offenen Kreis um den Tisch. Jede Gestalt tritt einzeln zu der Schale, nimmt etwas Mehl, atmet darauf, um es zu segnen, streut es auf die Maske als Speiseopfer und setzt dann die Maske auf. Plötzlich ist der Raum verzaubert, die Sonne ist aufgegangen, und in den ersten Lichtstrahlen werden Tiger und Panther sichtbar, Vogel, Eule und Büffel, Wildschwein, Drache und Panther und Bär und daneben rote und goldene Fabelwesen. Sie scharen sich um die Ziege in der Mitte, um deren Hörner sich eine rötlichgelbe Schlange windet.

Anfangs kaum hörbar und nur vom rhythmischen Klang der Rassel untermalt, beginnen Stimmen zu erklingen, erst nur wie ein fernes Summen, als kämen sie aus den Schluchten der Erde. Sie werden lauter, breiten sich aus wie ein Regenbogen aus Harmonien, wie ein aus der Ferne tönender gregorianischer Choral. Hier und da züngeln leuchtende Flammen, ekstatischen Tonzungen gleich, hoch und huschen über die getragene Grundlinie des Gesanges. Die Masken beginnen, im Takt der Rassel zu tanzen, und der beständige dumpfe Aufschlag ihrer Schritte ist der Faden, der die Perlen des Tanzes wie an einer Kette zusammenhält.

Am Tisch reicht die Ziege, Urkraft des sprießenden Lebens, jeder Maske eine kleine Schale; und wie sich im Frühling schüchtern das neue Leben regt, so entspringt unter ihren Händen eine winzige Flamme und zündet die im Wasser schwimmenden Kerzen an. Die Masken wenden sich, tanzen mit hochgehaltenen leuchtenden Schalen hinter der Ziege her, bis sich unter der Sonnenscheibe eine immer schneller kreisende Spirale bildet. Plötzlich lüften kaum sichtbare Helfer die Vorhänge; die winzigen Funken zergehen im hellen Licht des ersten Frühlingstages. Dann werden die Kerzen abgestellt, und die Masken, deren leuchtende Farben das Sonnenlicht zum Leben erweckt haben, tanzen weiter ihre Spirale unter dem Sonnenschild.

Noch hat jedoch der Frühling nicht über die Kräfte des Winters gesiegt. Der Paradiesvogel erscheint in der Mitte der Spirale, die Maske strahlt gelb, grün, blau. Er gibt ein Zeichen, und die

Masken tanzen in die Schatten und kehren zurück, die Köpfe gesenkt; jede hält einen Stab auf dem Rücken, denn das Eis hält das sich regende neue Leben noch in seinen Banden. Im Kreis kommen sie auf den Paradiesvogel zu; der Kreis wird immer enger, will das sprießende Leben in seiner Mitte ersticken.

Aber der Neubeginn kann nicht mehr unterdrückt werden. Der Berglöwe kommt und nimmt den Kampf auf. Er löst sich aus dem Kreis der Tänzer, eine geschmeidige schwarze Gestalt mit hellblauen Augen, den roten Kreis der Sonne auf den Handflächen. Der Berglöwe trägt die Scheibe der neuen Sonne in seinen erhobenen Händen, und so tanzt er auf den Kreis zu. Die Kraft der Sonne spaltet den Kreis, und der Berglöwe kann eintreten. Er erreicht die alte Sonne, hängt die neue darauf, und die Schlange des erneuerten Lebens vereinigt sie beide. Aber mit gebeugtem Rücken sind die Masken immer noch an die Kräfte des Winters gefesselt. Nun tritt der Berglöwe auf jede einzelne zu und nimmt ihr den Stab ab. Befreit von ihren Fesseln drehen sich die Masken um die eigene Achse und tanzen weiter. Sie tragen jetzt bunte Tücher; jede tanzt einzeln auf den Berglöwen zu und reicht den Stab als Gegengabe, der jetzt, verwandelt, das siegreiche Leben feiert, denn die Masken tanzen nun am Fleck und stampfen mit dem Stab auf den Boden im Takt zur Rassel. Der siegreiche Berglöwe tanzt in der Mitte mit den wehenden bunten Tüchern, bis alle Masken auf ein Zeichen hin in die Ecke laufen und ihre Stäbe hinlegen. Der Berglöwe legt die Tücher darauf, als Gabe an die Erde.

Nun ist der Frühling wieder Herr, und die Zeit der Initiation ist herangerückt. In jugendlichem Überschwang tanzt der schwarze Panther an den Kreis heran, wo die Masken sich an den Händen halten. Unter ihren ausgestreckten Armen tanzt er aus dem Kreis hinaus und wieder hinein, verfolgt von dem Berglöwen. Nachdem er unter allen Armen durchgetanzt ist, läuft er in die Kreismitte, immer noch vom Berglöwen verfolgt. Er ist erschöpft, bricht zusammen und muß nun auf Brust und Rücken die Krallen der Initiation vom Berglöwen erleiden.[1]

Nun ist der junge Panther ein vollwertiges Mitglied des Kreises. Unter der Führung des Berglöwen übernimmt er die Leitung des Kreises, löst ihn auf und tanzt mit den anderen Masken den Schlangentanz.

Die Initiation ist aber nicht nur der Triumph des Lebens. Auch der Abstieg in den Tod gehört dazu. Eine goldene Maske, halb Mann, halb Tier, in einen schwarzen Schal gehüllt, tanzt nun an der Spitze der Masken, die eine gerade Linie bilden. Der schwarze Schal ist schwer; die Maske versucht vergeblich, ihn abzuschütteln und bricht schließlich unter seinem Gewicht zusammen wie unter einem Leichentuch. Es erscheinen zwei Paradiesvögel, die einen Totempfahl tragen. Der eine hält ihn aufrecht, der andere zieht das schwarze Tuch von der ausgestreckten Gestalt. Die goldene Maske hält sich am Pfahl fest, erhebt sich und hält ihn schließlich allein. Die Vögel kehren in die Reihe der Tänzer zurück, während die trauernde Maske mit dem Totempfahl weitertanzt und im Vierertakt damit auf den Boden stampft. Bei jedem ersten Schlag verläßt eine Maske die Reihe, dreht sich im Kampf gegen den Tod um die eigene Achse und schließt sich den anderen sich drehenden Masken an.

Schließlich siegt das Leben. Die Masken, nun im Kreis, drehen sich nicht mehr, sondern tanzen im Pendelschritt, zwei Schritte rechts, zwei links. Zwei Masken verlassen den Kreis und kommen mit einem Skelett zurück. Der große Bär, eindrucksvoll in seinem gelb-braunen Gewand, geht ihnen entgegen, nimmt ihnen das Skelett ab; und während sie sich wieder dem Kreis anschließen, fängt er an, mit dem gespenstischen Gefährten im Arm zu tanzen. Der Kreis tanzt nun nach rechts, während der Bär mit dem Skelett die Tänzer außerhalb des Kreises in entgegengesetzter Richtung umkreist. Nach zweimaliger Umkreisung springt der Bär mitten in den Kreis, hebt das Skelett hoch und dreht es um, so daß auf seiner Rückseite der Lebensbaum sichtbar wird. Kleine Schellen sind an seine Blüten geheftet; sie klingen im Takt mit, während der Bär ihn schüttelt und damit auf die Erde stampft. Die Paradiesvögel flattern herbei und picken die Samen auf, die auf der Erde unter dem Lebensbaum verstreut sind.

Nun wird es Nacht, die Zeit des Zaubers sinkt herab. Die Schnee-Eule verjagt die Paradiesvögel, tanzt um den Lebensbaum und leitet die Zeit der Verwandlung ein. Die Masken sind nun das, was sie erst zu sein schienen, die Vögel, die Tiere des Waldes und die Fabelwesen, und sie stampfen, schlittern, kriechen und flattern um den Lebensbaum.

Schließlich verklingt die Musik, und die Zauberwelt versinkt.

Die Tänzer kehren zu der Mehlschale zurück, sie nehmen etwas Mehl, segnen es mit ihrem Atem und verstreuen es als Abschiedsgabe an die Geister. Das letzte, an was ich mich erinnern kann, als ich erschöpft auf dem Boden saß, noch immer halb Büffel und halb Frau und mit dem Klang vieler Rasseln im Kopf, ist die Szene, wie zwei Kleinkinder, ein Junge und ein Mädchen, über den Lebensbaum am Boden krabbelten und begeistert jauchzend mit den Glöckchen spielten. Nun war es wirklich Frühling geworden.

Seit diesem Tanz sind Jahre vergangen, und jetzt, wo ich ihn beschreibe, scheint es mir, daß für Sigrid, deren Maske mich an eine Tarotkarte erinnerte, der Tod unter dem schwarzen Tuch noch eine zusätzliche Bedeutung gehabt hat, von der sie damals noch nichts hat ahnen können. Ich habe mir noch einmal die Notizen angeschaut, die ich damals über die Wahrsagerhaltung gemacht habe, und ich hatte es richtig in Erinnerung. Nachdem sie die Szene mit dem Tuch beschrieben hatte, die sie dann getanzt hat, hat sie erzählt, sie habe einige Männer in der Wahrsagerhaltung im Kreis um ein Feuer hocken sehen. Die hätten ihr gesagt, sie würden die Entscheidung treffen, und sie solle sich nicht fürchten.

> Ich verwandle mich in ein kleines Mädchen, klettere einen Hang hoch und werde zur Frau. Ich bin in einem dunklen Gang und frage, wohin der führt? Ich bekomme einen leuchtenden Stab. Ein großer Vogel kommt, und ich frage, wo das alles hinführt? Mit dem leuchtenden Stab habe ich dann Kreise in der Luft gezogen, und dann war ich tot.

Bald nach dem Tanz lernte sie einen Mann kennen, die goldene Gestalt der Tarotkarte. Sie verliebten sich und heirateten. Einen Monat nach der Hochzeit kletterte der junge Mann an der Küste von Kalifornien auf einen Felsen und tanzte darauf. Der Felsbrocken brach ab und begrub ihn unter sich. Er war sofort tot. Sigrid blieb zurück. Sie hat in der Zukunftsvergangenheit des Maskentanzes ihren Trauertanz mit dem Totempfahl getanzt.

Form und Durchführung der Maskentänze haben wir auch in Zukunft so beibehalten wie bei dem beschriebenen Tanz. Die wohl wichtigste Einsicht, die wir aus den Maskentänzen gewonnen haben, ist die, daß die Haltungen hier einem bestimmten

Zweck dienlich gemacht werden können, als hätten wir sie entdecken dürfen, damit wir eine neue Art des Frohseins kennenlernten, das Feiern in der Ekstase, etwas, was in unserer eigenen Kultur völlig verlorengegangen ist.

Weil der Tanz aus den unerschöpflichen Quellen der anderen Wirklichkeit schöpft, war jeder einzelne anders, sowohl vom Thema her als auch in den Einzelheiten, denn jedesmal, wenn wir um Rat gebeten haben, war die Antwort verschieden. In Neumexiko haben wir zudem jetzt auch eine Schwitzhütte, die dort zum unentbehrlichen Bestandteil eines jeden Maskentanzes geworden ist. Wir haben noch andere Haltungen herangezogen, um zu sehen, ob sie in den Tanz einbezogen werden können. Eine davon nennen wir die Maya-Ermächtigungshaltung. Ich habe sie zum ersten Mal auf einem Foto gesehen, das einen Artikel über eine klassische Maya-Holzskulptur illustrierte[2], das einzige Beispiel für eine solche Holzschnitzerei aus den tropischen Niederungen Mittelamerikas. Eine stehende Variante der Haltung war auch im alten Europa bekannt, sowohl in der minoischen Kultur zwischen 2000 bis 1700 vor Christus und in Mykene als auch zweitausend Jahre später in Persien und räumlich und zeitlich weit entfernt davon im modernen Polynesien.

Wie Abbildung 48 zeigt, sitzt die männliche Gestalt mit gespreizten Knien auf den Fersen. Der Kopf ist leicht zurückgelehnt, die Arme sind besonders auffällig in Schulterhöhe gehoben, und die Hände berühren sich. Leider ist nicht genau zu erkennen, wie die Hände gehalten werden. Wir nehmen an, daß sie zu Fäusten geballt sind und daß sich die Zeigefinger entlang des ersten Gliedes berühren. So scheint es der Aufnahme am nächsten zu kommen, und wir haben die Haltung in dieser Weise eingenommen.

Bei dieser Haltung berichten die Teilnehmer von der Anhäufung einer strahlenden, »friedlichen« Energie und davon, daß man durch Rauch und Hitze fällt, um dann in einem erfrischenden Bad der Freude und Machtfülle zu landen. Man hat das Gefühl, man könne alles zustandebringen und habe den Zugang zu Weisheit und Wissen gewonnen.

Seit jenem ersten Maskentanz veranstalten wir jedes Jahr welche, und jeder beschert seine besonderen Eindrücke und Erinnerungen. Kürzlich haben wir in der Schweiz das Spiel von Chaos

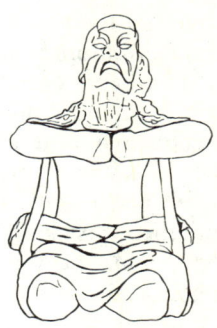

Abb. 48: Holz, Maya,
Ursprungsort unbekannt, 537 ± 120 n. Chr.

und Ordnung rund um den Lebensbaum getanzt, und keiner von uns wird je den hageren Schalk vergessen, dem der heilige Narr des amerikanischen Nordwestens völlig unbekannt war. Dennoch trug er ein Hirschgeweih wie sein Urbild und gab dem Gestalt, was Paul Radin beschreibt: »(Ein Wesen sowohl) Gott als auch Tier und Mensch, der Held und auch der Narr, älter als Gut und Böse, der Verneiner und der Jasager, Zerstörer und auch Schöpfer.« (1972, Seite 169, Übersetzung der Autorin)

Bei unserem ersten Tanz in Cuyamungue haben die Masken das Land geweiht, und die Tiere sind herbeigekommen, um uns zuzuschauen. Als der Tanz zu Ende war, ist unsere große Ringelnatter aus ihrem Loch oben auf dem Hügel herausgekrochen, zum ersten Mal in diesem Jahr, ist gemächlich am Studentengebäude vorbei bis zum Garten gezogen, um dann befriedigt wieder heimzukehren. Über uns haben Habichte gekreist, und die furchtsamen Kolibris sind wild herangeschwirrt, als wir in der Laube bei ihrer Futterstelle gegessen haben. Ein anderes Mal, wie schon früher beschrieben (Seite 150), hat sich am Vorabend des Tanzes eine Sturmwolke am weiten blauen Himmel über der Schwitzhütte zusammengeballt. Als das Trommeln und der Tanz begann, fiel der Regen in dicken, kalten, erfrischenden Tropfen. Als wir aufhörten, war auch der Regen zu Ende; die Wolke verfärbte sich im Abendlicht rosa, und wie ein Gürtel erschien ein Regenbogen darauf.

1987 hatten wir in Cuyamungue die Anweisung erhalten, die

in der Gegend wohnenden Geister zu unserer Feier einzuladen. Wir taten das, indem wir das Mehlopfer in die vier Himmelsrichtungen verstreuten. Am Vorabend des Tanzes hatten wir das Schwitzhüttenritual veranstaltet, und hinterher sind mehrere Teilnehmer bei der Hütte geblieben und haben getrommelt. Ich dachte, das sei es gewesen, was ich gehört hatte, als ich um drei Uhr nachts aus einem tiefen Schlaf aufschreckte. Der Trommelton schien jedoch absonderlich; erst kam er von weit her, dann von immer näher. Die anderen, die mit mir auf der Veranda schliefen, haben es auch gehört, und einer stand auf, um nachzusehen, was los sei. Aber unsere Trommel stand unberührt auf dem Tisch mit dem Schläger daneben. Andere erzählten später, sie hätten den Duft von gebratenem Speck gerochen und von warmen Tortillas. Ich denke mir, daß die Geister angekommen sind und daß sie den Speckgeruch mitgebracht haben, der unmöglich aus unserer Küche stammen konnte, damit wir auch wußten, daß sie da sind.

Ich erinnere mich an unseren letzten Maskentanzworkshop in Scheibbs. Statt die Aufnahme des singenden Schamanen für unseren Tanz zu benutzen, hatten wir zwei junge Männer von der Scheibbser Hausgruppe gebeten, für uns zu trommeln. Das Wetter war angenehm, und statt den Tanz im Meditationssaal aufzuführen, sind wir hinter dem Gebäude unter den großen Tannen ums Feuer getanzt. Dieser Tanz hatte mir einige Sorgen bereitet. Das Zentrum war im Umbruch begriffen[3], und obgleich die erfahrenen Teilnehmer mit großer Hingabe dabei waren, machten sich die Spannungen in der Vorbereitungsarbeit bemerkbar. »Bist du trotzdem hier?« fragte ich, als ich das Signal zum Übergang in die Metamorphose gab. So als sei es eine Antwort, geschahen daraufhin drei Dinge fast gleichzeitig. Es gab einen plötzlichen Windstoß, so daß das Feuer prasselte und die Funken wie winzige Sterne in die dunklen Tannen stoben; und einer der beiden Trommler kam kurz aus dem Takt. Ich hatte das Gefühl, gehört worden zu sein, und ich war dankbar.

Nach dem Tanz sind die meisten dann sehr bald aufgebrochen, außer einer Teilnehmerin, die mich nach Wien mitnehmen wollte, aber erst noch spazierengegangen war. Ich legte mich also ein wenig hin, wurde aber sehr bald gestört, weil jemand an die Tür klopfte. Es war Guschtl, einer unserer beiden Trommler.

»Entschuldigen Sie«, sagte er, offensichtlich verlegen, »aber ich wollte Sie nur fragen, ob es Indianer gibt, die vier Meter groß sind?« Ich wußte nicht recht, worum es ging. »So große Indianer habe ich noch nicht gesehen«, sagte ich, »warum?« »Tja, ich weiß nicht, ob Sie das gemerkt haben, aber ich bin beim Trommeln für Sie einmal kurz aus dem Takt gekommen, als das Feuer so geprasselt hat. Das ist passiert, weil ich kurz hochgeschaut habe, und da hat da neben mir dieser riesige Indianer gestanden, er hat weiße Hosen und eine weiße Jacke angehabt, und langes schwarzes Haar hat er auch gehabt. Sein Gesicht habe ich nicht gesehen, das war im Schatten. Er ist da nur einfach gestanden, und dann war er weg. Ich verstehe das nicht, Drogen habe ich schon seit Jahren nicht mehr genommen. Meinen Sie, das war was Böses?«

Ich mußte mich erst fassen und sagte dann: »Aber nein, Guschtl, machen Sie sich keine Sorgen; das ist ein Freund von mir.« Erst hinterher überlegte ich mir, warum mich Guschtl so verstört angeschaut hat und verschwunden ist. Aber es stimmt wirklich. Beim allerersten Workshop in Cuyamungue hatte Joseph, ein indianischer Freund aus einem Pueblo in der Gegend, den riesenhaften Indianer ebenfalls gesehen. Er hat ihn gerade so beschrieben, wie Guschtl ihn gesehen hat; weißes Gewand, schwarze Haare, viel größer als die Kiva. In seiner Vision hat Joseph gehört, wie er gerufen wurde, und als er hinausgegangen ist, hat er den Indianer vom Heiligtum her kommen sehen. Der große Geist hat ihm ein Ritual geschenkt, das er bei der Jugendarbeit benötigte. Wie denn das Gesicht der Erscheinung ausgesehen habe, wollte ich wissen. Joseph schüttelte den Kopf. »Na – dunkel natürlich!«

Kapitel 12

Die Totenbrücke und der Seelenführer

Die Haltungen, die wir bisher kennengelernt haben, hatten stets mit dem Leben in seinen vielfältigen Äußerungen zu tun. Wir haben die Seelenreise kennengelernt und das Wahrsagen, das Heilen, die Verwandlung und die Feier. Nur über den Tod haben wir noch nichts erfahren. Dazu müssen wir uns an zwei weitere Haltungen wenden, die etwas über die Fahrt vermitteln können, die wir zum Schluß alle unternehmen müssen.

Die Totenbrücke

Wie in Kapitel 9 dargestellt, gibt es eine Haltung, bei der die Arme so auf der Brust liegen, daß der rechte Arm über dem linken liegt. Wir haben sie die Haltung der Chiltangeister genannt, weil es diese heilenden Geister sind, die die uzbekischen Schamaninnen beim Heilen heraufbeschwören. Bei verschiedenen Ausgrabungen ist aber auch eine Reihe von Figuren gefunden worden, wo der linke Arm über dem rechten liegt, also umgekehrt. Diese Haltung war seit geraumer Zeit in Mittelamerika bekannt und im dreizehnten Jahrhundert nach Christus auch im heutigen Neumexiko (Abbildungen 49 und 50), wo versteckt in einer Höhle Darstellungen dieser Haltung auf zwei bemalten Tafeln entdeckt wurden; ein Mann und eine Frau. Spuren der Haltung gibt es auch anderswo: südlich der Sahara, in Polynesien, im alten Mitteleuropa und im östlichen Anatolien (Abbildungen 51a und 51b). Aus dem fünften vorchristlichen Jahrhundert (Hallstattkultur) stammt die besonders rührende Figur eines jungen Kriegers in dieser Haltung (Abbildung 52a). Er erweckt den Eindruck, als friere er und schaue verzagt in die Zukunft. Das in Sandstein gehauene Denkmal, etwa anderthalb Meter groß, ist bei Hirschlanden (Baden-Württemberg) gefunden wor-

Abb. 49: Männliche Figur, Holz, Neumexiko, 1300 n. Chr.

Abb. 50: Weibliche Figur, Holz, zusammen mit der Figur in Abbildung 49 gefunden.

Abb. 51a: Steinfigur, Regnitz bei Bamberg, Bundesrepublik

Abb. 51b: Silber mit Gold, Kanis bei Ankara, Ostanatolien, 2000 v. Chr.

den. Es stand ursprünglich auf einem Grabhügel, umrahmt von aufrecht stehenden Steinplatten (rechts unten in Abbildung 52b). Der Jüngling ist nackt, seine Oberschenkel und sein Penis sind naturgetreu nachgebildet, aber die Brust und die Arme erscheinen eher wie ein Basrelief. Bruchstücke von ähnlichen Skulpturen sind aus dem gleichen Jahrhundert auch aus Istrien (Norditalien) bekannt. Wie der Verfasser des Begleittextes bemerkt, hatte der Bildhauer der Hallstattkultur einige Freiheit in der Gestaltung des Unterkörpers, aber die Darstellung des Oberkörpers und die Haltung der Arme waren anscheinend an strenge Regeln gebunden.

Der Text spekuliert nicht über die Gründe für diese Körperhaltung. Ihre Bedeutung wird jedoch klar, wenn wir sie als Trancehaltung verstehen und nicht nur als archaische Absonderlichkeit. Im folgenden der Bericht von Bernie, einem Bildhauer aus Cincinnati, wo wir im Herbst 1987 die Haltung zum ersten Mal versucht haben.

Abb. 52a: Sandstein, lebensgroß, Hirschlanden, Baden-Württemberg, Hallstattkultur, 600 v. Chr.

Abb. 52b: Rekonstruktion des Grabhügels von Hirschlanden (nach Zürn/Zeichnung: G. Schultzen).

Bernie: Mir ist es sehr gut gegangen, es war ein mächtiges Erlebnis. Vom Augenblick an, wo ich die Haltung eingenommen habe und die Rassel gehört habe, ist alles ganz natürlich verlaufen; ich habe gar keine Schwierigkeiten gehabt. Ich war an diesem Wochenende nicht besonders zufrieden mit dem, was ich da geleistet habe, und darum habe ich mir vorgenommen, die Initiative etwas mehr zu ergreifen und mich den Haltungen eher direkt zu nähern, ohne so viel zu nörgeln und zu fragen. Und so will ich euch nun erzählen, was mir passiert ist.
Also, erst bin ich ziemlich erschrocken, ich hatte plötzlich das Gefühl, mir ist kalt, und gleichzeitig, als sei mir der Schweiß ausgebrochen, so als wäre ich krank, sogar vielleicht tot, und ich würde zum Leichnam. Dann bin ich über eine weite, kalte, flache Landschaft gezogen; die Bäume hatten keine Blätter, und über den Weg wehte der Schnee, und ich bin endlos immer weiter und weiter geglitten über diesen Pfad. Schließlich bin ich an einer Art von Gerüst angelangt, so kann man das wohl nennen, das war voll beladen mit Knochen und Häuten und ähnlichen Dingen, so als sei das alles fortgeworfen worden. Und was mir dann aufgefallen ist, war, daß sich die gesamte Landschaft verwandelt hat und zu so einem Ablagegerüst von Haut und Knochen wurde. Unmittelbar neben dem Gerüst war eine Riesenkuhle, die war innen ganz dunkel, und in der Dunkelheit flackerten kleine Lichter, und die erkannte ich als Geister. Die Kuhle kam mir von früheren Tranceerlebnissen her bekannt vor, und ich wollte da unbedingt hinein. Was ich dann überraschend gefunden habe, war, daß ich, um dort hineinzukönnen, nicht nur meine Kleidung ablegen mußte, sondern auch meine Haut, mein Fleisch, meine Knochen, eben überhaupt alles, damit ich in diesen Ort der Geister eintreten konnte. Und das war höchst sonderbar. Aber ich war offensichtlich bereit, das alles zu tun.
Nun hatte ich schon zu Beginn des Tranceerlebnisses den Bärengeist gebeten, er möge mir behilflich sein; und als ich mich nun in der Grube befand, wurde ich völlig neu wiederhergestellt und eingekleidet in die Wärme des Bären, es war sogar der Pelz und das Skelett des Bären. Damit bekam ich auch ein intensives Kraftgefühl; das war es wohl, was mich am

> meisten beeindruckt hat, dieses Gefühl von Kraft, von wirklicher Kraft im eigentlichen Sinn einer körperlichen Kraft, die sich mir in diesem Erlebnis mitgeteilt hat. Aus dieser Kraft heraus haben wir uns dann wieder fortbewegt von der Grube, zurück in die Kälte, aber begleitet von diesem starken Gefühl von Wärme, von Kraft und von Licht. Das Licht läßt sich schlecht erklären, es waren eher viele Lichter. Und ich habe mich rundum wohl gefühlt. Das also war mein Erlebnis.

Bernie hat also erlebt, daß er gestorben ist, dann ist er zum Eingang des Totenreiches gefahren. Dort hat er alles menschlich Körperliche abgelegt und ist mit der Hilfe des Bären, seines Schutzgeistes, den er zu Beginn der Sitzung um Schutz gebeten hatte, wieder auferstanden. Mit einem mächtigen Kraftstoß ist er in einen neuen Körper eingekleidet worden und als Bär zu neuem Leben erwacht.

Von den anderen Teilnehmern hatte keiner um die Hilfe der Geister gebeten, und merkwürdigerweise hat auch keiner von einer Wiederauferstehung berichtet. Die Frauen, und wie Abbildung 51b zeigt, ist die Haltung auch von Frauen eingenommen worden, haben vorwiegend die auf der Fahrt erlebten Einzelheiten berichtet. Die eine hat eine schwarze Statue am Weg stehen sehen mit roten, sich ständig bewegenden Lippen. Ein Männergesicht ist in einem Loch erschienen und hat sich in einen Totenkopf verwandelt: »Er hat Augen gehabt, aber die sind als erstes verschwunden.« Adler haben auf den Bäumen gesessen; und einer hat den Reißverschluß der Erde aufgemacht, damit Terry, eine Teilnehmerin, hineinschauen konnte.

Die Erlebnisse der anderen Männer in der Workshopgruppe waren dem Gefühl nach dem von Bernie ähnlich. Bob hat einen Indianerhäuptling gesehen, aus dessen Federschmuck farbige Funken gestoben sind. Michael, dessen Schutzgeist ein indianisches Mädchen ist, wurde von ihr über eine verschneite Landschaft geführt; sie sind auf einem Pferd geritten, das sich in einen Adler verwandelt hat. Im Flug sind sie einer bedrohlichen Eule begegnet, dem Vogel der Nacht, und schließlich sind sie an einem Teich angelangt. Laut der Tradition der Puebloindianer kommen die Seelen der Toten zu einem Teich. Bills Erlebnis war besonders aufschlußreich. Er befand sich in der gleichen schwarzen Geistergrube, die Bernie beschrieben hatte, das heißt am Eingang zum Totenreich. Aber er hatte keinen Schutzgeist um Hilfe gebeten, und so konnten die Tiergeister, denen er dort begegnet ist, nicht helfen. Sie hatten keine Kraft: »Es hat keinen Luftzug gegeben, überhaupt keinen Wind!« Er versucht, die benötigte Energie aus eigenen Kräften hervorzubringen, aber das mißlingt ihm. Er bringt nur ein hilfloses Schaukeln zustande, nicht genug, um ihm zur Rückkehr in ein neues Leben zu verhelfen.

Bill: Sobald die Rassel angefangen hat, habe ich eine starke Vorwärtsbewegung an den Schultern gefühlt. Es war wie wenn man fliegt, und ich bin ein Vogel gewesen. Plötzlich sind ein Bär, ein Wolf und ein Büffel erschienen und viele Augen und Schnauzen. Es ist dunkel gewesen; über mir war ein Loch, durch das ich in den Himmel sehen konnte. Um mich herum waren Festungsmauern aus Erde mit Löchern darin. Der Mond hat geschienen, und ich habe gesehen, wie oben das Gras gewachsen ist, aber es hat keinen Luftzug gegeben, überhaupt keinen Wind, es war eine stille Nacht. Ich wollte dringend aus der Kuhle raus, aber ich konnte nicht. Über mir ist ein Auge erschienen, das wollte mein Führer sein. Ich habe fast gleichzeitig angefangen zu schaukeln, im Takt zu meinem Atmen. Ich wollte aufhören, aber das ging nicht.

Der Jüngling aus der Hallstattkultur führt uns in eine Epoche zurück, wo sich Jahrhunderte vor unserer Zeitrechnung die Gartenbaustämme verzweifelt gegen den Ansturm der Ackerbauer zu Wehr setzten und ihre jungen Männer gegen sie in den Krieg schickten. Man könnte sich vorstellen, daß ihre Schamanen sie diese Körperhaltung für die Fahrt ins Totenreich lehrten, in der sie immer wieder dargestellt sind.

Der Jüngling der Hallstattkultur und seine Zeitgenossen sind übrigens nicht die ersten, die in dieser Haltung erscheinen. Fast dreitausend Jahre früher, beim Übergang vom Neolithikum in die Bronzezeit erlebte diese Haltung eine intensive Blütezeit auf den Kykladen, einer nördlich von Kreta liegenden Inselgruppe, deren Bewohner Gartenbauer waren. Sie haben etwas Gerste angebaut, sie hatten verstreut auch Olivenbäume, Ziegen und

Schafe; aber vor allem waren sie Fischer. Das Eindringen der minoischen Kultur am Ende des Jahrtausends bringt die örtliche Kultur der Kykladen zum Verlöschen.

Es scheint, daß in diesem Zeitalter so ziemlich jedem Grab, sei es von einem Mann oder von einer Frau, eine typische Figur in dieser Haltung beigegeben worden ist (Abbildung 53). Prähistori-

Abb. 53: Marmor, eine von zahlreichen Figuren
aus Gräbern auf den Kykladen, 3000 v. Chr.

ker spekulieren, es könne sich um einen Glücksbringer handeln oder um eine örtliche Göttin; aber wenn man sich die oben berichteten Erlebnisse vor Augen hält, bietet sich ein anderer Schluß an. Ich meine, es handelt sich statt dessen wohl um die Darstellung eines Seelenführers und um einen Kraftgegenstand. Die Seelenführer sind Schamanen, die die Aufgabe haben, die Seelen der Verstorbenen ins Totenreich zu begleiten. Obgleich die kleinen Figuren immer in der gleichen Haltung dargestellt sind, der linke Arm liegt nahe über dem rechten auf, oder in einigen Fällen liegt er auch höher, so wie ihn der Hallstattjüngling hält, weisen sie dennoch individuelle Unterschiede auf. Einige sind schlank und graziös, andere untersetzt wie Bauersfrauen; eine hat sogar einen Kropf, und zwei tragen ihr kleines Kind auf dem Kopf. Aller Wahrscheinlichkeit nach sind diese Figuren Darstellungen der am Ort ansässigen Schamaninnen, das heißt also von Frauen, deren Aufgabe es unter anderem war, die

Seelen der Verstorbenen auf dem gefahrvollen Weg ins Totenreich zu geleiten. Männer scheinen dies Amt nur unter besonderen Umständen übernommen zu haben. Unter den 124 Figuren, die 1976 in der Bundesrepublik ausgestellt worden sind[1], befinden sich nur zwei männliche. Vor allem aber, meine ich, handelt es sich um Gegenstände, die der Seele die Kraft geben, nach der Ankunft an der schwarzen Grube, die zum Totenreich führt, zu den Lebenden zurückzukehren, wenn auch in veränderter Gestalt.

Eine Bestätigung dieser Annahmen stammt aus einer völlig unerwarteten Quelle, nämlich von einem alten, immer noch volkstümlichen Kinderspiel[2], das in Ungarn, in England und auch in den deutschsprachigen Gegenden Europas weit verbreitet ist. Wilhelm Manhardt (1859) faßt die Handlung der deutschen Fassung, genannt das *Brückenspiel,* wie folgt zusammen:

Eine Brücke führt zur Sonne und zum Mond, zum Himmel und zur Hölle oder zu den Teufeln und den Engeln. In einigen Varianten ist es statt der Brücke eine goldene Pforte oder das »Ostertor«. Eine Schar von Kindern möchte über diese Brücke ziehen. Die Brücke ist aber *gebrochen.* Schuld daran hat zum Beispiel der König oder auch der Goldschmied und seine jüngste Tochter. Die Brücke kann nur mit Steinen und Beinen wieder ganz gemacht werden. Damit die Brücke also überquert werden kann, muß ein Brückenzoll gezahlt werden, bestehend etwa aus dem letzten Kind aus der Schar, einem goldenen Pferd oder in Ungarn einem schönen Mädchen. Dieser Mitspieler kommt als Gefangener in den *schwarzen Kessel,* und aufgrund gewisser Regeln wird entschieden, ob er zur Sonne oder zum Mond kommt, in den Himmel oder in die Hölle und so weiter. Schließlich kämpfen die beiden so entstandenen Scharen miteinander, indem die eine die andere zu sich hinüberzuziehen versucht. Manhardt bemerkt hierzu, der Sinn des Spieles beziehe sich auf den Ritt der Toten über die Totenbrücken.

Die Übereinstimmung zwischen dem Kinderspiel und unseren Erlebnissen ist bemerkenswert. Wie wir aus Bernies Bericht erfahren, mußte er sich aller menschlichen Attribute entledigen, das heißt also, daß die Brücke des Lebens zerbrochen wird. Er landet in einer schwarzen Kuhle, dem »schwarzen Kessel« des Spiels. Im Spiel folgt ein Kampf, der das Schicksal der Seele entscheidet. Soll sie auf der Sonne oder auf dem Mond landen, im Himmel oder in der Hölle? Soll sie also auf immer ins Reich der Schatten eintreten, oder soll sie auferstehen? Hier muß nun der Brückenzoll gezahlt werden. Man kann das in dem Sinne auslegen, daß die Seele einer Unterstützung von außen bedarf, um die Auferstehung zu erlangen. Bernie hat die Kraft des mächtigen Bärengeistes zur Hilfe gehabt, also ist er ins Leben zurückgekehrt. Ohne solche Hilfe muß Bill in der schwarzen Kuhle bleiben. Es ist anzunehmen, daß es diese zusätzliche Kraft ist, mit der die kleinen Marmorstatuen in den Kykladengräbern die Toten versorgen sollten.

Der Seelenführer

Ich lernte die Haltung ursprünglich bei einer kleinen Tonfigur aus Cochiti Pueblo kennen, hergestellt um 1890 (Abbildung 54). Die männliche Gestalt hebt die Arme und berührt mit den Fingern den oberen Rand der Ohrmuschel. Der Mund ist weit geöffnet. Die Haltung ist auch südlich der Sahara bekannt (Abbildung 55), und zwar von einem bunten Bruchstück einer Rassel von der amerikanischen Nordwestküste (Abbildung 56a) und von einem Totempfahl aus derselben Gegend (Abbildung 56b). Der Totempfahl wurde vor hundert Jahren von einem Tsimschian-Künstler geschnitzt. In seinem unteren Teil befindet sich ein Loch, und die mittlere Gestalt über dem Loch berührt die obere Kante der Ohrmuschel in derselben Weise wie die Tonfigur aus Cochiti. Ihr Mund steht offen wie auch der Mund des Rasselstückes. Das Loch ist als »die Stelle der Öffnung« bekannt oder auch als »das Loch durch den Himmel«. »Leitern«, so heißt es in der örtlichen Überlieferung, »führten innerhalb und außerhalb des Hauses zu dem Loch hinauf, so daß es bei feierlichen Anlässen als Hauseingang benutzt werden konnte. Bei solchen Zeremonien wurde der gewöhnliche Eingang des Hauses zugedeckt.[3] Die Eintretenden«, heißt es weiter, »wiederholten damit im Ritual den kosmischen Übergang der Ahnen zwischen dieser und der jenseitigen Welt.« Den Totempfahl habe ich damals, als wir diese Haltung erforschten, noch nicht gekannt, aber wie wir sehen

 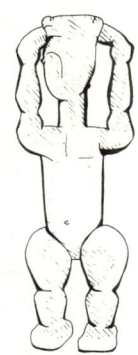

Abb. 54: Tonfigur, Cochiti Pueblo, Neumexiko, ca. 1890

Abb. 55: Holz, südwestliche Akan Stämme, Elfenbeinküste, Afrika, zeitgenössisch

Abb. 56a: Rasselfragment, bunt bemalte Holzschnitzerei, amerikanische Nordwestküste, 19. Jahrhundert

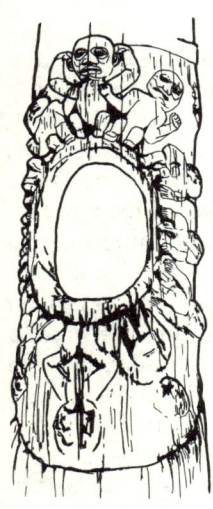 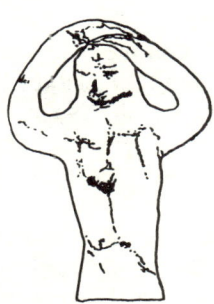

Abb. 56c: Tonfigur, Azor bei Jaffa 2000 v. Chr.

Abb. 56b: Holzpfahl an dem Haidzermerhs-Haus, geschnitzt von dem Tsimshian-Künstler Hoesem-hliyawn aus Kitwancool, Skeena River, British Columbia, ca. 1870

werden, ist diese Traditon ein weiteres Beispiel dafür, daß unsere Erlebnisse von unabhängigen Quellen bestätigt werden.

Zum ersten Mal haben wir die Haltung mit drei Teilnehmern in Wien ausprobiert. Ich hatte das Dia der Figur aus Cochiti nicht bei mir und konnte mich nur an die Armhaltung erinnern. Gerhard erzählte bei diesem Versuch von einer hohen Lichtgestalt, die er in den letzten Minuten des Rasselns gesehen hat. Christian erlebte, wie ihm ein Männlein in die Kehle geschlüpft und dann wieder herausgekommen ist. Eva D. hat erlitten, »aber nicht im üblichen Sinne des Wortes«, wie man ihr in einem Beerdigungsritual einen langen, dicken Pfahl durch den Körper getrieben hat. Das letztere war bemerkenswert, denn frühe Beobachter von Pueblobegräbnissen sprechen davon, daß man der Leiche nach der Beerdigung einen Pfahl durch die Brust getrieben habe. Es war klar, daß es sich um eine Trancehaltung handelte, die anscheinend etwas mit Sterben zu tun hatte, und ich nahm mir vor, die Sache weiter zu verfolgen. Ein Jahr später ergab sich die Gelegenheit bei einer Forschungssitzung in Columbus. Am Tag vor dieser Sitzung hatte ich folgende Vision:

> 20. Januar 1987. Ich habe mehrmals einen Teil eines alten amerikanischen Schlagers gehört, immer nur die letzten drei Worte... (And we won't come back til it's) *over over there* »Wir kommen nicht zurück, bis es *dort drüben vorbei* ist«; und dann sehr lautes Glockengeläut, das eine ziemliche Weile gedauert hat. Nach einer Pause sind weiße Blumen aufgetaucht, so als lägen sie auf einem Grab, und rundherum sind Menschen gekauert zusammen mit einem jungen Mann im Profil, der in einer Körperhaltung kniete, die mich an einen Hasen erinnert hat. Sein schwarzes Haar war kurz geschnitten und glatt wie von Brillantine; ich war überrascht, daß ich sein Gesicht sehen konnte, aber es war eher wie eine Maske, weiß und unbeweglich wie aus Pappe ausgeschnitten.

Wieder war also die Ahnung von einem Begräbnis aufgetaucht, aber mir war nicht klar, welche Verbindung das übrige mit den Erlebnissen haben könne, die ich in Österreich erzählt bekommen hatte. Bei der Sitzung am folgenden Tag erwähnte ich, daß die Haltung vermutlich etwas mit einem Beerdigungsritual zu tun habe, erzählte aber nichts von meiner Vision. Erst als wir uns dann gemeinsam die Aufnahme der Tonfigur anschauten, bemerkte ich, daß ich in Wien einen Fehler gemacht hatte: Die Figur hat nicht nur die Finger an den Ohrmuscheln, sie hat auch den Mund weit offen. Das hatte ich in Wien vergessen.

Belinda berichtete als erste; und was sie zu sagen hatte, stimmte ziemlich mit meiner wesentlich kürzeren Vision überein.

Belinda: Als wir mit der Atemübung angefangen haben, erschien das Bild eines leuchtend bunten Tukans mit einem großen Schnabel. Er hat auf einem Ast gesessen, und seine leuchtenden Farben, Türkis, Lila und Braun, waren im Profil vor dem Hintergrund des nächtlichen Himmels zu sehen. Das Bild war sehr klar und sehr leuchtend. Als die Rassel angefangen hat, sind die Zweige eines Baumes sichtbar geworden; der hatte Blätter wie ein Schirm in intensiven, bunten Farben, ganz besonders auffallend. Ich habe aufgeschaut und habe dahinter einen Strand gesehen mit weißem Sand, wie eine Bucht, und die Wellen sind auf den Strand zugeflutet, und es war niemand am Strand. Ich habe die Wellen ganz klar sehen können, und auf den Wellen sind viele kleine surfende Geister zu sehen gewesen. Was mir mitgeteilt wurde, war, daß dies Geister seien, die auf den Wellen herankommen.
Dann merkte ich, daß die Haltung, so wie ich da gestanden bin mit meinen Armen und Beinen und mit dem offenen Mund, daß das Löcher in mich gemacht hat, und der Wind hat durch die Löcher geblasen und hat mich ausgetrocknet wie eine verwitternde Holzstatue. Mein Mund ist ausgetrocknet, der Speichel hat sich im Mund in einer dunklen Pfütze angesammelt und hat angefangen, die Höhlung anzufüllen. Ich war überzeugt, daß das Wasser bald aus mir herausfließen würde.
Dann hat das Bild gewechselt, und meine Arme waren in einer geraden Linie miteinander verbunden durch einen Lichtkreis, der mich immer wieder von rechts nach links umkreist hat. Das hatte langsam die Wirkung, daß sich Verbindungen gelöst haben; mein Körper wurde auseinandergezogen, ein rauher Riß ging durch meinen Körper, so daß ich in zwei Hälften

auseinandergebrochen bin. Der körperliche Schmerz in meinen Schultern war unerträglich und hat den Eindruck betont, daß ich auseinanderbreche. Schließlich hatte ich das Gefühl, daß sich mein linker Arm in Krümel auflöst, nicht eigentlich in Staub, aber meine Arme zerbröckelten eben.
Dann hat das Bild noch einmal gewechselt, und ich habe einen weißen Teller mit einem Stück Nußkuchen darauf gesehen. Ich habe gesehen, daß die Nüsse in dem Kuchen wie Zähne aussehen; dann wurde das zu einem Hundekopf mit Zähnen, und dann der spitze Kopf von einem Hund, der die Zähne gefletscht hat. Ich habe mich auch in ein wolfshundartiges Wesen verwandelt und habe mit dem Hund Verbindung aufgenommen; er ist mir wie Zerberus vorgekommen. Ich habe mir überlegt, daß ich an dem Hund vorbei muß. Dann erschien eine dunkle Gestalt mit einer Kapuze auf dem Kopf und einem Stab in der Hand; die stand am Fluß, und ich habe gedacht, jetzt gebe ich meinem Verstand nach, statt nur zu erleben, aber die Gestalt ist nicht weggegangen. Ich wollte nicht von dem Schiffer mitgenommen werden, ich habe auch kein Boot und keine Fähre gesehen, also bin ich in das tintige, ölige Wasser gesprungen und die kurze Strecke bis zum gegenüberliegenden Ufer geschwommen. Das hat nicht lange gedauert, und wie ich an der anderen Seite ankomme, da steht wieder diese Gestalt mit der Kapuze da; aber es war alles viel angenehmer auf der Seite, es war viel leichter, sich da aufzuhalten. Die Gestalt hat die Kapuze zurückgestreift; sie hat eine weiße Maske getragen, und ich konnte sehen, daß es ein Mann ist; sein Haar war hinten ganz kurz geschnitten. Dann ist er losgegangen, den Pfad am Fluß entlang zurück zu einer tunnelartigen Höhle; ich bin hinterhergegangen, und sehr bald hat nicht er mich geführt, sondern die Rassel. Eine tanzende Gestalt hat gerasselt, aber ich konnte sie nicht sehen. Was ich sehen konnte, waren kleine glänzende Diamanten, schillernde sternenartige kleine Brocken, die den Pfad entlang gestreut wurden. Ich hatte den Eindruck: das sind Seelen, der innerste Kern von Menschen. Ich bin der Gestalt gefolgt, die den Pfad entlanggetanzt ist; sie hat die Seelenbrocken fast zum Leben erweckt, es war fast ein Ton da. Dann sind wir in die Höhle gegangen; und es gab wieder eine neues Bild.

Während der ganzen Zeit haben mir die Schultern so weh getan; ich habe gemeint, ich halte es nicht mehr aus. Ich habe mir vorgehalten, ich soll an den Schmerz derer denken, die mir vorangegangen sind; manchmal hat das geholfen, aber manchmal auch nicht. Aber es war mir sehr wichtig, des Schmerzes der anderen gewärtig zu sein und ihn nicht zu verdrängen. Ich konnte es mir aussuchen und den Schmerz nicht fühlen, und ich hatte ja beschlossen, ihn weiter zu fühlen. Dann habe ich einen Totenkopf gesehen mit gekreuzten Knochen, und als der anfing zu zerfallen, habe ich gedacht: »Wie kann ich nur diesen Schmerz noch weiter aushalten?« Dann habe ich zu zucken angefangen, und als du mit dem Rasseln aufgehört hast, habe ich immer noch etwas gezuckt. Ich habe gehört, wie ihr beiden Geräusche gemacht habt (Elisabeth R. und Jan); ich wollte das auch, ich wollte stöhnen und wehklagen. Zum Schluß habe ich das auch etwas getan. Sollte ich die Haltung noch einmal machen, dann würde ich das bewußt von Anfang an tun, so wie wir das beim singenden Schamanen machen, wo wir auch Laute von uns geben dürfen.

Wenn wir Belindas Bericht als Grundlage benutzen, um meine Vision zu deuten, dann kann man annehmen, daß ihre kleinen surfenden Geister das gleiche darstellen wie meine Leute am Grab. Es sind die Seelen, die ins Totenreich geleitet werden wollen. Daß diese Auslegung meiner Vision zulässig ist, wird weiterhin untermauert dadurch, daß Belinda anfängt, auszutrocknen und zu zerfallen, das heißt zu sterben; und durch das Auftauchen eines hundeartigen Wesens, das an Zerberus, den Wächter des Hades erinnert. Obgleich Belinda den Seelenführer am Anfang als Vogel gesehen hat und ich nicht, war ihr zweiter Seelenführer dem meinigen doch ähnlich: Wir haben beide sein kurzgeschnittenes Haar gesehen und seine weiße Maske. Seine Körperhaltung hat mich an einen Hasen erinnert, weil er eben dabei ist, ins Totenreich hinabzusteigen. Zwei Erlebnisse von Belinda konnte ich jedoch nicht deuten: den starken Schmerz, den sie erlitten hatte und den sie für etwas hielt, das sie mit den Sterbenden verband, und ihre Annahme, man müsse bei der Haltung Laute von sich geben, »stöhnen und wehklagen«, wie sie sagte.

Das Erlebnis von Elizabeth, das nun folgt, hat einen Rahmen: Am Anfang ist sie in einem Tipi, einem Zelt, geschaffen durch unsere Energien, und sie sorgt für jemanden, der gerade gestorben ist. Zum Schluß befindet sie sich wieder an der gleichen Stelle und häuft Steine auf den Leichnam. Dieses Rahmenerlebnis klammert das Erleben des Sterbens ein, das gerade stattgefunden hat, die fortschreitende Auflösung, die im Ausdruck des Energiezustandes eigentlich nur die Veränderung darstellt sowie auch die schützende Gegenwart der Tiergeister. Es erscheint kein Seelenführer, aber wiederum hören wir von der körperlichen Belastung durch die Haltung.

Elizabeth R.: Bei der Atemübung konnte ich unser gemeinsames Atmen wahrnehmen, was das Gefühl der Gemeinsamkeit verstärkte. Der Bär ist ins Zimmer gekommen, meine Schutzgeister; der Löwe ist gekommen und auch der Büffel und eine riesige weiße Eule, die war sehr flaumig. Ich habe mich während der ganzen Haltung sehr geschützt gefühlt. Ich konnte die Gegenwart der Geister sehr stark spüren und ihren Schutz. Sie haben sogar versucht, mir die Arme zu stützen. (Sie lacht.) Unser Atem hat sich in der Mitte getroffen und ist zusammen herumgewirbelt und hat dann ein Tipi gebildet. Ich habe mich über einen Toten gebeugt, und es war noch jemand anders da. Und dann hat mir die Schulter ganz schlimm weh getan, ich habe die ganze Zeit an schweren Schmerzen gelitten; ich konnte die Haltung nicht die ganze Zeit aushalten. Ich mußte sie unterbrechen und dann wieder von neuem anfangen. Das ganze Erlebnis war stark körperlich für mich. Außer dem Schmerz habe ich dann bemerkt, daß meine linke Kopfseite – ich möchte sagen – verschwunden ist, aber das war es eigentlich nicht. Eher war es so, daß sie das ersetzte, was vorher dagewesen war; ich hatte das Gefühl, ich fülle den Raum, ich ersetze die Energie im Raum, so daß er (mein Kopf) dann nicht mehr da war; das ist etwas anderes als verschwinden. Ich kann es nicht anders erklären. Es war ein Gefühl des Auffüllens. Aber die linke Seite von meinem Kopf war weg, völlig weg, und ich habe die Rassel wahrgenommen und mich selbst; bin eine Leiter hinuntergeklettert, sehr schnell und im Takt zur Rassel, und zwar in mich selbst hinein. Ich war eine winzige kleine Person in mir selbst, eine große Person ohne Kopf; und ich bin sehr schnell in mich hineingeklettert, im Takt zur Rassel, während sich über mir Teile meiner selbst aufgelöst haben. Ich bin dann etwa bei meinem Sonnengeflecht angelangt, und da war es sumpfig, und da war ein kleines grünes Ungeheuer, mit dem ich es manchmal zu tun habe, und es wollte mich nicht weitergehen lassen. Ich habe das Gefühl gehabt, ich sitze fest und kann nicht weiter; alles hat mir weh getan, und ich habe die Haltung nicht beibehalten können. Dann habe ich sie wieder eingenommen und habe den Bären angerufen, er möchte kommen und mir helfen. Der ist in mir heruntergekrochen und hat gefragt, was denn los sei. Und dieses kleine grüne Ungeheuer hat gesagt: »Ich muß schon sagen, mich hat niemand gefragt, ob mir dies recht ist!« Und der Bär hat gesagt: »Du darfst auf meinem Rücken reiten!« Damit war das kleine grüne Ungeheuer zufrieden. Es ist dem Bären auf den Rücken geklettert, und wir sind immer weiter runter gegangen und sind an einer Stelle angekommen, wo es sehr dunkelblau war und recht unbequem. Es hat sich angefühlt, ihr wißt doch, wie wenn mich meine Schutzgeister ausschütteln und etwas von mir abbröckelt; das Abgebröckelte war an jenem dunkelblauen Ort aufbewahrt. Anscheinend hatten wir die Aufgabe, das Zeug zu reinigen und abzustauben. Wir hatten kleine Rasselstaubwedel, und wir waren in mir drin, und wir haben gerasselt und abgestaubt und gerasselt und abgestaubt im Takt zur Rassel. Dann hatte ich wieder Schmerzen und mußte die Haltung abbrechen und habe sie dann wieder eingenommen und habe das Auffüllen und Verschwinden und Untertauchen in mich hinein noch einmal erlebt. Aber die Energie war nun verändert, ich war wieder in meinem Kopf; sie war nicht da, sie war verändert. Auf der molekularen Ebene hatte ich das Gefühl, daß ich verwandelt war, ich war immer noch unsichtbar oder eben nicht da, es gab eine Menge Licht und Farben. Dann hat sich alles verändert. Ich bin wieder in dem Tipi, wo der Tote ist, und wir häufen Steine auf ihn. Ich habe mir überlegt, daß das nicht richtig ist, dies ist doch ein Tipi; und wir sollten ihn verbrennen, aber es sind wirklich Steine gewesen; der Leichnam wurde unter ganz vielen Steinen begraben.

Jan kehrt in ihrem Erlebnis zum Thema des Wehklagens zurück und erteilt eine strenge Rüge, weil wir keine Laute von uns gegeben haben.

Jan: Schon beim Atmen ist viel Energie für mich da gewesen. Und als die Rassel angefangen hat und wir die Haltung eingenommen haben, da habe ich von Anfang an gewußt, daß etwas nicht stimmt, daß etwas fehlt: die Laute, von denen wir gesprochen haben. Es war, als würde ich in der Haltung auseinandergerissen, weil wir keinen Ton von uns gegeben haben. Die Trance hat sich leicht angefühlt; sie ist gekommen, dann war sie wieder weg, obgleich sich viel Energie angesammelt hat. Es wurde mir zu verstehen gegeben, es handle sich um das Geleiten, um die Laute, um die Energie der Sterbenden, um die Seele, damit sie hinkann, wo sie hingehört. Wenn wir die Haltung einnehmen, dann erklären wir uns einverstanden, daß wir als Führer dienen werden. Wir stehen also hier und horchen auf die Laute der Seelen, die sind wie der Wind und die zum Ziel wollen, und wir tun nichts, wir tun nicht, was wir zu tun haben. Ich war die ganze Zeit in diesem Konflikt befangen, und das war wirklich schwierig. Verstandesmäßig war der Konflikt: Ich sollte einfach Laute hervorbringen; denn das war es, was mir auferlegt war, aber andererseits wollte ich die Trancen der anderen nicht unterbrechen. Ich habe also versucht, allein mit der Sache fertigzuwerden; ich habe mich viel bewegt, habe mit dem Fuß den Takt zur Rassel geschlagen und habe mit meinem Atem versucht, die nötigen Laute hervorzubringen. Denn da waren doch die Seelen, die fortzugehen hatten. Dabei habe ich manchmal vergessen, den Mund aufzumachen; mein Mund war zu, ums Herz herum sammelte sich ein Haufen Energie, ich habe all diese Energie des Sterbens in mich aufgenommen und habe sie nicht freigesetzt. Dann habe ich den Mund aufgemacht und habe mein eigenes Singen hören können, und es war wie beim singenden Schamanen. So muß es sein, wie beim singenden Schamanen. Einmal habe ich die Haltung der Arme geändert, und dann habe ich gefühlt, daß mir das Blut die Beine runtergelaufen ist. Als das passiert ist, hat die Energie gewechselt, und du, Felicitas, bist auf einer Leiter gestanden und hast mit deiner Rassel versucht, die Energie durch meinen Körper hochzuziehen. Die Energie hat sich verwandelt, als sei sie höhergerückt. Zum Schluß habe ich dann doch Laute von mir gegeben; ich wollte einfach nicht dafür verantwortlich sein, daß wir in dieser Haltung sind und nicht das tun, was von uns erwartet wird. Ich konnte einfach nicht anders. Und dann war es so , daß die Haltung und die Laute zusammen ein an die andere Wirklichkeit gerichtetes Signal sind. Es dient den Führern der anderen Wirklichkeit als ein Zeichen, sie möchten kommen und nun ihre Aufgabe übernehmen. Als ich gehört habe, wie laut Belinda atmet, habe ich gedacht: »Gut, wir versuchen alle, mit dem Problem fertigzuwerden.« Zum Schluß haben wir es dann richtig gemacht, wenn auch nur ein klein wenig, und man konnte fühlen, daß die Geister verstehen, daß wir nicht wußten, was wir zu tun hatten; und diesmal war das erlaubt, aber so darf das nicht wieder gemacht werden.

In unserer nachfolgenden Besprechung ist uns die Belehrung endlich klargeworden, und ich muß gestehen, daß die Sache nicht besonders schmeichelhaft für mich war, besonders in Anbetracht der Tatsache, daß die Laute – zusammen mit der Haltung – ein Signal für die Seelenführer auf der anderen Seite sind, wie Jan zu verstehen gegeben wurde. Das erklärt in höchst unerwarteter Weise die vielen nicht westlichen Beerdigungsrituale, das leidenschaftliche Wehklagen und die Klageweiber zum Beispiel. Es beleuchtet auch die Verarmung unserer eigenen westlichen Kultur, in der solche Kundgebungen der Trauer völlig unmöglich sind. Irren nun die Seelen unserer Lieben führerlos am diesseitigen Strand? Kein Wunder, daß die Geister sich solche Mühe gaben, mich auf die Wichtigkeit der Lautgebung hinzuweisen. Erst haben sie mich das Lied mit dem bedeutsamen Text *over, over there* »dort drüben, dort drüben« hören lassen, und da ich immer noch schwer von Begriff war, haben sie mich praktisch mit dem Glockengeläut überfallen. Es ist so laut gewesen, daß ich Angst hatte, die Vision würde sich auflösen und ich zu mir kommen. Trotz alledem habe ich meinen Leuten nicht vorgeschlagen, sie sollten in der Trance singen. Wir kamen auch zu dem Schluß, daß die Haltung keinen Schmerz verursacht hätte, wenn wir unsere Rolle als Seelenführer richtig gespielt und in der Trance gesungen hätten.

Als wir diese Haltung mit einer größeren Gruppe im Oktober 1987 in Camp Apage wiederholten, haben sich diese Annahmen bestätigt. Ich habe die Gruppe angewiesen, die Stimmen so klingen zu lassen wie beim singenden Schamanen, das heißt, mit einem offenen »a« anzufangen und den Ton dann der Trance anzuvertrauen. Bei dieser Übung sind keinerlei Schmerzen berichtet worden, und sowohl Belinda als auch Jan haben ganz offensichtlich die Rolle des Seelenführers übernommen. Belinda berichtet: »Ich war mit einem Trupp von Bergleuten; wir waren auf einer Expedition und mußten einen Berg emporklettern; und der Klang hat uns die Kraft dazu gegeben. Der Ton wußte den Weg.« Es ist leicht verständlich, daß die »Bergleute« die Seelen sind, die sich auf dem Weg ins Totenreich befinden; und unser Lied hat den Übergang ermöglicht. Jan erzählt:

Schon bevor das Rasseln begann, hatte ich den klaren Eindruck, keinen Körper zu haben. Dann hat mich weißes Feuerwerk umgeben. Die Rassel hat mir den Zugang zu einer unbekannten Gegend verschafft. Ich war ein Magnet und habe Kraft angezogen. Ich habe die Energien gerufen, und sie haben Form angenommen, und ich habe sie nach Farben sortiert. Ich habe ihren Verkehr mit Hilfe der Töne geregelt. Die Töne und jede Farbe hatten ihre eigene Persönlichkeit.

Selbst verhältnismäßig ungeübte Teilnehmer, die die Haltung nicht kannten, haben den Seelenführer bei der Arbeit gesehen, zum Beispiel als Vogel: »Ich habe raufgeschaut und habe gesehen, wie die Sonne aufgegangen ist, und ein Vogel hat seine Flügel um Norma (eine Teilnehmerin, die während der Sitzung hörbar geweint hatte) gelegt und hat sie emporgehoben«; und sie haben auch die Bürde der Aufgabe erlebt: »Ich mußte über eine wilde Schlucht fliegen, das war furchtbar schwer für mich. Dann habe ich daran gedacht, daß ich eine Feder habe; ich habe gekreischt und mich in einen Habicht verwandelt, und ich bin hochgeflogen und war stark.«

Später habe ich in einem Kulturfilm auch noch eine andere Variante dieser Haltung gesehen. In diesem Film erscheint eine Gruppe von sudanesischen Frauen, die einen Verwandten betrauern, den die Männer irgendwo anders begraben. Die Frauen haben die Hände auf dem Kopf in einer Haltung, die auch von einer Figur aus Azor in der Nähe von Jaffa (im modernen Israel) dargestellt wird (etwa 2000 v. Chr., Abbildung 56c). Wir haben bisher aber nur die indianische Variante erforscht.

Kapitel 13

Das unzerstörbare Leben

Schon bei der ersten in Kapitel 12 besprochenen Haltung gab es klare Hinweise darauf, daß das Leben mit dem Ablegen des Körpers am Eingang zum Totenreich nicht zu Ende ist. Bernie erhält nach seiner Ankunft eine neue Gestalt, die des Bären, und damit Kraft und frohen Mut. Diese Verwandlung erscheint jedoch etwas beschränkt. Es gibt aber auch eine andere Haltung, in der diesem Thema ein weiterer Spielraum geboten wird. Wir haben diese Haltung aus Gründen, die später offenkundig sein werden, die der *gefiederten Schlange* genannt. Sie ist eine der wenigen Haltungen, deren Ursprung mit ziemlicher Sicherheit bis auf unsere Wurzeln im Jägertum zurückgeführt werden kann.

Gemäß der Tradition, die noch bei vielen Jägerstämmen und auch in einigen Gartenbaugesellschaften bis auf den heutigen Tag lebendig ist, ist es Aufgabe der Schamanen, in eine Höhle hinunterzusteigen, in den Schoß der Mutter Erde. Dort schaffen sie Abbildungen der ihnen bekannten Tiere, und zwar durchaus nicht nur von denen, die ihnen zum Lebensunterhalt dienen. Dann lösen sie die Seelensubstanz von der Darstellung und tragen sie hinaus in die Welt der Sonne. Auf diese Weise helfen sie der Mutter Erde bei der Fortpflanzung der Arten.

Diese Tradition erklärt in befriedigender Weise den Sinn der ungezählten Tierbilder, die unsere Ahnen überall auf der Welt auf die Höhlenwände gemalt und in die Felsen eingemeißelt haben. Auch Menschen werden oft dargestellt, sie tanzen oder sind anderswie beschäftigt. Oft, wie nicht anders zu erwarten, sehen wir sie beim Jagen. Es gibt aber auch sehr alte Menschendarstellungen (Abbildung 57), auf denen keinerlei Tätigkeit zu erkennen ist. Sie stammen aus dem fünften bis vierten Jahrtausend vor Christus und wurden von russischen Archäologen an Felswänden in Sibirien entdeckt[1]. Wie die Autoren des betreffenden Berichtes bemerken, befinden sich diese Gestalten, von

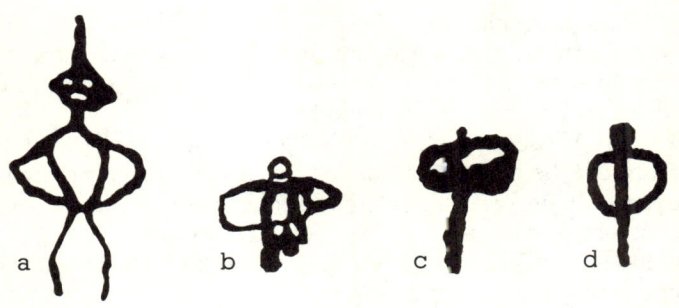

Abb. 57a–d: Neusteinzeitliche sibirische Felskunst von Felsen am Tom

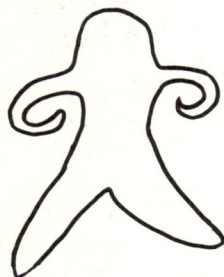

Abb. 57e: Kupfer, Gangestal, Indien

denen sie annehmen, es könnten Schamanen sein, gewöhnlich über den Tieren, so als übten sie Macht über sie aus.

Eine dieser Gestalten ist recht naturalistisch dargestellt, und zwar die von Abbildung 57a. Hier tritt uns eine völlig eindeutig gezeichnete Körperhaltung entgegen. Die Knie sind leicht gebeugt, die Hände sind auf den Hüften aufgestützt, und rechts ist sogar das Einknicken des Handgelenkes kunstgerecht angedeutet. Es ist eine in allen Einzelheiten sachverständig dargestellte Trancehaltung, die wir recht genau kennen. Sie ist verhältnismäßig einfach. Man steht, wie meistens, mit gebeugten Knien; die

259

Hände bilden Schalen und sind mit der Handfläche nach oben auf die Hüfte gestützt, was am besten bei den afrikanischen Figuren zu sehen ist (Abbildung 60). In der Haltung geht es um das Erlebnis der ewigen Wiederkehr des Lebens.

Daß das Wissen um diese Haltung uralt sein muß, wird von der Tatsache belegt, daß Abbildung 57a die einzige naturalistische Darstellung ist. Die anderen, obgleich im Umriß als gleich erkenntlich, sind stark abstrahiert, was darauf hindeutet, daß die Gestalt sehr oft gezeichnet worden ist, so daß einige sparsame Striche genügten, um ihren Sinn festzulegen. In einer Epoche, in der sich die kulturelle Wandlung unendlich langsam vollzog, wie eben bei den Jägerstämmen, muß so eine Entwicklung vom Naturalistischen zur Abstraktion eine sehr lange Zeitspanne in Anspruch genommen haben. Die russischen Archäologen meinen zum Beispiel, daß Abbildung 57b eine Schamanin darstellt, wobei das runde Loch ihr Schoß ist, während Abbildungen 57c und 57d so abstrakt sind, daß sie eher wie ein Ideogramm anmuten, das straff gekürzt mitteilt, daß die dargestellten Tiere durch das schamanische Ritual zu neuem Leben erwachen werden. In diesem Zusammenhang ist bemerkenswert, daß dreitausend Jahre später die Bevölkerung am Ganges Kupfergegenstände besessen hat (Abbildung 57e), die keinerlei Spuren von Gebrauch aufweisen. Ihre Grundform ist der sibirischen Felszeichnung so ähnlich, daß man annehmen kann, daß sie im Kulturaustausch von Sibirien bis nach Indien gelangt ist. Man trug dergleichen bei sich, könnte man annehmen, weil es einen an die Wiederauferstehung gemahnte. Das ist vielleicht auch der Grund, warum im vierten Jahrtausend in Ur immer wieder die kleine Tonfigur einer Göttin in dieser Haltung auftaucht.

Mir ist diese langlebige Haltung jedoch zum ersten Mal in einer Zeichnung eines modernen indianischen Schamanen aufgefallen. In den siebziger Jahren hat Gerhard Baer, ein Schweizer Anthropologe, Feldforschungen bei den Matsigenka-Indianern in Ost Peru gemacht. Einer ihrer Medizinmänner, Benjamin Sanchez, hat ihm eine Zeichnung von den Orten und Wesen angefertigt, die er gewöhnlich bei seinen Seelenfahrten antrifft (Abbildung 58). Unter diesen sind auch die drei großgezeichneten Geister, deren Kraft durch Gesichtshaar angezeigt ist. Es handelt sich nicht um Bärte, sondern um die Schnurrhaare des Jaguars, des

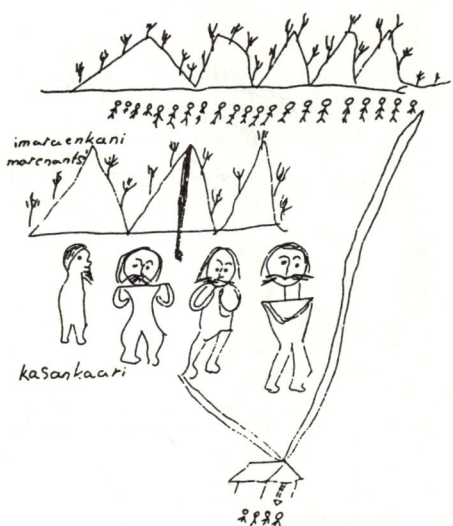

Abb. 58: Zeichnung des Matsigenka-Schamanen Benjamin Sanchez von dem, was er bei seinem Seelenflug gesehen hat (nach Baer 1984, Seite 214).

Krafttieres also. Der Geist auf der rechten Seite steht in der Haltung des Bärengeistes, der mittlere in der des singenden Schamanen und der dritte in einer Haltung, die mir damals neu war.

Bald danach habe ich noch die Fotografie einer Tonfigur aus einem präkolumbianischen Grab in Ost Peru[3] gesehen, wo ein Mann von einer gefiederten Schlange fortgetragen wird, die ihn am Kopf festhält (Abbildung 59). Seine Haltung ist die gleiche wie des Geistes der Matsigenka und vermittelt uns noch weitere Einzelheiten, die auf der obigen Zeichnung nicht zu sehen sind. Die Haltung ist eine unserer Lieblingshaltungen geworden. In der Trance erlebt man sehr oft die Gegenwart der gefiederten Schlange, dieses mächtigen Urwesens der Fruchtbarkeit. Die Uneingeweihten haben gewöhnlich Schwierigkeiten, sie zu erkennen, und es gibt Anlaß zur Heiterkeit, wenn jemand erzählt, er sei »von einer Robbe mit Federn« fortgetragen worden, oder von einem Adler, der aber auch wie eine Riesenraupe ausgesehen habe.

Abb. 59: Mann, den die Gefiederte Schlange davonträgt;
Tonfigur, Pashash, Ost Peru, etwa 16. Jahrhundert

Judy Ch. und Jan liefern uns verschiedene Eindrücke von der gefiederten Schlange. Für Judy steht die Bewegung eines sich windenden Schlangenkörpers im Vordergrund, manchmal Frau und dann wieder Schlange, während Jan die Rolle der gefiederten Schlange übernimmt und sich in sie verwandelt.

Judy Ch. (Columbus, 1985): Ich habe viel Bewegung gefühlt und so, als würde ich in die Länge gezogen. Von hinten hat jemand seine Hände in meine Löcher getan und hat mich gestreckt und gebogen. Aus meiner Brust ist mächtige Hitze hinausgeströmt, und meine Augen haben angefangen zu jukken. Dann bin ich wieder gezogen worden, und ich habe mich verschlungen bewegt wie eine Acht. Die Schlaufen haben sich senkrecht überschlagen, sie sind gekreist, sie haben angefangen, sich zu drehen und haben leuchtend lila gestrahlt.

Jan (Columbus, 1985): Ich bin über die Erde geflogen und habe die Pflanzen mit Blütenstaub befruchtet. Ich habe Samen genommen und habe gesät, so als sei ich Mutter Natur. Dann ist mir gezeigt worden, wie das Leben in ein einziges Muster verwoben wird, und alle Bereiche haben getanzt. Ich habe mich in einer Acht bewegt und bin aufgefordert worden, die

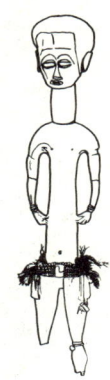 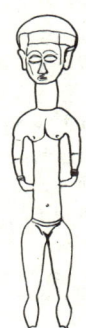

Abb. 60: Holz, Stamm der Bijogo (Bidyugo),
ehemaliges Portugiesisch-Guinea, Westafrika, zeitgenössisch

Bewegung zu sein. »Du bist der Tanz«, habe ich gehört, »du bist der Tanz.«

In Wien (1985) war sich Christian St. völlig im unklaren, mit was oder mit wem er es zu tun hat:

> Jemand hat mich von hinten ergriffen, eine mächtige Gestalt; ich habe nicht sehen können, ob es ein Adler ist oder eine Raupe. Dann habe ich das Meer gesehen und den Strand, und dann war ich wieder durcheinander: Bin ich eine Raupe, und fliege ich? Es sind seltsame Fische im Meer gewesen und ein weißer Punkt. In einem Teich hat sich ein dicker Wurm gespiegelt und etwas wie ein Schmetterling. Dann habe ich auf einer Klippe gestanden; ich soll fliegen; über meinem Buckel war eine große Hand; die Finger sind mir bis zu den Brustwarzen gegangen.

Im Laufe der selben Sitzung sieht Eva D. den mächtigen Raubkatzenkopf der gefiederten Schlange. Sie stirbt, und alles wird plötzlich dunkel, dann ist Ruhezeit, in der sie eine Spinne beobachtet, die sich in den Sand einscharrt. Hinterher nimmt sie verschiedene neue Gestalten an:

Ein Raubkatzengesicht hat mich angeschaut, dann war es weg. Dann war alles schwarz. Ich bin über die Landschaft rauf in helles Licht gerannt. Am Abhang war ein Haus. Ich bin ein Panther und gehe in das Haus; im Haus war es sehr hell. Eine schwarze Spinne oder vielleicht ein Skorpion ist über den gelben Sand gekrochen und hat sich eingegraben. Ich werde zur Spinne, dann zu einer Frau und dann zu einem Lichtball; aus dem hat sich ein Goldregen ergossen. Schließlich war ich in einem Vogelkörper mit einem langen Schnabel.

Außer den obigen Motiven tauchen in dieser Haltung auch noch eine Reihe anderer Elemente auf. Jane, eine Anfängerin, erzählte zum Beispiel 1985 bei einem Workshop in Columbus:

Ich konnte fühlen, wie mein Körper sich gespalten hat. Dann bin ich hinaufgerollt worden auf eine Bergspitze. Ich bin in ein nebliges, graues, weiches Licht gefallen, und statt anzuhalten, als ich am Boden angekommen bin, bin ich immer weiter durch die Erde durchgefallen, durch viele verschiedene Schichten, bis zum Mittelpunkt der Erde. Als ich da angekommen bin, habe ich mich ausgeruht. Schließlich bin ich wieder aufgetaucht, und das war sehr tröstlich.

Jane berichtet die Summe der wichtigsten Teile des Erlebnisses, das diese Haltung vermittelt, nämlich, daß man irgendwo hinaufgebracht wird, daß man in einen Spalt, einen Krater fällte, sich ausruht und dann wieder aufersteht. Aufgrund ihres Berichtes läßt sich auch ein Symbol erklären, das in die Brust einer weiblichen Figur eingeritzt ist, die diese Haltung aufweist und eine Vogelmaske trägt. Sie ist im heutigen Jugoslawien gefunden worden und stammt aus dem sechsten Jahrtausend vor Christus. Das Zeichen besteht aus einem V (siehe Abbildung 61), in das von oben ein Strich hineinweist. Höchst überraschenderweise ist dies Zeichen eine Abstraktion des in dieser Haltung vermittelten Erlebnisses.

Im selben Workshop sieht Elizabeth R., wie die Dinge mit großer Geschwindigkeit an ihr vorbeieilen, während sie in die Untiefe fällt. Die Verwandlung wird nur kurz erwähnt, indem ihr nach dem Empfang der Kristalle bunte Strahlen aus dem Kopf

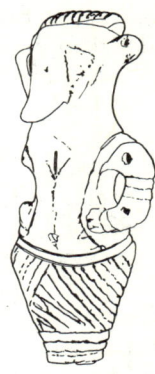

Abb. 61: Marmor, Supska bei Cuprija,
Jugoslawien, etwa 5000 v. Chr.

strömen. Für sie ist der wichtigste Teil des Erlebnisses, daß sie sich auf einem Eisklotz unter warmen Eskimodecken ausruhen darf.

Elizabeth R.: Ich war müde; Bilder von Blumen und Tieren sind an meinen Augen vorbeigeeilt; ich konnte nicht anhalten. Plötzlich habe ich ein Eskimogesicht gesehen, er war in Pelze gekleidet. Er hat mich in ein Iglu mitgenommen; ich mußte einen Schritt tief ins Eis hinunter tun, und alles war in ein bläulich-weißes Licht getaucht. »Hast du irgendeine Frage?« hat er mich gefragt. Aber ich habe an nichts denken können, und er ist weggegangen. In dem Iglu, es war ziemlich groß, da sind auch noch andere Eskimos gewesen; sie haben mit Knochen gearbeitet und habe Häute gestreckt. Mein Eskimo hat mir einen Hut gegeben, der war aus einem Eisbärschädel gearbeitet. Dann hat er mich angewiesen, ich soll mich auf einen Eisklotz legen. Ich soll mich ausruhen, hat er gesagt, und ich soll nichts tun. Das war so bequem, so ruhig. Eine Frau hat Perlen auf ein Fell genäht. Sie ist zu mir gekommen und hat mir Kristalle in den Kopf getan. Als sie damit fertig war, habe ich gesehen, wie farbige Strahlen aus meinem Kopf gekommen sind.

Gerhard zeigt uns noch einige andere Elemente des Erlebnisses in dieser Haltung: den Tanz, der dem Todesschlaf folgt, sowie das Feuer der Wiedergeburt in der Tiefe des Berges, das ihm als glühender Ring erscheint.

> *Gerhard (Wien, 1985):* Ich habe die Rassel im Körper gehabt. Ich laufe schräg hinauf in die Luft, dann bin ich in einem brodelnden dicken Nebel. Ich bin weitergegangen, es ist stockfinster. Dann habe ich einen Kreis von schwarzen Leuten in einem leuchtend weißen Kreis tanzen sehen. Ich bin in ein Ei geschlüpft und bin allein in einer finsteren Landschaft. Ein Vogel und noch eine Schattenfigur haben mich mitgenommen auf den Bergrücken. Dann bin ich zum Meer gekommen; das war ganz golden, und da habe ich mich reingelegt.

Es ist anzunehmen, daß Gerhard sich beim Ausschlüpfen aus dem Ei in einen Vogel verwandelt hat. Auch Eva hatte ja am Ende des Erlebnisses eine andere Gestalt als zu Beginn. Ganz allgemein allerdings scheint die Wiedergeburtsgestalt kaum je menschliche Form anzunehmen. Diese Seite des Erlebnisses illustriert eine Anschauung vom Wesen des Lebens, die sich stark von der unsrigen unterscheidet. Es ist alles nur ein Spiel, scheint sie zu lehren; heute hast du die eine Erscheinungsform, morgen eine andere, und all das ist enthalten in dem allumfassenden Wunder des unvergänglichen Lebens. Wie es bei den Eskimos heißt:

> Manchmal beschließt ein Tier zu sterben, weil ihm seine augenblickliche Gestalt über ist und es lieber in einer anderen zurückkommen möchte. In einer Eskimoerzählung ist die Seele eines toten Menschenfötus hintereinander ein Hund, ein Seehund, ein Wolf, ein Karibu, dann wieder ein Hund. Schließlich schlüpft sie in den Körper einer Frau, die sich über einen Seehund beugt, ist wieder ein Menschenfötus und wird schließlich ein pflichtbewußter Sohn und ein erfolgreicher Jäger... Dies ist jedoch mehr als eine Verwandlung. Jedes Wesen enthält viele verschiedene Formen gleichzeitig und offenbart sich als das eine und dann wieder als ein anderes. (Furst und Furst 1982, Seite 141)

1986 wurde Franz in Scheibbs nicht von der gefiederten Schlange fortgetragen, sondern von einem Seelenführer auf seinem Weg begleitet, der wie für Belinda (siehe Kapitel 12, Seite 250) die Gestalt eines Vogels angenommen hatte, was in Volksmärchen oft vorkommt. Auf dem Grund des hohlen Berges gab es keinen Tanz, sondern ein Fußballspiel, also ebenfalls heftige Bewegung.

Franz: Vor mir ist ein Vogel aufgetaucht, er hat einen schwarzen Körper gehabt, einen bunten Hals und auf dem Kopf ein Krönchen. Er tanzt lang um mich herum. Es erscheint ein merkwürdiger Berg; er ist innen hohl wie ein Vulkan und relativ hoch. Ich bin mit dem Vogel den Berg hinaufgeklettert, dann hat mich der Vogel raufgetragen. Im Berg war alles rotbraun; in der Mitte war ein knallgrüner, ein giftig grüner Fleck. Tief unter mir, da spielen sie Fußball. Ich wollte näher rangehen, aber da ist alles weg; eine rote Schicht schiebt sich drüber, und ich bin ratlos, was soll ich tun?

Die Grundelemente des hohlen Berges, in diesem Fall in der Form von schiefen Säulen, die heftige Bewegung, das Feuer und die Wandlung erscheinen auch in dem folgenden Bericht aus der Schweiz.

Vrenie (Sommerau, 1986): Wir waren im Kreis innerhalb von schrägen Säulen. Innerhalb des Kreises gab es viel Bewegung von kleinen Wesen. In der Höhe wirbeln bunte Bänder, und unten ist ein Feuer. Dann hat der Regen angefangen, und das Wasser ist von allen Seiten gekommen. Das Feuer zerfließt und ich auch. Ich habe den Kopf nach oben gedreht und habe orangefarbene Sonnen gesehen. Ich habe mich in ein Gefäß verwandelt, das war nach oben offen, und darin war eine goldene Kugel. Eine süß duftende Flüssigkeit ist auf meine rechte Seite getropft. Plötzlich kam eine weiße Feder von oben und Ströme von der Flüssigkeit verbreiten sich. Ich verlasse das Gefäß, und das Feuer bewegt sich. Ich weiß nicht, wohin ich gehen soll. Aber dann ist eine schwarze Wolke gekommen, sie hat mich herumgewirbelt und hat mich zu der braunen Erde getragen; da ist viel Leben drin.

Das Erlebnis von Pij während eines Workshops 1987 in der Nähe von Salzburg klingt ähnlich idyllisch. Sie erwähnte, daß sie kurz vor der Sitzung einen Friedhof besucht hat und die Krokusse bewunderte, die dort auf einem Grab geblüht haben. Dies Bild hat sie in die Trance begleitet:

Pij: Hellgrünes Licht hat mich umarmt, und die Rassel ist weit weg. Weiche, goldene Glücksfederlein haben mich gestreichelt und gekitzelt, und ich hatte ein Glücksgefühl, ein harmonisches Gefühl. Ich war heute früh allein auf dem Friedhof und habe ein offenes Grab gesehen und blühende Krokusse. In der Trance habe ich mich nun in ein Kreuz verwandelt und mußte mich bücken, um den Krokus zu sehen. Ich habe mich so tief gebückt, daß ich die Wurzeln gesehen habe. Ich bin in die Erde hineingesunken; es war kühl, und es war gut, da unten zu sein. Ich habe mich neben die Krokuszwiebeln gesetzt und bin selbst eine Zwiebel geworden. Ich bin ruhig, ich habe viele Häute und wurde eine pralle Zwiebel, und ich war lange drin. Dann wurde es Licht. Ich war sicher: diesmal ist alles logisch, und ich werde wohl ein Krokus, und ich habe mich darauf gefreut. Statt dessen wurde ich aber ein uralter, dicker, knorriger Baum mit freistehenden Ästen. Auch dieser Zustand hat sehr lange gedauert. Um den Baum quirlen Kinderschlangen herum. Auf jedem Ast sind rote und gelbe Blumenwiesen, und als Felicitas niesen mußte, da haben sich alle Blumen geschlossen. Über allem war ein intensives grünes Licht. Meine Wurzeln saugen Wasser aus der Erde, das wird hochgetrieben und kommt heraus; alles rund herum wird befruchtet und wird schön. Dann habe ich weit weg eine mexikanische Tonfigur gesehen; sie wurde meine Mutter, und ich wurde ein kleines Kind und konnte durch die Wurzeln kriechen. Meine Mutter hat mich in ein Nest gelegt, darin waren grüne Schlänglein mit Federn. Ich war in einem Ei und mußte mich durch die Schale beißen; es war lustig, wie das geknackt hat. Ich war eine ganz große Schlange und habe von oben die ganze Erde gesehen.

Zum Schluß sei noch Edeltraut zitiert. Der Workshop in Utrecht 1986 war der erste für sie, und aus mir unbekannten Gründen hatte das Feuer der Wiedergeburt für sie eine ganz besondere

Bedeutung. Sie hat sich in einer häßlichen Maske erlebt, sie ist als Hexe auf dem Scheiterhaufen verbrannt worden und ist dann endlich frei mit einem Schwarm weißer Vögel davongeflogen.

Edeltraut: Ich habe gehört, wie Insekten rein und rausgeflogen sind; und ich konnte nicht verhindern, daß sie in meinem Ohr gesurrt haben. Ich hatte ein verzerrtes Gesicht, ich habe mich sehr häßlich gefunden in dieser Maske; sie war eine Tiermaske, aber eine Karikatur. Dann habe ich mich in ein Insekt verwandelt, das große Ohren gehabt hat; eigentlich war ich zwei Insekten, die herumgeflogen sind. Ich war ein Insekt in der Rassel und wurde übel zugerichtet zwischen den Steinen und den Samen in der Rassel. Dann habe ich meine menschliche Gestalt wiedergehabt; ich bin mit dem Kopf nach vorne gegangen und so kopfüber in ein Tal gerollt. Ich habe mich aufgerichtet und habe angefangen zu tanzen. Über mir war Licht. Ich war nackt und habe mich sehr heiß gefühlt. Es war ein Feuer da, ich habe in dem Feuer gebrannt; ich bin an einem Fleck gestanden. Ich war aber nicht ich, ich war eine Hexe und wurde auf dem Scheiterhaufen verbrannt. Ich konnte fühlen, wie mein Gesicht gebrannt hat, aber ich habe keine Schmerzen gefühlt. Plötzlich ist alles schwarz geworden. Dann habe ich ein Licht gesehen. Es war wie ein Auge, und ich wollte durch das Licht durch, hoch in den Himmel hinauf, in die Luft und in die Freiheit. Über mir sind weiße Vögel gekreist, Schwäne oder vielleicht Wildgänse, und ich bin mit ihnen geflogen. Ich habe gemeint, ich bin ein weißer Vogel, aber als ich mich angeschaut habe, da habe ich gesehen, daß ich keinen Körper habe, ich war unsichtbar.

Edeltraut hatte anscheinend eine irgendwie sonderbare Abwandlung des Erlebnisses der gefiederten Schlange mitgemacht, und ich erinnere mich, daß ich damals vergeblich versucht habe, ihr Erlebnis voll zu deuten. Dann drängten sich neue Eindrücke auf; zwei Jahre vergingen; und ich hatte ihren Bericht mehr oder weniger vergessen. Erst bei der Arbeit an diesem Kapitel und bei der Durchsicht der betreffenden Notizen ist mir plötzlich aufgefallen, daß Edeltrauts Erlebnis womöglich auch noch eine andere Dimension bietet, der ich nachgehen sollte. Und je mehr ich darüber nachgedacht habe, desto klarer wurde mir, daß Edeltrauts Geschichte eine Einladung ist in den geheimnisvollen Bereich des Zaubermärchens.

Dritter Teil

Zaubermärchen der Allgegenwärtigkeit

Einleitung

Als ich mir die Notizen über das, was Edeltraut von ihren Erlebnissen in der Haltung der gefiederten Schlange erzählt hatte, noch einmal durchlas, war ich über die Maßen erstaunt. Die Zauberkraft der Haltung hatte hier die Hexenverbrennung, ein Verbrechen, das vor Jahrhunderten an ungezählten Frauen begangen worden war, versöhnend verwandelt. Bei sorgfältigem Nachlesen schien aber auch noch etwas anderes mit im Spiel zu sein. Hier wurde die Hexenverbrennung von innen her beleuchtet, und dadurch erhielt sie eine fast unheimliche Lebensnähe. So mag die Jungfrau von Orleans ihren Prozeß erlebt haben. Lästigen Insekten gleich, gegen die sie sich nicht wehren kann, liegen ihr die Inquisitoren Tag und Nacht in den Ohren; es wird ihr die verzerrte Maske der Ketzerin aufgezwungen, eine Maske, die das zarte junge Mädchen verbirgt, das daheim beim Vater um die Bäume tanzte; in nimmer endender Qual zermürben sie die endlosen täglichen Verhöre. Endlich steht sie nackt auf dem Scheiterhaufen, sie brennt, aber ohne Schmerzen, und fliegt durch die Dunkelheit hinauf zum Licht, endlich ein freier Geist, die unsichtbare Gefährtin der weißen Vögel. All dies war so eindrücklich in allen Einzelheiten, daß es mehr sein mußte als nur etwas, was Edeltraut vielleicht aus irgendwelcher Lektüre hätte nachvollziehen können. Es fragt sich nun, ob wir in jener Sitzung Edeltraut zugehört haben, oder war es Johanna, die ihre Geschichte erzählt hat? Einerseits ist es ihre Lebensgeschichte, was jeder erkennt, der etwas von dem tragischen Lebensweg dieses Bauernmädchens weiß, das im fünfzehnten Jahrhundert die Belagerung von Orleans aufgehoben hat und dann mithalf, Frankreich von der englischen Besetzung zu befreien. Andererseits ist es aber auch ein Zaubermärchen, denn es wird uns erzählt, wie ihr Leben siegreich in die andere Wirklichkeit mündet.

Wenn wir mit dieser Auslegung von Edeltrauts Erlebnis übereinstimmen, dann ergibt sich eine besondere Begriffsbestimmung des Zaubermärchens.[1] Es mag, wie manche behaupten, eine Erzählung sein von Fabelwesen oder von halb vergessenen geschichtlichen Ereignissen oder eine freie Erfindung, die einem Ritual seinen Sinn geben soll. Das echte Zaubermärchen berichtet jedoch von Ereignissen, die in der anderen Wirklichkeit stattgefunden haben und in denen Menschen eine Rolle spielen, die »auf dem Zaun sitzen« (Dürr, 1978), zwischen den beiden Wirklichkeiten. Die Jungfrau von Orleans hat ihre Befehle nicht vom Generalstab bekommen. Sie hat Geistern gehorcht, sie hat sie gesehen, und sie hat sie gehört. Erst in der Auseinandersetzung mit der Inquisition hat sie ihnen das Mäntelchen der Heiligkeit umgehängt.

Die Frage ist nun, wieso Edeltraut gerade diese Vision in so greller Unmittelbarkeit hat erleben können. Johanna ist schließlich bereits 1431 gestorben. Dies mag damit zusammenhängen, daß der anderen Wirklichkeit die Dimension der Zeit fehlt. Gernot Winkler, der Leiter des Zeitdienstes des Observatoriums der amerikanischen Flotte, definiert Zeit als »ein abstraktes Maß der Veränderung, eine Abstraktion eines abstrakten Begriffs.« Damit es also den Fluß der Zeit gibt, muß es eine stetige Veränderung geben. Und je mehr wir die andere Dimension der Wirklichkeit erleben, je besser wir uns zurechtfinden auf unseren Fahrten durch jenes Nebelreich, desto mehr fällt uns auf, daß ein solcher Fluß der Veränderung sich dort nicht bemerkbar macht. Seine Abwesenheit bemerkt man zum Beispiel, wenn man versucht, ein gewisses Erlebnis in zeitlicher Abfolge wiederzugeben. War das am Anfang der Vision oder vielleicht später? Während man in Trance ist, erscheint das nicht weiter wichtig, aber man versucht sofort, die »richtige« Abfolge herzustellen, wenn man die Einzelheiten des Erlebnisses im gewohnten Bewußtseinszustand wiedererzählt.

Dies soll nun nicht besagen, daß es in der anderen Wirklichkeit keinen Wandel gibt, aber dieser Vorgang ist kein linearer, wo ein Ereignis an ein anderes angereiht wird, wie die Perlen auf der Schnur. Statt dessen finden anscheinend in riesigen Zeitabständen

Verlagerungen statt, so wie unsere Erde ja auch hier und da einmal schlingert auf ihrem elliptischen Pfad. Die Religionsphilosophie der Yanomamö-Indianer formuliert dies in folgender Weise.[2] Ihr zufolge besteht der Kosmos aus Schichten, und die Menschen leben auf der dritten Schicht von oben. Die oberste Schicht ist einfach da, sie spielt heutzutage keine Rolle mehr, und was einstmals auf ihr entstanden ist, ist vor ganz langer Zeit auf die anderen beiden Schichten hintergesickert. Die nächste Schicht ist die des Himmels. In der Urzeit ist durch ein umwälzendes Geschehen ein Stück dieser Himmelsschicht abgebrochen, und dadurch ist der Dschungel entstanden, wo heutzutage die Yanomamö und andere Völker leben. Bei einem weiteren ähnlichen Ereignis ist nochmals ein Stück von der Himmelsschicht abgebrochen, es ist durch die Schicht der Erdoberfläche durchgekracht und hat sich darunter gelagert. So ist das Dorf der hungrigen Geister entstanden, die Seelen jagen, weil sie kein eigenes Jagdgebiet besitzen. Die Welt ist also nur zweimal auf diese Weise geschlingert. Im Grunde schwebt der Kosmos unverändert und auf immer in der ewigen Gegenwart der anderen Wirklichkeit.

Ein geschichtlicher Vorgang wie der Prozeß der Johanna von Orleans ist ein Stück Wirklichkeit, das nicht als Teil eines »ordnungsgemäß« dargestellten historischen Vorgangs in die andere Dimension eingedrungen ist, sondern im Zusammenhang damit, wer die Jungfrau war und mit welchen Wesen sie Umgang gepflegt hat. In jenem Bereich ist es dann auf immer eingebettet geblieben. Flüchtig und dennoch ewig schwebt es in dem Zauberraum wie ein regenbogenfarbiges Spinnengewebe. Darum ist es Edeltraut möglich gewesen, es so frisch und unverfälscht wiederzuerleben. Damit diese Bruchstücke, diese Teile der Wirklichkeit sichtbar werden, müssen allerdings die Umstände ganz genau stimmen. Der erste Umstand bezieht sich auf den Spalt am Horizont zwischen der Erde und dem Himmelsgewölbe. Nach einer allgemein bekannten und uralten Tradition kann man durch dieses Loch, eine Art von Schlitz, aus der gewöhnlichen in die andere Wirklichkeit gelangen. Dieser Durchgang ist meistens geschlossen, und man muß den Zeitpunkt zum Durchschlüpfen sorgfältig auswählen, nämlich dann, wenn er gerade offensteht. Wir, die wir in all diesen Dingen so unwissend sind, können diesen Zeitpunkt nicht voraussehen, wir müssen uns auf den Zufall verlassen, oder wir werden vielleicht hier und da einmal eingeladen. Die zweite Bedingung bezieht sich auf uns, die Eindringlinge. Man gewinnt den Eindruck, daß unser Körper, um einen technischen Vergleich zu benutzen, auf die Frequenz des betreffenden Ereignisses eingestellt sein muß, damit es sichtbar werden kann. Diese Einstellung wird durch die Körperhaltung erreicht. Hier nun ergibt sich ein verwunderlicher Widerspruch. Gewöhnlich stimmt das wahrgenommene Ereignis in seiner Struktur nicht mit dem überein, was normalerweise in der betreffenden Haltung erlebt wird. Edeltrauts Erlebnis war nicht eigentlich typisch für das, was die Haltung der gefiederten Schlange sonst vermittelt. Derlei Widersprüche sind für mich des öfteren das erste Anzeichen dafür gewesen, daß sich etwas Ungewöhnliches abgespielt hatte. Die dritte Bedingung ist am schwierigsten zu greifen. Man kann sich das etwa wie einen Blickwinkel vorstellen. Es kann vorkommen, daß nur ein einziger Teilnehmer einer Gruppe sich zufällig im benötigten Winkel zu dem betreffenden Ereignis befindet, ganz gleich ob er Erfahrung mit der Trance hat oder nicht. Edeltraut war ein totaler Neuling. Es geschieht auch, daß mehrere Teilnehmer oder sogar eine ganze Gruppe den richtigen Winkel treffen. Sind alle Bedingungen erfüllt, dann wandelt sich der Wahrnehmende und wird zum Handelnden, wie das mit Edeltraut geschehen ist. Schließlich muß das Geschehen, das oft nur in den zartesten Umrissen auftaucht, auch erkannt werden. Der Schatz an Zaubermärchen ist unendlich reich und meine Kenntnis davon leider recht beschränkt. Ich bin überzeugt, daß in unseren Workshops viele kostbare Märchen aufgetaucht sind, die mir entschlüpft sind, weil ich sie nicht erkannt habe.

Die Erlebnisse, die ich im folgenden berichte, sind Zaubermärchen, an denen einige besonders Begünstigte unter uns teilgenommen haben, so als seien sie Ereignisse der Gegenwart. Sie sind gegenwärtig in dem Sinn, daß sie in dem Augenblick, wo sie geschahen, nicht untergegangen sind, sondern in der Schwebe gehalten werden in einer Dimension, in der es weder Vergangenheit noch Zukunft gibt, in der Allgegenwärtigkeit, der wahren Schatzkammer der Menschheit.

Das Märchen vom Aufstieg

Zwei indianische Freunde, Rosemary aus Taos und Joseph aus Picuris, haben im Sommer 1982 an dem ersten in Cuyamungue abgehaltenen Workshop teilgenommen. Wir haben die Haltungen gemacht, die in dem deutschen Fernsehprogramm vorgestellt worden waren, und dann tauchte die Frage auf, ob es nicht auch noch andere gäbe, die ich noch nicht versucht hatte. Ich kramte also die wenigen Beispiele aus, die ich inzwischen gesammelt hatte, und wir beschlossen, die Haltung eines Mannes nachzuvollziehen, der auf einer aus rotem Sandstein geschnitzten Pfeife kauert, ein kleines indianisches Kunstwerk aus den Jahren um 1300 nach Christus, ausgegraben im Bezirk von Hale in Alabama (Abbildung 62). Der Mann ist nackt, er trägt nur eine anscheinend ursprünglich aus Lederstreifen gearbeitete Kappe. Er hat die Zunge zwischen den Lippen; mit der linken Hand greift er seine linke Wade, die rechte Hand ruht auf dem rechten Knie, streckt sich aber am Bein seitlich aufwärts; die Schenkel sind auf den Boden aufgestützt. Es handelt sich um eine körperlich außergewöhnlich anstrengende Haltung.

Abb. 62: Aus rotem Sandstein geschnittener Pfeifenkopf,
Moundville, Hale County, Alabama, USA, 1300 bis 1600 n. Chr.

Sowohl Joseph als auch Rosemary waren überwältigt von dem, was sie in dieser Haltung in der Trance erlebt hatten. »Es war dunkel«, sagte Joseph, »die Erde hat sich gespalten, als würde sogleich ein mächtiger Vulkanausbruch stattfinden; und der Himmel war von explodierenden Sternen beleuchtet.« Rosemary hatte Menschen schreien hören; sie haben geseufzt und gestöhnt, so als lägen sie im Sterben. Beide versicherten, diese Haltung nicht wieder versuchen zu wollen.

Ich hatte den Eindruck, die beiden beschreiben den Aufstieg der Menschen aus der dritten in die vierte Welt, was laut örtlicher Tradition, wie schon erwähnt, jenseits des Tales im Westen von Cuyamungue in den heiligen Jemez-Bergen stattgefunden haben soll. Was heutzutage jedoch darüber in den Pueblos erzählt wird[3], ist viel zahmer als was meine Teilnehmer gesehen hatten. Die dritte Welt sei dunkel und gedrängt voll gewesen, darum hätten die Maismütter beschlossen, einen der Männer auszusenden, um die Erde oben zu untersuchen und festzustellen, ob sie schon fest genug sei, und nach der Überwindung einiger Schwierigkeiten sind dann die Menschen aufgestiegen und haben ihren Zug nach Süden begonnen.

Es gibt aber auch noch eine andere, dramatischere Variante dieser Tradition bei den Navajos[4], derzufolge die Menschen aus der vierten in die fünfte Welt fliehen mußten. In Todesangst haben sie geseufzt und gestöhnt, weil sie von unten her durch eine wild rasende, brodelnde Flut bedroht wurden. Diese Flut war wegen einer törichten Tat des Kojoten entstanden. Das war es vielleicht, was Joseph und Rosemary gesehen hatten, aber als ein noch großartigeres Geschehen, wo die Erde selbst stöhnt, die Sterne explodieren und die Menschen aufsteigen, um ihre irdische Laufbahn anzutreten. Man könnte sich denken, daß sich in irgendeiner braunen Kiva unter südlichem Himmel Männer, die die Kunst der Ekstase beherrschten, zu versammeln pflegten, um in einem heiligen Ritual die Pfeife zu entzünden. Angesichts der kauernden Gestalt im aufsteigenden Rauch haben sie dann als Sakrament stets von neuem das Wunder des Aufstiegs erlebt, so wie er einst wirklich stattgefunden hat, als die Menschen zum ersten Mal die dunkle, neue Erde betreten haben, die ihre Heimat werden sollte.

Der Kojote kommt zu Besuch

Die Sänger der Navajos, jene Hüter der mündlichen Überlieferung ihres Stammes, wissen zu erzählen, daß der Kojote ein Kind des Himmels ist, geboren aus der Umarmung von Himmel und Erde. Eines Tages haben die Menschen gesehen, wie der Himmel herabgestiegen ist:

> Es schien, als wolle er die Erde umarmen. Und auch die Erde schien sich hochzuwölben, so als wolle sie der Umarmung entgegenkommen. Die Berührung währte nur einen kurzen Augenblick. Der Himmel berührte die Erde, und die Erde berührte den Himmel. Und dann geschah es, gerade an dem Fleck, wo Himmel und Erde sich berührt hatten, daß Ma'ii, der Kojote, aus der Erde sprang (Zolbrod 1984, Seite 56, Übersetzung der Autorin).

Über seine Eltern bildet der Kojote die Brücke zwischen Himmel und Erde, der gewöhnlichen und der anderen Wirklichkeit. Es kam aber noch etwas anderes hinzu. Seine Geburt fand statt, als die Ältesten gerade mit einem wichtigen Ritual beschäftigt waren. Sie waren dabei, einem Burschen, der das richtige Alter erreicht hatte, einen Penis zu geben, und einem Mädchen, das herangereift war, eine Scheide. Das hatten sie früher noch nicht gehabt. Der Kojote eilte stehenden Fußes dorthin, wo die Menschen waren. Von dem Augenblick an, wo er der Erde entsprungen ist, trat klar zutage, daß er sich von Natur aus überall immer einmischen will und sich auch brennend für alles Geschlechtliche interessiert. Er beschloß also, die jungen Leute noch schöner zu machen, als sie ohnehin schon dadurch waren, daß sie nun einen Penis und eine Scheide hatten. Er nahm etwas von seinem Gesichtshaar und blies es ihnen zwischen die Beine. Die erste Frau, zu deren Aufgaben es gehört, unbeherrschte Triebe zu steuern, machte sich Sorgen darüber, daß die jungen Leute sich nun gegenseitig viel zu anziehend finden würden, und sie befahl, sie sollten sich fortan bedecken.

Aus dieser Erzählung erfahren wir etwas über den Konflikt, in dem sich der Kojote befindet. Als Kind des Himmels will er die Schönheit, aber als Sohn der Erde hat er einen unbeherrschten

Willen zur Fortpflanzung. Und da er niemandem verantwortlich ist, es schaut ihm kein Nachbar zu, und es schämt sich auch keine Menschenmutter über seine wilden Streiche, kann er seine unbeherrschtesten Triebe voll ausleben. Auf diese Weise kann er zwar verheerenden Schaden anrichten, aber ebenso wie sein Vetter im Norden, der heilige Narr (siehe Kapitel 11 Seite 236), bringt er dabei auch vieles zustande, was neu und nützlich ist. Er soll zum Beispiel den Menschen das Feuer gebracht haben. Bei anderen Neuerungen, wie etwa beim Tod, kann man nicht immer gleich den Vorteil erkennen. Der Tod ist in die Welt gekommen, weil der Kojote den Schattenleuten nicht gehorcht hat und seine Frau umarmte, nachdem er sie aus dem Reich der Totengeister zurückgebracht hatte, wie ein dem Orpheusmythos ähnliches Märchen der Nez Perce-Indianer berichtet.[5] Wie Zolbrot bemerkt, ist es also kein Wunder, »daß es den Navajos bis auf den heutigen Tag Spaß macht, den Kojoten wegen seiner fehlgeschlagenen Abenteuer zu verspotten, und daß sie ihn aber trotzdem zutiefst verehren.« (1984, Seite 355, Fußnote 22, Übersetzung der Autorin)

Bei uns in Cuyamungue gibt es viele Kojoten, und in mondhellen Nächten lauschen wir verzaubert ihrem Lied. Wir haben einmal die Haltung des singenden Schamanen oben auf der Anhöhe gemacht, statt in der Kiva, und waren entzückt, als sie uns von jenseits der Cañada Ancha antworteten. In unseren Trancen erscheint der Kojote aber eigentlich recht selten. Der Grund dafür mag sein, daß das Geschlechtliche in dem Kulturkomplex, in den uns die Trance geleitet, viel freier gehandhabt wird als in den Ackerbaugesellschaften, deren Erben wir sind. In der gewöhnlichen Wirklichkeit unterliegt es aber dennoch strenger gesellschaftlicher Regelungen, und das könnte ihm Beschränkungen auferlegen. Aber auf immer kann er nicht ausgeschlossen werden. Im Sommer 1986 war ein junges Mädchen in Cuyamungue, das der Kojote offensichtlich unwiderstehlich fand. Die Bedingungen waren außerdem anscheinend gerade günstig, und er nahm die Gelegenheit wahr. Und so hat sich in der Haltung der gefiederten Schlange folgendes ereignet.

Ann B. (Cuyamungue, 1986): Ich habe zur Linken einen gelben Pfad gesehen; den bin ich entlang gegangen. Er hat sich gedreht und gewendet und hat schließlich wie eine Spirale in die Wolken hinaufgeführt. Ich habe hinuntergeschaut. Unter mir war ein Teich, und ich habe mich erschreckt. Plötzlich ist ein Kojote neben mir aufgetaucht und hat mich auf dem Pfad weitergeführt; ich war sehr dankbar für die Begleitung. Schließlich habe ich mich auf ihn draufgesetzt und bin auf ihm geritten; das ist eine ganze Weile so weitergegangen. Mir ist ganz furchtbar heiß geworden, und ich habe angefangen zu zittern. Wir sind in der Wüste gewesen; es ist ein Medizinmann aufgetaucht, der hat rund um mich herum gerasselt. Dann haben der Kojote und ich uns geliebt, und als das vorbei war, habe ich mich in kühlem Schlamm befunden, und der Kojote war weg. Aber dann habe ich mich umgedreht, und nun haben zwei Kojoten um mich herumgetanzt. Es ist eine Strickleiter aufgetaucht, mit der bin ich zur Sonne hinaufgeklettert, und es ist mir immer heißer geworden.

Es ist bemerkenswert, wie gut Anns Erlebnis mit dem übereinstimmt, was von dem Kojoten zu erwarten ist. Er erscheint und weiß natürlich im voraus, daß sie sich ihm fügen wird. Listig bietet er ihr seine Hilfe an auf dem gefährlichen Pfad und erlaubt ihr sogar, auf ihm zu reiten. Um ihren Widerstand völlig zu brechen, läßt er sogar einen Medizinmann erscheinen, der sie mit seiner Rassel vollends betört. Oder hat er selbst diese Gestalt angenommen? Das ist durchaus möglich. Jedenfalls schläft er mit ihr, und dann ist er verschwunden.

Daß der Kojote Ann richtig beurteilt hat, ist aus einem Brief zu ersehen, den ich im darauffolgenden Winter von ihr erhielt. Nach einigen persönlichen Mitteilungen fährt sie fort:

Du wirst Dich erinnern, daß für mich die Haltung des Sterbens und der Wiederauferstehung ein ganz besonderes Erlebnis gewesen ist. Ich habe einen Kojoten getroffen, der mich auf meiner Reise begleitet hat und mit dem ich im Himmel geschlafen habe. Es war wunderschön, und ich war sehr glücklich, daß mich der Kojotengeist auserwählt hat. Ich habe all dies dem Mann erzählt, in den ich verliebt bin, und er hat angefangen, über den Kojoten nachzulesen. Er hat sich in der Bibliothek einen Arm voll Bücher mit Sagen über den Kojoten ausgeliehen. Sie handeln von dem Kojoten, diesem Schalk, der ständig unterwegs ist auf der Suche nach jungen weiblichen Geistern. Er überredet sie, sich an irgendeiner abgelegenen Stelle mit ihm zu treffen, und dann schläft er mit ihnen. Er soll das Lieben zu einer feinen Kunst entwickelt haben und macht die jungen weiblichen Geister stets sehr glücklich. Jedenfalls fand ich das ganz lustig, und es scheint mir auch sinnvoll. Ich bin sehr vertrauensselig und halte immer das beste von allen Menschen. Ich bin wohl etwas naiv. Der Kojote hat genau gewußt, wie er bei mir erscheinen muß, um mich zu verführen. Ich vertraue den Schutzgeistern. (3. Januar 1987; Übersetzung der Autorin)

Der Mann von Cuautla

Ursula St., eine Schweizer Malerin, hatte mir schon seit Jahren von einer Tonfigur erzählt, die sie von ihrer Großmutter geerbt hatte. Ursulas Onkel war nach Mexiko ausgewandert und hatte sich in Cuautla in der Nähe der Hauptstadt niedergelassen. Beim Bau seines Hauses fanden die Arbeiter eine gut erhaltene kleine Statue, die sie ihm übergaben. Bei einem Besuch in Mexiko hat Ursulas Großmutter diese Figur gesehen, und sie hat ihr so gut gefallen, daß ihr Sohn sie ihr geschenkt hat. Ursula hat sie schon als Kind bewundert. Und als die Großmutter starb, hat sie sie geerbt. Auf meine Bitte hin brachte sie dann 1987 eine Aufnahme von der Figur zu unserem Workshop mit (Abbildung 63).

Die männliche Figur sitzt flach auf dem Boden, die Beine sind ausgestreckt und die Knie leicht gekrümmt. Die rechte Hand liegt auf dem Knie, der linke Arm ist etwas stärker gestreckt als der rechte; und die linke Hand liegt leicht seitlich auf dem Knie. Der Mann trägt eine Federkrone, sein Kopf ist ein wenig nach hinten geneigt, und er hält die Zunge zwischen den Lippen.

Was die Schweizer Teilnehmer erzählten, als wir diese Haltung ausprobiert haben, schien keinen mir bekannten Erlebnistyp anzukündigen. Es handelte sich offensichtlich weder um Heilung

Abb. 63: Tonfigur, Cuautla, Mexiko

noch um Wahrsagen oder Verwandlung. Eher ergab sich eine Seelenfahrt, die aber nicht sehr ausgiebig zu sein schien. Urs R. hat mehrmals drei »spitze Berge« gesehen. Kathrin erzählte von einer Mauer, von der Steine heruntergekollert seien. Monica hatte hineingesehen, tief hinunter an Beinen aus Stein vorbei. Es sind Schatten von Löwen aufgetaucht, sagte Romana, aber ohne Mähne. Sie war zu einer Riesenschlucht gekommen, wie eine Höhle, und helle Lichtstreifen haben zwei bis drei weitere Höhlen beleuchtet. Vrenie verwandelt sich in einen Zuschauer:

Ich bin zu einem Felsen gekommen, da war ein Eingang und eine Wendeltreppe, die ging im Zickzack rauf. Da sollte ich raufklettern, aber in dieser Haltung war das schwierig. Mir wuchsen Flügel, so konnte ich wegfliegen; es gibt Wirbel, die nehmen mich rauf; und dann bin ich als Vogel auf dem Treppengeländer gesessen.

Krischta wird rückwärts in eine Höhle gezogen; eine weibliche Gestalt in weißem Gewand erscheint und ein Altar mit Ähren, Trauben und Früchten darauf. Sie hat gefragt, was damit geschehen soll, und es wurde ihr bedeutet, das solle als Gabe über die Erde verteilt werden:

Dann kamen Gestalten, ein Tiger, ein Hirsch, ein wilder Mann, der kommt aus dem Wald und ist mit Blättern und Lianen behangen; aber das Gesicht konnte ich nicht sehen; und auch ein großer Vogel, dem hängen die Flügel runter; das sind aber in Wirklichkeit Arme, und der verwandelt sich in eine Frau mit einem Vogelkopf; und es kringeln sich Schlangen um ihre Arme.

Ursula, die ich zuerst aufgerufen hatte, hatte die längste Geschichte:

Es war dunkel. Links von mir haben Steine eine Mauer gebildet, und daneben war ein Graben. Gerade nach vorn und links ist die Mauer hoch. Im Boden habe ich eine Öffnung gesehen, die war dunkel, und ich wollte nicht rein. Ich habe gefragt: »Was soll das bedeuten?« Daraufhin hat sich ein schwarzer Schatten rausgestemmt aus der Öffnung, dann ist er wieder runter, und dann ist er wieder erschienen; er hat die Arme hochgehalten und ist runtergerutscht; und das hat er mehrmals wiederholt. Ich dachte, er zeigt mir, wie man's macht; und bin auch runter, an vielen Steinen vorbei, die waren behauen, und viele Treppen runter; ab und zu war der Schatten vor mir. Wir sind bei einer Kröte aus Stein angekommen, die ist plötzlich lebendig geworden. Es sind auch Steinaugen erschienen, die sind auch lebendig geworden. Der Schatten vor mir hatte in der Mitte der Brust einen roten Fleck, der hat geleuchtet und ist gekreist. Schließlich bin ich in einem Saal angekommen mit einer Kuppel, und die Rassel ist sehr laut geworden. Die Steinkröten und die Steinschlangen, die wollten alle raus, aber sie mußten die Treppe rauf; und sie sind so schnell rausgeklettert wie die Rassel. Es ist warm geworden, ich habe den Himmel gesehen und Sonnenlichter, und dann waren auch wieder Schatten bei der Mauer, die haben oben gestanden.

Die meisten der Teilnehmer, einschließlich Ursula, haben eine Fahrt unter die Erde gemacht, wo sie von Mauern umgeben waren, in eine Höhle, oder vielleicht gab es mehrere Höhlen. Es war alles recht unklar, und es tat mir leid, daß ich Ursula das

Erlebnis nicht recht deuten konnte, das uns ihr kleiner Freund vermittelt hatte.

Im Sommer 1987 fiel mir Dennis Tedlocks neue Übersetzung des *Popol Vuh* in die Hand.[6] Dieses »Buch des Rates« ist ein bemerkenswertes Werk, eine Sammlung von Mayamythen, die Quiché-Mayapriester kurz nach der Eroberung durch die Spanier niedergeschrieben haben. In diesem Werk breiteten sich vor mir plötzlich zu meiner großen Freude – und etwas geschauert hat es mich dabei auch – die Umstände aus, die ich kennen mußte, um die Erlebnisse meiner Schweizer Freunde mit dem Mann von Cuautla deuten zu können.

In einer dieser Quiché-Mayamythen wird erzählt, daß die vier Ältesten der patrilinearen Geschlechter der Quiché beschließen, Schutzgötter zu erwerben, denen sie Opfergaben bringen können. Zu diesem Zweck ziehen sie in die große Stadt im Osten, Tulan Zuyua, sieben Höhlen, sieben Schluchten genannt. Dies ist eine berühmte Geschichte, ich kannte sie schon aus einer früheren Übersetzung des *Popol Vuh*. Unbekannt war mir die Tatsache, daß es diese Stadt wirklich einmal gegeben hat. Tedlock erklärt:

(Aber) indem Tulan Zuyua zusätzlich mit sieben Höhlen umschrieben wird, bewahrt der Popol Vuh die Erinnerung an eine Metropole, die viel älter und großartiger gewesen ist als irgendeine toltekische Stadt. Dieses alles überragende Tulan befand sich an der Stelle von Teotihuacan, nordöstlich von Mexico City. Es war die größte Stadt Mittelamerikas und stammt aus der gleichen Zeit wie die klassischen Maya. Erst neuerdings hat man entdeckt, daß sich unter der Pyramide der Sonne in Teotihuacan eine natürliche Höhle befindet, deren Hauptschacht und Seitenöffnungen zusammen sieben Höhlen ergeben. (1985, Seite 48-49; Übersetzung der Autorin)

Dorthin also hatte der Mann von Cuautla seine Schützlinge gebracht! Die »drei spitzen Berge«, die Urs mehrfach gesehen hat, sind Pyramiden, die mit behauenen Steinen verputzt sind; es gibt Menschendarstellungen »mit steinernen Beinen« und Reliefs von Kröten und Schlangen und von dem mächtigen Krafttier, dem Jaguar, dem »Löwen ohne Mähne«, der sich in der Nähe aufhält.

Vrenie verwandelt sich in einen Vogel, der die Rolle des Zuschauers spielt. In der Mayawelt hat der Himmelsvogel die Aufgabe, die Ereignisse für die Götter zu beobachten. Krischta sieht Opfergaben aus Getreide und Früchten, so wie im *Popol Vuh* berichtet wird, daß sich die Quiché gegen das Menschenopfer aussprachen und statt dessen Duftharz und Feldfrüchte opferten.

Die berichteten Erlebnisse enthalten aber noch weitere Einzelheiten. Krischta schaut zu, wie die Ältesten der Quichégeschlechter an der Sonnenpyramide ankommen, um ihre Gottheiten entgegenzunehmen. Dies sind keine Städter wie die weißgekleidete Frau, die sie erwartet, sondern Menschen aus dem Wald, in Blätter und Lianen gekleidet. Einige tragen sogar Tiermasken; es sind also Jäger und Gartenbauer, die sich bei ihren Tänzen in Tiere verwandeln. Auf einem Wandgemälde aus Teotihuacan hat die opfernde Priesterin tatsächlich ein langes Gewand an, während andere, als »Stammesangehörige«, das heißt also als Nichtstädter bezeichnete Opfernde, Tiermasken als Kopfbedeckung tragen (Valliant 1944; Abbildung 24).

Ursula schließlich erhält ein ganz besonderes Geschenk als Gegengabe für ihre Liebe zu dem alten Figürchen. Der schattenhafte Führer, der sie in die Tiefe der Höhlen geleitet, ist kein gewöhnlicher Geist. Sie beschreibt ihn mit einem kreisenden, leuchtend roten Fleck auf der Brust. In der Welt, in der sie untergetaucht ist, kann der Schatten nur Tohil gewesen sein, ein erhabener Gott des klassischen Mayatums, Schutzherr von drei wichtigen Geschlechtern. Wie aus Inschriften in Palenque bekannt ist, hieß er dort Tahil, ein Cholawort, das »Obsidianspiegel« bedeutet. Er wird mit einem Spiegel auf der Stirn dargestellt, in dem eine rauchende Fackel steckt. Was Ursula gesehen hat, nämlich einen Geist mit einem kreisenden roten Fleck auf der Brust, scheint urtümlich und vielleicht älter, denn Tedlock berichtet (1984, Seite 365), daß Tohil Feuer schenkt, indem er sich in der eigenen Sandale dreht, wie ein Feuerbohrer.

Eine Mayaflöte

Im Grab Nr. 23 am Rio Azul in Guatemala haben Archäologen die Figur eines jungen Mannes ausgegraben (Abbildung 64). Er sitzt im Schneidersitz und hat die Arme auf der Brust gekreuzt. Die Haltung ist beispielsweise auch von einem Krieger bekannt, der an einer Maya-Ausgrabungsstelle in Jaima, an der Westküste der Halbinsel Yucatán, gefunden wurde. Die beiden Darstellungen unterscheiden sich jedoch in zwei wichtigen Punkten: Der Jüngling vom Rio Azul hat die Zunge zwischen den Lippen, und die Figur ist eine Flöte.

Als wir die Haltung im Sommer 1986 in Cuyamungue zum ersten Mal versuchten, wurde eine Teilnehmerin angewiesen, sie solle die Spaltung in ihrem Körper heilen; eine andere hatte etwas zu bewachen; und Isi war sogar recht streng bedeutet worden: »Wenn du jetzt keine Frage hast, dann komm später zurück, wenn du etwas zu fragen hast!« Obgleich auch noch andere Visionen berichtet wurden, von einer Hängematte, von schön verzierten Gefäßen, »als seien sie aus Mimbres«, einem wichtigen Fundort in Neumexiko, von verstreuten Tonscherben, kamen wir trotzdem, vor allem wegen Isis Bericht, zu dem Schluß, es handele sich um eine Wahrsagerhaltung.

Als wir aber die Haltung im November 1986 in Columbus in einer verhältnismäßig großen Gruppe wiederholten, wurde Belinda unmißverständlich mitgeteilt, die Geister dächten nicht an Wahrsagung: »Nein – das wird hier nicht passieren!«

Es fragte sich nun, um was es denn in dieser Haltung geht? Verträumt hörte ich nach der Sitzung die vielen Berichte und wurde wie auf Zauberflügeln zurückgetragen nach Yucatán, wo ich so viel Zeit mit Feldforschung verbracht hatte. Ich spürte die warmen Nächte der Regenzeit, ich sah die bescheidenen kleinen Pyramiden, die noch halb versteckt vom wuchernden Pflanzenwuchs außerhalb des Dorfes als Abschluß einer pfeilgeraden Straße erhalten geblieben sind. Für einen Augenblick füllte sich der Raum im Untergeschoß des Universitätsgebäudes mit dem betörenden Duft eines jasminartigen Busches, den die Dörfler *Juan de noche* nennen, »Johannes der Nacht«. Ich hatte das Gefühl, wir seien bei einem uralten Begräbnis dabei, und der Totengeist sei wie ein Irrlicht zwischen den Maispflanzen und

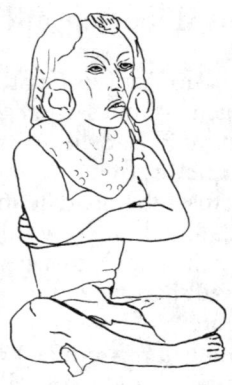

Abb. 64: Tonflöte, aus Grab Nr. 23,
Rio Azul, Guatemala, frühe klassische Mayazeit, 400 bis 500 n. Chr.

den schlanken Papayastämmen auf der Suche nach einer Zuflucht.

Umsonst habe ich später versucht, meine Ahnungen zu greifen, so als wolle ich ein Tongefäß aus tausend auf rauhem Grund verstreuten Tonscherben wiederherstellen, ohne zu wissen, wie der Topf wohl einmal ausgesehen hat. Erst ein Jahr darauf vermittelte mir das Buch von Linda Scheele, *The Blood of Kings*, ein Verständnis für den Abriß des Geschehens, das ich erahnt hatte, und so konnte ich dann das Erlebnis aus seinen Bruchstücken zusammenfügen. Wie bei einem geflickten Topf sieht man noch die Sprünge, aber wer an der Echtheit des Geschirrs Zweifel hegt, der mag sich die Belege selbst anschauen[7]. Wohl hat es hier und da eine Lücke gegeben, und dafür mußten Stücke neu geschaffen werden, aber im großen und ganzen habe ich das Gefühl, daß die Geister nicht unzufrieden sind mit dem Bericht von den Geschehnissen jener Zaubernacht.

Der Abschied des Totengeistes

So ist es gewesen; dies ist der von den beamteten Priestern bestätigte Bericht. Es hat sich vor langer Zeit zugetragen, sagen sie, als der kostbare rote Stein die Arbeit an dem Spinnengewebe der Weltordnung gerade erst vollendet hatte. Damals ist es geschehen, daß Hunahpu und Schbalanque, die Zwillingshelden, Ball gespielt haben. Der Krach hat die Herren des Todes gestört in der Unterwelt, in Schibalba, dem Land des Schreckens.

Da haben die Herren des Todes den Zwillingen befohlen, vor ihnen zu erscheinen, so wird es erzählt; und sie mußten viele schreckliche Prüfungen bestehen. Mit den gleichen Prüfungen hatten die Herren des Todes ihren Vater und ihren Onkel ermordet, aber die Zwillinge waren jung und stark und listig, und sie haben die Prüfungen bestanden. Sie beschlossen nun ihrerseits, die Herren des Todes zu überlisten. Sie taten so, als seien sie unterlegen, sie ließen sich verbrennen, und ihre Asche wurde in den Fluß gestreut. Es wird erzählt, daß sie aus der Asche am fünften Tag wieder auferstanden sind und dann als Spielleute über das weite Land zogen. Sie haben den Leuten gezeigt, daß sie Herr sind über den Tod, weil sie einen Hund opfern konnten und selbst einen Mann, und doch waren die hernach wieder lebendig. Die Herren des Todes waren neugierig, und sie befahlen, die Spielleute sollten an ihren Hof kommen nach Schibalba. Sie dachten, auch sie würden zu neuem Leben erwachen, wenn sie sich töten ließen. So haben die Zwillinge die Herren des Todes besiegt, sie haben sie nämlich nicht wieder zu neuem Leben erweckt. Seit jener uralten Zeit, sagen die Priester, siegt das Leben über den Tod. Die Seele muß durch Schibalba, dann tanzt sie hinauf zum Nordstern, zu den Ahnen und den Göttern.

Seitdem ist viel Zeit vergangen, viele Seelen sind den gleichen Weg gezogen. Und dann geschah es, daß sich der Spalt zwischen den Welten wieder einmal geöffnet hat, und der flüsternde Wind hat die Geschichte eines jungen Kriegers herbeigetragen, der den gleichen Weg gegangen ist:

»Wir hatten uns zwischen den Bäumen versteckt im Auftrag unseres Herrschers, auf der Suche nach Gefangenen, die seine Ehre vermehren sollten. Es war heiß, der Nachmittagsregen war noch nicht gefallen, und der Schweiß brannte mir in den Augen. Plötzlich raschelte es hinter den Büschen. Ich dachte, es sei ein Schwarm Wanderameisen und habe mich umgedreht, um mich mit einem Sprung vor ihren giftigen Bissen zu retten. Aber zum Springen bin ich nicht gekommen. Jemand hat mich an den

Haaren gepackt und hat mir den Kopf nach hinten gezogen, wie es die Priester machen beim Menschenopfer. Ich habe gedacht – nein, nicht mein Herz! Aber es war nicht mein Herz. Ich konnte fühlen, wie ein Messer mir durch die Eingeweide fuhr, es drehte und wendete sich. Da ist mein Bauch durchsichtig geworden; er hat gebrannt; mein Kopf hat sich geöffnet, und es sind Blumen herausgesprossen. Dann war mir kühl und naß, und die Welt ist dunkel geworden.

Als ich die Augen wieder aufgemacht habe, habe ich meine Gefährten gesehen; die haben meinen Körper weggetragen. Es war Nacht geworden, eine warme, weiche Nacht, und der Duft war betörend. Eine Weile bin ich ihnen gefolgt, aber dann habe ich mich fortgeschlichen, einen Berghang empor und zwischen die hohen Bäume, wo jede Borkenfalte ihren eigenen Dorn hat. Ich habe gelacht, denn nun hatte ich ja keine Haut mehr, die bluten und brennen konnte. Ich war bei den Echsen. Ich habe zu ihnen gehört; aber als sie mir das Rückgrat hochgekrochen sind, hat mich ein schneidender Schmerz durchzuckt. Dann waren sie weg, und ich bin immer weiter hinaufgestiegen. Ich war leicht wie eine Feder, und in meinem Kopf war ein Licht; so bin ich durch die Büsche geflackert, ein riesiger Glühwurm.

Plötzlich hat mich etwas von links gezupft, und ich bin zurückgeschreckt. Nein, noch nicht – noch nicht nach Schibalba! Das Schreckliche muß warten. Ich habe das Recht, noch zu verweilen, vier Tage lang, sagen die Priester, und das verlange ich für mich.

Höher, immer höher den Berg hinan. Weit weg singt eine Flöte; der Wald ist feucht und warm, und ich will bleiben. Irgendwo in der Ferne tanzen die Leute zum Trommelschlag. Der Mond ist aufgegangen, und es flüstert unter den Bäumen. Das sei die Erinnerung an die Seelen, so wird gesagt, an Seelen, die die Prüfungen in Schibalba nicht überstanden haben und auf immer in Schibalba bleiben müssen, auf ewig begraben in dem stinkenden Sumpf von verwesendem Fleisch und Blut. Ich gehe weiter; ich werde es schaffen wie die Zwillingshelden Hunahpu und Schbalanque! Sie sind in mir, sie stehen einander gegenüber in mir, dann sind sie ein Kelch. Sie haben die Sonne auf ihrer Zunge. Aber ich gehe noch nicht, noch nicht.

Dort drüben rechts – ein Mann. Er ist groß, aber alt und

zahnlos. Er sitzt im Schneidersitz, und wie ich ihm zuschaue, da reißt er sich ein Auge aus und bietet es mir an. Ich erstarre vor Schreck. Ein Bote aus Schibalba – Augen, die sie sich selbst aus den Augenhöhlen reißen; das ist der Schmuck der Herren. Sein Leib ist geschwollen, er wird gleich furzen, und der Gestank hängt dann in der Luft wie stinkender Nebel. Ich wende mich und fliehe.

Läuft mir der Speichel aus dem Mund? Nein, das darf nicht sein; ich will nicht sein wie die Herren von Schibalba. Bin ich versehentlich hinübergeirrt, weil ich den Grenzstrich nicht gesehen habe? Nein, das kann nicht sein: es war kein Wasser da. Es muß Wasser geben; darin versinkt man, um nach Schibalba zu kommen. Gott meines Tages, wache über mich, laß das Wasser noch nicht auftauchen! Ich stolpere, falle rückwärts und werde gehalten wie im Schoß meiner Mutter. Der Schoß weitet sich: es ist wieder der Wald.

Durch die Bäume sehe ich ein Feuer, und es tanzen Männer darum. Der Mann da drüben: sein Messer war es, das mir in den Bauch gefahren ist. Ohne das Messer in meinen Eingeweiden würden wir jetzt um das Feuer tanzen. Ich könnte mittanzen, aber es ist noch nicht an der Zeit. Erst geht es durch Schibalba, durch die Schneiden und die Kälte, vorbei an den mörderischen Fledermäusen und durch das Feuer. Dann, ja dann tanze ich auch, nach Norden, hinauf zum Nordstern.

Ich husche um die Tänzer herum und in die Hütte. Eine Hängematte schwingt von Querbalken zu Querbalken. Ich ruhe mich aus darin; der Wind kühlt mir die Brust. Oder bin ich der Windhauch? Ich weiß es nicht. Die Männer bringen ein Reh herein. Sie haben ihm das Herz herausgeschnitten. Man nennt uns das Volk der Rehe. Draußen ist das Feuer ausgegangen. Ui, ui, ich bin der Wind! Ich blase in die Glut; die Flammen springen. Dann bin ich wieder zwischen den Bäumen. Ich bin müde und möchte mich ausruhen. Aber ich muß wach bleiben.

Ich drehe mich um und bin bei meinen Gefährten. Der Priester arbeitet mit Ton, er schafft mein Bildnis. Er hat Macht, dieser Priester. Er sieht mich, und schon bin ich in seinem Tonklumpen. Es ist ein Käfig. Der Priester rollt mich herum; er kreuzt mir die Beine, faltet mir die Arme, zieht mir die Zunge heraus. Ich wehre mich, aber ich kann nicht entfliehen. Dann schafft er mir den

Rücken, der ist hohl; es ist eine Flöte, und ich bin darin, ich, der Wind. Ich dehne mich aus, immer weiter aus. Bald schieße ich hinaus, und die Zwillinge und ich, wir werden die Sonne schaffen und den Mond. Mein Körper zerbricht in Tropfen; ich bin ein neugeborener Stern.

Und dann habe ich das Wasser gesehen. Es war unabsehbar und dunkel, und hatte sich nicht bewegt seit Äonen.«[8]

Das Märchen von K'ats und seiner Bärenfrau

Als wir 1985 die Chiltanhaltung erforschten, in der die einundvierzig jungen Ritterinnen der uzbekischen Schamaninnen heraufbeschworen werden (siehe Kapitel 9), gab es zwei Berichte, die sich nicht in dieses Bild einordnen ließen. Einer davon war der von Belinda:

Schon bei der Atemübung, bevor wir das Tonband mit dem Rasseln angestellt hatten, habe ich dunkle, tanzende Gestalten gesehen. Dann merkte ich, daß ich sehr hoch oben war; ich bin geflogen, und die Erde war ganz weit unten. Dann war ich in einer Landschaft; sie war grün und braun mit einem kleinen Teich, in dem sich ein ypsilonförmiges Zeichen spiegelte; ein kleiner Vogel flatterte durch die Zweige am Ufer. An der Stelle des Teiches war ein Nest mit drei Eiern. Der Vogel lud mich ein, ich solle mich auf das Nest setzen; das sei sehr wichtig. Ich tue es und fühle mich erfüllt. Es erscheint ein Totempfahl, und der Geist in dem Holz umarmt mich. Jenseits des Pfahles sind Tannenbäume und Schnee; eine Hand hält eine Feder und macht Zeichen im Schnee. Es kommt eine riesige Bärin. Sie steht vor mir, und wir tanzen zusammen. Ich muß lachen, denn sie hebt mich hoch, so daß ich mich ganz leicht fühle. Wir setzen uns hin; sie umarmt mich von hinten, und wir verschmelzen mit einem intensiven Glücksgefühl. Ich sehe die gewundenen Hörner einer Bergziege; mir ist sehr kalt.

Der zweite Bericht scheint wie eine Fortsetzung und stammt von Elizabeth R., die eng mit Belinda befreundet ist:

> Wir tragen unsere Tiermasken und tanzen. Wir haben lange wehende Gewänder an. Ein Vogel baut sein Nest in Belindas Hand. Zweige und Blätter wachsen aus ihr heraus, die Kraft des Lebens ist in ihr; sie wird zu einem herrlichen Baum. Sie tanzt auf ihren Wurzeln, wir tanzen zusammen. Als ich meinen Arm um sie lege, kann ich ihre Nässe fühlen; ich habe gewußt, daß sie weint, aber sie ist glücklich. Ich schaue auf den Baum, die Sonne geht dahinter auf, und ich habe das Gefühl von Kraft.

Ich habe die beiden Berichte mit den anderen zusammen abgelegt, wie ich das immer mache, aber ich konnte mir nicht vorstellen, worum es in diesen beiden Erzählungen ging. Dann bekam ich an Weihnachten 1986 ein Buch geschenkt über Totempfähle in Alaska.[9] Als ich mir die Abbildungen der Pfähle näher anschaute, entdeckte ich zu meiner Überraschung einen Pfahl der Tlingit (jetzt im Saxman-Totempark in der Nähe von Ketchikan in Alaska), auf dem eine der geschnitzten Figuren, die von hinten von einem großen Bären umarmt wird, in der Chiltanhaltung steht (Abbildung 65).

Als diese Pfähle gesammelt und restauriert wurden, hat der Forstdienst die indianischen Kunsthandwerker befragt, ob ihnen Sagen von den verschiedenen Pfählen bekannt seien. Der betreffende Pfahl heißt nach dem an der Spitze angebrachten Vogel der Seetaucherbaum. Einer der Meister erinnerte sich an das folgende Märchen über den Mann und den Bären an diesem Pfahl: »Vor vielen Jahren, zu einer Zeit, als die Menschen und die Tiere noch nicht voneinander getrennt waren, wurde ein junger Mann namens K'ats von einem Grislybären gefangen. Er sollte gefressen werden, aber er wurde von einer Bärin gerettet, die sich in ihn verliebte und seine Frau wurde. Jahre später kehrte er mit seiner Bärenfrau und ihren Jungen in sein Dorf zurück. Seine Bärenfrau hatte ihn gewarnt, er dürfe niemals seine frühere Menschenfrau anschauen; aber durch einen Zufall geschah es doch. Seine verärgerte Bärenfrau gab ihm einen Stoß; es war nicht böse gemeint,

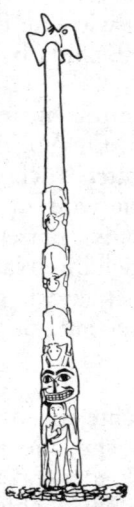

Abb. 65: »Seetaucherbaum«, Tongaß, Alaska,
jetzt im Saxman Totem Park, Alaska; 19. Jahrhundert

aber die Bärenjungen haben es mißverstanden und haben ihn zerrissen.

Einige Menschenalter später hatte K'ats einen Nachkommen, der ein mächtiger Schamane war. Die Initiation dieses Jünglings hatte damit angefangen, daß er eine Bergziege erlegte. Er häutete sie und begann, mit ihrem Fell auf den Schultern zu tanzen, woraufhin er in eine tiefe Ohnmacht fiel. Immer wieder tanzte er mit dem Fell, und immer wieder wurde er ohnmächtig, bis all die vielfältigen Geisterkräfte, die sein Ahnherr bei den Bären erworben hatte, in ihn übergegangen waren.

Als er nun auf diese Weise zum Schamanen geweiht geworden war, beschloß der junge Mann, den Tod seines Vorfahren an den Bären zu rächen. Während seine Großmutter trommelte, tanzte er, und auf diese Weise lockte er die Grislybären in das große Gemeinschaftshaus.

Bald haben die Leute ein Geräusch gehört, weit weg im Wald, und das ist immer näher gekommen. Sie erkannten das Grunzen und Brummen der Grislybären und sind alle rausgelaufen und haben sich versteckt, als sich die Bären in das Haus gedrängt haben. Bald waren es so viele, daß die alte Frau nicht mehr trommeln konnte. Sie nickte der Trommel zu, und die trommelte weiter, während der Schamane tanzte. Bald begannen die Geisterkräfte den Jüngling zu verlassen, und die Grislybären fielen tot um, einer nach dem anderen. Als ihn alle Kräfte verlassen hatten, waren alle Bären tot. Es wird erzählt, daß die Grislybären die Nachkommen der Jungen waren, die die Bärenfrau K'ats geboren hatte, und daß die Kräfte des Schamanen sie getötet haben.[10]

Endlich ergab sich ein Sinn für Belindas Erlebnis. Wer weiß, vielleicht ist es sogar der Schamanenenkel von K'ats selbst gewesen, der dafür gesorgt hat, daß sein Ahne seine geliebte Bärenfrau noch einmal umarmen durfte. Der Schluß liegt nahe, denn Belindas Erlebnis ist signiert: sie hat die Hörner der Bergziege gesehen, in deren Fell der junge Schamane seine Initation erlebt hat. In wenigen sparsamen Zügen erwacht die alte Sage von neuem. Wie ein erster Trommelschlag, der zum Tanz ruft, spiegelt sich das Schicksalszeichen des gegabelten Lebensbaumes in dem klaren Wasserspiegel des Teiches. Ein Vogel, Bote der Geister, lädt die Fremde ein, sich brütend auf die Eier im Nest zu setzen. So wird angekündigt, wovon die Sage zu erzählen weiß, von Liebe und von Fortpflanzung. Der Totempfahl erscheint, sein Geist umarmt den Gast, und damit verwandelt sich Belinda und ist nun K'ats. Einen flüchtigen Augenblick lang leiht sie ihre Menschenkraft dem trauernden Geist. Jetzt kann die riesige Bärin erscheinen, sie umarmt ihren Gatten, sie lachen wie dazumal und werden eins in der Liebesumarmung. Dann ist das Spiel vorbei, die Schatten lösen sich auf, aber die Wangen der Menschenfrau sind noch tränennaß, als Elizabeth ihr in ihrer Vision den Arm um die Schultern legt. In einem jubelnden Abschluß tritt sie nochmals über die Zauberschwelle, sie verwandelt sich in einen Totempfahl, und Äste und Zweige sprießen aus ihr und feiern die Macht der Liebe.

Die Geister und der verwundete Lebensbaum

Das Geheimnis im Museum

Natürlich gibt es auch in Museen viele Darstellungen von Haltungen, die zum Ausprobieren einladen. Das setzt voraus, daß das, was man in den Regalen zu sehen glaubt, auch wirklich da ist. Manchmal ist das nicht ohne weiteres sicher.

Die nächste Geschichte, die ich erzählen will, fing in einem Museum an. In Santa Fe (Neumexiko) gibt es ein Forschungsinstitut, *The School of American Research*, dessen Verwaltung mich einlud, dort einen Vortrag zu halten. Nach dem Vortrag führte uns ein Mitglied des Instituts durch das dazugehörige private Museum, das eine hervorragende Sammlung indianischer Kunstgegenstände besitzt. In der ersten geräumigen Halle befinden sich viele Regale voll von herrlichen, großen, bemalten Tongefäßen, *ollas* genannt, die heute nicht mehr hergestellt werden. Aus diesem Saal führt rechts eine Tür in den nächsten Raum. Die anderen Teilnehmer an der Führung waren schon durchgegangen, als ich auf ein links vom Ausgang stehendes Regal aufmerksam wurde, in dem keine *ollas* ausgestellt waren, sondern verschiedene Tonfiguren von einer Art, wie ich sie auf den Märkten noch nie gesehen hatte. Da ich immer nach neuen Körperhaltungen Ausschau halte, bemerkte ich sofort eine männliche Tonfigur in einer mir noch unbekannten Haltung. Sie war nur etwa zwölf Zentimeter hoch, aus gelblichem Ton mit ziegelroter Bemalung, und sie stand auf einem Sockel, auf dem zu lesen war: *Calling the Spirits*, »Rufen der Geister«. Ich sah mir die Haltung genau an, wie die Hände mit gespreizten Fingern auf die Leistengegend gelegt waren, wie der Kopf leicht nach hinten geneigt war und der Mund offen stand. Ich wollte schnell eine Zeichnung machen, aber die junge Frau, die uns führte, wollte die Tür zumachen, also machte ich mir nur einige Notizen und schaute nicht einmal nach, ob die Figur eine Nummer hatte oder sonst irgendwie gekennzeichnet war.

Zu Hause in Cuyamungue zeigte ich die Haltung sofort der Gruppe, die sich gerade zu einem Workshop versammelt hatte. Beim ersten Versuch machten wir einen recht komischen Fehler, denn aufgrund der Beschriftung und wegen des offenstehenden

Mundes dachte ich, man müsse die Geister wirklich »rufen«. Wir versammelten uns auf dem Hügel, und ich ließ einen Teilnehmer rasseln, während ich mich außerhalb des Kreises stellte und anfing, lauthals »Heja, heja!« zu rufen. Nun, wenn sich an dem Tag wirklich Geister in der Gegend aufhielten, müssen sie sich köstlich über uns amüsiert haben, denn das einzige, was geschah, war, daß ich mich plötzlich in Trance befand und angefangen habe, in Glossolalie zu singen. Alle anderen fanden das so schön, sie haben mir andächtig zugehört und haben total vergessen, in Trance zu gehen. Nach diesem Fehlschlag ist mir dann eingefallen, daß sibirische Schamanen den Mund öffnen und »gähnen«, wie von Anthropologen berichtet wird, wenn sie ihre Hilfsgeister rufen. Als wir dann die Haltung so versuchten und keinen Ton von uns gaben, ging alles viel besser. Aus der Beschriftung der Figur wußten wir, was zu erwarten war, und es geschah auch gleich, daß die Geister in mannigfacher Form herbeikamen, als Nebelschwaden oder bunte Schleier, als geometrische Muster oder Augen oder als verschiedene Masken, von Mickey Mouse bis zu allen Vögeln und Tieren von Wald und Flur, während wir uns meist in etwas aufrecht Stehendes verwandelten, gewöhnlich in einen Baum, oder so etwas Ähnliches sahen.

Im folgenden Sommer ist mir eingefallen, daß es nützlich wäre, wenn wir eine Aufnahme von dieser besonderen kleinen Statue hätten. Ich rief also das Forschungsinstitut an und beschrieb genau, wo ich sie gesehen hatte und wie sie aussah. Die Assistentin versuchte, sie zu finden, hatte aber kein Glück. Also fuhren wir nach Santa Fe, und ich zeigte, wo ich die Figur gesehen hatte, aber sie war tatsächlich nicht mehr da. An ihrer Stelle befand sich eine andere, in einer ähnlichen, aber nicht derselben Haltung. Sie war auch viel größer, und nicht gelblich mit roter Bemalung, sondern grau mit Blau bemalt. Vor allem gab es nirgends eine Figur auf einem Sockel und mit einer Beschriftung. Da ich mich nicht abweisen ließ und darauf beharrte, das wirklich gesehen zu haben, zeigte man mir freundlicherweise die gesamte Sammlung von Dias. Mein kleiner Freund war tatsächlich verschwunden. Er war einfach nicht da. Es gab auch nirgends irgendeinen Hinweis darauf, daß es sich um das Rufen der Geister gehandelt hat.

Es ist möglich, daß sich die Geister über mich lustig gemacht haben. Sie haben einen ziemlich handfesten Sinn für Humor. Ich erinnere mich lebhaft daran, wie sie einmal ihr Spielchen mit mir getrieben haben und wie ich dadurch in eine recht lächerliche Lage kam. Sie nahmen mir plötzlich kurzfristig meinen Orientierungssinn, so daß ich verloren in einem Dorf herumgeirrt bin, das ich seit zwanzig Jahren kenne. In diesem Fall war das wohl nicht ihre Absicht. Ich meine eher, sie wollten mich beschenken.

Die Haltung ist nicht sehr weit verbreitet. Sie erscheint im Neolithikum in Europa, vor allem in der Ukraine, und in neuerer Zeit in Afrika, in Melanesien und besonders in Neuguinea. Die meisten Darstellungen stammen von der westlichen Halbkugel, angefangen bei den Eskimos bis nach Mittelamerika. Abbildung 47 auf Seite 228 ist ein hervorragendes Beispiel von den Olmeken. Für mich ist das markanteste Kunstwerk, das diese Haltung zeigt, ein *tamanus*-Schild der Salisch-Indianer vom Anfang des neunzehnten Jahrhunderts (Abbildung 66). Solche Bretter wurden über Schamanengräber gelegt, wo Wind und Wetter sie zerstört haben. Das Gesicht hat eine unvergleichliche Kraft. Dieser Schamane muß mächtige Geister gesehen haben.

Im Laufe unserer Arbeit mit der Haltung haben wir entdeckt, daß man die Geister zu verschiedenen Zwecken herbeibitten

Abb. 66: Hölzernes *tamanus*-Brett mit Muscheleinlage,
Stamm der Salisch-Indianer, Bundesstaat Washington, USA, um 1830

darf. Man kann sie zum Beispiel einladen, die Masken zu beseelen, wie ich das in Kapitel 11 beschrieben habe. Sie können auch zu einem Heilungsritual herbeigerufen werden. Manchmal erscheinen sie auch selbst geschwächt, so als bedürften sie unserer Hilfe, wie es das folgende Erlebnis zeigt, das gleichzeitig auch darauf hinweist, welchen Schaden wir Menschen angerichtet haben, in dieser Wirklichkeit wie auch in der anderen.

Der Strom für eine mir bekannte Wohnsiedlung in der Nähe von Wien, die in eine alte Fabrik gebaut ist, stammte von einer Turbine, die von einem schmalen, aber reißenden Fluß angetrieben wurde. Im Zuge der modernen »Entwicklung« ist auch dieser Fluß der Umweltverschmutzung zum Opfer gefallen. Johanna, die in der Siedlung wohnt, erzählt:

> ... Am 25. Dezember 1985 haben wir gerasselt; wir konnten kein Tonband finden, und so hat Alfred für uns gerasselt. Es war sehr intensiv (das Rufen der Geister), heftig und wild. Anschließend haben wir im Garten ein Ritual für den Flußgeist gemacht. Walter hat in seiner Trance einen sehr heruntergekommenen, leidenden, fast nicht mehr existenten Flußgeist gesehen. Wenn du wüßtest, wie es um den Zustand unseres Flüßchens bestellt ist, würde dich so ein Flußgeist auch nicht wundern. Das Ritual war sehr schön; wir haben an einem Feuer am Flußufer gerasselt und gesungen; jeder von uns hat dem Fluß etwas geopfert; zuletzt haben wir noch eine Flasche Sekt auf sein Wohl getrunken; der Fluß hat auch was gekriegt.

Der Lebensbaum erscheint

Eine Weile habe ich mich in dieser Haltung vorwiegend mit den Geistern beschäftigt, ohne mich viel um den Baum zu kümmern, um den sie sich gewöhnlich scharen. Dann jedoch erlebte Joanne Mc. etwas Außergewöhnliches:

> Ich habe einen Baum gesehen, der hat bis in den Himmel gereicht. Seine Wurzeln waren sehr tief. Ich habe mich in eine Ameise verwandelt und bin herumgekrochen, um die Wurzeln zu erkunden, die in eine Höhle hineingereicht haben. Überall

gab es Tunnel, die waren dunkel, beengend, endlos. Die Wurzeln sind noch weiter hinabgegangen, und schließlich habe ich eine Öffnung gesehen und dahinter eine Welt von Licht und Weiträumigkeit, durchweht von einem weißlichen, leichten Nebel. Ich war plötzlich keine Ameise mehr, sondern schwebte in dem Nebel. Ein Feuer ist aufgeleuchtet, und ich habe mich zurückverwandelt in eine Ameise und habe gesehen, daß es ein Drache war, der das Feuer gespien hat und dabei komische Geräusche von sich gab. Die Augen des Drachen waren grün. Ich habe angefangen, auf seinen Zungen herumzukrabbeln und auf seinem Bauch. Der war riesengroß, er erstreckte sich meilenweit in die Ferne, und der Drache war mit der Welt über uns in Verbindung.

Noch während Joanne sprach, wurde klar, was ich bisher übersehen hatte; in großen Buchstaben schrieb ich es quer über die Seite: *DER WELTENBAUM!* Joanne hatte die Weltachse gesehen, Yggdrasil, die mächtige Esche; sie ist an den Wurzeln in der Unterwelt gewesen, wo alles so groß ist, daß sie sich in eine Ameise verwandelt hat. Sie hat den mächtigen Drachen Nidhoegg gesehen und hat gehört, wie er dort unten in Niflheim an den Wurzeln der Weltesche nagt. Wo Sagen klingen, da wird auch vom Weltbaum erzählt. Die Sonne und der Mond verbergen sich in seinen Zweigen, die hinaufreichen ins Reich der Himmelsgeister. Die Ungarn beschrieben ihn so:

Es gibt in der Welt einen wunderbar hohen Baum, der hat neun weite Äste, jeder Ast so groß wie ein ganzer Wald. Wenn die Äste schwingen und rauschen, dann erheben sich die Stürme. Der Baum ist so wunderbar hoch, daß sich nicht nur der Mond in seinen Ästen verbergen kann, sondern auch die Sonne. Den Wunderbaum kann aber nur jemand sehen, nur derjenige kann ihn finden, der mit Zähnen geboren wird und neun Jahre lang nur mit Milch genährt worden ist. So einer ist ein *táltos* (Schamane). Der wundersame Baum wächst an einer besonderen Stelle, so daß ihn nur so ein Wissender finden kann. Andere hören nur davon, können ihn aber nie sehen. (Diószegi 1958, Seite 270-271; Übersetzung der Autorin).

Der Lebensbaum, der Weltenbaum, wächst aus dem Nabel oder aus der Vulva der Erdmutter, an der stillsten Stelle der Welt, wie die sibirischen Yakuten sagen, wo der Mond nicht abnimmt und die Sonne nicht untergeht, wo es immer Sommer ist und der Kuckuck nie aufhört zu rufen. Er ist der Schaft der Welt, meinen die Huichol-Indianer. Er durchstößt die Schichten des Kosmos, der die Welt mit der Unterwelt und dem Himmel verbindet. Die Germanen erzählten von Strömen von Honig, die am Stamm von Yggdrasil herunterfließen. Die Sagen erinnern an den Baumstamm, den die heiligen Spaßmacher der Picuris-Indianer an ihrem großen Feiertag, dem 10. August, erklimmen, um die an der Spitze angebundenen Geschenke herunterzuholen. Die Schamanen fertigen ihre Trommeln aus dem Holz des Weltenbaumes, und die Besen der Hexen sind aus seinen Ästen. Wenn die Schamanen zu ihrer Seelenfahrt aufbrechen, fahren sie an seinem Stamm hoch, und die Menschenopfer der Mayapriester sind an seinem Stamm entlang in die Unterwelt gesunken.

Der mächtige Baum hat viele irdische Vertreter. Für die alten Griechen war er ein Feigenbaum oder eine Eiche und in Sibirien eine Birke. Die altaischen Schamanen pflegten eine geschälte Birke in ihrer Jurte aufzustellen, deren Spitze durch das Rauchloch reichte und in die neun Stufen gehauen waren, auf denen der Schamane in die andere Welt aufstieg. Yggdrasil war eine Esche, aber vielerorts fiel die Wahl auch auf die Eibe.

Die Eibe ist ein sonderbarer Baum. Sie sieht aus wie eine Art von Tanne mit glänzenden, tiefgrünen Nadeln, aber ihre Borke ist dünn wie Papier, und sie trägt rote Beeren. Alle Teile des Baumes, außer dem Fruchtfleisch der Beeren, enthalten Taxin, ein giftiges Alkaloid, das unter Sonneneinstrahlung verdampft. Eine Freundin und ich haben die merkwürdige Wirkung dieses Giftes am eigenen Leibe erfahren, als wir in der Nähe von Meggen in der Schweiz einen kleinen Eibenwald besuchten. Vom Einatmen der Ausdünstungen wurde uns schlecht, wir bekamen einen trockenen Hals, und da das Gift in kleinen Dosen halluzinogen wirkt, wurde uns schwindelig, und wir haben gekichert und durcheinander geredet, als seien wir betrunken. Um die Eibe geht es in der folgenden Geschichte.

Ein Holländer heilt den Weltenbaum

Bei einem Workshop in der Nähe von Niewwaal in den Niederlanden hatten wir die Haltung vom Rufen der Geister gemacht. »Ich habe einen Baum gesehen mit einem Loch im Stamm«, sagte Hennie, die als erste von ihrem Erlebnis berichtete, »und es ist alles mögliche aus dem Loch herausgekommen, wie Geschenke.« Annmarei hatte schweres Atmen gehört, so als rauschte ein Wald. Tineke sagte, sie habe sich in einen Baum verwandelt: »Der hat sehr große Zweige gehabt, und die Zweige sind zu Regenbogen geworden.« Dann kam Ton:

> Am Anfang scheint es, als habe ich nur gewartet, um zu sehen, was wohl passieren wird. Dann habe ich etwas sehr Hohes gesehen, vielleicht war es ein Berg, und aus dem ist ein Bach herausgesickert, der war aus altem, geronnenem Blut. Es gab viel lautes Geräusch, dann habe ich gehört, wie ein Vogel ein kleines Lied gesungen hat. Mir ist die Kehle trocken geworden, und mir wurde schlecht.

In meiner Erläuterung erwähnte ich anschließend, daß man sich in dieser Haltung oft in etwas Hohes verwandelt, etwa in einen Baum, und Ton bemerkte, er habe sich zwar nicht so verwandelt, aber bei seinem Erlebnis habe ein Baum eine Rolle gespielt. In seinem Garten daheim sei ein Baum, eine Eibe. Da die Eibe giftige Nadeln hat, wollten er und sein Vater sie abhauen. Aber das Holz war sehr hart, sie hätten nur einige Zweige abhacken können, und das Harz sei immer weiter aus den Schnittstellen gequollen. Er meinte, der Berg, den er in der Trance gesehen habe, sei vielleicht jener Baum gewesen und das heraussickernde Harz das geronnene Blut.

Keiner der anderen Teilnehmer hatte einen verletzten Baum gesehen, aber wir hatten alle das »laute Geräusch« gehört, von dem Ton sprach. Es hatte sich angehört, als würden viele beschuhte Füße auf dem Holzboden im unbesetzten Teil des rechteckigen Meditationssaales mit aller Macht auf- und abspringen. Am Ende der Sitzung gingen wir alle nach hinten, um der Sache nachzugehen. Die Männer meinten, der Lärm sei aus dem Keller gekommen von irgendwelchen Maschinen, aber der Raum ist nicht unterkellert. Dann sind wir auch auf- und abgesprungen, aber die dicken Bretter waren festgenagelt, und es entstand kein Geräusch.

Als nächstes machten wir die Metamorphosehaltung der aztekischen Maisgöttin. Bei Ton stand jedoch nicht das Erlebnis der Verwandlung im Vordergrund:

Es ist eine Tänzerin erschienen und hat angefangen, Felicitas' Rassel zu benutzen, mich zu schubsen, und sie hat gesagt: »Geh schon, geh!« Ich wollte aber meinen Platz nicht verlassen und habe angefangen, mich gegen sie zu wehren, aber sie war ein exotisch schönes Mädchen, sie hat mich in den Arm genommen und hat angefangen, mich zu küssen, und dabei hat sie mich immer mehr zu der Stelle hingezogen, wo Felicitas gestanden ist. Dort hat sie sich in einen roten weiblichen Buddha verwandelt, und aus ihrem Kopf sind viele Wesen aufgetaucht. Dann hat sie sich in einen alten Mann verwandelt, der war ganz ärmlich gekleidet und hat keinen besonderen Eindruck auf mich gemacht. Aber dann hat der sich in einen Adler verwandelt und hat beruhigend zu mir gesagt: »Mach dir keine Sorgen, es geht alles in Ordnung.« Er hat mich gepackt und hat mich zu meinem Haus getragen, in den Garten mit dem blutenden Baum. Daneben hat ein großer Haufen von Verbandszeug gelegen, und ich habe angefangen, den Baum zu verbinden, es gab so viel Verbandszeug, und ich habe den Baum rundherum verbunden. Danach war alles so friedlich in meinem Garten! Ich habe meine Frau gesehen; es war so ein Friede da, und dann habe ich meinen Hund gesehen. Er war krank gewesen, aber nun war er gesund; ich habe ihn berührt, und er hat mich geleckt. Dann hat sich der Hund in ein Reh verwandelt, ich habe mich daraufgesetzt, und es hat mich zum Meeresufer gebracht und dann hinunter auf den Meeresboden; der war übersät mit leeren Öldosen. Dann bin ich wieder aufgetaucht und bin auf dem Wasser gegangen. Ein großer Walfisch ist aufgetaucht, aber ich wußte, ich hatte die Macht, ihm Einhalt zu gebieten. Schließlich bin ich hierher zurückgekommen und habe die weibliche Buddhafigur wiedergesehen. Sie hat viele Arme gehabt und hat leuchtend gelb geglüht.

Was war geschehen? In der gewöhnlichen Wirklichkeit hatte Ton versucht, eine Eibe zu fällen. Als er aber in seinem Garten die Axt in die Eibe geschlagen hat, hat er auch den Weltenbaum in der anderen Wirklichkeit verletzt, und dessen Not hat in der ganzen Geisterwelt widergehallt. Es kann schwere Folgen haben, wenn der Weltenbaum verletzt wird. Ein Märchen der Iriquois berichtet, wie der himmlische Baum des Lebens einst aus Unachtsamkeit entwurzelt wurde und die Tochter des Häuptlings durch das Loch hinunterstürzte. Zum Glück tauchte die gewitzte Schildkröte schnell zum Meeresboden hinab und brachte etwas Erde herauf, auf der das Mädchen stehen konnte. Dadurch rettete sie nicht nur das Leben der Häuptlingstochter, sondern sie schuf auch die Erde und damit einen Ort, wo ein neuer Weltenbaum gepflanzt werden konnte.

Eiben werden ja leider vielerorts gefällt, wodurch auch der Weltenbaum laufend verletzt wird; aber wenigstens in diesem Fall sahen die Geister eine Möglichkeit, helfend einzugreifen. Hier war eine Gruppe von Menschen in dem Zustand, in dem man die Geister sehen und hören kann, und diese Gelegenheit wollten sie sich nicht entgehen lassen. Der enorme Skandal in der holländischen Meditationshalle war nur ein Teil ihres Kriegsplanes. Dazu gehörte auch, daß die Teilnehmer den Wunderbaum beschrieben, daß eine Frau ein Loch in dem Stamm sah, aus dem Geschenke kommen, und daß eine andere das Rauschen der Blätter hörte und zusah, wie sich die Äste in Regenbogen verwandelten – alles Eigenschaften des Weltenbaumes.

Die Hauptaufmerksamkeit der Geister richtete sich jedoch auf Ton. Er war es schließlich gewesen, der die Axt geschwungen hatte. Sobald er ihnen zugänglich wurde, offenbarten sie ihm die schwere Not, die er dem Weltenbaum verursacht hatte. Leider aber war Ton Anfänger, und die Rasselzeit war schon fast vorbei. Man konnte ihm nur einen schnellen Stoß versetzen. Sein Mund wurde trocken, und es wurde ihm übel, genau wie damals, als er versuchte, die Eibe in seinem Garten zu fällen.

Nun waren die Geister höchst besorgt, daß die Zeit nicht mehr ausreichen würde, um dem Weltenbaum zu helfen, und beschlossen, einschneidende Maßnahmen zu ergreifen. Sie nutzten gleich die nächste Trance, die Wandlungshaltung der aztekischen Maisgöttin, zu ihrem Zweck. Da sie Ton nicht allzuviel zutrauten, vollzogen sie die Wandlung lieber selbst. Ein Geist verwandelte sich in ein üppiges Mädchen. Dem würde so ein vollblütiger Holländer von kaum vierzig Jahren sicher nicht widerstehen können. Sie war es dann, die ihn zu mir als dem Mittelpunkt des Rituals zerrte, um ihm die nötige Kraft zu verschaffen. Da lange Erklärungen wirkungslos sind und überdies auch nicht Geisterart, hat sich der Geist dann noch einmal verwandelt und den Aspekt eines »weiblichen Buddhas« angenommen. Die Geister hatten wohl ihren Spionageberichten entnommen, daß Ton über derartige Gestalten Bescheid wußte. Bekanntlich tragen die Geister oft Masken, die ihren Menschenfreunden annehmbar erscheinen. Das fördert die Verständigung. Der weibliche Buddha ist Kwannon, die japanische Göttin der Barmherzigkeit, denn Ton hat gesehen, wie Wesenheiten aus ihrem Kopf gesprossen sind, die elf Gesichter des Erbarmens. Und Erbarmen war es, was die Geister von Ton erwarteten.

Nun waren sie aber in Sorge, ob Ton die Dringlichkeit der Lage wohl begriffen hatte. Deshalb beschlossen sie, ihm klarzumachen, daß das Geschehnis, in dem er eine Rolle zu spielen hatte, viel älteren Ursprungs ist als die Kwannon und aus einer Zeit lange vor der Geburt des Buddha stammt, als man die Eiben noch als Stellvertreter des Weltenbaumes verehrte. Also zeigte sich der Geist nun in der Gestalt eines alten Mannes in zerschlissener, abgetragener Kleidung. Das war ein genialer Gedanke, aber die Zeichensprache hatte nicht die gewünschte Wirkung auf Ton, sie schien ihn eher zu verwirren. Also zuckten die Geister die unsichtbaren Schultern und beschlossen, sich etwas klarer auszudrücken: »Ton, vergiß den alten Mann, fort mit subtilen geschichtlichen Andeutungen! Wir haben uns da vergriffen, es handelt sich in Wirklichkeit um einen Adler, und sieh mal, was der für eine Kraft hat!« Der Adler trug Ton zum blutenden Weltenbaum, und nun konnte er das tun, wozu ihn die Geister von Anfang an ausersehen hatten; das Verbandszeug lag schon bereit.

Ton hat ein gutes Herz und tat nun auch wirklich, was von ihm erwartet wurde. Er verband den Baum so lange und so gründlich, bis das Bluten aufhörte. Nun war Frieden im Garten, aber auch Kraft. Ton berührte seinen Hund, und der war geheilt. Er kam zum Meer, schritt über das Wasser und konnte den

Walfischen Befehle erteilen. Und er wurde gelobt für sein Werk, denn als die Rassel aufhörte, wurde ihm Kwannon noch einmal gezeigt, die vielarmige Göttin der Barmherzigkeit, und sie glühte in goldenem Licht.

Zu Besuch bei Wasserweibern und Zentauren

Bei der Durchsicht eines Buches über archäologische Funde in Europa[11] bemerkte ich die Aufnahme einer Figur aus Thessalien, etwa achttausend Jahre alt (Abbildung 67). Sie stellt eine sitzende, nackte, vollbrüstige Frau dar; beide Beine sind nach rechts gedreht, und ihre Hände liegen auf den Knien.

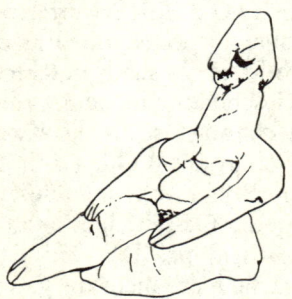

Abb. 67: Marmor, Sesklokultur,
Thessalien, um 6000 v. Chr.

Beim näheren Betrachten sah ich, daß das Gesicht, das mir zuerst nur als etwas verzerrt erschienen war, in Wirklichkeit eine Maske ist, anscheinend eine Vogelmaske. Das war aufregend, denn Masken werden bei den Gartenbauern, wie wir aus modernen Beispielen dieser Stämme wissen, nur bei religiösen Gelegenheiten getragen, und zwar stets in Verbindung mit einer Trance. Was mir noch bemerkenswerter erschien war die Tatsache, daß es sich hier um eine mir völlig unbekannte Haltung handelte. Gewöhnlich erschienen bei diesen frühen Funden aus Europa Haltungen, die auch in anderen Teilen der Welt bekannt sind, die

Geburtshaltung, die Haltung des Bärengeistes, zum Beispiel. Dies jedoch war eine Körperhaltung, die in späteren Funden nirgends aufgetaucht war. Wir hatten sowieso eine Arbeitstagung in einem Ferienlager in Ohio vor, mit erfahrenen Mitarbeiterinnen, also schien dies eine gute Gelegenheit, um zu erforschen, was die maskierte Frau aus der ältesten Kultur Thessaliens uns mitzuteilen hatte.

Draußen dämmerte der Herbstabend heran, während ich anfing zu rasseln und mir vorzustellen versuchte, was meine Freundinnen wohl erleben mochten, während sie so unbeweglich vor mir im Kreise saßen in dieser etwas schwierigen Haltung, mit jenem nach innen gewandten Gesichtsausdruck der Trance, den die Künstler vergangener Zeiten so gern dargestellt haben. War es etwas Neutrales, etwas Losgelöstes von Raum und Zeit, eine Heilung oder Wiederbelebung, eine Wahrsagung? Oder setzten sie zu einem Seelenflug an? Was ich beim Rasseln noch nicht wissen konnte, war, daß sich nicht nur die Spalte zwischen den Welten wieder einmal geöffnet hatte, sondern daß die Schamanin, deren Haltung wir übernommen hatten, uns selbst durch ihre uralte Welt führen würde.

Maxine: Am Anfang konnte ich die Augen nicht schließen und habe die Rassel beobachtet, bis ich ihren Takt in mich aufgenommen hatte. Es hat sich angefühlt, als sei ihr Schlag das Kreisen des Blutes durch mein Gehirn. Bevor ich dann meine Augen zugemacht habe, habe ich nach rechts geschaut, und da habe ich eine alte Frau gesehen. Erst habe ich gemeint, das sei Felicitas, die da auf dem Boden sitzt, aber dann wußte ich: das konnte nicht sein, sie stand doch auf der anderen Seite und hat gerasselt. Und dann habe ich die Augen zugemacht.

Ich konnte fühlen, wie die Gegenwart der alten Schamanin den Raum erfüllte und unsere Erlebnisse zu gestalten begann, so als habe sie den dringenden Auftrag, ihre versunkene Welt vor uns auftauchen zu lassen.

»Hört mich an«, schien sie zu sagen, »hört mich an, ihr Frauen einer anderen Zeit, und ich werde euch von unserer Welt erzählen. Es ist eine gewichtige Sage, die Sage von unserer Welt, wie sie begann und wie sie war. Hört zuerst die Mär vom Anfang aller

Dinge, so wie ich sie gehört habe in meiner Kindheit, als ich noch nicht bei der Bucht gewesen war, bei der Bucht, in der man stirbt und zu neuem Leben erwacht.«

Elizabeth R.: Mit dem Beginn des Rasselns habe ich viel Licht gesehen, viel explodierendes Licht, ich habe Vulkanausbrüche gesehen, und dann hat sich alles mit großer Geschwindigkeit vor mir abgespielt, riesige Brocken von Erde sind ins Meer gestürzt und Felsen und Land, alles ist gefallen. Bäume sind gefallen, die Erde und die Wolken, alles ist gefallen.

Und die alte Stimme fährt fort: »Aus den Bergen, zerklüftet von Leidenschaft, so haben es unsere Mütter erzählt, erhob sich der Vogel Phönix, der Riesenvogel, Seele der mannbaren Erde, um ihren Gatten, den Sonnenball, zu suchen.

Elizabeth R.: Und als ich die Wolken bemerkt habe, da habe ich gesehen, daß ich fliege; ich war ein Vogel, ein riesengroßer Vogel, und eine Weile bin ich herumgeflogen und habe mir all die Veränderungen der Erde angeschaut, wie vieles versunken ist und anderes aus dem Meer aufgetaucht ist. Ich habe mich nicht gefürchtet; meine Gefühle waren nicht an dem Geschehen beteiligt, ich habe nur zugesehen. Ich bin immer höher geflogen, mich hat anscheinend ein Licht angezogen, aus dem schließlich die Sonne geworden ist. Je mehr ich mich der Sonne genähert habe, desto mehr konnte ich fühlen, wie mir die Federn verbrannt und ausgefallen sind, dann ist mir die Haut zergangen, und die Knochen sind mir immer trockener geworden. Und als ich durch die Sonne durchgeflogen bin, da haben sich meine Knochen in Staub verwandelt. Und dieser Staub ist durch die Sonne durchgeflogen bis hinüber zur anderen Seite. Ich habe viel Zeit verbracht als Staub in der Dunkelheit, und um mich herum war überhaupt gar nichts, es war sehr friedlich. Ich fand das wunderbar.

Dann ertönt die alte Stimme wieder: »Und es erhob sich der Atem des Lebens aus der Asche, so lehrten es unsere Mütter, das Leben und das junge Lachen, und es nahm Fleisch an in dem Nest, das im Mutterschoß bereitet war.«

Elizabeth R.: Aber gerade in dem Augenblick hat mir die rechte Hüfte sehr weh getan, und ich habe beschlossen, das rechte Knie etwas anzuheben. Ich habe die Haltung ein klein wenig geändert, um die Hüfte anzuheben, und der Schmerz in der Hüfte war weg. Was ich dann erlebt habe, war, daß ich wieder durch die Sonne zurückgeflogen bin, und ich bin auf der Erde gelandet und habe gesehen, wie ein Nest bereitet wurde aus flauschigen, winzig kleinen Flaumfedern, und dieses im Entstehen befindliche Nest fing an, sich ganz schnell zu drehen. Schließlich habe ich mich in einen großen weißen Vogel verwandelt, der hat Frauenbeine gehabt; und ich habe gedacht: wie kann ich mich nur in etwas so Verrücktes verwandeln, so etwas habe ich auf diesem Planeten überhaupt noch nicht gesehen. Die Beine sind natürlich sehr schlank und schick gewesen (sie lacht), und ich habe auch prachtvolle weiße Federn gehabt. Und ich wollte gerade sagen: »Was habe ich nun wohl hier vor?« Da ist mir klar geworden, daß ich tatsächlich auf einem anderen Planeten bin; ich war nicht auf der Erde, und ich habe angefangen spazierenzugehen. Ich bin bei einer großen Wand angekommen, die hat geglänzt, nicht eigentlich wie ein Edelstein, eher wie Marmor. Sie war dunkelblau, und ich bin darauf runtergerutscht wie auf einer Rutschbahn, und dann rundherum, das war herrlich. Plötzlich lande ich in etwas, ich habe gemeint, es wäre Gras; das ist es aber nicht gewesen, es waren Granatapfelsamen, nur daß sie eben leuchtend grün waren. Beim Drübergehen sind sie unter meinen Füßen geplatzt, es war herrlich.

Und die Schamanin sagt: »Nun ist es an der Zeit, diesem Zauberwesen die Fähigkeit zu verleihen, neues Leben zu gebären. So ist es gekommen, haben unsere Mütter gesagt, daß Frauen einen Schoß haben.«

Elizabeth R.: Und dann bin ich zur Sonne zurückgeflogen, und diesmal bin ich zur Erde zurückgeflogen, nachdem ich durch die Sonne durchgeflogen bin. Und ich bin in einem Nest gelandet, und mein Schutzgeist ist gekommen; ich bin in einem riesigen Nest gewesen, und mein Schutzgeist und ich haben es uns in dem Nest gemütlich gemacht; wir haben über den Rand geguckt und haben uns sehr wohl gefühlt; es war ein besonderes, warmes Gefühl, das wir empfunden haben. Er hat seine Hand in meinen Leib getan und hat etwas geändert in der Gegend meines zweiten Chakras, und er hat auch gesagt, er wolle mich noch einige ganz besondere Dinge lehren, und wir waren sehr glücklich in dem Nest.

Unsere Betreuerin überläßt das glückliche Paar seinen Freuden und wendet sich einem anderen Thema zu: »Wie unsere Mütter sagten, verwandelten sich einige der Geister, die über die Erde streiften, in Pflanzen.«

Susan: Beim Beginn des Rasselns habe ich eine Stimme gehört, die hat gesagt: »Hab keine Angst, Susan, hab keine Angst!« Dann habe ich lauter neue, grüne, kleine gekringelte Ranken gesehen, die sind gewachsen und gesprossen. Dann sind diese Ranken rund um meinen Körper gewachsen; und ich bin ausgeschlagen und habe Knospen bekommen.

»All dies haben uns unsere Mütter erzählt«, erklärt unsere Führerin, »beim Jäten in den Gärten und beim Spinnen und Weben. Und als wir größer waren, haben sie uns auch sehen gelehrt, jene Ereignisse zu Beginn aller Dinge und noch viele andere Wunder. Aber dazu mußten wir erst in der Bucht sterben, wir mußten uns verwandeln und zu neuem Leben erwachen.«

Belinda: Gleich am Anfang hab ich ein Prickeln in den Beinen verspürt. Ich bin geschwommen und habe eine Maske getragen; und ich habe diesen Eindruck abgewiesen, aber dann ist mir eingefallen, daß die Frau der Haltung auch eine Maske trägt. Ich bin ins Meer hinausgeschwommen zu einer Stelle, wo Steine bloßlagen und eine Höhle zu sehen war. Ich bin ausgestiegen aus dem Wasser und habe sehen können, daß jemand vor dem sehr dunklen Höhleneingang ein Feuer gemacht hatte. Ich habe mich sehr jung gefühlt, und obgleich ich gewußt habe, daß es sich um ein Ritual handelte, habe ich auch gewußt, daß ich zum ersten Mal daran teilnehme. Ich bin in die Höhle hineingegangen; es war stockdunkel. Ich habe gewußt, daß ich deshalb gekommen war, um ein Geheimnis zu erfahren. Die Rassel ist sehr laut geworden und hat sich in Totenköpfe verwandelt, die auf Stecken aufgestellt waren, und in den Totenköpfen war etwas, was geklappert hat, und sie haben rund um mich herum geklappert. Ich habe gewußt, daß es sich um Geburt und Tod handelt. Die älteren Frauen – ich habe sie nicht gesehen, aber ich habe gewußt, daß es ältere Frauen sind – haben mich gegriffen und haben mich ins Wasser geworfen. Es hat mich sonderbarerweise an eine Taufe erinnert, nur daß sie mich gezwungen haben, im Wasser zu bleiben. Ich hatte ein absonderliches kleines Rohr in der Nase, damit sollte ich atmen, aber ich bin fast ertrunken. Das hat zum Ritual gehört, daß man fast ertrinkt, damit man in die andere Welt hinübergeht. Später hatte ich dann das Gefühl, es geht noch tiefer runter, noch viel tiefer ins Meer hinein. Ich habe dabei an die Zeit denken müssen, als die Walfische erschienen sind. Es war nicht so, als wäre das zu einer Zeit, als die Erde entstanden ist, eher, daß sie eben noch jung war. So als sei der Planet noch Gaia, ein bewußtes Wesen, und sie hat sich an ihre Jugend erinnert, und das Land war noch frisch, es war schon geformt, aber noch ganz frisch. Es war fast so, als gäbe es eine Bewußtseinsverbindung, als ob sich die Erde an jene frühe Zeit erinnerte, und zutiefst das Erlebnis, daß wir als ihre Töchter mit ihr verbunden sind. Dann kam eine Verschiebung, und es gab Bilder, leuchtende Bilder, daß ich auf den Steinen sitze am Meer, und das Meer hat gestrahlt. Dann habe ich Jan gesehen, sie ist bis zu den nackten Schultern im Wasser gesessen. Ich habe durch das Wasser durchsehen können, und unter dem Wasser war sie oben menschlich, aber unten wie eine Robbe oder vielleicht wie eine Seekuh. Ich habe mich umgeschaut, und da hat Elizabeth neben Jan gesessen, und sie hat auch so ausgesehen. Dann habe ich meine eigenen Schultern angesehen, und wir haben alle gleich ausgesehen, wir waren oben Frauen und unten Seekühe. Dann schien es, als würde alles verschoben, und wir verwandelten uns noch mehr in Meerjungfrauen. Es hat sich so angefühlt wie eine Meerjungfrau, aber der untere Teil unseres Körpers hat sich nicht so angefühlt, wie wir uns das gewöhnlich von Meerjungfrauen vorstellen. Ich bin mir etwas verschmitzt vorgekommen, so als wüßte ich nun, daß die alten griechischen Sagen nur kümmerliche Überbleibsel von dem sind, was wir hier erleben, und daß ich weiß, was Meerjungfrauen wirklich gewesen sind.

Die müde alte Stimme fährt fort: »All dies ist schon sehr lange her, und ich merke, daß ich Geduld haben muß mit euch Frauen einer so viel späteren Zeit. Hört nur, wie eure Kameradin all unser Wissen von den kostbaren Dingen, das wir in jahrelangem Bemühen erwerben mußten, in einem Schluck in sich aufnehmen will.«

Belinda: Und ich wußte, daß ich etwas erfahren soll in der Höhle; und ich habe immer wieder danach gefragt. Schließlich war es, als sagten jene Stimmen: »Aber du bist doch gar nicht vorbereitet!« Und sie haben gesagt: »Du kannst doch nicht so mir nichts dir nichts am Freitagabend herkommen und erwarten, daß du die Geheimnisse einer ganzen Kultur verstehen kannst, eines ganzen Vollzugs und seine Geschichte!« Und nun sitze ich hier am Freitagabend und erwarte, daß es tatsächlich geschieht. Aber ich habe doch weitergefragt: »Wollt ihr uns das Ritual mitteilen? Wollt ihr, daß es wieder ausgeführt wird?« Das heißt, ob es offenbar werden sollte, damit es wieder von neuem gemacht werden würde. Aber dann ist die Rassel sehr laut geworden und hat aufgehört.

Unsere alte Führerin drängt: »Ich muß weitermachen, es gibt so viel zu sagen, und ich habe so wenig Zeit dafür bekommen. Ihr sollt wissen, daß wir Seefahrer gewesen sind; die See ist der Rock der Mutter, und wenn wir ihr nahe sein wollten, dann sind wir hinausgesegelt in die Fluten, und wir sind untergetaucht in ihr. Sie offenbart sich im Meer.«

Nancy: Es hat mich etwas am rechten Bein gezupft. Ich habe gemeint, es ist eine Katze. Alles ist schwarz gewesen, aber ich habe mich nicht gefürchtet. Ich habe keine Körperform gehabt, aber verlassen habe ich meinen Körper auch nicht. Statt dessen habe ich eine Wandlung gespürt. Ich habe die Anmut des Schwanes gefühlt, seine Schönheit und so, als würde er gezogen; er hat kein Rückgrat, keinen Körper, aber außerhalb des Körpers war ich auch nicht. Ich bin nach links gezogen worden, dann habe ich in den Augen einen scharfen Schmerz gefühlt. Das hat sich dreimal wiederholt. Von dort bin ich in eine dunkle Stelle des Nichts geraten; ich habe weder Freude noch Trauer verspürt. Der Rasselton hat sich gewandelt, erst war er weich, dann war er hart. Auch die Dunkelheit hat sich geändert und ist nicht mehr weich gewesen, sondern hart. Sie ist tiefer geworden und intensiver, und es ist traurig gewesen, diese Berührung mit dem Nichtsein, mit dieser Form. Ich war an einer Stelle des Heilens, des Heilens im Nichts. Dann ist es immer tiefer gegangen, immer noch tiefer, und der Schmerz in den Augen ist wiedergekommen, er hat gebrannt, und ich bin zurückgestoßen worden.

»Ja«, sagt die Schamanin, »meine Töchter haben das Meer geliebt, und auch ich erinnere mich sehnsuchtsvoll, wie ich in die Wellen gesunken bin.«

Norma: Ich habe das Meer gesehen und den Himmel, zwei verschiedene blaue Farben. Das Land war weit fort, und ich ziehe durch dunkle Räume. Dann bade ich im Meerwasser, es strömt ununterbrochen durch meinen Körper durch. Das hat mich geläutert, ich habe die Wasserblasen gespürt. Meine linke Körperhälfte hat sich entspannt, aber die rechte war steif. Die linke Seite hat sich abgelöst, und die rechte Seite hat gebettelt, sie soll dableiben, aber ich habe immer wieder gesagt: »Mach dir keine Sorgen, ich komme wieder.« Meine linke Körperhälfte war weiblich und die rechte männlich. Ich habe mich in eine weiße Stute verwandelt und habe meine männliche Seite abgeschüttelt; das war nicht unfreundlich; ich habe gesagt, sie kann später wieder zurückkommen. Es ist ein weißer Vogel erschienen; ich bin mit der Erde verschmolzen, ich bin in sie hineingesickert.

Die Alte nickt: »Ja, im Meer gibt es viel zu sehen für uns, die wir um das Geheimnis wissen. Der Rock der Mutter hat einen smaragdenen Saum; in dem Saum sind Erinnerungen verwoben an noch ältere Welten, an Städte, die einst blühten und dann versunken sind in den Falten ihres Gewandes.«

Lisbet: Ich bin durch dies unglaubliche Grün gezogen, es ist nicht wie ein Wald gewesen, eher das Grün von Pflanzen, nicht schwer lastend wie ein Wald, aber wunderschön. Ich bin nicht gegangen, ich habe mich nur einfach fortbewegt. Es war kein bewußtes Gehen, eher ein Weitergleiten. Es gab keinen Pfad; als ich hinuntergeschaut habe, habe ich keinen Pfad gesehen. Der Pfad war in meinem Körper, nicht vor mir. Und dann hat sich mir dieser wunderbare schwarze Panther angeschlossen, um mich zu führen. Zeitweilig bin ich ihn geritten, zeitweilig ist er vor mir hergeglitten; wir haben eine Verbindung gehabt, wie eine Hundeleine, es war aber eher ein Stück Leder, das uns verbunden hat, und manchmal bin ich auch vorweg gewesen. Wir haben uns lange durch den grünen, üppigen Raum bewegt. Dann habe ich nach links geschaut, und da ist eine Wand aufgetaucht, ein Edelstein, klar und kostbar und riesengroß. Mal ist er grün gewesen, dann wieder rot, er hat in verschiedenen Farben geglänzt. Wir sind daran vorbeigeglitten durch den grünen Raum, dann hat sich die Raubkatze in einen Vogel verwandelt, und wir sind in den Himmel hinaufgeflogen; der Vogel war vorsintflutlich, und wir sind über jede Art von Landschaft geflogen, sie war grün, dann braun, es war die Wüste, dann war es ein Gebirge und dann Eis; wir sind sehr hoch hinaufgeflogen. Dann sind wir wieder ins Wasser getaucht und sind im Wasser weitergezogen; ich habe genau den Unterschied gefühlt zwischen dem Wasser und der Luft, wie einen das umgibt, wenn man sich da durchbewegt. Dann sind wir an einer Stadt angekommen unter dem Wasser; ich habe Freude daran gehabt, es war eine fabelhaft hochentwickelte Stadt. Es hat da einen Richter gegeben, das war seine Rolle. Dann hat mich mein Vogel rausgehoben aus dem Wasser hoch in den Himmel. Ich habe mich fortbewegt von dem Vogel und bin in die Dunkelheit geflogen, ich habe nichts angehabt und habe mich lange durch die Dunkelheit bewegt, und das hat sehr lange gedauert. Plötzlich ist ein Licht aufgetaucht, und ich bin darauf zugeflogen. Das ist die Sonne gewesen, aber sie war nicht heiß, sie hat ein kühles Licht gehabt. Ich bin durchgeflogen, zurück in die Dunkelheit; die Rassel ist alles geworden, die Rassel und die Dunkelheit, und dann hat das Rasseln aufgehört.

Und wieder klingt die Stimme: »Als unsere Mütter hinübergegangen sind ins Jenseits und wir zum Dienen berufen wurden, sind die Leute zu uns gekommen, um sich mancherlei Rat zu holen. Wir sind die weisen Frauen gewesen, wir haben gewußt, wie man heilt und wie man den Samen in die Erde sät. Wir haben uns gedreht und gedreht und haben unsere Seelen ausgesandt, um Rat zu holen bei den Geistern der oberen Welt.«

Jan: Ich habe gemerkt, daß ein anderer Teil von mir sich hier an diesem Fleck befand, aber es war ein anderer Ort und eine andere Zeit, und dieser Teil von mir ist einfach nur herumgegangen. Ich habe nichts weiter getan und wollte wissen, was ich eigentlich zu tun habe. Dieser Teil von mir war in einem runden Gemach und ist immer weiter herumgegangen. Er war nicht nervös, er ist nur herumgegangen; und ich habe den Eindruck gehabt, daß ich mich auf etwas vorbereite, ich wußte aber nicht worauf. Es ist mir alles ganz normal vorgekommen, und der andere Teil von mir schien auch völlig entspannt. Ich habe das Gefühl gehabt, daß ich in meinem anderen Körper bin, der da drüben in Trance sitzt, und daß der Körper anders ist als dieser. Ich konnte sie beide gleichzeitig fühlen; und mein anderer Körper war auch in Trance. Das habe ich noch nie erlebt, daß sich mein Trancekörper auch in Trance befunden hat. Und dann habe ich alle gesehen hier in diesem Raum, und sie haben alle dasselbe getan, jede in ihrem eigenen kleinen Raum. Und ich habe ein langes Gewand angehabt, mehr konnte ich nicht sehen, es war alles recht unklar. Ich habe mich etwas ungemütlich gefühlt in diesem Körper, und ich bin ein wenig nach links gerückt, und sobald ich das getan habe, habe ich einen Wind gespürt, der ist von links gekommen und war ziemlich stark, ich habe mich in den Wind hineingelehnt, und da bin ich sofort hinausgefahren in die Dunkelheit, mit großer Geschwindigkeit, aber das hat nirgends hingeführt, da draußen war nicht viel los. Dann habe ich mich wieder etwas zurechtgerückt, ich glaube, ich habe mich ein wenig nach hinten gelehnt, und sobald ich das getan habe, bin ich nach oben geschossen und bin explodiert. Und dann habe ich mich vor einer Höhle befunden, die war stockfinster hinter mir, und ich bin nackt gewesen. Ich habe nicht eigentlich in dieser Haltung gesessen, das kann ich nicht behaupten, aber ich bin dagesessen und habe anscheinend irgendein Ritual vollzogen und habe gewußt, daß ich gerade aus der Höhle herausgekommen bin. Der Mond stand am Himmel, sonst war alles sehr dunkel. Dann hat der Wind mit großer Kraft an mir vorbeigeblasen, und hinter mir war die Höhle immer noch dunkel. Ich habe etwas getan, das hat sich angefühlt wie Kontakt aufnehmen, und der Ausdruck »Himmelswesen« war irgendwie im Raum. Und ein Teil von meinem Verstand hat gesagt: »Ach, das ist nur, weil sie eine Vogelmaske trägt.« Und die Antwort ist gleich aufgetaucht: »Schweig still, du weißt doch, daß es hier nichts zu reden gibt!« Das Ritual hat irgend etwas damit zu tun gehabt, was man tun muß, damit das Pflanzen gut vonstatten geht, daß dies die Nacht des Pflanzens sei, und daß man irgendein Wissen braucht und das empfangen muß, damit die Pflanzen richtig wachsen und damit es eine gute Ernte gibt. Und plötzlich hat der Wind noch viel stärker geblasen und hat gesagt: »Horch, horch, horch!« in meinem linken Ohr und »Sei still!« Es war wie ein Metapher fürs Wachsen im allgemeinen, so als sei es töricht zu meinen, es würde sich nur um das Säen von Samen handeln. Es hatte etwas mit dem Wachstum der Kultur zu tun oder der Gemeinschaft, so ähnlich, und es gäbe ganz besondere Belehrungen. Aber gerade als ich anscheinend diese Lehre empfangen sollte, hat die Rassel aufgehört.

Nun ändert unsere alte Begleiterin die Richtung des Erlebnisses: »Wo aber sind eure Männer, werdet ihr fragen. Unsere Männer, die haben keine Lust gehabt zu der schweren Arbeit in den Gärten und haben sich lieber um die Pferde gekümmert. Und zum Wahrsagen, wenn sie das Verborgene sehen wollten, haben sie sich in Pferde verwandelt; sie sind Pferdemänner oder Mannpferde geworden, und manchmal haben sie sich auch in das Zauberpferd verwandelt, das Flügel hat und zum Mond fliegt. Bei euch sehe ich keine Männer, meine Töchter; eine von euch muß euch berichten, wie das war. Es ist schwer für eine Frau, sich in ein Pferd zu verwandeln, aber wir haben es auch getan. Geh also, meine Tochter, erschaue die braune Erde und die Felswände meiner Heimat, die glänzende See am Horizont; sei du einer unserer Jünglinge in der Herrlichkeit seines Mannestums und seiner geflochtenen Haare.«

Anita: Unsere ganze Gruppe hat angefangen, sich ganz schnell im Kreis zu drehen, und die Farben sind blau und rot geworden; wir haben uns alle gedreht und sind im Drehen eins geworden; das ist es, was zuerst geschehen ist. Was ich dann als erstes gesehen habe, war ein berittener Indianer, aber es war kein amerikanischer Indianer; er war untersetzter und muskulös, er hatte dickes Haar, das rundum in Strähnen geflochten war, ich habe gemeint, es ist vielleicht ein australischer Eingeborener oder ein Afrikaner, ich war mir nicht ganz sicher. Ich habe erlebt, daß ich der Indianer bin, aber ich bin auch das Pferd, und das hat während der ganzen Zeit immer so abgewechselt. Mal war ich der Indianer und mal das Pferd. Es ist schließlich komisch gewesen, denn in dem Augenblick, wo ich wie der Indianer reagiert habe, war ich schon wieder das Pferd; das hat richtig Spaß gemacht. Dann ist eine Landschaft aufgetaucht, so ähnlich stelle ich mir den amerikanischen Südwesten vor, etwas kahl, aber eine Hochebene, zerklüftete Felsen, rot und orangefarbig, und in der Ferne ein bläulicher Nebel. Als ich auf dem Pferd geritten bin, es war schwarz, habe ich auch wilde Pferde gesehen, die sind näher gekommen, und dann sind sie geflogen; und eins war dabei, das hat eine glitzernde, silbrige Mähne gehabt, und es war ganz silbrig, aber das habe ich nur einen kurzen Augenblick lang gesehen; und ich habe so eine merkwürdige Sehnsucht empfunden, als ich das Geschöpf gesehen habe. Es war irgendwie märchenhaft. Dann ist mein Pferd, diesmal wirklich ein Pferd, ungeduldig geworden, es hat das Zaumzeug nicht mehr leiden wollen, sondern wollte herumlaufen, es wollte frei sein; und der Indianer hat nicht mehr auf seinem Rücken gesessen. Das Pferd hat das Zaumzeug abgeschüttelt und ist tastend herumgegangen und ist dann gelaufen. Dann hat es sich den wilden Pferden angeschlossen, die in der Nähe gegrast haben und die sich aber auch als Herde einmal in dieser Richtung bewegt haben und dann in die andere Richtung. Was dann geschehen ist, das war, daß ich plötzlich halb Pferd war und halb Frau, und was dabei ulkig war: daß mal der Kopf der Pferdekopf gewesen ist, und mal war das Hinterteil das Pferd. Die Bilder haben in dieser Weise abgewechselt.

Ich habe auch das Gefühl des Sehens gehabt, so als wäre da etwas, was ich sehen soll, aber im weiteren Sinne des Wortes; und als Pferdefrau habe ich in die Ferne geschaut und habe versucht, das zu sehen, was ich sehen soll. Ich habe nichts gesehen, aber das Gefühl ist eben da gewesen, daß ich das tun muß.

Die Alte nickte: »Hört gut zu, meine Töchter. Sie weiß es zusammen mit den Pferden, daß der Regen im Anzug ist. Die Pferde sind die Kinder des Mondes, und vom Mond erhalten wir den Segen des Regens.«

Mehrmals habe ich das starke Gefühl gehabt, daß ich wie ein Pferd atme. Ich habe mich wirklich wie ein Pferd gefühlt, habe durch die Nüstern geatmet und habe in meinen eigenen Ohren das Schnaufen des Pferdes gehört und es erlebt. Gleichzeitig hat sich der Takt der Rassel verändert. Von links her ist ein Geräusch gekommen, von dem ich mir vorgestellt habe, daß es Regentropfen sind, die rhythmisch in eine Schlucht fallen; das war völlig getrennt von dem, was die Rassel gemacht hat. Ich habe mich aber nicht nach links gedreht, und die Sache ist so geblieben.

»Auch ich kann sie wieder fühlen«, seufzt unsere alte Freundin, »die Gegenwart der Pferde. Es herrscht die Dürre, das Land ist ausgedörrt und sehnt sich nach Feuchtigkeit; und ich spüre die Angst des Pferdes. Es will seinem Schicksal entrinnen, aber das kann es nicht. Es wird dem Mond geopfert als Gegengabe für den Regen.«

Maxine: Mein Herz schlägt wild, ich kann spüren, wie die Luft mir in die Lungen dringt, sie ist heiß und brennt, und wenn ich einatme, beengt mich das beim Laufen. Ich bin ganz allein, und ich weiß, daß ich schon sehr lange laufe; ich habe angefangen in der Dämmerung und bin gelaufen bis zur Dunkelheit. Ich kann fühlen, wie die Hitze vom Sand ausgestrahlt wird und mich berührt, ich kann an meinen Füßen fühlen, wie

rauh der Sand ist und wie die Hitze des Tages durch meinen Körper hochsteigt und bei jedem Atemzug mein Gesicht berührt. Der Staub vom Sand trifft meine Beine beim Rennen, die Luft ist voll von Staub. Ich bemerke meinen Körper, ich bin ein Junge, ich bin braun und nackt. Der Staub gräbt sich in meine Gesichtshaut ein, in meine Augenbrauen, in meine Wimpern; ich kann ihn in den kleinen Haaren über meinen Lippen spüren.
Ich renne über die Wüste, und nun habe ich vier Beine, nicht zwei, und ich spüre den Wind an den Nüstern. Die kurzen Haare in meinen Nüstern schwellen an und schrumpfen wieder. Erst laufe ich allein, dann bin ich in einer Herde von Pferden und laufe mit. Wir laufen so schnell, daß ich meine, ich werde von ihnen überwältigt, daß ich nicht werde fliehen können. Wir laufen lange miteinander, ich bin umringt und umzingelt. Endlich breche ich aus und laufe auf eine Bergspitze zu. Ich folge vielen verschiedenen Pfaden, aber keiner führt zur Spitze. Endlich komme ich an der Spitze an. Ich merke, daß ich furchtbar durstig bin. Und ich schaue rauf zum Mond, der ist voll; und ich kann mich sehen, und der Mond spiegelt sich in meinem Fell. Meine Mähne glitzert im Mondlicht. Und dann springe ich in den Mond, und wie ich hineinspringe, da weicht die Dunkelheit der Stille; und obwohl ich weiß, daß die Rassel noch tönt, kann ich sie nicht hören. Ich höre nur die Stille.

«Wir Frauen haben auch geopfert«, erklärt unsere Führerin, »aber unsere Opfer galten der Sonne, dem Gemahl unserer Mutter; wir haben uns in Vögel verwandelt und sind im Seelenflug zu den ewigen Flammen aufgestiegen. Die Flammen haben uns verzehrt, dann sind wir heimgekehrt, geschmeidig, schwarz und frisch, tausend glitzernde Funken. So haben wir die Erneuerung des Lebens gebracht und den Frühling. Es war ein grausamer Flug, ich habe ihn viele Male unternommen und habe nie gewußt, ob ich lebend wieder zurückkehre. Wir sind in dem Ofen des feuerspeienden Berges untergetaucht; so sind wir in den Schoß der Mutter gelangt, um dann geläutert zu den Feuern der Sonne zu fliegen, zu der Zeit, wo sie sich bereitet, sich auf ihrem Pfad zum Frühling hinzuwenden.«

Judy Ch.: Ich konnte die Hitze im Sonnengeflecht spüren. Ich war nackt und bin eine Wendeltreppe hinaufgelaufen, halb Frau, halb Vogel und weiß, und dann bin ich aufwärts geflogen in einer Spirale, höher, immer höher, und als würde ich einen Warnschrei ausstoßen. Ich habe einen Feuerberg gesehen und bin durch die Lava durchgestoßen in die Erde hinein. Meine Federn sind mir abgebrannt, ich habe eine dramatische Veränderung erlebt; es hat eine totale Finsternis geherrscht. Nach einer langen Zeit bin ich wieder aufgetaucht, ich hatte mich in einen geschmeidigen schwarzen Vogel verwandelt, und ich habe eine klare Beschleunigung erlebt. Die Geschwindigkeit war so groß, daß ich gemeint habe, ich bin eine Rakete oder ein Komet und breche durch eine Mauer hindurch. Und als ich durch war, sind Tausende von Sternen aufgetaucht, jeder einzelne ein Spiegel, Millionen von Spiegeln, und in jedem habe ich das gleiche Bild gesehen, das sich immer wiederholt hat, von dem, was sich immer wiederholt hat, von dem, was ich zu Anfang erlebt hatte, die ganze Geschichte. Dann habe ich ein Vibrieren gefühlt im Nacken und Hitze, stark und dann wieder schwach. Alles war ruhig und still, als ich auf die Sonne zugeflogen bin. Ich bin kopfüber in die Sonne hineingestürzt, ich habe gebrannt, aber ich habe mich nicht gefürchtet; all mein Fleisch und meine Haut sind verbrannt. Aber eine Hand hat mich durchgezogen zur anderen Seite. Ein Gefühl von Freiheit hat mich umgeben und Dunkelheit, aber mein Wesen war von Licht umgeben. Ich bin durch die Luft der Erde durchgebrochen und bin wieder ein Vogel gewesen.

Dann war unsere Besucherin verschwunden. Die Hügel draußen lagen still in der Dunkelheit, als hielten sie den Atem an, bevor die zarte Mondsichel des ersten Viertels am Himmel erschien. Ob sie uns zu einem anderen Zeitpunkt auch besucht hätte?

Nachwort: Ich bin überzeugt, daß die alte Schamanin, die uns mit ihrem Besuch beehrte, uns nicht nur ein reiches, sondern auch ein wahres Bild ihrer Welt vermittelt hat. Als Anthropologen sind wir gewohnt, Einzelheiten zu beachten, die anderen oft entgehen, weil wir gerade in solchen scheinbaren Nebensächlichkeiten oft die Bestätigung einer wichtigen Schlußfolgerung entdecken können. Daß Eva D. in der Haltung der griechischen Jungfrau den Verwesungsgeruch der Tieropfer so intensiv gerochen hat, bestätigt für mich die Tatsache, daß sie bei den Eleusischen Mysterien dabei gewesen ist, viel beweiskräftiger als irgendeine der anderen Beobachtungen, die sie aus der Trance mitgebracht hat. In den oben zitierten Berichten gibt es eine ähnliche »Unterschrift«. Anita erzählt von der besonderen Haartracht des Mannes, den sie gesehen hat. Es hat ausgesehen, als habe er sein Haar in viele einzelne Strähnen gedreht oder geflochten. Archäologen haben in Tsangli in Thessalien einen Becher aus der Mitte des sechsten Jahrhunderts vor Christus ausgegraben (Gimbutas 1982, Seite 114, Abbildung 70), das heißt also in der Heimat und aus derselben Zeit wie unsere Figur. Darauf sind schwarze Augen gemalt, und die Haare sind »dargestellt wie Schlangen.«

Prähistoriker meinen, daß sich diese thessalische Kultur des Neolithikums in der späteren klassischen griechischen Kultur fortgesetzt hat.[11] So führen uns unsere Berichte zur Quelle jener Fabelwesen wie des Vogels Phönix und der Meerjungfrauen. Es gibt auch Pferde. Man hat bisher nicht genau datieren können, wann das Pferd im Osten Europas aufgetaucht ist. In Thessalien soll es zu der fraglichen Zeit noch keine Pferde gegeben haben. Unsere Schamanin sagt uns jedoch, daß es zu ihrer Zeit schon Pferde gegeben hat, geflügelte Zauberwesen, den Pegasus, und daß die Schamanen ein Geheimnis gekannt haben, nämlich wie man sich in so ein Zauberwesen verwandelt, und daß man dann Gesichter hat.

Wie mag das Leben sich abgespielt haben im alten Thessalien vor nahezu achttausend Jahren? Es hat noch keine Schrift gegeben, nur einige Zeichen der Art, wie wir sie bei einer aus der gleichen Zeit stammenden Figur gesehen haben in der Haltung der gefiederten Schlange (siehe Kapitel 13). Aber die Erde hat klare Beweise für eine Gartenbaukultur bewahrt. Diese Thessalier haben Weizen, Graupen, Wicken, Erbsen und andere Hülsenfrüchte in ihren Gärten gezogen, sie haben Schweine, Rinder, Ziegen und Schafe gehabt, sie haben gejagt, und sie sind vor allem auch Fischer gewesen. Bilder ihrer Segelschiffe sind in ihre Tongefäße geritzt. Sie haben feste Siedlungen gehabt und Heiligtümer gebaut. Wie schon erwähnt, haben sie eine Reihe verschiedener Trancehaltungen gekannt, vor allem die Geburtshaltung, die des Bärengeistes, die der Ermächtigung, die der Chiltangeister und die des Seelenführers, alle mit weiblichen Figuren dargestellt, und auch diese ganz besondere Haltung, die Trägerin des obigen Zaubermärchens. Über sie hat uns unsere alte Schamanin eine Kenntnis ihrer Welt vermittelt, einer Zauberwelt, die zusammen mit allen anderen Wunderwelten auf immer in der Allgegenwärtigkeit der anderen Wirklichkeit bewahrt bleibt. Ihr und all den anderen Geister, die uns in jenes Reich geleitet haben, unseren tiefsten Dank.

Schluß

Der Untergang der Geister

Ohne Zweifel haben die Stämme und Gesellschaften, die bei ihren religiösen Ritualen Haltungen benutzt haben, das Wissen um diese Haltungen für äußerst wichtig gehalten. Vor allem die Schamanen haben sie hochgehalten, darum haben sich wohl beispielsweise in einem Eskimograb aus dem ersten Jahrhundert als Grabbeigabe drei sorgfältig von demselben Künstler aus Walroßzahn geschnitzte Figuren befunden (Abbildung 68). Von links nach rechts stehen sie in der Haltung des singenden Schamanen, des Rufens der Geister und des Bärengeistes. Allerdings liegen die Hände in jedem Fall etwas niedriger als üblich. Vielleicht hat der Künstler damit den Tod des Schamanen andeuten wollen. Die Haltungen werden nicht nur ungezählte Male in der außereuropäischen Kunst dargestellt, sie gelten auch als Attribute der Geister, sie stellen einen Teil ihrer Macht dar, wie das in der Zeichnung des Matsigenkaschamanen zutage tritt (siehe Abbildung 58). Wiederum von links nach rechts werden die reinen, unsichtbaren Geister in der Haltung der gefiederten Schlange, in der des singenden Schamanen und in der des Bärengeistes gezeigt. In späteren Traditionen gehen sie in herkömmliche Darstellungen der Götter über, wie etwa bei den Azteken (siehe Kapitel 10).

Die kunstvollste Sammeldarstellung, gewissermaßen eine vollständige Verschlüsselung der religiösen Umwelt, stammt aus einem Tempel auf Rurutu, einer polynesischen Insel. Sie wurde im achtzehnten Jahrhundert von einem unbekannten Künstler aus Eisenholz geschnitzt und soll den Gott Tangaroa bei der Erschaffung der Götter und der Menschen darstellen (Abbildungen 69 a-d). Mit bewundernswerter Logik steht Tangaroa selbst in der Geburtshaltung (Abbildung 69 a). Auf seinem rechten Oberarm (Seitenansicht, Abbildung 69 b) befindet sich eine Gestalt in der Haltung des Rufens des Jagdwildes, und die winzige Frau unter seinem rechten Ellbogen nimmt die Geburtshal-

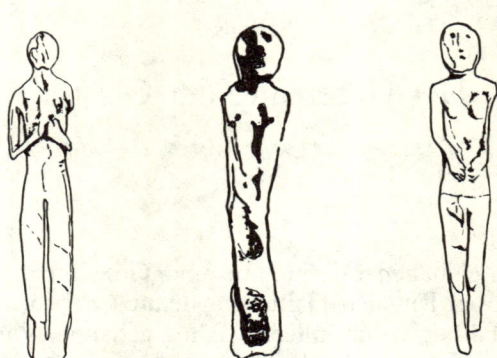

Abb. 68: Schnitzereien aus Walroßzahn,
amerikanische Nordwestküste, St. Michael, Norton Sound, Okvik, Old Bering
Sea, alle drei aus dem selben Grab und wahrscheinlich vom selben Künstler
geschaffen; 300 v. Chr. bis 100 n. Chr.

tung ein. Die etwas größere Gestalt auf seinem rechten Oberschenkel beschwört den Bärengeist; man kann sogar den ekstatischen, nach innen gerichteten Gesichtsausdruck erkennen. Sein Kopf ist leicht nach hinten geneigt, die Augen sind geschlossen, und der Mund lächelt in derselben geheimnisvollen Weise wie der des Schamanen von der amerikanischen Nordwestküste (siehe Abbildung 1). Während all diese Figuren menschliche Züge tragen, sind die vier paarweise dargestellten Gestalten auf dem Rücken des Gottes meiner Meinung nach als Geister gedacht (Abbildung 69 c). Sie werden in der Haltung der Ermächtigung gezeigt (siehe Abbildung 48), was überaus sinnvoll ist, denn wie wir aus unseren Erlebnissen wissen, besitzen die Geister eine überwältigende, konzentrierte Kraft. Sie befinden sich über einer anderen menschlichen Gestalt in der Haltung des Bärengeistes; sie geben also die Kraft zum Heilen. Der Oberkörper und der Kopf des Gottes Tangaroa ist mit besonderer Sorgfalt gestaltet. Die einzige Haltung, die ich nicht erkenne, ist die, die in seiner linken Brustwarze und in seinen Ohren zu sehen ist (Abbildung 69 d). Sie muß noch erkundet werden. In der rechten Brustwarze ist wiederum die Bärenhaltung zu sehen. In der Herzgegend liegt eine Gestalt mit dem rechten Arm über dem linken, ein Hinweis auf die ruhelose, mehrfache, pulsierende Energie des

Herzens. Mit seinen Augenbrauen und der Falte dazwischen ist der Gott der Seelenführer (siehe Kapitel 12, Abbildung 49), während seine Wangen den Sitz der Kraft anzeigen mit den gepaarten Gestalten der Ermächtigung. Nur sein Mund will sein Geheimnis nicht enthüllen, denn über der doppelten Linie der Lippen ist rätselhafterweise ein kleines Gesicht eingesetzt. Die indianischen Schnitzer der amerikanischen Nordwestküste pflegten die Gegenwart von Geistsubstanz in dieser Weise darzustellen, aber man müßte mehr über die traditionelle Kultur dieser Inseln wissen, bevor man hier zu einem Schluß kommen kann. Jedenfalls ist Tangaroa ein höchst beachtenswerter Gott.

Es ergeben sich eine Reihe von Fragen in Verbindung mit den Haltungen, auf die wir noch keine Antwort haben. Da man sie in der Feldforschung nicht beachtet hat, wissen wir im Augenblick nicht, ob sie noch irgendwo in Gebrauch sind, außer in Uzbekistan und möglicherweise bei den Matsigenka-Indianern. Wir können auch nicht beurteilen, welche neurophysiologischen Veränderungen etwa dem Unterschied im Erleben entsprechen. Diese körperlichen Verlagerungen sind anscheinend so fein, daß wir sie jedenfalls bisher im Labor noch nicht haben festlegen können. Ebenso geheimnisvoll ist auch die Tatsache, daß die Haltungen vielerorts in der Welt bekannt gewesen sind, oft fast zur gleichen Zeit. Wenn man bedenkt, wie verschieden wir den Körper und den Kopf halten können, ebenso wie Hände, Arme, Beine und Füße, dann ist es erstaunlich, daß gerade diese rund dreißig besonderen Kombinationen immer wieder auftauchen. Wie haben die sich verbreiten können ohne einen modernen Nachrichtendienst? Man kann spekulieren, daß sie in der anderen Wirklichkeit zur Verfügung gestanden haben; wir haben die plötzlichen Verschiebungen erwähnt, die laut vieler Überlieferungen hier und da in jener Dimension der Wirklichkeit aufgetreten sind, und religiöse Spezialisten, Schamanen, hätten sie dort kennenlernen können. Eine andere Möglichkeit zur Verbreitung dieses Wissens ergibt sich aus den Überlegungen von Rupert Sheldrake. Er nennt seine Hypothese die »formbildende Verursachung«. Das Wesen der Dinge, so führt er aus, hängt von Feldern ab, die er als morphogenetische Felder bezeichnet. Jedes natürliche System habe sein eigenes Wirkungsfeld, das heißt

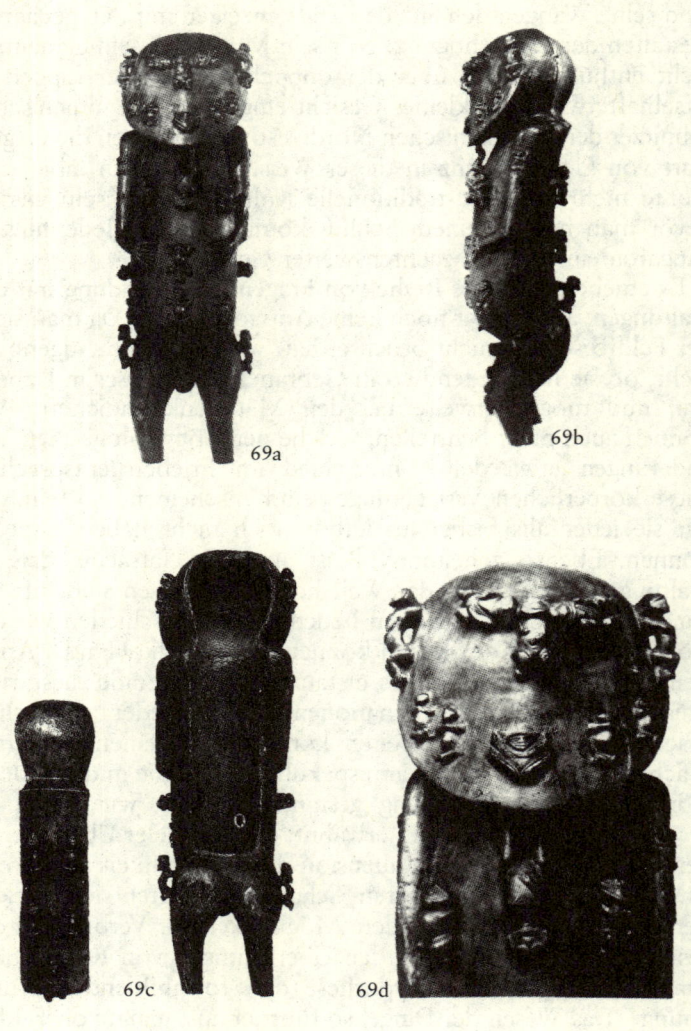

Abb. 69: Der Gott Tangaroa, Eisenholzschnitzerei,
Rurutu, Austral Islands, 17. Jahrhundert n. Chr.

eine Art von nicht-stofflicher Wirkungszone, die sich räumlich ausdehnt und zeitlich fortsetzt. Diese Zonen befinden sich innerhalb und außerhalb der Systeme, die sie gestalten. Wenn irgendein formbildendes System aufhört zu existieren, wenn ein Atom sich spaltet oder eine Schneeflocke schmilzt, ein Tier stirbt, dann verschwindet das formbildende Feld von jenem Fleck. Aber morphogenetische Felder verschwinden nicht eigentlich; sie sind potentiell formbildende Einflußmuster, sie können stofflich zu einer anderen Zeit und an einem anderen Ort von neuem erscheinen, sobald die äußeren Umstände es gestatten. Wenn das geschieht, dann enthalten sie eine Erinnerung an ihr früheres stoffliches Dasein. (1987: I-4, Übersetzung der Autorin)

Sheldrakes Gedankengänge müssen noch experimentell nachgeprüft werden, aber seine Hypothese stimmt sehr wohl mit unseren Beobachtungen über die Haltungen überein. Zwar gibt es in der Archäologie noch sehr viel zu entdecken, aber das, was wir heute wissen, weist ohne weiteres darauf hin, daß eine gewisse Haltung an einem bestimmten Ort und zu einer gewissen Zeit auftaucht, um sich dann ohne ersichtlichen Grund auch anderswo auszubreiten. Dieser Vorgang ähnelt ohne weiteres dem, was er von seinen morphogenetischen Feldern behauptet. Wenn eine Haltung auftaucht, dann erscheint sie auch anderswo, wo die Bedingungen dafür vorhanden sind. Und wenn eine Haltung stirbt, das heißt, wenn sie bei einem bestimmten Ritual nicht mehr eingenommen wird, dann verschwindet sie nicht einfach. Wenn die Bedingungen sich entsprechend gestalten, taucht der gesamte Verhaltens- und Erlebenskomplex von neuem auf.

Das größte Geheimnis ist jedoch die inhaltliche Übereinstimmung der Visionen. Wo wir Belege in örtlich erhaltenen Traditionen finden konnten, hat sich stets ergeben, daß die Haltungen transkulturell zu ähnlichen oder sogar gleichen Erlebnissen führen, wie etwa bei der Haltung des Bärengeistes oder der Chiltangeister. Diese Beobachtung widerspricht einem der wichtigsten Grundprinzipien der modernen Ethnologie, nach dem das einzelne Kultursystem den Erlebnisinhalt des Menschen bestimmt. Das kulturelle Umfeld gestaltet alles andere, sogar zum Beispiel visuelle Wahrnehmungstäuschungen, wie Segall und andere in ihren Forschungen über den Einfluß der Kultur auf visuelle Wahrnehmungen nachgewiesen haben. Bei den Haltungen ist dies eben nicht der Fall. Dann gibt es auch die Auffassung, daß die Übereinstimmungen entstehen, weil der Körper selbst der Ursprung der Visionen sei. Wir haben alle das gleiche Nervensystem, und wenn alles andere gleich ist, nämlich die Haltung und die religiöse Trance, dann ergeben sich die gleichen Visionen. Es scheint mir, daß diejenigen, die diesen Standpunkt vertreten, behaupten, daß das Radioprogramm vom Apparat hervorgebracht wird, um einen Vergleich aus der Technik zu entleihen. Offensichtlich vertrete ich den entgegengesetzten Standpunkt, nämlich daß die Visionen aus der anderen Wirklichkeit stammen. Die Haltung stellt den Körper in der Trance so ein, daß wir befähigt werden, einen gewissen Teil der anderen Dimension der Wirklichkeit zu erleben, wahrzunehmen.

Andere wiederum weisen auf den bildlichen Inhalt der Haltungen hin, der den Erlebnisinhalt bestimmen könnte. Wir haben nur zwei Haltungen entdeckt, in denen so ein Vorgang unter Umständen vorausgesetzt werden könnte, die des australischen Knochenweisens und die des olmekischen Prinzen. Dieser Erklärungsversuch ist ebenfalls nicht sehr nützlich.

In anderen Gesprächen über diesen Gegenstand wird manchmal behauptet, die Visionen seien nichts weiter als Archetypen, die deshalb erscheinen, weil wir alle den gleichen Zugang zu Jungs kollektivem Unbewußten haben. Jung sagt:

Neben den offensichtlich persönlichen Quellen verfügt die schöpferische Phantasie auch über den vergessenen und längst überwucherten primitiven Geist mit seinen eigentümlichen Bildern, die sich in den Mythologien von allen Zeiten und Völkern ausdrücken. Die Gesamtheit dieser Bilder formiert das kollektive Unbewußte, welches in potentia jedem Individuum durch Vererbung mitgegeben ist. Es ist das *psychische Korrelat* der menschlichen Gehirndifferenzierung. In dieser Tatsache liegt der Grund, warum die mythologischen Bilder spontan und unter sich übereinstimmend nicht nur in allen Winkeln der Erde, sondern auch zu allen Zeiten immer wieder aufs neue entstehen können. Sie sind eben immer und überall vorhanden. (C. G. Jung, 1938: IV, Hervorhebung des Verfassers)

Der deutsche Anthropologe Adolf Jensen begegnet der Jungschen Hypothese mit dem folgenden Gegenargument:

> Eine Mythe ist nicht eine Aneinanderreihung von Einzelbildern, sondern eine sinnvolle Ganzheit, in der sich ein bestimmter Aspekt der wirklichen Welt widerspiegelt... (Es handelt sich um) die sinnvolle Bezogenheit des Einzelelementes auf eine Ganzheit...Wir hatten gesagt, daß wir es grundsätzlich für sehr wahrscheinlich halten, daß sich im psychischen Bereich auch des modernen Menschen Entsprechungen zu den Mythen aus der ältesten Menschheitsgeschichte feststellen lassen. Niemals aber werden solche Bewußtseinsinhalte mit so deutlichen Linien gezeichnet sein, daß sich bei einer größeren Zahl von Versuchspersonen die gleiche ganzheitliche Idee feststellen ließe, aus der man eine und nur diese eine bestimmte Mythe ableiten könnte. (Jensen 1966, Seite 115-116)

Wie ich immer wieder versucht habe nachzuweisen, erscheinen unsere Mythen durchaus als sinnvolle Ganzheit, und unsere Erlebnisse mit den Haltungen können sehr wohl als Beleg für Jensens Standpunkt dienen. Das Auftauchen von zersplitterten archetypischen Einzelelementen kann unsere Erlebnisse in keiner Weise erklären.

Die Frage ist nun natürlich, warum die Haltungen wieder verschwunden sind. Um auf Sheldrakes Bild zurückzugreifen: warum schmilzt eine Schneeflocke? Sie wird zu Wasser, wenn die Temperatur sich ändert. Es ist anzunehmen, daß auch die Haltungen in der gleichen Weise verschwinden, weil sich etwas ändert, weil ein Kulturwandel auftritt. Warum das geschieht, ist gewöhnlich nicht festzustellen. Hat sich eine Änderung in der Menschenwelt vollzogen? Oder ist wieder einmal ein Stück der Himmelswelt abgebrochen und ist aufgeprallt auf der Schicht, wo die Menschen leben, wie das die Yanomamö meinen? Wer kann das wissen? Wir können nur von der Beobachtung berichten, daß in vielen Gegenden der Welt das Verschwinden der Haltung dann auftritt, wenn sich die Menschen der intensiven Felderwirtschaft zuwenden, oft in Verbindung mit der Viehzucht.

Solche Umwälzungen in der Kultur verursachen furchtbare

Not und erschreckendes Elend. Da die betroffenen Stämme meist keine Schrift hatten, können wir nur ahnen, was der Verlust einer Lebensweise an Leiden mit sich bringt. In den nordischen Sagen wird von Ragnarök erzählt, von der Götterdämmerung, vom Kampf der Götter gegen feindliche Mächte und von der endlichen Vernichtung der Erde. Im *Popol Vuh* wird ebenfalls vom Mord an stolzen Männern wie Sieben Ara, einem Stellvertreter der unabhängigen Gartenbauer, berichtet, den die neuen Götter begehen, die dann zahme Menschen aus Maismehl schaffen, die bereit sind, die neuen Götter zu lobpreisen, und denen sie sogar die Gabe des zweiten Gesichts nehmen.

Selbst wenn sich der Kulturwandel in schriftkundigen Gesellschaften abspielt, wird selten der ganze Verlauf überliefert, wie wir der griechischen Geschichte entnehmen können. So beschreibt der berühmte Historiker Herodot einen Besuch des weisen Solon von Athen bei Krösus von Sardis, einer damals wichtigen Stadt in Kleinasien. Krösus will einen guten Eindruck machen auf den berühmten Athener und zeigt ihm all seine herrlichen Schätze, um ihn dann höflichst zu fragen, wen unter den vielen bedeutenden Männern, die er kenne, er wohl für den glücklichsten halte. Er erwartet natürlich, daß Solon ihn nennen wird, aber Solon ist nicht nur ein weiser Mann, sondern auch ein aufrichtiger, und er erwähnt als ersten Tellus, einen Athener, der lange genug gelebt hat, um seine Söhne heranwachsen zu sehen und Enkel geschenkt zu bekommen, und der dann ehrenvoll auf dem Schlachtfeld gefallen ist. Nun hofft Krösus, wenigstens an zweiter Stelle zu erscheinen, aber als er weiter in seinen Gast dringt, nennt Solon zwei Brüder, Cleobis und Bito aus Argos.

Laut dieser Geschichte wollten diese beiden jungen Männer, berühmte Athleten ihrer Zeit, dafür sorgen, daß ihre Mutter einem Fest zu Ehren der Göttin Hera beiwohnen konnte. Sie kamen aber zu spät von der Feldarbeit nach Hause, und statt noch mehr Zeit dadurch zu verlieren, daß sie die Ochsen holten, spannten sie sich selbst vor den Wagen und zogen so im Joch den schweren Karren mit ihrer Mutter die fünf Meilen zum Tempel. Alle lobten die Kraft der jungen Männer und daß sie auf diese Weise ihre Mutter geehrt hatten. Ihre Mutter, hocherfreut über die Tat ihrer Söhne und über die Anerkennung, die ihnen dafür zuteil geworden war, flehte die Göttin an, ihren Söhnen den höchsten Segen zu gewähren, den Sterbliche zu erhalten vermögen. Die Jünglinge opferten, nahmen an dem heiligen Mahl teil und schliefen dann im Tempel ein, um nicht wieder zu erwachen. Ihre Zeitgenossen waren so beeindruckt von diesem Geschehen, daß sie Statuen von den beiden Jünglingen anfertigen ließen, die dann dem Heiligtum in Delphi übergeben wurden. Herodot legt die Geschichte so aus, daß der Tod besser sei als das Leben, daher der Segen der Göttin. Die Sache mit Cleobis und Bito ist jedoch nicht ganz so einfach. Wieso waren die Leute so beeindruckt vom Tod zweier junger Männer, den sie doch offensichtlich durch ihre Unvorsichtigkeit selbst verursacht hatten? Sie hatten in der Sommerhitze auf dem Feld gearbeitet, dann den schweren Karren mit ihrer Mutter fünf Meilen weit über eine holprige, ungepflasterte Straße gezogen und zum Schluß ein fettes Mahl gegessen. Der Übergang von der Hitze in den kühlen Tempel, die Überanstrengung, das schwere Essen und dann das Hinlegen zum Schlafen haben sehr wohl einen körperlichen Zusammenbruch herbeiführen können. An der Geschichte stimmt etwas nicht.

Solon (ca. 638 – ca. 558 v. Chr.) ist allerdings nicht schuld an der Sache. Im sechsten Jahrhundert vor unserer Zeitrechnung, als Griechenland noch vorwiegend vom Gartenbau beherrscht war, wußte er sicher genau, worum es in dieser Geschichte ging. Das große Geschenk, das Cleobis und Bito erhalten haben, indem sie im Tempel »eingeschlafen« und dann »gestorben« sind, war das intensive ekstatische Erlebnis während der Initiation. Warum aber hat Herodot die Überlieferung in dieser Weise mißverstanden?

Die Antwort liegt in den Statuen verborgen, die die Einwohner von Argos von den Jünglingen machen ließen und dem delphischen Heiligtum darbrachten. Dergleichen Figuren, ursprünglich aus Ägypten, die Jünglinge wie auch junge Mädchen immer in der gleichen Haltung darstellten, wurden in Griechenland jahrhundertelang hergestellt. Wie wir aus der Kunstgeschichte wissen, hat sich das Aussehen dieser »Kouroi«-Statuen im Laufe des fünften Jahrhunderts vor Christus, zur Zeit der Geburt des Herodot, auffallend gewandelt. Die Künstler haben angefangen, sich mit der visuellen Darstellung »natürlicher« Formen zu befassen. Das bedeutet, daß in der griechischen Kultur selbst eine grundlegende Veränderung eingetreten ist. Die ursprüngliche Bedeutung der Haltung wurde vergessen, und die Betonung lag nun auf der Einzelperson und ihrer »natürlichen« Bewegung. Im selben Jahrhundert haben die Griechen auch angefangen, eine Theologie zu formulieren, etwas, was der Religion der Gartenbaugesellschaften völlig fremd war.

Wie Abbildungen 70 und 71 zeigen, steht der Jüngling mit durchgedrückten Knien. Das rechte Bein ist das Standbein. Die Arme hängen gerade nach unten. Er scheint einen kleinen Gegenstand in der Hand zu tragen; wir haben zu diesem Zweck Kristalle benutzt. Das junge Mädchen steht auch gerade, aber sie hat die rechte Hand zwischen den Brüsten, während der linke Arm gerade in den Rockfalten hängt.

Als wir die Haltung zum ersten Mal mit nur drei Teilnehmern in Wien ausprobierten, schienen die Erlebnisse uns in das frühe, vorklassische Griechenland zurückzuführen. Außerdem ergab sich parallel zu dem Unterschied in den Haltungen auch ein klarer Unterschied zwischen dem weiblichen und dem männlichen Erlebnis. U. befand sich in einem Wald und sah einen Höhleneingang. Der Eingang war rot umrandet und ist ihr wie eine Vulva vorgekommen. Eva D. hat die Höhle ebenfalls gesehen, aber es ist ihr gelungen einzutreten, und dann hat sie einen Blutgeschmack im Mund gehabt. Es hat auch so stark nach Verwesung gerochen, daß sie hinterher ihr ganzes Wohnzimmer nach einer toten Ratte durchsuchte. Christian St. hat sich in einer Stadt befunden mit glänzend weißen, rechteckigen Gebäuden. In der Erde hat er eine weiß umrandete rechteckige Öffnung gesehen, aber er konnte nicht hinein. Bei einem späteren Trancebesuch im klassischen Griechenland ist Eva an einem sonnigen Meeresufer gelandet. Sie hat weiter nichts getan und sich nur gewundert, wieso sie sich unter freiem Himmel befand, statt wieder in der Höhle wie das erste Mal. U. war nicht mehr in Wien; an ihrer Stelle hat sich uns eine junge Frau angeschlossen, die Feldforschung bei Indianern in Paraguay gemacht hatte. In der Trance war sie wieder in Südamerika, aber mehr im Norden, in einem Dorf im Regenwald. »Du weißt ja, wie diese Dörfer immer riechen«, sagte sie, »nach Kochfeuern und Asche.« Sie hat die Dorfbewohner gesehen und hatte die Vorahnung, daß einige von ihnen bald sterben würden. Christian ist zu seiner weißen

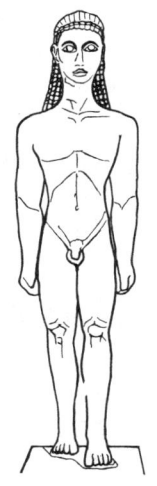

Abb. 70: Kroisos
(Kouros von Anavysos),
Marmor, um 525 v. Chr.

Abb. 71: »Göttin von Auxerre«,
Kalkstein,
640 bis 635 v. Chr.

Stadt zurückgekehrt, befand sich aber in einem kellerartigen Raum; er hatte den Eindruck, daß auch ein Labyrinth dazugehörte. Es gab viele Ausgänge, aber er konnte durch keinen durch. Statt dessen hat er nach oben führende Treppen gesehen, auf denen er sich einer Gruppe von weißgekleideten Männern angeschlossen hat, die die Treppe hinauf auf eine vergoldete Statue zugegangen sind, vor der sich alle verbeugt haben. Dann ist alles verschwunden, und Christian hat einen braunen Umschlag in der Hand gehalten. Es wurde ihm bedeutet, der Umschlag sei wichtig; als er ihn aber aufgemacht hat, kam ein Bogen Papier zum Vorschein mit Zeichen, die er nicht lesen konnte.

Was können wir diesen Erlebnissen entnehmen? Ich habe den Eindruck, daß sich die Frauen in eine Zeit zurückversetzt haben, in der die eleusischen Mysterien noch voll im Gang waren, eine Feier anläßlich der Heimkehr der Persephone aus der Entführung und zu Ehren von Demeter und Bacchus. Die Teilnehmer an diesen Ritualen mußten einen strengen Eid ablegen, niemals etwas davon zu verraten, aber eine auf verschiedenen Quellen

Abb. 72: Bunt bemalte Holzschnitzerei einer Frau,
die von einem kleinen Hai fortgetragen wird;
Stamm der Haida-Indianer, spätes 18. Jahrhundert

basierende Rekonstruktion von Adolf Jensen[1] enthält mehrere Elemente der oben berichteten Erlebnisse. Bei den Ritualen wurden Tieropfer dargebracht, daher das Gefühl, daß der Tod bevorsteht, nämlich von Ferkeln, die der Erdmutter geopfert wurden. Sie wurden in einen Spalt geworfen, wo sie verwesten, daher der Gestank, der Eva so überrascht hat. Eine Reihe von rituellen Handlungen hat in Höhlen stattgefunden, und den Abschluß bildete ein Bad im Meer.

Wie allgemein bekannt, haben die Frauen der Klassik die alten Rituale länger gepflegt als die Männer.[2] In unseren Trancesitzungen wissen die Frauen folglich, was im Heiligtum vor sich geht, während Christian der Zugang zu den Höhlen verwehrt ist. Er muß sich statt dessen *mit anderen Männern zusammen* in der weißen Stadt vor der vergoldeten Statue verneigen. Es stimmt, scheint der Bescheid in dem braunen Umschlag zu sagen, das Mysterium gibt es noch, aber dir ist es verborgen. Der Kulturwandel ist in der von Herodot berichteten Geschichte erhalten.

Zu Solons Zeiten wußte jeder, welche Gnade den beiden Brüdern zuteil geworden war. Zum Gedenken an das heilige Geschehen haben die Einwohner von Argos die Statuen anfertigen lassen, und darum wurden sie nach Delphi gebracht. In der Männerkultur, zweihundert Jahre später, zur Zeit des Herodot, war dieses Wissen nicht mehr bekannt, was den Frauen viel Leid und Konflikte eingebracht hat.

Auch die Ackerbaugesellschaften kennen die religiöse Trance, aber sie dient der Besessenheit, dem Erlebnis, bei dem ein fremdes Wesen in den Körper eindringt und seine Funktionen übernimmt. Die Körperhaltungen der Ackerbaureligionen, das Knien, das Falten der Hände, die Verbeugung, dienen nicht dazu, das Nervensystem auf ein bestimmtes Erlebnis einzustellen, damit man unmittelbar an Geschehnissen in der anderen Wirklichkeit teilnehmen kann, sondern sind Symbole der Unterwerfung, der Demut.

Mit dem Ackerbau begann die ungezügelte Ausbeutung der Erde. Diese Entwicklung hat zur Folge, daß die Stammesgesellschaften, die »lebenden Schätze« der Menschheit, die geschützt und geachtet werden sollten, weil sie noch Zugang haben zu unserer seelischen Heimat, in immer größerem Maße ausgerottet werden. Ihre Umwelt wird zerstört, sie wird überlaufen von Entwicklern und Ausbeutern, den Geiern der modernen Welt. Wir haben das schnell büßen müssen. Die sogenannte Entwicklung bedroht die Erde, die Luft, die Gewässer, die Pflanzen und die Tiere. *Und uns.* In der Schöpfungssage der Navajos heißt es: »Wenn nichts mehr heilig ist, dann erheben sich die Ungeheuer und verschlingen die Menschen.«

Außerdem sollten wir hinzufügen, ziehen sich auch die Geister zurück, und unsere seelische Basis wird immer schmaler. Was hier berichtet worden ist, soll zeigen, welcher Reichtum in diesen geheimnisvollen Bereichen verborgen liegt. Was uns noch zugänglich ist, ist jedoch nur ein magerer Rest, und mit jedem Zaubermärchen, das untergeht, weil niemand mehr da ist, der es zu erzählen weiß, können auch wir immer weniger von dem verstehen, was wir in unseren Trancen erleben. Im späten siebzehnten Jahrhundert hat ein Holzschnitzer der Haida-Indianer von der amerikanischen Nordwestküste das unendlich zarte Bild einer nackten jungen Frau geschaffen, die von einem kleinen Hai fortgetragen wird (Abbildung 72). Sie ist in der Haltung des Rufens der Geister dargestellt, aber heutzutage weiß niemand mehr, warum sie fortgetragen wurde. Es ist durchaus möglich, daß wir das Märchen erlebt haben. Aber weil es keinen Hinweis aus einer lebendigen Tradition gab, haben wir es nicht erkannt. Von diesem Tod gibt es keine Auferstehung.

Anmerkungen

Kapitel 2

Wie kommt man mit den Ahnengeistern in Verbindung?

1 Bourguignon, Erika, Hrsg.: *Religion, Altered States of Consciousness, and Social Change.* Columbus: Ohio State University Press, 1973
2 Goodman, Felicitas D.: *Speaking in Tongues: A Cross-Cultural Study of Glossolalia.* Chicago: University of Chicago Press, 1972
3 Emerson, V.F.: »Can Belief Systems Influence Behavior? Some Implications of Research on Meditation« *Newsletter Review, The R.M. Bucke Memorial Society, 5:20-32*
4 Außer wenn schon im Text erwähnt, erscheinen die Sprecher unter ihrem Vornamen oder unter Vornamen und Anfangsbuchstaben des Nachnamens, dem Ort, wo der Workshop stattgefunden hat, und dem Jahr. In einigen wenigen Fällen habe ich diese Angaben zum Schutz des Betreffenden verändert. In den späteren Kapiteln habe ich die Beschreibung der körperlichen Veränderungen entweder verkürzt oder ganz gestrichen, weil sie in ihrer Wiederholung für den Leser ermüdend oder langweilig wären. Die Zitate konzentrieren sich stattdessen auf das Visionäre, das ekstatische Geschehen. Sonst wurden die Texte nur ganz wenig redigiert, vor allem bezüglich der Reihenfolge der Einzelepisoden im zweiten Teil. Im dritten Teil wurde stärker redigiert. Als Grundlage habe ich meine ausführlichen Notizen benutzt, die ich in vielen Fällen mit den Notizen der Teilnehmer verglichen habe, wie auch Tonbandaufnahmen.
5 Ingrid Müller, damals Medizinstudentin an der Universität Freiburg i.Br., hatte dieses Forschungsvorhaben ursprünglich unternommen, um seine Ergebnisse für ihre Doktorarbeit zu verwenden. Aus persönlichen Gründen hat sie dieses Vorhaben später nicht ausgeführt, mir aber die Ergebnisse zur Veröffentlichung überlassen. Professor Kugler bereitet einen Bericht über die Ergebnisse vor.
6 Diese Forschung soll von verschiedenen Studenten höherer Semester fortgesetzt werden.

Kapitel 3

Die Geister melden sich wieder

1 Über meine Forschung bezüglich des Falles Anneliese Michel siehe *Anneliese Michel und ihre Dämonen: Der Fall Klingenberg in wissenschaftlicher Sicht,* Stein am Rhein: Christiana, 1980
2 Holl, Adolf: *Der letzte Christ.* Stuttgart: Deutsche Verlagsanstalt, 1979
3 Die Puebloindianer erhoben sich 1680 gegen die Unterdrückung, die Ausbeutung und die religiöse Verfolgung durch die spanischen Eroberer. Es gelang ihnen, die Spanier zu einem Rückzug nach Süden zu zwingen. Zwölf Jahre später kehrten die Eroberer mit einer Heeresmacht zurück und rächten sich. Viele Indianer wurden ermordet, und eine große Anzahl von Dörfern wurde verlassen.

Kapitel 5

Der Weg der Geister

1 Dürr, Hans Peter: Fragmente eines Tagebuchs (1981). In: *Satyricon.* Berlin: Karin Kramer, 1982, Seiten 77-92
2 Dieses Erlebnis wie auch das im Museum in Santa Fe und die Geschichte von K'ats und seiner Bärenfrau sind Teil eines Berichts über Erlebnisse in der anderen Wirklichkeit, »Der Hauch im Spiegel«, den ich zu der von Adolf Holl herausgegebenen Sammlung, *Die zweite Wirklichkeit.* Wien: Überreuter, 1987: 109-123 beigetragen habe.
3 Findeisen, Hans, und Heino Gehrts: *Die Schamanen: Jagdhelfer, und Ratgeber, Seelenführer, Künder und Heiler.* Köln: Diederichs, 1983
4 Cf. z.B., Turnbull, Colin M.: *The Forest People: A Study of the Pygmies of the Congo.* Garden City, NY: Anchor/Doubleday, 1961

Kapitel 6

Wir machen eine Seelenfahrt

1 Eliade, Mircea: *Schamanismus und archaische Ekstasetechnik.* Zürich: Rascher, 1956

2 Wie wir aus seinem Buch *The Way of the Shaman: A Guide to Power and Healing*, 1980 erfahren, will Michael J. Harner seine Teilnehmer vor allem zum Heilen anleiten.
3 Cf. ibid., Seite 38;. Harners Schüler lernen ihre Schutzgeister in der Unterwelt kennen, wie das bei uns auch oft geschieht. Um Kraft zu gewinnen, müssen sie aber mit diesen Geistern kämpfen, und viele erleben das auch. Meine Teilnehmer erleben so etwas äußerst selten. Der Grund ist vielleicht der, daß wir in Cuyamungue geographisch wie auch historisch unter den friedfertigen Puebloindianern leben. Harner hat seine Feldforschungen bei den kämpferischen Jivaroindianern in Ecuador gemacht. Bei der Initiation müssen die jungen Männer dort einen schweren Kampf mit einem Geistwesen überstehen. Cf. Harner, Michael J.: *The Jivaro: People of the Sacred Waterfalls*. Garden City, NY: Anchor/Doubleday, 1973
4 Zolbrod, Paul G.: *Diné bahane': The Navajo Creation Story*. Albuquerque: University of New Mexico Press, 1984, Seite 83
5 Grimm, Gebrüder: *Hausmärchen*. Leipzig: R. Becker, o.J.
6 Ranke-Graves, Robert von: *Griechische Mythologie*. Reinbek: Rowohlt, 1984
7 Diese merkwürdig angemalte Maske habe ich auf Bildern bei Pörtner, Rudolf und Nigel Davies, Hrsg.: *Alte Kulturen der Neuen Welt*. Düsseldorf: Econ, 1980, Seiten 104-105 gesehen. Als ich mir später Farbaufnahmen der gleichen Statuen von der *Historic Preservation Section* des *Georgia Department of Natural Resources*, wo sie aufbewahrt werden, ansah, waren von der lebhaften Bemalung nur noch einige unansehnliche braune Flecken übrig.

Kapitel 8

Die Gabe des Heilens

1 Goodman, Felicitas D.: *Ecstasy, Ritual, and Alternate Reality: Religion in a Pluralistic World*. Bloomington: Indiana University Press, 1988, Kapitel 10
2 Keiner von uns wußte natürlich, welches Erlebnis diese Haltung vermitteln würde. Ich habe angegeben, zu welcher Gruppe der Betreffende gehört. Sie haben sich gegenseitig nicht gekannt.

3 Cf. meinen Aufsatz »Spontaneous Initiation Experiences in an Experimental Setting« in: *Proceedings of the Third International Conference on the Study of Shamanism and Alternate Modes of Healing*, August 30-September 1, 1986, St. Sabina Center, San Raphael, CA. Madison, WI: A-R Editions, 1987, Seiten 68-73. Cf. auch Findeisen und Gehrts, op cit.

4 Cawte, John: *Medicine is the Law: Studies in Psychiatric Anthropology of Australian Tribal Societies*. Honolulu: University Press of Hawaii, 1974, Seite 65

Kapitel 9

Weibliche Kräfte des Heilens

1 Die Geschichte der Entdeckung der Haltung der Tschiltangeister cf. auch in Holl 1987, op. cit.
2 *Tennessee Archeologist* 4: Nos. 2-3. ohne Datum
3 Gimbutas, Marija: *The Goddesses and Gods of Old Europe*. Berkeley: University of California Press, 1982, Abbildung 145
4 Hoppál, Mihály, Hrsg.: *Shamanism in Eurasia*. 2 Bde., Göttingen: Herodot, 1984
5 Ibid., Aufnahmen auf Seite 265
6 Basilov, V.N.: »The *chiltan* Spirits.« In: Hoppál, s. o., Seite 253-261

Kapitel 10

Das schillernde Spiel der Verwandlung

1 Reid, Bill and Robert Bringhurst: *The Raven Steals the Light*. Seattle: University of Washington Press, 1984
2 Luckert, Karl W.: *The Navajo Hunter Tradition*. Tucson: University of Arizona Press, 1975, Seite 133
3 Cf. Goodale, Jane: *Tiwi Wives*. Seattle: University of Washington Press, 1974, Seite 245; auch Gould, Richard A.: *Yiwara: Foragers of the Australian Desert*. New York: Scribner, 1969, Seite 109
4 Furst, Jill L. und Furst, Peter T.: *Mexiko. Die Kunst der Olmeken, Mayas und Azteken*. München: Hirmer, 1981, Seiten 22 und 23

Kapitel 11

Wie soll man feiern?

1 Auf einem olmekischen Felsrelief in Chalcatzingo, Morelos (Mexico) sind Geisterjaguare abgebildet, die auf dem Rücken liegenden Menschen die Brust kratzen.
2 Eckholm, Gordon F.: *A Maya Sculpture in Wood*. The Museum of Primitive Art: Studies Number 4. Greenwich, Connecticut: New York Graphic Society, 1964
3 Infolge von Änderungen in der Verwaltung, die eine Umorientierung im Programm mit sich brachten, besteht im Buddhistischen Zentrum kein Interesse mehr an unserer Arbeit.

Kapitel 12

Die Totenbrücke und der Seelenführer

1 *Kunst der Kykladeninseln im 3. Jahrtausend v. Chr.*, Badisches Landesmuseum, Karlsruhe, Ausstellungskatalog, 1976
2 Ich bin Edith Hoppál dankbar für diesen Hinweis.
3 Bancroft-Hunt, Norman and Werner Forman, *People of the Totem: The Indians of the Pacific Coast*. New York: Putnam, 1979, Seite 39

Kapitel 13

Das unzerstörbare Leben

1 Okladnyikov, A.P. and A.I. Martinov, ursprünglich in Russisch; Herausgeber der ungarischen Ausgabe Mihály Hoppál. *Szibériai sziklarajzok*. Budapest: Corvina, 1972
2 Fasani, Leone: *Die illustrierte Weltgeschichte der Archäologie*. München: Südwest Verlag, 1978, Seite 535
3 Grieder, Terence: 1978. *The Art and Archeology of Pashash*. Austin: University of Texas Press, 1978, Seite 81, Abbildung 54.

Dritter Teil

Zaubermärchen der Allgegenwärtigkeit

1 Chagnon, Napoleon: *Yanomamö: The Fierce People.* New York: Holt, Rinehart, and Winston, 1968
2 In der Einleitung zu Gehrts, Heino, und Gabriele Lademann-Priemer, Hrsg.: *Schamanentum und Zaubermärchen.* Kassel: Erich Röth, 1984 gewährt Gehrts wertvolle Einsichten in die Natur des Zaubermärchens.
3 Ortiz, Alfonso, op. cit.
4 Zolbrod, Paul G., op. cit.
5 Ramsey, Jarold, Hrsg., op. cit. »Coyote and the Shadow People«, Seiten 33-37
6 Tedlock, Dennis, Übersetzer: *Popol Vuh.* New York: Simon and Schuster, 1985
7 Vaillant, George: *The Aztecs of Mexico.* Harmondsworth, Pelican, 1944
8 Die kulturhistorischen Daten für diese Geschichte stammen aus Schele, Linda und Mary Ellen Miller: *The Blood of Kings: Dynasty and Ritual in Maya Art.* Fort Worth: Kimbell Art Museum, 1986. Es gibt eine ganze Reihe verschiedener örtlicher religiöser Traditionen der Maya, cf. z. B. Rätsch, Christian: Hrsg.: *Chactun: Die Götter der Maya.* Köln: Diederichs, 1986
Die Figur vom Rio Azul stammt aus der Zeit zwischen 400 und 500 nach Christus. In der späteren klassischen Zeit wurden die Haltungen zwar nicht mehr allgemein benutzt, aber einige tauchen dennoch in religiösen Ritualen auf. Auf einer Säule in Copan aus der gleichen Zeit ist ein Priester in der Haltung des singenden Schamanen abgebildet. Sogar sein Mund steht offen.
Zum Vergleich zitiere ich im folgenden die Originalberichte aus dem betreffenden Workshop in Columbus, Ohio vom 16. November 1986:
Gayle: Ich hatte das Gefühl, daß mich jemand an den Haaren nach hinten zerrt. Mir wurde dunkel, kühl und feucht. Fünf Rasseln sind herumgegangen und haben getanzt. Zu meiner Linken hat mich etwas gezogen, ich habe nicht sehen können, was das war, und ein Druck hat mich überwältigt. Ich habe mich warm und sicher gefühlt. Der Ton der Rassel hat sich in den Ton einer entfernten Flöte verwandelt; das war schön, und ich wollte bleiben. *Jackie:* Mein Körper wurde hin- und hergewiegt, es war eine besondere Bewegung, mein Oberkörper hat sich kreisförmig bewegt. Ich habe gefragt, wie kann ich das beibehalten? Und mir wurde gesagt, ich

soll das dem Körper überlassen und soll statt dessen zuhören. Es gab ein Flüstern. Ich habe Füße gesehen und habe auf den Tanz geachtet. Ich habe einen Berg gesehen, es war heiß, und ich habe die Kraft auf dem Berg gefühlt, die war stark. Ich bin den Berg hinaufgeklettert, und auf dem Berg war ein Mann in dieser Haltung, und er war sehr ernst. Er hat sich ein Auge herausgerissen und hat es mir gegeben. Ich habe durch das Auge durchgeschaut; ich konnte Vibrieren sehen und Farben, die ineinander übergegangen sind; es hat Kraft übertragen. *Diane:* Ich habe ein Wesen gesehen, das hat ein Kind gehalten, und es hat das Kind im Takt zur Rassel gewiegt. Die Luft war warm, es war dunkel, und es hat ein Feuer gebrannt. Die Leute haben gefeiert, sie haben in einer fremden Sprache gesprochen und gerufen. Akrobaten sind in das Feuer gesprungen, aber das hat sie nicht verletzt. Ich bin weggegangen vom Feuer und bin in den Wald oder in den Dschungel gegangen. Dann bin ich zum Feuer zurückgegangen und wollte selbst hineinspringen. Dann bin ich in eine Hütte gegangen und wollte schlafen. Ein Reh ist in die Hütte gekommen; ich habe es getötet und habe sein Herz herausgeschnitten. Dann habe ich das Feuer wieder angezündet, ich bin in die Dunkelheit zurückgekehrt und bin im Takt zur Rassel gegangen. Es war wie ein Tanz, ich war in einer Kette von Leuten, und die Kette war sehr lang. *Judy:* Mir war sehr warm. Auf einem Bildschirm habe ich einen weißen Vogel gesehen, der hat im Profil wie ein Adler ausgesehen. Ich habe versucht, die Tonfigur zu sein. Als ich hineingeschlüpft bin, habe ich einen riesengroßen, dunklen Teich gesehen, der war sehr still und faulig, und der hatte sich seit Äonen nicht bewegt. Er war sehr schön und unfruchtbar. Als ich hinausgekommen bin, bin ich auseinandergefallen, und das hat mich glücklich gemacht. Irgend etwas hat gesagt, nun könnten die Dinge wieder neu anfangen. *Cathleen:* Ich habe gefühlt, wie starr mein Rückgrat war, und ich habe meine Kraft gespürt. Ich bin groß gewesen und habe mich ausgebreitet, und ich war männlich. Dann habe ich mich zurückgelehnt, es war als würde ich gebären; und ich habe einen Schrei unterdrückt, aber es ist nichts herausgekommen. *Jill:* Ich habe gemeint, die Haltung würde nicht weh tun, aber sie war doch schmerzhaft. Ich bin mit vielen Echsen zusammengewesen, wie Iguanas und ähnliche Tiere, und ich war eine von ihnen. Ich habe mir gedacht, ich muß die Welt von ihrer Perspektive aus sehen. Der Schmerz ist daher gekommen, daß eine der Echsen mir den Rücken hochgekrochen ist. Ich war in einem eisernen Käfig und bin hin- und hergerollt worden. *Jan:* Erst war alles neblig, dann ist es klar geworden. Dann wurde mir gesagt: »Hab keine Angst davor, dein Kraftzentrum

bloßzulegen, deinen Bauch. Aber paß auf dein Herz auf.« Jemand hat mit seinem Schwert in meinen Bauch gestochen, und das Schwert in meinem Bauch ist herumgedreht worden. Mein Bauch ist durchsichtig geworden, er ist zu Feuer geworden. Mein Körper hat sich geöffnet, mein Kopf hat sich geöffnet, es sind Blumen herausgesprossen aus meinem Kopf. Ich war nicht mehr in dieser Haltung, sondern habe mit meinen Armen ein X gemacht, ich war wieder jung und habe die Energie zurückgegeben an das Weltall. Wir schießen hinaus, es waren noch vier andere bei mir; wir haben die Sonne erschaffen, dann sind wir wieder in die Haltung zurückgekehrt, und das hat sich zweimal wiederholt. Dann bin ich ganz schnell durch den Mond und durch die Erde durchgestoßen, mein Körper hat sich in Tropfen aufgelöst; dies hat sich auch wiederholt, ich war ein neugeborener Stern, es war ein unglaubliches Gefühl.
Adriana: Alles ist dunkelblau gewesen, die Rassel hat wie das Prasseln eines Feuers geklungen, und ich bin von hinten gezogen worden. Nachher habe ich mich gewehrt, ich darf nicht einschlafen, ich muß wachsam bleiben. *Sharron:* Die Kraft ist nicht leicht geflossen. In meinem Kopf hat sich ein Licht befunden; in mir war ein Zwilling, aber wir haben uns gegenübergesessen, und unsere Zungen haben sich berührt. Es ergab sich ein Gefühl, daß wir uns ausgedehnt haben, es hat sich ein Kelch geformt. Ich bin ausgehöhlt worden. Zu meiner Rechten hat ein Blumenkorb gelegen; ich habe die Sonne durch einen Kreis gesehen. Es wird mir zu verstehen gegeben, daß die Sonne so aufgeht, wir haben Anteil daran. Die Zunge wird mir herausgezogen. Wir warten darauf, daß die Sonne uns auf die Zunge gelegt wird.

9 Garfield, Viola E. and Linn A. Forest: *The Wolf and the Raven: Totem Poles of Southeastern Alaska.* Seattle: University of Washington Press, 1986 (erste Ausgabe 1948).
10 Ibid, Seiten 31-35
11 Cf. Ranke-Graves, Robert von, op. cit. für die klassischen griechischen Sagen.

Schluß

Der Untergang der Geister

1 Jensen, A. E. *Die getötete Gottheit: Weltbild einer frühen Kultur.* Stuttgart: Kohlhammer, 1966
2 Dürr, Hans Peter; *Traumzeit: Über die Grenzen zwischen Wildnis und Zivilisation.* Frankfurt am Main: Syndikat, 1978

Literaturverzeichnis

Altenmüller, Hartwig: *Grab- und Totenreich der alten Ägypter*. Hamburg: Museum für Völkerkunde, 1982

Badisches Landesmuseum Karlsruhe: *Kunst der Kykladeninseln im 3. Jahrtausend v. Chr.* Ausstellungskatalog, 1976

Bär, Gerhard: *Die Religion der Matsigenka: Ost-Peru*. Basel: Wepf, 1984

Bär, G., Ferst, E., und Dubelarr, C.N.: Petroglyphs from the Urumbamba and Pantiacolla Rivers, Eastern Peru. *Verhandl. Naturf. Ges. Basel*, 1984: 94, Seiten 287-306

Basilov, V.N.: The *chiltan* Spirits. In: *Shamanism in Eurasia*, Mihály Hoppál, Hrsg. Göttingen: Herodot, 1984, Seiten 253-261

Bancroft-Hunt, Norman und Forman, Werner: *People of the Totem: The Indians of the Pacific Coast*. New York: Putnam, 1979

Bernal, Ingnacio: *The Olmec World*. Berkely: University of California Press, 1969

Bernal, Ignacio: *The Mexican National Museum of Anthropology*. London: Thames and Hudson, 1970

Bounure, Vincent: *Die amerikanische Malerei*. Lausanne: Editions Rencontre, 1968

Bourguignon, Erika: *Religion, Altered States of Consciousness, and Social Change*. Columbus: Ohio State University Press, 1973

Budge, W.E.E.: *Osiris and the Egyptian Resurrection*. New York: Dover, 1911

Bühler, Alfred, Barrow, Terry und Charles P.: Mountford, *Ozeanien und Australien: Die Kunst der Südsee*. Baden-Baden: Holle, 1980

Bushnell, G.H.S.: *Peru*. New York: Praeger, 1957

Campbell, Joseph: *The Way of the Animal Powers. Vol. 1, Historical Atlas of World Mythology*. London: Alfred van der March, 1983

Cawte, John: *Medicine is the Law: Studies in Psychiatric Anthropology of Australian Tribal Societies*. Honolulu: University Press of Hawaii, 1974

Chagnon, Napoleon: *Yanomamö: The Fierce People*. New York: Holt, Rinehart and Winston (1968), zweite Ausgabe, 1977

Charbonneaux, J., Martin, R., und Villard, F.: *Die griechische Kunst II: Das archaische Griechenland*. München: Bech-Verlag, 1969

Cholula, Ciudad Sagrada. *Artes de México* 18: No. 140, 1971

Coe, Ralph T.: *Sacred Circles: Two Thousand Years of American*

Indian Art. Exhibition, Nelson Gallery of Art – Atkins Museum of Fine Arts, Kansas City, Missouri, 1977

Daicoviciu, Constantin und Condurachi, Emil: *Rumänien*. Genf: Nagel, 1972

Demarque, Pierre: *Die griechische Kunst I: Die Geburt der griechischen Kunst*. München: C.H. Beck, 1975

Diószegi, Vilmos: *A sámánhit emlékei a magyar népi müveltségben*. Budapest: Akadémiai Kiadó, 1958

Dockstader, Frederick J.: *Indian Art in America*. New York: Promontory Press, 1973

Döbler, Hanns Ferdinand: *Kunst- und Sittengeschichte der Welt, Magie, Mythos, Religion*. Gütersloh: Bertelsmann, 1973

Duerden, Dennis: *African Art*. London: Hamlyn, 1974

Dürr, Hans Peter: *Traumzeit: Über die Grenze zwischen Wildnis und Zivilisation*. Frankfurt am Main: Syndikat, 1978

Dürr, Hans Peter: *Satyricon*. Berlin: Karin Kramer, 1982

Dürr, Hans Peter: *Sedna oder die Liebe zum Leben*. Frankfurt am Main: Suhrkamp, 1984

Eckholm, Gordon F.: *A Maya Sculpture in Wood*. The Museum of Primitive Art Studies Number 4. Greenwich, CN: New York Graphic Society, 1964

Eliade, Mircea: *Schamanismus und archaische Ekstasetechnik*. Zürich: 1956

Elkin, A.P.: *The Australian Aborigines*. Garden City, N.Y.: Anchor/Doubleday, 1964

Emerson, V.F.: »Can Belief Systems Influence Neurophysiology? Some Implications of Research on Meditation«. *Newsletter Review*. The R.M. Bucke Memorial Society 5, Seiten 20-32, 1972

Fasani, Leone: *Die illustrierte Weltgeschichte der Archäologie*. München: Südwest Verlag, 1978

Feest, Christian: *Indianer Nordamerikas*. Museum für Völkerkunde, Wien (exhibit), 1968

Findeisen, Hans, und Gehrts, Heino: *Die Schamanen: Jagdhelfer und Ratgeber, Seelenfahrer, Künstler und Heiler*. Köln: Diederichs, 1983

Furst, Jill L., und Furst, Peter T.: *Mexico. Die Kunst der Olmeken, Mayas und Azteken*. München: Hirmer, 1981

Furst, Peter T., und Furst, Jill L.: *North American Indian Art*. New York: Rizzoli, 1982

Gafni, Shlomo S.: *The Glory of the Old Testament*. Jerusalem: The Jerusalem Publishing House, 1983

Garfield, Viola E. und Forest, Linn A.: *The Wolf and the Raven: Totem Poles of Southeastern Alaska*. Seattle: University of Washington Press; 1986 (erste Ausgabe 1948).

Gehrts, Heino und Lademann-Priemer, Gabriele: *Schamanentum und Zaubermärchen*. Kassel: Erich Röth, 1984

Gimbutas, Marija: *The Goddesses and Gods of Old Europe*. Berkeley: University of California Press, 1982

Goodale, Jane: *Tiwi Wives*. Seattle: University of Washington Press, 1974

Goodman, Felicitas D.: *Speaking in Tongues: A Cross-Cultural Study of Glossolalia*. Chicago: University of Chicago Press, 1972

Goodman, Felicitas D.: *Anneliese Michel und ihre Dämonen: Der Fall Klingenberg in wissenschaftlicher Sicht*. Stein am Rhein: Christiana, 1980

Goodman, Felicitas D.: *Ecstasy, Ritual, and Alternate Reality: Religion in a Pluralistic World*. Bloomington: Indiana University Press, 1988

Goodman, Felicitas D.: *How About Demons? Possession and Exorcism in the Modern World*. Bloomington: Indiana University Press, 1988

Guttmann, G., Goodman, F.D., Korunka, C., Bauer, H. und Leodolter, M.: DC-Potenital Recordings During Altered States of Consciousness. *Research Bulletin, Psychologisches Institut der Universität Wien*, 1988

Gottschalk, Herbert: *Lexikon der Mythologie*. München: Heyne, 1982

Gould, Richard: *Yiwara: Foragers of the Australian Desert*. New York: Scribner, 1969

Grieder, Terence: *The Art and Archeology of Pashash*. Austin: University of Texas Press, 1978

Grimm, Brüder: *Hausmärchen*. Leipzig: R. Becker

Halifax, Joan: *The Wounded Healer*. London: Thames and Houston, 1982

Die Hallstattkultur: Frühform europäischer Einheit. Land Oberösterreich, Schloß Lamberg, Steyr, Ausstellungskatalog, 1980

Harner, Michael J.: *The Jivaro: People of the Sacred Waterfalls*. Garden City, NY: Anchor/Doubleday, 1973

Harner, Michael, J.: *Der Weg des Schamanen. Ein praktischer Führer zu innerer Heilkraft*. Interlaken: Ansata, 1983

Holl, Adolf: *Der letzte Christ: Franz von Assisi*. Stuttgart: Deutsche Verlags-Anstalt, 1979

Holl, Adolf: *Die zweite Wirklichkeit*. Wien: Überreuter, 1987

Holm, E.: *Felsbilder Südafrikas*. Tübingen, 1969

Hoppál, Mihály: *Shamanism in Eurasia*. 2 Bde., Göttingen: Herodot, 1984

Jelinek, J.: *Das große Bilderlexikon des Menschen in der Vorzeit*. Prag: Artia, 1972

Jensen, Ad. E.: *Die getötete Gottheit: Weltbild einer frühen Kultur.* Stuttgart: Kohlhammer, 1966

Jung, Carl G.: *Wandlungen und Symbole der Libido,* 3. Ausgabe; Leipzig, 1938

Jung, Carl G.: *Der Mensch und seine Symbole.* 6. Ausgabe Olten: Walter, 1980

Kooijman, Simon: *Niew Guinea: Kunst, Kunstvormen en Stijlgebieden.* Leiden: Rijksmuseum voor Volkenkunde, o. J.

Land, L.K.: *Pre-Columbian Art from the Land Collection.* California Academy of Science, 1979

Lawrence, D. H. *Mornings in Mexico.* New York: Knopf, 1934

Lensinger, Elsy: *Propyläen Weltgeschichte, Naturvölker.* Wien: Propyläen Verlag, 1985

Lincoln, Yvonne, und Guba, Egon G.: *Naturalistic Inquiry.* Beverly Hills: Sage, 1985

Lommel, Andreas: *Vorgeschichte und Naturvölker.* Bd. 1. London: Paul Hamlyn, 1966

Lothrop, Samuel K.: *Das vorkolumbianische Amerika und seine Kunstschätze.* Genève: Editions d'Art Albert Skira, 1969

Luckert, Karl W.: *The Navajo Hunter Tradition.* Tucson: University of Arizona Press, 1975

Mair, L.: *Witchcraft.* New York: McGraw-Hill, 1969

Manhardt, Wilhelm: »Das Brückenspiel« *Zeitschrift für deutsche Mythologie und Sittenkunde* 1859, 4, Seiten 301-320

Mode, Heinz: *Das frühe Indien.* Stuttgart: Gustav Klipper, 1959

Monti, Franco: *Precolumbian Terracottas.* London: Hamlyn, 1969

Museum für Völkerkunde Wien. *Völker der Tundra und Taiga: Schutzgeister der Orotschen und Golden.* Ausstellungskatalog

Museum für Vor- und Frühgeschichte, Frankfurt am Main. *Keramik und Gold: Bulgarische Jungsteinzeit im 6. und 5. Jahrtausend.* Ausstellungskatalog, 1983

Neher, Andrew: »Auditory Driving Observed With Scalp Electrodes in Normal Subjects.« *Elektroenceph. Clin. Neurophysiol.* 1961, 13, Seiten 449-451

Neher, Andrew: »A Physiological Explanation of Unusual Behavior in Ceremonies Involving Drums.« *Human Biology, 1962, 34, Seiten 151-160*

Okladnyikov. A.P., und Martinov, A.I.: Ungarische Ausgabe, Mihály Hoppál: *Szibérial sziklarajzok.* Budapest: Corvina, 1972

Oppitz, Michael: *Schamanen im Blinden Land.* Frankfurt am Main: Syndikat, 1981

Ortiz, Alfonso: *The Tewa World.* Chicago: University of Chicago Press, 1969

Osborne, Harold: *South American Mythology*. Feltham, Middlesex: Hamlyn, 1969

Peters, Larry G., und Price-Williams, Douglas: »A Phenomenological Overview of Trance.« *Transcultural Psychiatric Research Review* 1983, 20, Seiten 5-39

Pörtner, Rudolf, und Davies, Nigel (Hrsg.): *Alte Kulturen der Neuen Welt*. Düsseldorf: Econ, 1980

von Reden, Sibylle, und Best, G.T.: *Auf der Spur der ersten Griechen*. Köln: Dumont, 1981

Radin, Paul: *The Trickster: A Study in American Indian Mythology*. New York: Schocken, 1972 (Erstausgabe 1956)

Ramsey, Jarold: *Coyote Was Going There: Indian Literature of the Oregon Country*. Seattle: University of Washington Press, 1977

Ranke-Graves, Robert von: *Griechische Mythologie*. Hamburg, 1960

Rätsch, Christian: *Chactun: Die Götter der Maya*. Köln: Diederichs, 1986

Reid, Bill, und Bringhurst, Robert: *The Raven Steals the Light*. Seattle: University of Washington Press, 1984

Rosenthal, Robert, und Rosnow, Ralph L.: *Artifact in Behavioral Research*. New York: Academic Press, 1969

Scheffer, J.: *Lapponia*. Frankfurt am Main, 1673

Schele, Linda, und Miller, Mary Ellen: *The Blood of Kings: Dynasty and Ritual in Maya Art*. Fort Worth: Kimbell Art Museum, Ausstellungskatalog, 1986

Segall, Marshall H., Campbell, Donald T., und Herskovitz, Melville: *The Influence of Culture on Visual Perception*. Indianapolis: Bobbs-Merrill, 1966

Shao, Paul: *Asiatic Influences in Pre-Columbian American Art*. Ames, Iowa: Iowa State University, Press, 1976

Sheldrake, Rupert: *The Habits of Nature*. Manuskript, 1987

Soustelle, Jacques: *Die Olmeken*. Herrsching: Atlantis, 1979

Striedter, Karl Heinz: *Felsbilder der Sahara*. München:Prestel, 1984

Tarradell, M.: *Regard sur l'art ibérique*. Paris: Société Francaise de Livre, 1978

Tedlock, Dennis (Übersetzer): *Popol Vuh*. New York: Simon and Schuster, 1985

Torbruegge, Walter: *Europäische Vorzeit*. Baden-Baden: Holle, 1967

Turnbull, Colin M.: *The Forest People: A Study of the Pygmies of the Congo*. Garden City, NY: Anchor/Doubleday, 1961

Vaillant, G.C.: *The Aztecs of Mexico*. Harmondsworth, Middlesex: Pelican, 1960

Wiesner, Joseph: *Die Thraker*. Stuttgart: Kohlhammer, 1963

Wingert, Paul S.: *African Art*. University Prints, Series N, Section I. Cambridge, Mass.: University Prints, 1970

Wingert, Paul S.: *Oceanic Art*. University Prints, Series N, Section II. Cambridge, Mass.: University Prints, 1970

Winkelman, Michael: »Trance States: A Theoretical Model and Cross-Cultural Analysis« *Ethos* 1986, 14, Seiten 174-203

Zenil, Alfonso Medellin: *Obras Maestras del Museo de Xalapa, Veracruz*. Ausstellungskatalog, 1966

Zolbrod, Paul G.: *Diné bahané: The Navajo Creation Story*. Albuquerque: University of New Mexico Press, 1984

Das neue *esotera-Taschenbuch*
im Verlag Hermann Bauer

Richard L. Johnson
Ich schreibe mir die Seele frei
Wege zur Harmonisierung des ganzen Gehirns
3. Aufl.; 264 S.; kart.; ISBN 3-7626-0659-5

Felicitas Goodman
Wo die Geister auf den Winden reiten
Trancereisen und ekstatische Erlebnisse
3. Aufl.; 354 S.; kart.; ISBN 3-7626-0662-5

Alan Young
Das ist Geistheilung
Ein Leitfaden für alle, die heilen und geheilt werden wollen
320 S.; kart.; ISBN 3-7626-0661-7

Robert B. Tisserand
Das ist Aromatherapie
Heilung durch Duftstoffe
8. Aufl.; 368 S.; kart.; ISBN 3-7626-0660-9

Eknath Easwaran
Mantram
Hilfe durch die Kraft des Wortes
5. Aufl.; 256 S.; kart.; ISBN 3-7626-0629-3

Erlendur Haraldsson
Sai Baba – ein modernes Wunder
Die paranormalen Phänomene des spirituellen Meisters
Sathya Sai Baba
4. Aufl.; 297 S.; kart.; ISBN 3-7626-0631-5

Hans-Dieter Leuenberger
Das ist Esoterik
Einführung in esoterisches Denken
7. Aufl.; 240 S.; kart.; ISBN 3-7626-0621-8

Chandrashekhar G. Thakkur
Das ist Ayurveda
Die indische Heil- und Lebenskunst
5. Aufl.; 368 S.; kart.; ISBN 3-7626-0635-8

Dion Fortune
Die mystische Kabbala
Yoga des Westens
Ein praktisches System der spirituellen Entfaltung
4. Aufl.; 363 S.; kart.; ISBN 3-7626-0636-6

Tom Johanson
Zuerst heile den Geist
Möglichkeiten zur Heilung psychischer und
psychosomatischer Leiden
5. Aufl.; 224 S.; kart.; ISBN 3-7626-0620-X

Hans Sterneder
Tierkreisgeheimnis und Menschenleben
4. Aufl.; 432 S.; kart.; ISBN 3-7626-0602-1

Swami Vivekananda
Karma-Yoga und Bhakti-Yoga
Zwei wahre Perlen indischer Weisheit
8. Aufl.; 272 S.; kart.; ISBN 3-7626-0653-6

Verlag Hermann Bauer   Freiburg im Breisgau